破局·蝶变·重塑：

新时代传媒经营管理创新案例研究

主　编　任健
副主编　刘强　金永成　程美华　林颖颖　杨柳

立信会计出版社
LIXIN ACCOUNTING PUBLISHING HOUSE

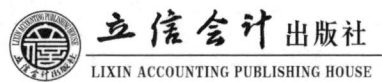

图书在版编目(CIP)数据

破局·蝶变·重塑：新时代传媒经营管理创新案例研究 / 任健主编. —上海：立信会计出版社，2021.9
　ISBN 978-7-5429-6944-6

　Ⅰ.①破… Ⅱ.①任… Ⅲ.①传播媒介-经营管理 Ⅳ.①G206.2

中国版本图书馆 CIP 数据核字(2021)第 194546 号

策划编辑　　窦瀚修
责任编辑　　窦瀚修

破局·蝶变·重塑：新时代传媒经营管理创新案例研究
POJU DIEBIAN CHONGSU XINSHIDAI CHUANMEI JINGYING GUANLI CHUANGXIN ANLI YANJIU

出版发行	立信会计出版社			
地　　址	上海市中山西路 2230 号	邮政编码	200235	
电　　话	(021)64411389	传　　真	(021)64411325	
网　　址	www.lixinph.com	电子邮箱	lixinaph2019@126.com	
网上书店	http://lixin.jd.com		http://lxkjcbs.tmall.com	
经　　销	各地新华书店			
印　　刷	上海万卷印刷股份有限公司			
开　　本	787 毫米×1092 毫米	1/16		
印　　张	19.75	插　页	1	
字　　数	408 千字			
版　　次	2021 年 9 月第 1 版			
印　　次	2021 年 9 月第 1 次			
书　　号	ISBN 978-7-5429-6944-6/G			
定　　价	88.00 元			

如有印订差错，请与本社联系调换

前　　言

久有心愿,以学科团队之力来编撰一本以传媒经济与管理为主题的案例研究集。

此愿、此举肇始于何时、何事？具体很难说清。但十余年的新闻传播学科建设工作、十余年一线的传媒经济与管理教学工作、近五十位硕士研究生毕业论文指导的经历,使我的认识愈发清晰。那就是,仅就新闻传播学硕士毕业论文指导与评审而言,现实基础匮乏、问题导向缺失、经验认知虚无的所谓"论文",基本的套路是仅仅靠从西方故纸堆里扒一两个理论、辅以一些貌似精致的计量模型,再输入一些来源不明的数据,文章就算大功告成了。学生如此,就全国而言,我们的指导老师们对此也都乐此不疲。所研究的对象是怎样一步步走过来的？历史分析与逻辑分析的结合点在哪里？行业中的标杆企业与机构正在琢磨什么？未来还有可能出现什么样的问题与趋势？对产业、行业的切肤之痛我们是否感知？是否由此激发我们的学术热情,从而形成接地气、能管用的研究成果？上述种种,老师们、学生们或不屑、或不愿,其实也不会放下身段走出校门、走进行业,做一些踏踏实实、仔仔细细的调查与研究。长此以往,此种状况如果不加以纠正、调整,当下所谓学术研讨就是小圈子里的老面孔们在一起自嗨自乐、相互点赞。其研究"成果"于产业、行业需求而言如同隔靴搔痒,貌似有用、永远正确,但实际上不解决任何问题,更不用说去引领产业与行业发展了。更为不堪的是,在这样的治学氛围里,所培养出来的学生基本就是仅仅掌握了一些花拳绣脚式的工具与方法,而理论、工具又严重脱离实际的半成品。"将论文写在祖国的江河湖泊上""将论文写在祖国的大地上"应该落实到具体的行动、工作之中,不应该是句空话。

毋庸讳言,源于西方理论、基于计量模型支撑的学术研究范式与应用当然是学术研究的重要方法,但绝对不可能是唯一的方法。绝对的工具化、模型化会使研究过程变得数学化、精致化,但浮于表面、脱离行业实际与企业实践的数学化、精致化一定会将学术研究引入歧途。遥想当年,陶行知先生在南京晓庄师范所进行的"知行合一"的伟大教育实践,梁漱溟先生在山东邹平推进的乡村建设运动都已经远远超越了中国传统文人"焚膏油以继晷,恒兀兀以穷年"的治学境界,走出了书斋,投身于轰轰烈烈的社会变革与社会改造之中。

梁先生曾说过,"乡村建设顶要紧的是什么?照我说顶要紧的有两点:1. 农民自觉;2. 乡村组织。"[1]这样的结论,不经过放下身段,将自己的学问、才情与火热的社会实践结合起来,扎实工作,是无法得出的。什么是真学问?这就是真学问。因此,我们所要做的,就要面向行业、面向实际、面向一线,从活生生的问题出发,而不是仅仅从文献、理论及所谓的规范化学术范式出发,去进行治学模式的转换,直面真问题、解决真问题,形成真学问。

为此计,借助于学校高水平大学学科能力提升建设专项的支持,我们从中划出了一个"传媒经营与管理案例研究"的子项目,六位老师带着十余位硕士生、本科生同学或北上北京、济南,或南下广州、深圳,或西进合肥、桂林,或深耕沪上,做个别访谈、团队调研、在线会议……如此等等,不一而足。因此,这本案例集与其说是写出来的,不如说是参与此项目的老师们、同学们跑出来的、聊出来的,其中,很多内容更是在与业务部门一线同志们的交流中悟出来的。

本案例集包括五个部分。

第一部分冠名为"出版为何?出版何为?",聚焦传统出版领域及其转型之道逐个展开,涵盖了五个案例分析,时代出版、凤凰传媒、华东师大社、广西师大社等几个行业标杆、特色出版机构皆有涉及,希望通过对上述出版机构成就、困难与作为的深度分析,描述传统出版转型的"进行时",探索传统出版转型发展的"将来时"。

第二部分实际上是以传统报业、电视、广播媒体为研究对象的案例研究。"报"仍在,身已远,此处的"报"泛指传统媒体的内容生产方式与经营管理模式。大势已变,未来已来,技术驱动的冲击如水银泻地,无处不在、无时不有,我们的报纸、广播与电视媒体的经营者们如何自处?又如何作为?

第三部分将目光投向了传媒产业的核心——内容本身。该部分包括三个案例:社群微信公众号、网络文学平台与线上线下互动的"樊登读书"平台,网络化、智能化社会里,内容以何种方式、何种介质面对用户?坚守情怀与商业业绩的悖论如何平衡、消解?上述疑问皆可从具体案例的研究、描述中找到答案。

第四部分所涵盖的内容则相对宽泛一些,从"大媒体"、"大文化"的立意出发,以游戏开发、校园文化运营、基于数据分析的互联网广告运营及文化创意园区的转型发展为研究对象,以从产品经营到价值经营的逻辑延伸进行阐述、分析,希望读者能依据这样的分析逻辑从上述案例剖析中获得启迪。

第五部分虽为附录,但却很具特色。该部分以人民日报中央厨房融媒体建设、山东广播电视台融媒体资讯中心建设、上海外语教育出版社融媒体转型及上海音乐出版社融媒体中心建设为研究对象,从历程、问题与解决之道入手,一一分析、娓娓道来。值得肯定的是,

---

[1] 梁漱溟著.梁漱溟全集(第一卷)[M].济南:山东人民出版社,2005(5):616.

从具体教学需要出发,每个案例都附有"案例使用说明",其中包括教学目的与用途、启发性思考、分析思路、理论依据与分析、背景信息、关键要点、建议课堂计划及案例的后续进展等八个方面的具体内容,细致而实用。

本案例集由任健教授负责整体创意与策划,书名拟定、内容分类与提纲编排也由任健教授完成。在内容的具体分工上,任健教授负责《国产游戏海外经营,路在何方?——基于三家游戏企业经营实践的综合分析》一文的创意、提纲拟定与文章修改(研究生王顿、徐竞伟负责完成初稿),与《省级广电内容IP经营之路怎么走?——以SMG价值经营为例的探析》的创意、提纲拟定与文章修改(研究生刘畅负责完成初稿),以及《剧星传媒商业模式创新演化路径研究——基于动态能力视角》的创意、提纲拟定与文章修改(研究生王蕊、柯瑞丰、景佳琦负责初稿写作);刘强教授负责《理想国的"理想"与"现实"——王牌出版品牌的建构与困局》一文的创意与修改(研究生赵茜负责完成初稿)、《再续往日荣光——新华传媒的多元化战略及其对策分析》的创意与修改(研究生邢丽娜负责完成初稿)、《最大跨国并购的诱惑与陷阱——凤凰传媒国际并购的得与失》的创意与修改(研究生蒋龙九鼎完成初稿)、《从"内容变现"到"平台连接"?——小社群公众号的彷徨》一文的创意与修改(研究生赵茜负责完成初稿);金永成副教授负责《融合情怀与科技的数字读书平台——透析"樊登读书"的经营策略》一文的创意、撰写与修改、《场景理论视角下的融合出版探索——以华东师范大学出版社为例》的创意与修改(研究生任一帆、吕雅萱负责完成初稿)、《"免费阅读"新商业模式探索——以连尚文学为例》的创意与修改(研究生刘金果、黄文珺和徐茜负责完成初稿)、《胧爱文化——基于客户精准定位的特色经营模式分析》的创意与修改(研究生张梦曦、黄文珺负责完成初稿);程美华副教授负责《人民日报中央厨房融媒体建设的历程及其成效》(研究生李美莹负责完成稿件)的创意与修改、《上海音乐出版社融媒体中心现状与发展》(研究生李美莹负责完成稿件)的创意与访谈、《山东广播电视台融媒体资讯中心的发展现状》(研究生朱雅文负责完成稿件)的创意与访谈、《上海外语教育出版社融媒体现状与发展》(研究生林阳负责完成稿件)的创意与联络;林颖颖副教授负责《融合发展·立体出版——大型出版企业的业态创新》(研究生景佳琦负责整理采访录音)、《从新闻纸到互联网——主流新媒体的转身和挑战》《突围中的坚守和扬弃——品牌都市报"新传播"转型之路》《"倾听"的春天来了吗?——互联网音频头部企业的开拓之路》四篇文章的写作;杨柳博士负责《从浆粕车间走出的新希望——广州羊城创意产业园转型之路》一文的写作。因此,本案例集可以说是师生共同参与、多方通力合作的成果。

回想半年之前,就在书号发放数量收缩、出书不易,而下拨财政资金又面临年底清零之际,其时真可用彷徨无措、如坐愁城来形容。幸有老友立信会计出版社社长窦瀚修先生伸出援手,化解燃眉之急,具体负责此事的副社长戎其玉老师也倾情相助、强力落实。此情此景,仍历历在目,难以忘怀。研究生任一帆、朱雅文、邢丽娜三位同学对全书的文字梳理、版式优化与后续修改落实也贡献颇多,特此一一说明,并致谢忱!

"桐花万里丹山路,雏凤清于老凤声"。本案例集以《破局·蝶变·重塑:新时代传媒经营管理创新案例研究》冠名,其出发点就是,处于传媒业大变局之中,希冀通过对那些生生不息的新事物、新技术、新现象及新模式的观察与研究,透过现象、把握本质、瞻望未来。更重要的是,身为高等学校的专业教师,我们也希望通过自己的教学研究、自己的些许努力、自己的身体力行,为促进新时代年轻一代传媒业人才的健康成长而力尽绵薄。

是所至望。

任 健
2020 年 6 月

目 录

第一部分 出版为何？出版何为？

"理想国"的理想与现实
　　——王牌出版品牌的建构和困局 ·· 3

融合发展·立体出版
　　——大型出版企业的业态创新 ·· 17

场景理论视角下的融合出版探索
　　——以华东师范大学出版社为例 ··· 26

再续往日荣光
　　——新华传媒的多元化战略及其对策分析 ······································ 38

最大跨国并购的诱惑与陷阱
　　——凤凰传媒国际并购的得失研究 ·· 49

第二部分 "报"仍在，身已远

从新闻纸到互联网
　　——主流新媒体的转身和挑战 ·· 71

突围中的坚守和舍弃
　　——品牌都市报的"新传播"转型之路 ·· 81

省级广播电视台内容IP经营之路怎么走？
　　——以SMG价值经营为例的探析 ··· 91

"倾听"的春天来了吗？
　　——互联网音频头部企业的开拓之路 ·· 107

第三部分 内容：何以为王？

从"内容变现"到"平台连接"？
　　——小社群公众号的彷徨 ………………………………………… 117

"免费阅读"的新商业模式探索
　　——以连尚文学为例 ……………………………………………… 128

融合情怀与科技的数字读书平台
　　——透析"樊登读书"的经营策略 ………………………………… 139

第四部分 从产品经营到价值经营

国产游戏海外经营，路在何方？
　　——基于三家游戏企业经营实践的综合分析 …………………… 153

胧爱文化
　　——基于客户精准定位的特色经营模式分析 …………………… 181

剧星传媒商业模式创新演化路径研究
　　——基于动态能力视角 …………………………………………… 196

从浆粕车间走出的新希望
　　——广州羊城创意产业园转型之路研究 ………………………… 219

附录 案例分析教学导引

人民日报"中央厨房"融媒体建设的历程及其成效 ………………… 243
人民日报中央厨房融媒体建设的历程及其成效案例使用说明 …… 261
山东广播电视台融媒体资讯中心的发展历程及其成效 …………… 264
山东广播电视台融媒体资讯中心案例使用说明 …………………… 276
上海外语教育出版社融媒体现状与发展 …………………………… 280
上海外语教育出版社的融合出版案例使用说明 …………………… 291
上海音乐出版社融媒体中心现状与发展 …………………………… 295
上海音乐出版社现状与发展案例使用说明 ………………………… 302

破局·蝶变·重塑：新时代传媒经营管理创新案例研究

第一部分

出版为何？出版何为？

"理想国"的理想与现实

——王牌出版品牌的建构和困局

摘　要：本文描述了当下图书出版产业的品牌建设环境以及"理想国"图书品牌的发展历程，并且以品牌力构成模型为理论基础，从"理想国"图书品牌的品牌精神、品牌定位、品牌识别、人化品牌、物化品牌五个方向对"理想国"如何在激烈的图书市场竞争中彰显品牌特色进行了概述及分析。最后，描述了该品牌随着品牌建设的深入，面临着如何实现个人品牌与编辑团队的协同发展、图书品牌与企业品牌的系统对接、数字产品与图书品牌的深度融合、价值链延伸与经营利润的高效转化的四大难题。

关键词：出版品牌；品牌力构成模型；品牌定位；商业价值

1. 案例背景

近年来，在国家促进文化大发展大繁荣政策的引导下，文化传媒产业得到了迅猛发展。图书出版单位转企改制工作于 2010 年底基本完成，将原来身份含混的出版社彻底推向了市场，图书出版产业的市场体制和机制基本建立。自 2013 年开始，我国图书出版产业规模整体处于上升趋势，出版产业规模不断增长，年均增长速度达 3% 以上。

我国正在由出版大国走向出版强国，出版产业规模进入了快速发展时期。但随着大型互联网公司对传媒行业市场的挤压，导致出版业市场竞争愈发激烈，互联网三大巨头强势进军出版业扶持网络文学，使得部分年轻读者的注意力被转移，这是文学出版业迎来的挑战。各出版社和一些图书策划发行机构在这种竞争中日益意识到品牌建设的重要性，纷纷各显身手，出版业呈现鸢飞鱼跃、异彩纷呈的场面。

老牌名社积极巩固品牌形象，人民文学出版社借助《哈利波特》丛书重塑自己高质量文学读物的品牌形象；中华书局坚守古籍整理与学术专著的重镇，稳固自己在历史学术文化书籍领域的专业地位；商务印书馆也通过"哈佛经济管理图书品牌"持续强化其"工具书王国"的品牌形象。民营书业也以前所未有的勇气在图书市场中大刀阔斧的开辟出自己的一片天地。其中，"理想国"作为广西师范大学出版社 2010 年推出的文化品牌，堪称是一个活

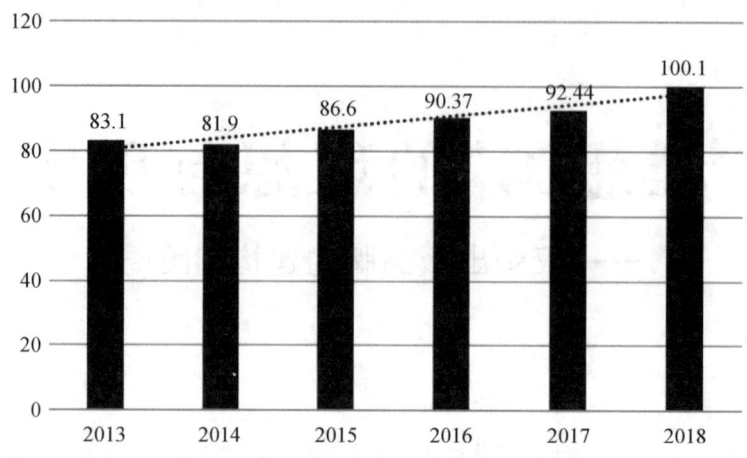

图1　图书出版量变化趋势(单位:亿册)
数据来源:国家新闻出版署

跃且富有影响力的文化品牌。该品牌致力于人文、思想和艺术类图书的出版,并策划组织文化活动,开发影视作品和文创产品,践行着自己独特的品牌定位理念,打出主题"想象另一种可能",形成了有影响力的传播矩阵,旗帜鲜明地彰显了自己的图书品牌特色。

"理想国"品牌的成功打造也日益引起了业界和学界的关注和讨论。从产业角度而言,图书业是一种文化产业,生产的是精神产品,具备特有的文化属性。国外的文化产业输出均以强有力的文化品牌为主,例如美国的迪士尼、日本的动漫电影玩即ACG等,而我国在这一方面则相对薄弱。从根本上说,书业文化品牌对书业发展有着非同寻常的意义,是关乎书业未来发展的基础。

2. "理想国"品牌发展历程

2.1 "理想国"品牌缘起

1986年,广西师范大学出版社(简称广西师大社)成立。20世纪90年代,随着教材教辅市场的逐步分化,广西师大社的经营利润呈现了滑坡之势。为寻求自身的发展与演变,2000年广西师大社不断整合各方面资源,走出广西,先后在北京、广州、南京、广西、上海五个地方组建了五家"贝贝特"公司,迈开了"走出去"战略的第一步,同时也为广西师大社构建集团奠定了坚实的基础。从2006年开始,这五家"贝贝特"公司在经营业绩上,一年产值超过一个亿,为出版社带来巨大的经济效益。2009年6月28日,广西师范大学出版社集团有限责任公司挂牌成立,成为我国首家地方大学出版社集团。2010年秋,广西师范大学出版社北京贝贝特出版公司正式推出文化品牌——"理想国"。

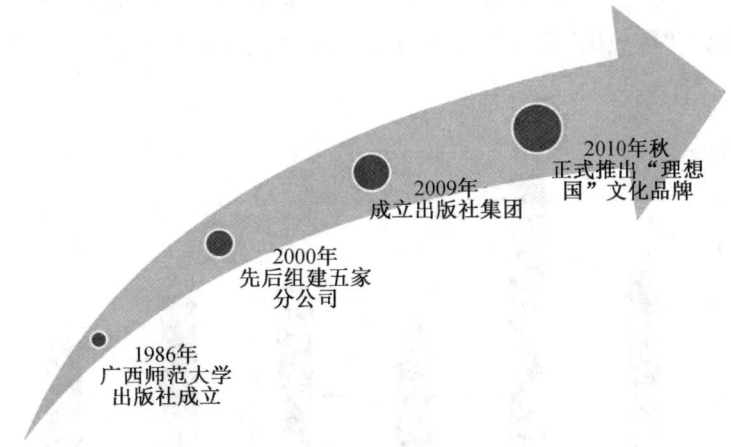

图 2 "理想国"品牌发展历程

2.2 "理想国"品牌发展

"理想国"以人文、艺术类图书出版为核心，书籍种类包括文化、旅游、美食、绘本、人文、小说等多个领域，并逐渐向文化活动、影视传媒、创意产品等多领域拓展，力图成为更具包容性、前瞻性、内涵更丰富的文化品牌。

多年来，"理想国"的作者群体始终分享着彼此熟悉的理念和价值。而由此形成的，出版社与作者之间在精神上的连接与信任，便是"理想国"一直以来惠及读者和社会的丰厚文化资产。"理想国"的作者群包括了陈丹青、蔡国强、徐冰、贾樟柯、侯孝贤、木心、白先勇、西西、许倬云、杨奎松、龙应台、张大春、骆以军、许知远、蒋方舟，以及约翰·伯格、史景迁、卜正民、弗朗西斯·福山、奥兰多·费吉斯、娜奥米·克莱恩、帕蒂·史密斯、柳宗悦、原研哉、隈研吾、杉本博司、森山大道等近百位各个领域的重要人物。

表 1   "理想国"代表作及作者

年份	代表作	作者
2010	木心作品集	木心
2010	陈丹青作品系列	陈丹青
2014	"理想国译丛"	梁文道、刘瑜、熊培云、许知远
2014	《讲谈社·中国的历史》	（日）宫本一夫等
2019	《讲谈社·兴亡的世界史》	（日）森谷公俊等

除了深耕出版之外，"理想国"举办的各种大型论坛、讲座、对话、沙龙，以及读书会，同样引人瞩目，在中国文化界影响深远。尤其自 2010 年开始启动的"理想国年度文化沙龙"，

其为期三天的活动包括了多场专题论坛、对话、讲座和音乐会,是"理想国"致力于提升智识与想象力、推动代际交流的一次努力。如今,这个活动依然持续引发着知识界、公众和媒体的热烈关注。此后,"理想国"保持着每年近上百场文化活动的频次,成为中国最活跃的文化机构之一。

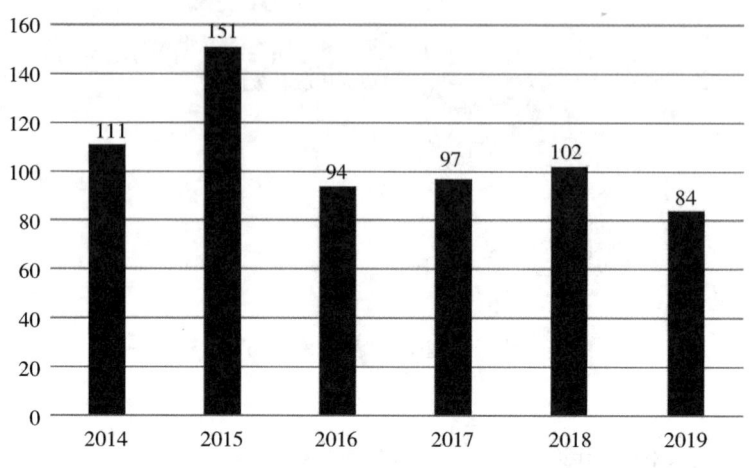

图 3 "理想国"文化活动频次 单位:场

数据来源:"理想国"豆瓣小站

在网络等新媒体迅速发展的当代,"理想国"运用自身优势,与新浪、腾讯、土豆、优酷等各类网络新媒体开展跨界合作,于 2015 年春推出"看理想"影像计划,针对青年读者群体新的"阅读"习惯,用影像呈现文化,拉近纸质出版物和青年读者群体的距离,同时也完善丰富"理想国"品牌,使之更具体、更立体。《看理想》影像计划包含三档节目拍摄风格各异,根据每一位创作者的特色量身打造,力求通过年轻人最接受的有趣形式,呈现高品质的文化内容。

3."理想国"的理想:王牌出版品牌的建构

本文在出版品牌分析时沿用薛可、余明阳教授在《出版社品牌力的五大构成》一文中提出的出版社品牌力构成模型,如图 4。该模型中出版社的品牌力分成五个部分:品牌精神、品牌定位、品牌识别、物化品牌、人化品牌。品牌打造过程是一个复杂的系统工程。

3.1 "理想国"的品牌精神

广西师大社的文化价值观有深厚的人文情怀。其第三任社长肖启明曾说:"做书如同做人。在社里,最重要的同样是人文关怀,我们倡导一种平等、宽松、自由的学术、思想氛

图 4　出版社品牌力构成模型

围,让大家感觉到忙碌的不仅是一份公事工作,更是一份个人理想、人生追求和传承文明的伟大事业,把出版社的事业和个人理想结合起来。"这段话在广西师大社的企业运作、产品打造、市场营销等活动中得到了充分体现,如该社的珍稀文献出版,某种程度上就是一项公益性事业。而"理想国"在继承广西师大社的文化价值观的基础上致力于开启民智,又提出"想象另一种可能",希望在人文学科知识领域为有志于服务国家报效民族的青年提供一个交流理想的平台。

刘瑞琳在 2014 年"未来不需要看见"的新闻发布会上曾说过这样一番话:"理想国"是一群蜗居在巨大的北京城的一座小楼里的几十个年轻人,他们在做书。他们做过一本波兹曼的《娱乐至死》。所以他们知道,在这样一个娱乐至死的时代,书籍更应该坚守它的文化本分与价值信念,如果连书籍也走向娱乐化,那么,我们的文化中,还有什么能够抵抗人们对于娱乐的无尽的欲望呢?"关于"理想国"的品牌精神,用"理想国"本身文艺的说法,就是"为了人与书的相遇",就是在经济社会的大背景下,希望用书籍的力量、文化的力量感染到社会各界精英、各阶层民众乃至贩夫走卒。简言之,"以人文思想为旗帜,以开启民智为己任"正是"理想国"品牌的精神内核。

3.2　"理想国"的品牌定位

改革开放以来,我国已逐步形成买方市场格局,读者在文化需求上表现得越来越复杂,出现了明显的分层。广西师大社的市场定位是教育出版,出于发展战略的考虑,该社将本社大部分的人文社科类书籍都交给了北京贝贝特出版,这是符合自身实际的:其一,北京是我国的政治文化中心,人才集中,易于编辑团队发展及作者资源积累;其二,北京交通物流便捷,这对于图书出版洽谈、图书销售渠道都是一种先天优势;其三,北京作为我国经济文化发展前沿城市,聚集着大量既有阅读刚需又有经济基础的中青年读者,适宜举办各类文化活动。[1] 鉴于此,"理想国"图书品牌主要致力于高端人文社科图书出版,并将其目标

---

[1] 李罗娜."理想国"的特色化出版研究[D].河北大学,2016.

读者精准定位为那些有着一定阅读品味追求的学者、文艺青年、都市小资群体。[1]

"理想国"自身的抽样调查显示,47%的读者年龄集中在25~35岁之间,且大多数都是大学及以上的高学历人士,这些读者对图书质量的敏感度明显高于对图书价格的敏感度,购买力稳定且品牌忠诚度较高。这样的读者定位在图书的内容上打上了鲜明的烙印。基于此,在图书内容上,"理想国"图书品牌既注重思想价值和艺术品位,同时又注重现实观照和人文情怀;在图书形式上,则注重图书形式美和视觉冲击力的表现,呈现出相对稳定和成熟的编辑特色和格调。

"理想国"图书品牌通过精准的读者定位和简约的书籍形态来打造自己的个性化出版,一方面最大限度地满足了目标读者不同梯次的阅读需求,为读者提供了细致而周全的服务,进而慢慢培养了一批自己的读者群体;另一方面也旗帜鲜明地彰显了自己的图书品牌特色,进而形成了自己图书品牌风格的整体面貌,从而有利于"理想国"图书品牌在激烈的图书市场竞争中脱颖而出。

3.3 "理想国"的品牌识别

"理想国"图书品牌的整个标识系统都是由书籍设计师陆智昌先生设计的。许智昌先生在设计"理想国"三个字时,将其竖排陈列,黑体,显得方方正正、规规矩矩;而"imaginist"里的九个英文字母则保持均匀间距横排展开,居于"理想国"之下,稳稳地托住"理想国",给读者一种踏实感和平和感;紧接着,下面便是一个变形的纯黑色的"i",其 logo 在造型上像一个随手摆动奋力跳跃的人,极富力量气息,整个图案线条简洁,以直线为主,适当加入两条曲线,契合了"理想国"图书品牌稳中求变的文化理念。整个图书品牌的标识系统都选用了黑色,给人一种肃穆与庄重之感。黑色的字体与白色的留白组合在一起,简单大方,便于读者识记。此外,"理想国"将其图书品牌的标识系统插放到网页、微博、书籍、豆瓣等地方,并根据载体物质的特点,适当对标识系统的元素作删减,这些都有利于图书品牌在最大程度、最大范围得到推广和传播。[2]

事实上,品牌图书的装帧设计孕育和塑造了不同的图书品牌个性和形象,从而加深了图书品牌在读者脑海中的印象,进而使读者能够快速在琳琅满目的图书中辨认出来并完成购买行为。就"理想国"图书品牌而言,其图书文字的处理和色彩的运用很好地体现了图书的风格、品位和价值。陆智昌喜用 Bodoni 字体和宋体字,强调文字的传达功能,颠覆了同行出版物文本页面字号设定(版面文字一般设定为 10.5 磅~14 磅,即四号、五号字大小)一成不变的固化模式,以视感明晰度、文本可视度、阅读流畅度来把握文本字体、字号与书籍整体的空间关系。在品牌图书用色方面陆智昌也极为用心,在整体色调上,他致力于打造

---

[1] 谢沁宜.从传媒定位视角看出版文化品牌营销策略——以广西师范大学出版社"理想国"品牌为例[J].青年记者,2014(33):67-68.
[2] 秦叶青."理想国"图书品牌研究[D].湖南师范大学,2016.

一种简洁、素雅的风格,如"理想国"系列图书中木心的作品集《文学回忆录》(图5)上、下册是分别采用浅粉、浅鹅黄色;《哥伦比亚的倒影》《素履之往》(图6)则是采用淡白色。总的来看,其系列书籍的颜色都比较"轻",给人营造了一种轻巧空灵的阅读气氛,再者,这种浅色系又给人温暖之意,让人安定自若。陆智昌在对"理想国"图书品牌图书极为用心的整体包装,打造了一本本有着清晰格调和洁净味道的图书,进而塑造了"理想国"图书品牌之清秀雅致、简洁大气、率性拓落的集体风貌,使"理想国"图书品牌在图书市场上更具辨识度、更有竞争力。

图5 "理想国"品牌标识

图6 《文学回忆录》

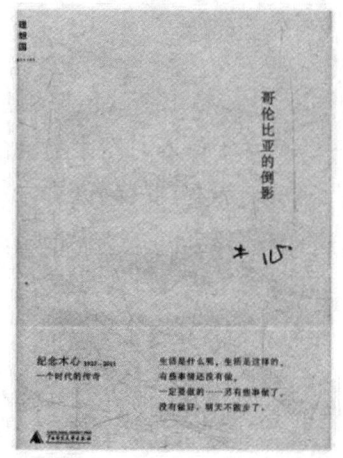
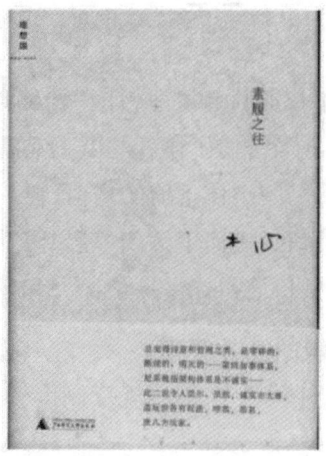

图7 《哥伦比亚的倒影》《素履之往》

3.4 "理想国"的人化品牌

3.4.1 对作者资源的充分挖掘

广西师大社"理想国"年度文化沙龙,是该社于 2010 年发起的一年一度的文化活动。出版社邀请文化名流就当年的文化事件或者公众关心的文化议题进行讨论,搭建平台让各界文化人士在论坛或者对话中交流观点。"理想国"与其图书品牌的作者之间,有着一种惺惺相惜和相互敬重之情。这种敬重之情来自于双方对文化、对品质、对专业性所持有的共同态度。正因为如此,"理想国"拥有了一群忠实作者,如陈丹青、梁文道、白先勇、蒋勋等,他们基本上都是固定在"理想国"出书了。此外,一部分新作者也是由老作者推荐来到"理想国"的,前有陈丹青引荐木心、梁文道推荐骆以军,后有白先勇、董桥、蒋勋在林青霞面前力荐"理想国"。[1]

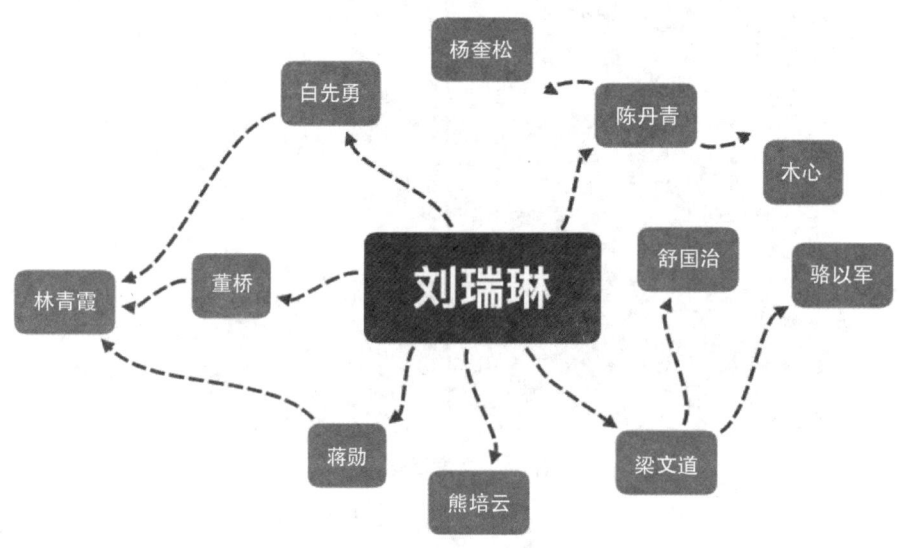

图 8 "理想国"代表作者关系图谱

在开发作者资源上,"理想国"始终以作者为核心,注重与作者的情感维系,急作者之所需。这样,一方面密切了作者与图书品牌之间的关系,培育了作者对图书品牌的忠诚度,进而有利于图书品牌主体价值的增值;另一方面,作者本身就拥有自己的读者,读者会因为关注作者的相关信息进而了解到"理想国"图书品牌,这样便间接地扩大了"理想国"图书品牌读者群体,使其价值得到进一步扩大和延伸。

3.4.2 对编辑的高效管理

"理想国"有一套独创的规章制度——主编负责制,即:把过去的一个大编辑部按照规

---

[1] 李罗娜."理想国"的特色化出版研究[D].河北大学,2016.

划,分为几个小编辑部,称之为"馆"。现已有9个馆,分别是"知新馆""艺术馆""设计馆""学书馆""艺文馆""大众馆""人文馆""文学馆""译著馆",每个馆设一个主编,相当于编辑室主任。主编要根据预定的方向,对馆内的图书出版作出相应的规划,负责选题策划的整合,并实时关注重点图书项目的出版进程,此外,还要配合图书营销市场部做好重点图书的宣传与营销工作。

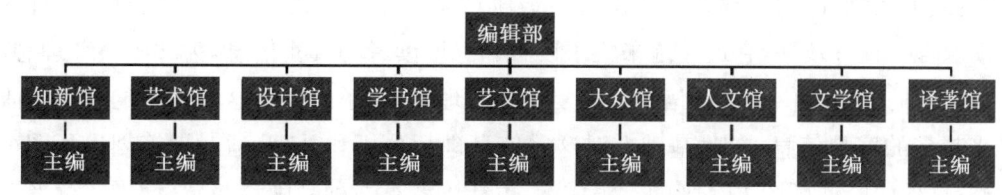

图9 "理想国"编辑部组织架构

每个馆都有其特色的选题,每个具有特色的选题都有合适的人来操作,这样从整体上确保了"理想国"图书品牌的平稳发展。再者,主编负责制让"理想国"图书品牌能相对稳定地保持在人文、社科、艺术、生活这四个既定的轨道上发展与推进,这样图书品牌的选题结构也就越来越清晰,并且每个图书选题方向内部的生产线上也有人负责,确保了既定产品线的持续开拓。

3.4.3 与读者的积极互动

(1) 网络营销,拓宽互动渠道

微博微信等新媒体迅速发展的今天,出版社品牌维护与推广离不开新媒体传播工具的帮助,广西师大社"理想国"紧跟技术潮流,在互联网上建立自己的网页、豆瓣小站、微博、微信公众号,定期更新发布信息,组织线上线下活动,吸引公众与读者参与,在宣传出版作品的同时也与读者形成互动。"理想国"于2010年2月22日在新浪上开启了微博,截至2020年4月26日,其粉丝已经达45.4万,在出版社微博粉丝排行榜中居于前十。2013年2月21日,"理想国"也在微信上开通了"理想国"的订阅账号,开通至2019年4月26日,"理想国"订阅号已经推出了704篇原创内容,其主题有"理想国"书讯、线上读书沙龙、新书评介以及近期的热门话题等。每篇文章不仅阅读量破万,留言区也有很多读者积极留言,参与互动。在互联网思维下,"理想国"充分利用网页、豆瓣、微博、微信等新兴社交媒体平台,多管齐下、注重融合,推动着"理想国"图书品牌的跨媒体营销。

(2) 书店签售,搭建互动场景

书店签售是比较传统的销售宣传模式,出版社和销售读书的实体店合作为读者和作者提供见面交流的机会。在作者与读者见面的同时,经常会对图书内容做深度的交流,这种营销宣传模式加深了出版社、作者、读者三者之间的联系,增强了作者的亲和力,让读者更易亲近作者的作品。2019年3月26日,"理想国"关于新书《造境记》的线下分享会,就采取网上免费报名的参与方式。对此类绘画艺术有兴趣的受众可以通过识别文中附带的报名二维码获取有限的参与名额。[1] 这种由受众自主报名的开放式参与活动,有效地建立了一个开放的文化交流氛围,促进了作者与读者、读者与读者之间更为直接的思维碰撞和沟通学习。

(3) 数据收集,巩固互动基础

2014年年初,"理想国"邀请其豆瓣用户参与了一场名为"你心目中的'理想国'2013好书榜"的线上活动,以图书投票有奖的方式鼓励读者留下自己的一些基本信息。这种形式的活动取得了良好效果,它迅速地采集了读者和隐形读者的真实信息,为2014年"理想国"读者数据库的建设提供了大量信息。年复一年,"理想国"小站通过这种简单的方式则收集了越来越多的客户信息,在此基础上对这些信息进行分析和处理,适时地策划出了图书发行策略,这样便降低了图书品牌的营销成本,也让读者有一种品牌参与感,增加了读者对品牌的忠诚度。

3.5 "理想国"的物化品牌

3.5.1 纸质出版物:对选题策划的创新

以专业团队独到的眼光选择策划出版还未被重视,却极具潜力、极具社会价值的"小众书",让它们成为大众阅读的选择,是近年来"理想国"品牌选题策划的一个重要方向。[2]"理想国"有别于其他图书品牌,并非单单着重再版畅销书或出版已经成名的作家的书,而是在所谓的"小众书"上下功夫。例如其策划出版的讲古典音乐赏析入门的《乐之本事》。关于古典音乐的书十分冷僻,自然会被归入"小众书",但用这本书的编辑雷淑容的话说,"《乐之本事》这本书乍一看比较冷僻,但翻开读去,会发现别有洞天。'理想国'的很多书都是谈艺术谈人生,但他们总能出乎意料地让你觉得,书跟你的生活息息相关"。在各个策划主题中找寻到最前沿、最经典、与最专业的作者紧扣行业与时代的发展,在各个领域中有意识地培养专业编辑与专业读者群体,在大众中形成出版作品、作品作者与出版社编辑、社会影响、专业能力各方面的统一与协调。这种出版专业的集群效应也提高了作品销量,增加了作者的专业影响力,从而激发了作者的创作积极性。[3]

3.5.2 数字出版物:对融体时代的适配

从阅读"纸"到阅读"屏",在线数字阅读成为了一种普及、常态的选择,而传统纸媒的发展日渐式微,传统阅读行业亦遭遇巨大冲击,无论是社会影响力、市场占有率均出现大幅下跌现象。但是"理想国"却在互联网技术和媒介融合的冲击下为其持续发展找到了新的思

---

[1] 王宫钦.基于网络社群的"理想国"社会化阅读研究[D].山东大学,2019.
[2] 豆功秋.浅析"理想国"文化品牌在构建过程中的独到之处[J].新闻研究导刊,2016,7(11):265.
[3] 简小军.论我国大学出版社的品牌建构[D].西南大学,2015.

路与途径。

视频网站的合作是"理想国"对阅读视听化的初步探索。2015年1月27日,"理想国"图书品牌和视频网站土豆网联手,于当年4月份推出一档"看理想"的文化解读类视频节目。而作为"理想国"图书品牌的签约作家,梁文道、陈丹青、马世芳将在第一季中分别上线《一千零一夜》《局部》《听说》等三档节目。[1] 随后加入了窦文涛的聊天真人秀《圆桌派》,之后还吸引了贾樟柯、蒋方舟、张亚东等众多文艺界人士的参与,截至2018年底,共在优酷、土豆的"看理想"频道上线了326期视频节目。在国内,这可谓是首例出版业试水新媒体。

2018年10月,"理想国"正式推出"看理想App",移动App的推出是"理想国"阅读的视听化形式的拓展与理念的集结。除了最初四档节目外,还制作了脱口秀节目《八分》以及电台杂志《看理想FM》等新节目,并开设了"博雅"与"杰作"两个付费节目专题。这些节目不仅涉及文学、历史、艺术等多个领域,充分满足受众的日常审美口味,更将文化载体拓展至音频、视频、图文等形式,并增加了访谈、问答设置以及花絮的策划。"理想国"微信公众号提供的统计显示,截至2018年10月,"看理想"已经制作了近1 000集音视频节目,节目总观看人次约12亿,预计2019年还有2 000集上线。

3.5.3　其他衍生品:对价值链条的延伸

事实上,在国外,图书品牌已经能够较为成熟地带动其他相关产业链条的发展,而在我们国家,图书品牌衍生品市场开发尚未成熟。2016年,"理想国"与无印良品的合作也由书籍延伸至线下读书会和文创产品的设计制作。通过对图书附属版权的综合、立体开发,"理想国"开发了一系列手工民艺产品并将其图书品牌标识系统的某些元素印制在上面,例如布袋、茶具、明信片等。既无形中进行了品牌的推广,又实现了出版产业的横向跨行业延伸。此外,"理想国"还创建了自己的天猫旗舰店,专营"理想国"图书品牌衍生出来的手工民艺产品,并且还专门增设了自己的会员平台。

2020年,"理想国"在成立十周年之际,推出Naïve"理想国"空间。"Naïve"寓意天真、好奇、对习惯的拒斥、对另一种可能的践行。该空间既是"理想国"生活美学观念的落地,也将实现看理想的线下体验;它将通过对书籍内容的延伸、围绕书籍策划展览等形式,引导读者深入阅读的世界;也将尝试立体出版的多种可能性。秉持"感受另一种可能"的理念,首个Naïve"理想国"空间已于2020年初夏在北京国贸郎园开幕。这些都进一步扩大了图书品牌的市场,拓宽图书品牌的产品营销渠道,进而使整个图书品牌的发展迈上一个新台阶。

图10　"理想国"品牌价值链

---

[1] 袁圆.基于CIS理论看广西师范大学出版社的文化品牌设计[J].戏剧之家,2018(20):229-230.

4. "理想国"的现实:王牌出版品牌的困局

4.1 个人品牌与编辑团队的协同发展

就出版社与读者、作者的相互关系来说,读者对出版社的期待有两方面:一是对与出版物直接相关的作者或译者的要求,二是对与出版物间接相关的出版运作流程中之专业人士的要求。后者姑且不论,前者则关系着出版社在新作上与优秀作者签约、在旧作上与优秀译者合作等宏观的操作方向。而"理想国"之所以能够积累大量优质的作者,很大一部分原因是基于陈丹青、梁文道等作者对品牌创始人刘瑞琳的信任。在新书发布会上,有媒体问陈丹青:以后还会出什么书?在哪出?陈丹青说:"刘瑞琳就是我的出版社,以后我的书都会交给她。"从当前的情况来看,这是"理想国"打造王牌出版品牌的一大优势,编辑的个人品牌很好地转嫁到了"理想国"图书品牌的打造上。但从长远发展来看,对作为一家企业发展的出版社本身来说,作者和编辑团队而非编辑个人的强连接才是更为牢靠的、可持续发展的合作关系。

4.2 图书品牌与企业品牌的系统对接

出版企业应当将其已有品牌进行全面梳理,建立起一个集团品牌、分公司品牌、产品品牌的体系,这样它们才能各司其职,相互支撑,相得益彰。广西师大社的各类品牌尚未梳理建构起有逻辑的体系。在"理想国"之前,雅典娜思想译丛、"温故"系列、影像阅读系列、电影馆系列、中医文化系列、"百家讲坛"系列、大学名师讲课实录系列等,其实都是图书品牌,至于广西师大社、北京贝贝特公司,则是企业品牌。虽然当初"理想国"是作为图书品牌推出,但是经过十年的发展,"理想国"的品牌知名度和真正价值甚至一定程度上已经超出了其所属的北京贝贝特公司乃至广西师大社的公司品牌。如果想要最大化发挥"理想国"图书品牌作为无形资产的巨大潜在价值,就应该重新对"理想国"的品牌定位乃至整个出版社品牌体系的逻辑进行一个更加综合明确的梳理。如今的"理想国"是什么定位?到底是企业品牌还是图书品牌?以及它和其他品牌是什么关系?这些问题都应当进一步明晰。[1]

4.3 数字产品与图书品牌的深度融合

《圆桌派》首季开播仅 3 个月便创下互联网文化类节目的播放记录:24 期节目播放量

---

[1] 莫林虎.从品牌资产生成机制看出版企业品牌建设的路径——以广西师大社为例[J].出版发行研究,2014(12):21-24.

破亿,多次登上微博话题榜前 5 及综艺榜单,并入选豆瓣年度热门网络综艺,是当年 TOP10 榜单中唯一一档文化类节目。此后,《圆桌派》陆续播出了第二季、第三季,均保持豆瓣评分 9.2 的超高水准,第三季更是以 1.8 亿次的播放量圆满收官,一跃成为文化类综艺的头牌节目。但是圆桌派作为"理想国"推出的数字产品之一却很大程度上忽略了对"理想国"图书品牌本身的带动和宣传,节目的角标和末尾的二维码都是"看理想",节目当中也几乎未出现过"理想国"品牌图书,甚至并未出现过"理想国"的品牌标识。品牌资产首先应当明晰产权,数字产品积攒的品牌效应不应停滞在产品本身,而应当作为无形资产加以经营和管理,与"理想国"品牌乃至广西师大社加强联系、深度融合,强化观众或读者的品牌归属感。

4.4 价值链延伸与经营利润的高效转化

产业价值链的延伸,可以从两个方向展开:一是跨媒体经营,以内容为核心,形成多层次、立体化的媒介运作,有效提升资源的利用率和品牌影响力。"理想国"在视听节目的探索正是跨媒体经营的成功典范;二是跨产业经营,包括衍生产品和服务的开发,如通过版权、品牌授权,开发游戏、动漫、玩具、饰物、纪念品等。衍生产品和服务模式主要是基于内容品牌和出版社资源的深入挖掘,许多出版企业不乏好的内容,品牌影响力也具有优势,但其品牌价值开发往往停留在表面。"理想国"的衍生品微店看理想生活主要售卖器物、日用、文创、品饮四大类商品,但是微店内的商品不仅品牌融合生硬而且定价过高,如一个仅仅印有 M 译丛字样的普通帆布包价格高达 128 元,很难吸引更多的人购买,也就很难为品牌盈利做出真正的贡献。或许以内容和品牌为核心,充分开发用户资源价值,在不同领域的外延上进行拓展是出版企业克服单一盈利模式,设计多种收入流的可能途径。[1] 如"出版+游学"是基于学生用户群体的出版业务和文化旅游业务相结合的一种方式,目前发展势头良好。中国少年儿童新闻出版总社在 20 世纪 80 年代就依托自身资源开始探索实施夏令营和游学等项目。"理想国"则可以借鉴这种模式,并根据自身读者特征进行新的探索,如开展精英群体游学沙龙项目。社交需求、娱乐需求与精神需求正是 25~35 岁的高学历人群最迫切的三大需求,这也是激活读者购买力最直接最有效的方式之一。

在度过了品牌建设的前期阶段后,"理想国"需要进入到规范的品牌体系维护这一新的阶段。要完成这种转变,需要在编辑团队经营、品牌体系梳理、品牌资产整合以及价值链延伸上进行新的探索,以更加充分地挖掘"理想国"品牌的商业价值。

---

[1] 郑豪杰. 大众出版价值链商业模式的延伸[N]. 中国图书商报,2011-11-11(006).

参考文献

[1] 薛可,余明阳.出版社品牌力的五大构成[J].科技与出版,2008(01):24-26.

[2] 李罗娜."理想国"的特色化出版研究[D].河北大学,2016.

[3] 谢沁宜.从传媒定位视角看出版文化品牌营销策略——以广西师范大学出版社"理想国"品牌为例[J].青年记者,2014(33):67-68.

[4] 秦叶青."理想国"图书品牌研究[D].湖南师范大学,2016.

[5] 王宫钦.基于网络社群的"理想国"社会化阅读研究[D].山东大学,2019.

[6] 豆功秋.浅析"理想国"文化品牌在构建过程中的独到之处[J].新闻研究导刊,2016,7(11):265.

[7] 简小军.论我国大学出版社的品牌建构[D].西南大学,2015.

[8] 袁圆.基于CIS理论看广西师范大学出版社的文化品牌设计[J].戏剧之家,2018(20):229-230.

[9] 莫林虎.从品牌资产生成机制看出版企业品牌建设的路径——以广西师大社为例[J].出版发行研究,2014(12):21-24.

[10] 郑豪杰.大众出版价值链商业模式的延伸[N].中国图书商报,2011-11-11(006).

融合发展·立体出版
——大型出版企业的业态创新

摘 要:靠着创新干劲和多元化"走出去"的发展战略,地处中部传统农业区的安徽出版集团走出中部,走向全国,更在国际文化市场上树起了响当当的"中国品牌"。本文将通过介绍安徽出版集团旗下的上市公司——时代出版传媒股份有限公司,以其在近年来如何推动融合发展、立体出版为例,探寻大型出版企业的"外联内合、转型升级"的道路。

关键词:融合发展;立体出版;转型升级

1. 案例背景

党的十九大报告指出,当前我国社会主要矛盾已转化为人民日益增长的美好生活需要和不平衡不充分发展之间的矛盾,进一步明确全面深化改革是解决当下社会矛盾的必由之路。社会矛盾的转换意味着人民群众的需求也在发生深刻变化,愈发从满足物质需求向满足精神需求方面倾斜。

文化建设是满足人民精神需求的核心环节,而出版业作为文化建设的重要组成部分,是文化自信的基础,在社会主义文化强国建设中起着越来越重要的作用,担负传承文明、记录历史、传播真理、普及科学、资政育人的重任,是社会主义文化建设中的主力军、主战场和主阵地。[1]

新媒体时代,不仅仅是传统媒体遇到了强烈冲击,传统出版业也遭遇前所未有的挑战。目前业内达成的一个共识是:数字化阅读改变着人们的阅读方式,出版业只有不断创新升级、转型发展,才能站稳脚跟,找到新动能。

2. 时代出版概况

根据时代出版传媒股份有限公司 2019 年 7 月 11 日最新更新的公司介绍,2008 年 9 月

---

[1] 柳斌杰.大力推动传统出版业数字化数据化转型[J].传媒,2018(12):9-10.

18日，经中国证监会正式批复核准，安徽出版集团以其所持有的出版、印刷等文化传媒类资产，认购科大创新定向发行股份，成为上市公司第一大股东，在全国率先以出版业务整体上市。上市公司更名为"时代出版传媒股份有限公司"（股票代码600551，以下简称"时代出版"），成为出版主营业务净资产收益率最高、极具成长潜力和投资价值的文化传媒类上市公司。

时代出版目前拥有全资或控股子公司23家（其中9家出版社），主要经营图书、期刊的、印刷、复制，新媒体、传媒科技的研发与股权投资等业务。2012年，它在北京设立北京时代华文书局，2013年3月由原国家新闻出版广电总局授予出版资质，使其成为全国第一家拥有异地出版资质的企业。同年，它在上海外高桥保税区设立时代国际出版传媒（上海）有限公司，是全国第一家设在上海自贸区的出版企业。

3. 时代出版的立体出版、业态创新

近年来，时代出版着力推进出版融合发展，将互联网技术同传统出版、文化服务、商务运营进行全面嫁接，积极推动文化产业深入融合发展，全力打造出版融合产业体系，取得了较好成效。

时代出版把科技创新作为提升文化产业竞争力的重要引擎，推进全媒体立体出版，以内容产业为基础，围绕传统出版与新兴出版融合发展，推动由"做出版"向"做文化"的转变、由"单一化"向"融合化"的转变、由"线下企业"向"线上企业"的转变、由"区域化"向"全球化"的转变，加速实现了文化产业新常态下的战略转型与产业升级。

3.1 强化技术支撑，抓好数字教育

时代出版紧密把握数字教育的新趋势，依托国家新闻出版署出版融合发展重点实验室和教育资源动态数字出版省重点实验室提升技术研发应用水平。

近年来，时代出版以"时代教育在线"和"豚宝宝"为核心产品，已打造出从幼儿园到高中阶段之全系列、全科目、全媒体的数字教育业务体系。

"时代教育在线"将出版社的教育资源进行数字化开发，建设数字教育服务全媒体平台，这已被列入安徽省基础教育资源库。2019年，围绕数字教育的重要技术"动态数字出版系统关键技术研究及应用"获得了安徽省科学技术进步奖二等奖。这也是安徽省首次以内容为主导的出版企业获得该奖项。

时代新媒体出版社在金寨县试点"在线课堂+智慧课堂"项目取得成功，接下来向全省覆盖；"豚宝宝学前教育STEAM智能交互式课程"是时代漫游公司面向国内幼儿研发的学前教育多媒体核心产品，是国内首套基于触控感应与智能交互技术开发的幼儿园全媒体幼

图 1　时代出版获奖

儿园电子课程,目前已开发豚宝宝学前教育 STEAM 智能交互式课程 7 套、配套教学用品 600 多个种类、App 电子绘本书 1 000 本、儿歌 KTV 童谣 200 首、儿童图书绘本 1 000 部、视频轻动画 1 000 集以上,并搭建庞大的多媒体素材数据库,已覆盖全国 23 个省、1 个自治区、4 个直辖市、85 个城市的 4 500 多家幼儿园所。

安徽教育出版社在两年前开发中考直播课,订购量不断扩大,影响力不断提升,面向少儿期刊有选择地从图文向音频、视频、动画延伸,针对在校中小学生"下午 3 点半"难题,结合线下活动,开发相关 App。

3.2　深化融合创新,抓活数字出版

这主要体现在推动纸质图书与数字化、视听化深入互动。如时代数媒公司正在启动建设的"版权资产管理系统",将为"皖版图书数字化工程"的建设打下基础,专门针对传统出版机构在优化转型之中亟待解决的问题,提供一体化解决方案,以促进皖版图书资源的立体化开发,实现多元收益。

安徽科学技术出版社与时代数媒公司联合打造"乐龄听书"平台,专门为老年群体提供有声阅读,App 已于 2019 年 9 月上线,该平台主要包括《保健与生活》《疾病生活养护》《名家讲健康》等精品有声栏目以及有声图书、曲艺专栏、银龄商城等核心内容,具有较强市场竞争力,并于 2019 年底制作精品有声栏目 3 个,原创 IP 节目 15 个以上,共上线音频资源不少于 3 000 小时。他们还计划用三年时间将"乐龄听书"品牌打造成中老年人听书细分领域龙头产品,使用户数达千万级别、月活跃用户达百万级别,以实现社会效益与经济效益的有效统一。

安徽文艺出版社、黄山书社分别围绕文艺和古籍出版建设数据库,时代新媒体出版社

打造自己的线上资源平台,为纸质图书提供音频、视频、动画等多样化融媒体资源。安徽少年儿童出版社推出融媒体系列出版物,形成互动电子书、知识服务产品、有声读物、立体玩具书四大业务板块。其中,有声读物依托"萌伢"听书平台,累计用户超过 10 万人,日活跃用户上万人,上线的《小猪佩奇》《杨红樱童话注音故事书》《海底小纵队》《新教育晨诵》等多部品牌畅销有声图书市场,受到读者大力追捧。

3.3 优化项目管理,抓实成果转化

项目是产业发展的载体,时代出版拿出真金白银和优质资源进行项目培育。2018 年,时代出版设立 1 000 万元"出版融合发展专项基金",用于媒体融合、资源整合、产业链延伸、业态转型以及重点融媒体出版物的扶持和奖励。

时代出版还完善项目实施的制度体系,优化项目管理,充分依托 11 个产学研文化科技研发平台和 9 个融合发展应用转化平台,让更多的创新项目在更适宜的文化科技创新环境下孵化成长,并实现成果转化,推动项目成果在品牌、渠道、内容等资源的快速"变现"。2019 年集团暨股份公司进一步增加扶持力度,投入约 1 500 万元用于建设媒体融合发展类重点项目。其中,乐龄听书项目年度计划投资 600 万元;皖版图书数字化工程项目年度计划投资 300 万元;时代出版第二批融合发展专项基金资助项目拟资助规模约 600 万元。

目前,时代出版已拥有国家认定企业技术中心、数字与新媒体产业技术创新战略联盟、高新技术示范企业等多个国家级产学研技术平台、运营平台;拥有时代新媒体出版社、安徽教育网络出版公司、时代出版(上海)研发中心、博士后科研工作站四大产学研实体,在全国出版行业保持领先地位。

3.4 大力拓展"走出去"

时代出版近年来持续提升"走出去"的工作质量,版贸规模更加壮大。大力拓展文化"走出去"渠道,积极响应国家发展战略,与"一带一路"沿线国家的 20 多家出版机构建立合作关系,突出特色化、故事化、本土化、国际化,推动"走出去"更深入、更持久。公司所属科技社、教育社、少儿社、文艺社四家单位成功入选"安徽省文化出口重点企业"、"一带一路童书互译工程"、"中塞当代文学互译"等,国际项目扎实推进,各类项目政府采购成果丰硕。

时代出版还加强图书内容建设,引导和鼓励各出版社进行外宣选题策划,推动一批具有中国特色、凸显中国精神、反映当代中国创新发展的主题外宣精品图书版权输出海外。2018 年版权输出 548 项,其中非华语类 370 项,占比 68%。其版权输出连续十年位居全国前列,在第 25 届北京国际图书博览会上荣获"优秀版权贸易输出奖",旗下安徽少年儿童出版社荣获"2018 年中国版权年度最具影响力企业"。《辉煌四十年——中国改革开放成就丛书》等一批主题图书实现多语种版权输出,《杨红樱童话绘本系列》版权输

出日本、法国。

以2018年为例,时代出版全年荣获国家及省级"走出去"荣誉称号112项,实现中宣部外宣重点出版项目、中国图书对外推广计划、经典中国、丝路书香等国家文化"走出去"四大重点项目入选大满贯。安徽少年儿童出版社、安徽文艺出版社、北京时代华文书局三家企业荣获"2018中国图书海外馆藏影响力100强"。《中国特色社会主义》等9种图书荣获2017年度全国输出版优秀图书;《贾平凹散文典藏大系》等9种图书荣获"海峡两岸出版交流30周年优秀版权图书",入选数量位居全国前列;《试飞英雄》等5种图书入选第25届北京国际图书博览会"BIBF遇见的50本好书",获奖数量并列全国出版企业第一,凸显了公司深耕出版主业,打造精品力作的实绩。

为了让"走出去"更扎实地推进,时代出版近年来组建了一支版权贸易人才队伍,每个出版社都有自己的版贸专员,其英语水平都在专业8级以上。公司每年还组织人员出国学习,为经营管理、数字出版专业等方面人才提供学习全球先进经验的机会。

4. 经营发展蓝图规划

"公司上市早,公司的品牌、美誉度、社会影响力都很大,员工有非常强的荣誉感和市场竞争意识,可谓天时、地利、人和。我们也将继续聚焦主业,抓好内容建设。"时代出版副总经理、董事会秘书刘红在访谈中如是说。

图2 时代出版网站首页的获奖情况展示

根据时代出版的规划,公司将继续坚持稳中求进的总基调,坚持高质量发展的总要求,坚持聚焦主业发展的总目标，深化出版供给侧结构性改革，突出创新驱动，强化融合发展，把全面从严治党推向纵深，努力开创公司发展新局面。

4.1 坚持正确导向，认真抓好内容建设

全面贯彻落实全国和安徽省宣传思想工作会议精神，抢抓高端资源、前沿资源、优质资源、稀缺资源。围绕主题出版方向，紧扣"新中国成立70周年""全面建成小康社会""中国共产党成立100周年"等重要时间节点，策划推出一批弘扬社会主义核心价值观、唱响主旋律、释放正能量的精品力作。

4.2 明确定位，实现精细化、专业化

推动各出版单位进一步明确主攻方向、市场定位和专业优势，打造公司在主题出版、传统文化出版、学术出版、少儿出版、文艺原创出版、"走出去"出版等领域独具特色和优势的产品线，推出一批讲品位、讲格调、讲责任和陶冶情操、启迪心智、引领风尚的优秀作品。

4.3 全面布局，推动融合发展

深入推进"出版+"工程，加大数字出版研发力度，鼓励创新，推动出版与教育培训、影视、文创产品经营等融合发展，在出版主业产业链上下游全面布局，开发新业态新项目，提升新能力新水平。

4.4 坚持资本运作，开拓战略合作

充分利用公司闲置资金，盘活闲置资产，通过严格、科学、合理的内部审议程序，选取出版产业链上下游的投资项目。积极开拓战略合作，开发新市场，发挥传统出版与其他行业的协同作用，实现传统出版新发展。

4.4.1 提高出版质量，为新时代奉献更多精品力作

抓好冲刺出版行业知名奖项的工作，力争中国出版政府奖、中华优秀出版物奖稳中再进。抢抓大题材，围绕"中华人民共和国成立70周年""全面建成小康社会"等重大主题，推出系列主题图书。强化精品出版，突出新时代，坚持贴近现实、紧扣时代策划一批具有创新意义、时代价值的优秀现实主义文学作品。深化大合作，实施"一带一路"专项规划，推进国际出版合作，在版权贸易、项目建设、市场开拓、文化交流等方面加大力度，把更多弘扬中华文化和徽风皖韵的精品图书和文化产品推向海外。

4.4.2 坚持创新引领，促进融合出版再上新台阶

以融合发展促进大会为平台，集聚更多优质资源、优秀人才、优异项目，把融合发展项目做精、做专、做实。加大创新，以已有内容资源为基础，以自有平台、技术、渠道、人才等资

源为支撑,合理借助外力,增强市场开拓、资源调动能力,做好中小学融合发展项目投标、智能图书馆建设、智慧课堂打造等教育服务工作。立足内容资源,与优质新媒体机构开展深度合作,大力开发具有差异化、特色化、专业化的融媒体产品。推进"出版+"工程,与教育培训、影视、艺术品经营等融合发展,发挥协同优势。

4.4.3 坚持科学规范,认真抓好经营管理

抓好建章立制工作,修订完善内控、资产管理等方面的制度,加强制度的宣传贯彻、执行落实,加大监督力度,防范漏洞风险,推动发展更加科学、规范、高效。认真做好相关投资项目的选取、决策工作,选择优质项目,做好已参股项目的股权管理工作。持续推进"瘦身强体"工程,推动主业地位更加凸显、带动作用更加有力。

4.4.4 坚持以人为本,抓好人才队伍建设

做好各类培训工作,提升员工技能素养,培养复合型人才,夯实公司智力支撑。坚持任人唯贤,为各单位选人用人做好科学规划与引导,进一步优化公司人才结构,提升人才队伍素质水平。认真谋划、精心组织、统筹协调、科学安排、广纳英才,为公司发展增添活力。

5. 思考:出版企业如何实现"双效"?

一直以来,出版传媒业都积极贯彻落实党的方针、政策,把社会效益放在首位,努力实现社会效益与经济效益相统一。时代出版作为国有文化传媒类上市公司,受市场关注度提高,社会责任也更重大。按照高质量发展的要求,正在不断推进供给侧结构性改革,在跨界、转型、融合的道路上迈入文化产业融合发展的"新时代"。

图3 时代出版传媒股份有限公司 LOGO

近年来,时代出版在提供优质精品出版物丰富人民群众精神文明生活、维护股东和债权人权益、保护职工利益、维护消费者权益、保护客户及其他利益相关者利益、注重环境保护等方面承担了一定的社会责任。自2008年起,公司已连续11年向社会公开发布社会责任报告。

5.1 强化经营管理,提高公司治理水平

强化经营管理,提高企业效益,积极回报投资者。时代出版进一步加强公司内控制度的建设与完善,严格按照各项现代企业制度规范运作,使公司的治理水平得到极大提高。同时,公司按照现代企业管理要求和上市公司运行规范,以流程为主线抓落实,是国内首家实行 ISO9001:2008 质量管理体系和整体实施 ERP 系统的出版企业,从而进一步完善了公司的管理程序,确保规范管理,不断提升执行力。依据《上海证券交易所股票上市规则》、公司《章程》的规定,董事长是公司信息披露第一责任人,公司指定董事会秘书负责信息披露工作,接待投资者来访和咨询,依法履行信息披露义务。公司应披露的信息按照有关规定通过《中国证券报》《上海证券报》《证券时报》和上海证券交易所网站等予以真实、准确、及时、完整、全面地披露,保证所有的投资者可平等获得公司的信息。

公司重视保护投资者利益,自 2011 年起,每年现金分红金额均占当年归属于上市公司股东净利润的 30%以上。

5.2 稳把出版主业导向,社会效益更加彰显

时代出版始终把社会效益放在首位,实现社会效益和经济效益相统一。公司以重点项目为龙头,瞄准全国高端作者、高端资源和重大奖项,不断提升重点出版项目的水准和质量。从传统出版到新媒体出版,一个个国家级重点项目树立了高质量发展的标杆,有效带动了专业水平提升,推进了高质量发展。

同时,公司实行坏书"一票否决"制。每本书从选题确立开始实行三级论证,每本书都需经过编辑、出版社、公司、出版局等程序进行论证审核。同时,在管理考核中,坚持社会效益比重占 60%,经济效益比重占 40%的机制。

5.3 "走出去"屡获殊荣,综合实力稳步提升

时代出版历来高度重视对外推介优秀中国文化,"走出去"工作始终位居全国前列。近年来,公司紧密围绕宣讲十九大精神、纪念改革开放四十周年、徽文化推广三大主题,积极讲述好中国故事、传播好中国声音,努力推动中华文化有效走出,在版权输出、合作出版、文创产品推广、国际文化交流等领域取得重要成果。

5.4 实现可持续发展,努力实现美丽中国梦

时代出版属于低能耗、轻污染的文化传媒类企业,但仍然十分注重环境保护工作,积极促进社会的可持续性发展。一方面,利用相关的出版物,积极向全社会宣传环保理念,以逐步转变社会文化用品的消费观,增强全社会每一个人的环保意识。另一方面,公司通过"绿

色出版"实现出版业的协调可持续发展。首先是精选项目,压缩平庸选题,多出精品,以减少纸张消耗,实现从出版物的生产商向内容提供商的转型;其次是积极利用可再生能源、降低污染物排放,让耗材更具环保要求;三是加强与高科技的结合,推进内容数字化和数字出版等新媒体的出版,以减少出版业对于能源、资源的消耗;四是通过和终端消费者有效对接,减少出版的盲目性,降低产品的库存量,从而最大限度地节约资源、能源。

参考文献

柳斌杰.大力推动传统出版业数字化数据化转型[J].传媒,2018(12):9-10.

场景理论视角下的
融合出版探索
——以华东师范大学出版社为例

摘　要：本文梳理了华东师范大学出版社（以下简称华东师大社）的数字化转型之路。较早进行数字化转型的华东师大社目前已拥有一整套成熟完备的数字出版业务链。本文首先通过探讨基于"场景"的转化背景，指出该社已成功实现了数字化转型，"纸质教辅图书＋二维码"下学生课下学习场景发生了变化，学生对手机等移动端设备的依赖性增强。然后说明移动设备（手机、平板电脑）的普及是该社"发布端融合"战略的基础条件，传感器、大数据以及定位系统是"用户端精准"战略的未来技术支持。最后在SWOT框架下分析华东师大社的优势与劣势、机会与威胁，提出该社应在此基础上持续把握好用户场景，并做好场景化适配。

关键词：数字化转型；媒介场景理论；场景化适配

1. 华东师范大学出版社简介

当下报社、广播电台和电视台等传统媒体行业的逐年亏损以及大量人才流失的现象都在重复老生常谈的一个问题：新媒体时代传统媒体该如何生存？但是，将目光转向某些出版社，很有可能会在这里找到一些答案。面对市场环境的严峻挑战，华东师大社近几年企业盈利却稳步提升，影响力也越来越大，这与该社所做出的出版融合发展战略是密不可分的。华东师大社创建于1957年6月，是新中国成立后最早创建的两家大学出版社之一，所出出版物主要由教材、学术著作、社会读物构成，自建社以来共出版图书4万余种。经过60多年的发展，华东师大社形成了以教育出版为核心的企业特色，教育类出版产品为其专业化的发展方向。教育类图书超过其出版总量的70%。凭借着图书内容的高质量，华东师大社在业界以及市场都有着良好的口碑。

表 1　　　　　　　　　　　　　　华东师大社企业概况

类别	内容
公司名称	华东师范大学出版社有限公司
地点	上海市中山北路 3663 号
成立时间	1957 年
经营范围	出版
公司口号	华东师范大学出版社　给您一个智慧的人生

华东师大社是国内较早有数字化转型观念的教育出版社之一，在数字化转型的道路上一直务实摸索传统出版社如何适应数字化时代的方法，目前该社已经拥有一整套较为成熟的数字出版业务可供其他出版社借鉴和学习。

2. 华东师大社的数字化转型之路

出版的数字化转型不只是将产品及生产过程予以数字化处理，还包括通过信息技术推动传统出版单位在产品结构、运行方式、出版观念和盈利模式上的转变。随着数字出版时代的到来，华东师大社也做出了自己数字化转型的努力：2006 年社内设立电子网络部，工作内容就是将纸质教材通过专业机器的扫描变成 PDF 文件格式的电子书存入库中，这是该社数字化转型的开始。2009 年，社内成立数字出版部，开始了数字化转型"四面开花"的发展，统筹信息中心、电子音像分社开展具体的数字出版业务。2015 年，原新闻出版广电总局、财政部联合印发《关于推动传统出版和新兴出版融合发展的指导意见》，坚持传统出版和新兴出版优势互补、一体发展，在内容、渠道、平台、经营、管理等方面深度融合。华东师大社积极响应，随之，加快融合出版发展的步伐，使数字出版的概念转化为出版融合发展的概念。华东师大社在积累了一些经验之后发现不能一味地去发展新兴出版而放弃了传统的出版，一定要立足于传统出版，主力放在内部的融合上。2017 年，国家新闻出版署在华东师大社设立出版融合发展重点实验室，愿景是打造面向教育出版的"微型中央厨房"，构建开放式数字产品运营生态圈，希望利用实验室的概念，集中科研力量，在出版融合发展方向上做一些深入的探索，做出一些成功的案例以供其他出版社借鉴和分享。

随着数字化转型探索的深入，华东师大社目前已经基本形成了以"智慧树全媒体数字教育解决方案"为核心涵盖多年级、多学科、多载体的全方位、立体化的数字化教育产品和平台。典型成效是"智慧树"教育出版云平台的设立。这个平台有两大目标：一是发布端融合，二是用户端精准。目前发布端融合已经基本上完成。发布端指的是"智慧树"资源中心和发布中心，汇聚了 9 000 多本的图书资源和其他百万级别的各类多媒体资源。下一步的

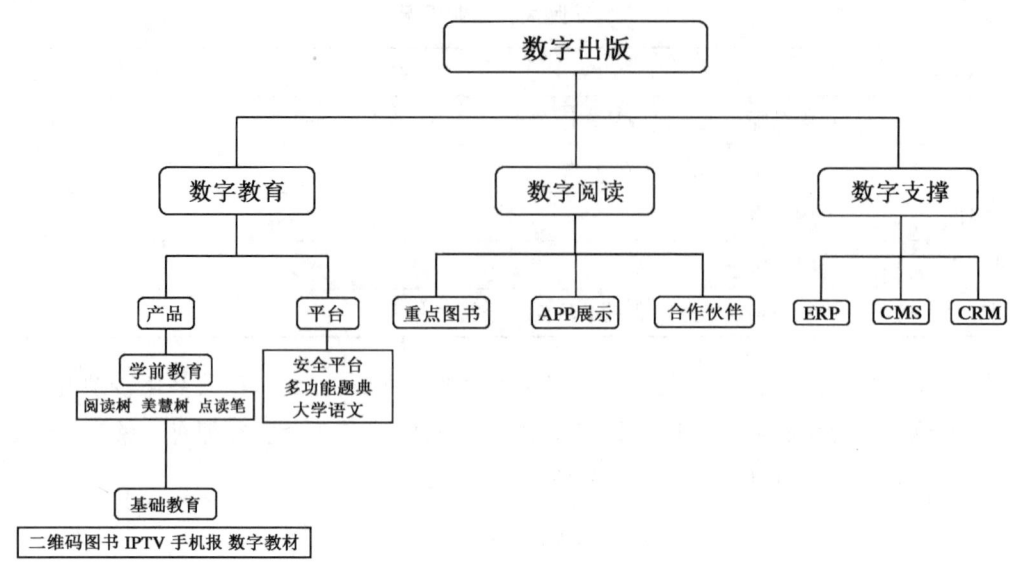

图 1 华东师大社数字出版结构图

目标"用户端精准",就是将出版社的各个条线的用户信息统一管理,打造一个更为完整的用户数据库,为进一步用户画像的研发以及个性化的服务打好基础,帮助学生更有效的学习。

如今的华东师大社在"给您一个智慧的人生"的企业愿景下、大学校园勤恳朴实的文化氛围下以及踏实而又敢为人先的努力和观念的指导下,不仅在国内出版业树立了出版数字化转型的榜样,而且与国际化接轨愈趋紧密。

3. 场景理论视角下的特色融合出版之路

根据中国互联网络信息中心发布的第 44 次《中国互联网络发展状况统计报告》显示,截至 2019 年 6 月,我国网民数达 8.54 亿,其中手机网民数达 8.47 亿,互联网普及率达总人口的 61.2%,移动互联网的使用持续深化。伴随着移动互联网使用深化的两个重要的现象:一是大众媒介素养的提高,人们可以通过手机等移动端设备,即电子媒介来有效识别信息,解决问题;二是人们的日常生活场景因为手机等移动端设备而发生了某些变化。由于手机的普及,人们的生活、工作、学习场景不再是单独的场景,相对于电脑的固定场景,手机等移动端设备使得人们的日常生活、娱乐、工作、学习的场景界限变得更加模糊。最早对媒介与场景和行为关系做深入研究的是美国的梅罗维茨,其在著作《消失的地域:电子媒介对社会行为的影响》中指出技术的发展催生出新的媒介,新的媒介使得有形地界相对于信息不再是交流的障碍,从而产生出新的场景,新场景下行为规则又会发生改变,导致人们的行为又随之变化。梅罗维茨用"男性气质和女性气质的融合"、"儿童和成人身份的模糊"、"政治英雄的祛魅"三个例子论证了自己的观点。虽然梅罗维茨的场景理论是在电视媒介诞生并发展迅猛的时代下的研究结果,但是随着移动互联网时代的到来,新技术发展迅速,可以更快地催生出新的媒介,于是场景理论的价值再次显现。众多学者也开始从场景理论的视角出发来解释新的现象和行为。而实际上,场景理论有着更远的渊源。

3.1 理论溯源

把"场景"一词作为重要概念引入传播学的是美国记者罗伯特·斯考伯和技术专栏作家谢尔·伊斯雷尔。在 2014 年二人合著的《即将到来的场景时代》一书中,首次提到场景。这本书预见性断言未来的 25 年里互联网将迈入场景时代,而场景时代的五种技术趋势(场景五力)即可穿戴设备、大数据、传感器、社交媒体、定位系统也必将重塑整个人类生活和商业模式。这是新时代下学者根据时代的变化提出的场景理论,而实际上关于场景的研究还远不如此。

3.1.1 "场"与"景"

"场"最初是一个物理学概念,指物体周围传递重力或电磁力的空间。它最早由物理学家牛顿提出,用以解释重力的作用原理。而后,传播学奠基人之一的卢因把场论应用到了社会心理研究当中,形成了群体动力论。他认为,一个群体就是一个场,而群体绝不是成员的简单相加;在群体与个体的关系层面上,往往是群体起到了决定性的作用。在此基础上,布尔迪厄提出的"场域"理论,已成为社会学的一个重要理论,是用来解释人类行为的一种概念模式。其基本内涵是:人的每一个行为均被行为所发生的场域所影响,而场域并非单指物理环境,也包括他人的行为以及与此相连的诸多因素。"场域"的概念诞生之后,舆论场、媒介场、新闻场的概念随之出现,开启了媒介研究的新范式。

"景"的基本概念是景物或景观,与景物相关的一个概念是景别。景别在影视创作中的意思是指观察者或摄影镜头取景范围的大小,准确使用景别可以增强艺术感染力;而景物的艺术效果取决于观察者或摄影者的立场和态度,不能准确使用景别甚至故意错用景别,都会造成景物的扭曲变形,从而建构出虚假甚至错误的景观,可能造成人们对外部世界的错误认知与判断,这一行为又与景观理论密切相关。法国的居伊·德波在其著作《景观社会》中认为,"世界已经被拍摄",社会已进入影像物品生产与物品影像消费为主的景观社会,景观已成为一种物化了的世界观。在景观体系中,符号胜过实物,副本胜过原本,表象胜过现实,现象胜过本质。这些理论深刻揭示出大众传播时代的文化症候与艺术特点,提醒人们既要拥抱景观带来的视觉欢愉,也要警惕景观带来的视觉欺骗。

3.1.2 "场景主义"与"媒介主义"

社会学家戈夫曼在其著作《日常生活中的自我呈现》中,把戏剧表演理论应用到日常生活,提出了"前台与后台"理论,标志着"场景主义",又叫"戏剧理论"的诞生。前台指的是面对观众时戴上面具进行展示的表演,是个体在表演期间有意无意使用的、标准的表达性装备;后台指的是幕布后的私人场所,个人呈现出较为放松的姿态。"媒介主义"起源于学者因尼斯以及麦克卢汉等学者,媒介理论学认为普遍范围的社会变化归因于电子媒介的广泛使用。

3.1.3 梅罗维茨的场景理论

学者梅罗维茨在其著作《消失的地域》里批判继承了场景主义与媒介主义,认为戈夫曼提出的限定环境对行为的影响,由特定的交往地点以及观众所决定的。戈夫曼认为场景是相对稳定的,这忽略了角色和社会秩序的变化。除此之外,"媒介主义"虽然注重的是面对面的交往,但是忽视了交流中介。面对媒介主义,梅罗维茨认为麦克卢汉指出了电子媒介的应用所产生的社会角色的变化,但是却没有解释电子媒介"怎样"和"为什么"会引起这些变化以及媒介理论学注重的是对于媒介本身的研究,而忽略了面对面的交往。梅罗维茨认为这两种理论的优势与劣势是互补的,在此基础上,提出了能够将面对面交往与媒介的研究联系起来的社会"场景"结构。在《消失的地域》一书中,作者认为电子媒介影响社会行为,原理是大众表演的社会舞台的重新组合,以及所带来的我们对"恰当行为"认识的变化。信息技术的发展催生新的媒介形态,新的媒介破除有形地理上的隔离感,产生新的场景,而新的场景又会带来新的社会行为。

3.1.4 "场景五力"——场景时代的到来

美国科技和商业领域的记者罗伯特·斯考伯和谢尔·伊斯雷尔深感技术的不断进步,预测在未来的25年互联网必将是属于一个场景的新时代。他们在合著的《即将到来的场景时代》中提出构成场景的五种技术力量无处不在,即"场景五力":移动设备、社交媒体、大数据、传感器和定位系统。他们认为互联网时代的"场景"应该是基于移动设备、社交媒体、大数据、传感器和定位系统提供的一种应用技术,以及由此营造的一种在场感。

3.2 数字化转型背景下的场景构建要素

3.2.1 发布端融合:移动设备的普及

在互联网"场景五力"的条件基础上,移动端互联网设备的数量势必会进一步的增长,这是华东师大社新场景构建的条件之一。手机等移动设备的普及成为《一课一练》等教辅类图书二维码扫描解题的场景最基础的条件,这和华东师大社的"发布端融合"目标一致,即通过手机等移动端设备和传统的纸质教辅图书资源的融合,实现资源中心的发布端融合。

3.2.2 用户端精准:大数据、传感器、定位系统等

华东师大社在出版融合发展的过程中形成了"发布端融合,用户端精准"的战略。目前

发布端融合依靠着新技术的诞生基本完成,下一步的目标则是用户端精准。用户端精准的意思就是在未来依靠更完整全面的用户数据以及诸如传感器、定位系统等的技术条件,绘制更为细致的用户画像,深入了解用户的使用场景,以满足不同场景条件下的用户需求。华东师大社可以利用大数据分析个体的需求,为学生提供个性化的服务。目前他们能够把握住学生在课下使用教辅类图书来巩固知识,却遇到难题解决不了而父母又不在场的场景,便在教辅类图书难题旁印上试题解析的二维码,让学生使用手机等移动端设备自主扫描来解决难题,从而满足学生的需求。笔者大胆推测,有了传感器、定位系统等在教育类产品上的加持,华东师大社可以用这些新媒介构建起来的新场景为学生群体适配更加细致优化的服务。

3.3 华东师大社新场景下提供的适配服务

彭兰教授指出,场景适配包括标准化适配和个性化适配。标准化适配是对用户在某一场景下的普遍性需求予以满足,而个性化适配是对用户个性的把握从而有针对性地提供个性化服务。彭兰教授还指出,场景分析的最终目标是要提供特定场景下的适配信息或服务。适配意味着不仅仅要理解特定场景中的用户,还要能够迅速地找到并推送出与他们需求相适应的内容或服务。在标准化适配的层面上,华东师大社一直从场景的角度来理解用户,并在此基础上分析用户普遍的使用需求。这里的用户主体为中小学生,手机等移动端设备仅仅是作为查阅学习资料或偶尔游戏娱乐的工具,所以中小学生的媒体使用场景就是课后写练习题时解不出来就会用手机去网上搜索,包括使用搜索引擎搜题或者是联系同学一起解题的场景。华东师大社就为这个场景标准化适配了优质的服务。典型的例子就是《一课一练》等教辅图书,题目旁边印有题目解析的视频的二维码,手机扫描可直接观看,没有广告等壁垒。相比于用户在浏览器里通过关键词来搜题以及近些年来火热的教学网站要等待用户完成点击、注册、充值再观看的场景来说,华东师大社做到了删繁就简,更有效地让学生用户解决问题。这就为学生节省了宝贵的时间,也为他们减轻了一些学习上的负担。华东师大社首先就解决了读者最重要的场景问题,利用出版社自身的内容资源优势,通过多渠道的发布把内容更好地推向读者。这就是华东师大社面对出版融合发展的新场景所作出的标准化适配。在个性化适配的层面上,华东师大社的工作初见成效。他们以"融合"立体发布来满足不同用户的使用场景需求,具体是为面向市场的图书配套提供了三个渠道来服务用户,一是PC网站,二是微信公众号,三是专门的App。多渠道的用户需求解决方案给读者带来了诸多方便,但是囿于技术以及学生信息隐私的保护,华东师大社还没有利用大数据等技术绘制学生的用户画像,包括学生的年级、所在班级、所在学校等信息,因此个性化的适配还没有落地。此前华东师大社受邀参与了上海长宁区某学校做的学生课后使用教辅类图书时间段的实验,即通过分析学生扫描试题解析二维码的时间段,绘制每道题的二维码扫描时间图像,若某道题扫描时间过长,这说明此题难度普遍较大。以此实验来给试题制作者提出意见,推进教辅图书的改版。虽然仅仅是使用时间段的分析,分析题目的二维码扫描时间段,但是若开通注册实名制等,是可以绘制学生更精准的画像的,从而可以完善数据库,形成属于华东师大社的用户大数据,利用定位系统、传感器等技术,为学生提供个性化的适配。

3.4 华东师大社出版融合的"新场景"与"新行为"分析

梅罗维茨认为,新的媒介可带来新的场景,新的场景又可产生新的行为。他构建出"新媒介—新场景—新行为"的关系模型,认为新媒介的大量引入和广泛使用,可以重建大范围的新场景,并延伸出适应新的社会场景的新的行为。

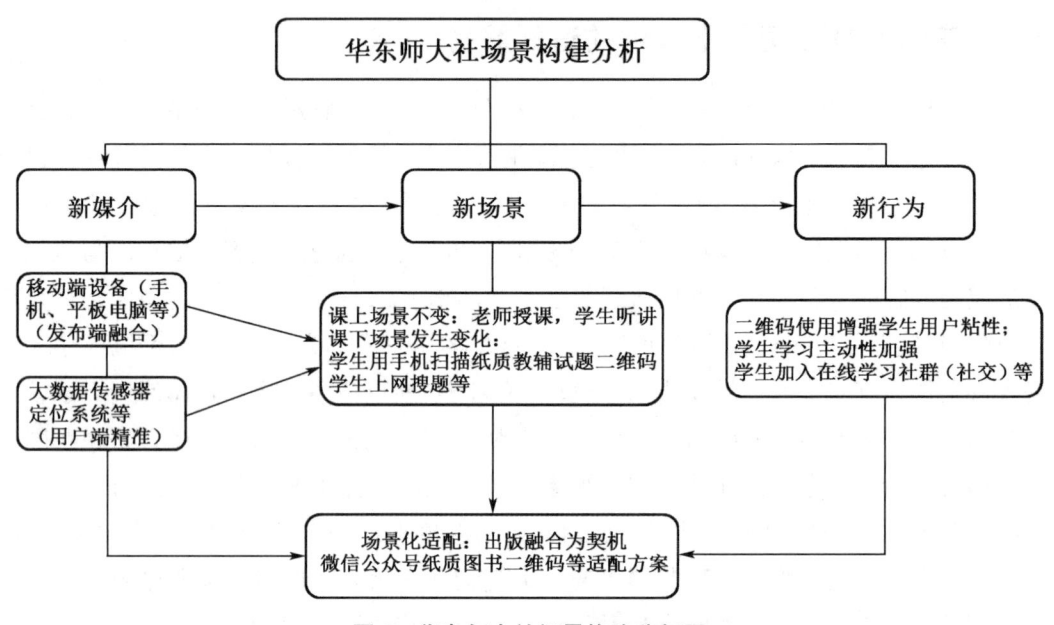

图 2 华东师大社场景构建分析图

3.4.1 新媒介与新场景:出版融合发展构建新的使用场景

面对即将到来的场景时代,移动互联时代的深入,有学者指出"媒介即场景",传统出版社在数字化转型的过程中首先要解决的是用户的使用场景问题。先进的新技术支撑新型媒体的诞生,使出版社在出版融合发展的过程中,可利用传统的教辅纸质图书加上试题解析二维码的微观媒介融合打造的新媒介,从而催生用户遇到难题不会去问家长或老师而是会去用手机等移动端设备扫描二维码观看试题讲解视频的新行为。以往的教辅类图书只是单纯的纸质出版物,之后虽然有光盘,但是随着DVD等播放器的被淘汰,二维码占据主流,其便捷特性备受华东师大社的关注。利用"纸质教辅出版物+二维码"的方式,把传统用户课后解题的场景和课上听从老师讲解的场景融合成一个新的场景。

3.4.2 新场景与新行为：场景融合产生新的使用行为

场景融合并不是若干场景的简单相加，而是场景与场景结合塑造出内涵更广的场景。在华东师大社"纸质教辅类图书＋试题解析二维码"媒介构建的新融合场景下，用户的使用行为随之发生变化，两个场景下的不同行为在新的融合场景下变成一个行为。这主要体现在学生摆脱过去的以人际传播为主的学生向家长、老师请教以及学生与学生之间交流的场景转变为可以通过手机等移动端设备扫描二维码，直接观看试题解析视频的场景上。使用行为从过去的单纯依靠纸质教辅图书、依靠他人解决问题的行为变成了依靠纸质教辅类图书加手机等移动端设备的配套使用行为。某些难题的解决虽然还是要依靠他人的帮助，但手机等移动端设备的出现，会加强学生用户学习的主动性和增加学生用户的使用性。

3.4.3 全新使用行为反作用于媒介及场景

行为对媒介以及场景具有反作用。新的行为可以助推新媒介的诞生以及新场景的构建。若《一课一练》的二维码视频解析还是会让学生的难题得不到根本上的解决，满足不了学生用户的需求，华东师大社可以开通用户反馈的窗口，促使出版社和出题人做出调整。可以预测在不远的未来，试题旁边的二维码的内容可能不只有录制好的讲解视频，有可能还会是华东师大社新推出的学习 App、学习交流社区等更好地满足学生群体需求的功能，这样就又催生出新媒介的诞生，又构建出 App 的使用，社区交流等新的学习使用场景，从而进一步做到满足用户不断增长的需求的标准化适配乃至个性化的适配。

4. 华东师大社出版融合发展的 SWOT 分析

SWOT 分析框架，又叫态势分析法，是由美国旧金山大学的管理学教授韦力克在 20 世纪 80 年代提出，常被企业用来做战略制定、竞争对手分析等。SWOT 分析框架主要是从企业内部（S：优势分析；W：劣势分析）分析的角度以及企业外部（O：机会分析；T：威胁分析）分析的角度来进行分析。运用这种方法，可以对企业做更为细致全面的分析，进而为企业的发展做进一步的战略指导。

4.1 优势分析

华东师大社能够屹立在出版行业显然是有自己的优势和制胜法宝。笔者认为华东师大社的优势主要集中在优质的内容资源、品牌影响力广以及市场需求大这三个方面。

4.1.1 内容资源优质

虽然这是一个信息爆炸的时代，面对海量信息，大多数用户还是无法有效过滤掉无用的信息。内容依旧是数字化时代出版社以及其他内容产业的核心竞争力，"数字化"仅仅是手段和工具。华东师大社能够在数字化转型的过程中顺风顺水，是与其一直坚持优质内容资源开发分不开的。这就体现出了"内容"作为核心竞争力的优势，这也是华东师大社的一个优势所在。华东师大社是一所大学出版社，依托国内外著名大学的华东师范大学，国内外人才聚集，人才资源得天独厚。不管是教辅类图书还是其他类书籍，华东师大社一直重视试题的质量，依靠出版社的良好商誉聘请专家学者进行教辅类图书的制作。《一课一练》等教辅类图书的高销量和品牌影响力广的原因，很大一部分是取决于内容资源的高质量。此外，华东师大社还与"学霸君"合作，推出了《学霸必刷题》丛书，将"大数据"和"名师"的精髓进行有机结合，充分利用了互联网新技术，整合传统出版社优质作者资源，力求打造新一代教辅经典。"经验＋大数据"的组合，也就是"内容＋数字化手段"的组合实现了优势互补，更好地服务于读者。华东师大社还重视优质内容的二次开发，依托《奥数教程》和网易联合推出了精品在线视频课程"1天攻克奥数杯赛，国奥总教练暑假特辑"，这次合作是华东师大社向新媒体转型的又一个重要的突破口。华东师大社坚持传统出版社对于内容资源的重视，同时也利用数字化的手段跟上时代的步伐，通过优质资源把用户引流到付费内容上，实现用户精准定位，立足于对用户的服务，通过加大服务的力度，加大面向用户的便捷。

4.1.2　品牌影响力好

品牌是一个营销名词，有狭义和广义之分。狭义上的品牌是指视觉上的识别系统，比如一个LOGO；广义上的品牌指的是具有经济价值的无形资产，是给拥有者带来溢价、产生增值的一种无形的资产。增值的源泉来自消费者心智中形成的关于其载体的印象。

华东师大社在数字化转型的过程中，不仅坚持内容资源的开发，还十分注重品牌建设。教育出版社的图书品牌具有特殊性，虽然作为商品，与其他产品相同，都是为了满足用户的需求，但是教育出版社的品牌追求的是一种精神和文化的价值，这是一个长期工程。华东师大社不是以利益为导向，而是十分注重企业文化的建设，在品牌意识的推动下，社内的每个产品线会去注册商标，例如学前"美慧树""智慧树""一课一练""大夏书系"等，在学生、家长、学校以及社会中为自己营造了一个专注于教育的形象。

4.1.3　市场需求大

我国是一个教育大国，尽管东西部教学资源仍有差距，但国家一直以财政和政策扶持基础教育的发展，这就为教育出版社的发展提供了一个广大的市场需求。根据2018年全国教育事业统计，全国共有各级各类学校51.89万所，比上年增加5 128所，全国各级教育普及水平不断提高，国民受教育机会进一步扩大。教育的发展仍然为一大课题，人才的培养依然是每个家庭乃至中国发展的希望，所以教辅类图书的市场空间依旧巨大，教育类图书、产品的市场需求越来越大。近年来发展迅猛的互联网教育，例如沪江网校等，正是基于人们巨大的需求而生。面对互联网教育的冲击，传统教育出版社要做的就是利用自己的优势以及市场需求，加大数字化转型的深度，为国民教育的发展做努力。

4.2 劣势分析

华东师大社尽管具有自己的优势,但也存在一些不足。在内容方面,华东师大社优势满满,但是在数字化技术方面,数字化转型的力度和深度还有所欠缺,在融合发展方面还需加大力度。

4.2.1 产品形态单一

华东师大社坚持以教育出版为特色,以教育类产品为专业化发展方向,教育类的图书超过出版总量的70%。华东师大社专注于教辅类图书产品线的发展,造成了单一的图书生产现象,这必然会限制其他类图书的出版。华东师大社有"大夏书系"等社会类图书,但是影响力远小于自家的教辅类图书。面对教育出版社图书资源同质化的趋势,华东师大社不仅要巩固好自己的教辅类图书优势,也要为可能到来的困难和挑战做好准备。既然教辅类图书产品线已经基本走上了数字化的正轨,那么华东师大社就要在优势的基础上拓展企业内的其他图书系列的产品线,吸纳更多复合型人才,生产不仅面向大学生、中小学生的教辅类图书,而且还要有面向更多用户的图书种类,以满足不同人群的需求。

4.2.2 人才流失问题

想要在出版社内做好图书的生产工作,时间的积淀是一个关键词。然而,随着新媒体时代的到来,大学毕业生以及其他青年纷纷投向新媒体岗位,薪资低等问题限制了出版社内人才的发展。而传统出版社的发展需要年轻人融入,需要融入新时代新鲜的血液,这指的就是在互联网背景下生长起来的一代人。数字出版时代的到来给出版社的老同志提出了新的挑战。目前教育出版社急需复合型人才,不仅需要那些传统业务流程里懂编辑出版、策划的人才,也需要信息技术时代下懂数字化技术、网络编辑等技能的人才。如何把控人才的流失问题已经成为一个急需解决的难题。

4.3 机会分析

4.3.1 借助新媒体进行宣传

在新媒体日益发展迅猛的环境下,与其让新媒体成为焦点、夺取传统出版社的优势,不如对新媒体技术加以利用,让新媒体成为传统出版社的宣传工具。比如可以在哔哩哔哩(简称B站)建立属于华东师大社的资源中心,定期发布一些有关于华东师大社的视频,帮助更多的人了解华东师大社。这不仅会让更多人了解华东师大社本身的历史,也能了解到华东师大社在数字化时代也是具有内容资源优势的。

4.3.2 教育是长久课题

在我国,教育是一个长久的课题,这也是华东师大社最根本的机遇。而华东师大社恰好是一个教育出版社,坚持做教育类产品。刚好可以满足学生、学校、家长的需求。随着小康社会的逐步到来，人们的日常温饱问题基本解决以后，对于教育的需求必定还会增长。马斯洛需求层次理论的基本内容是将人的需求从低到高依次分为生理需求、安全需求、社交需求、尊重需求和自我实现需求。教育的需求是自我实现的需求的必要条件之一。所以，对于华东师大社来说，要坚持以教育出版为核心，满足大众的教育需求，生产更优质的教育类产品。

4.4 困难分析

4.4.1 版权问题

有人提出，在网络时代，人人都是出版者，每个人都可以在网络上发布自己所写的帖子。现阶段，网络上用户上传的某些内容良莠不齐，这不但导致了优质资源的难以呈现，也养成了很多网民免费吃午饭的习惯。各种云盘共享、免费下载的方式，造成了出版内容的严重同质化，也严重侵犯了数字出版版权，盗版现象极为猖獗，纷纷传阅无需付费的现象使侵犯数字版权的行为如同根深蒂固的恶瘤难以清除。

4.4.2 技术人才匮乏

华东师大社之所以没有形成学生群体的大数据，就是因为缺乏相关的技术支持，这也是几乎所有的传统出版社面临的困难。传统出版社的人员只需掌握基本的编辑技能、排版技能就可以对出版社的图书进行运营。但是随着数字化时代的深入，数据的重要性不言而喻，这对出版社的人才提出了更高的要求。在未来，若有意构建学生群体学习的新场景，前提就是对新技术的掌握。华东师大社应积极招揽技术人才，或者是从企业内部出发，加强企业员工的技术培养，为未来的发展做好充分准备。

5. 结语

在移动互联网使用持续深化的今天，场景已成为继内容、形式、社交之后移动时代媒体的新要素。华东师大社能实现数字化转型的一个很重要的原因就是对于场景的准确把握，抓住学生的教辅图书使用场景，提供"纸质教辅类图书＋二维码"的优质服务，而且已经取得成效。在未来，华东师大社不仅要巩固已有的场景化适配服务，还要正确研判企业的优势与劣势、机会与威胁，并在此基础上紧紧跟好时代潮流，掌握新的技术以及媒介来为教育出版构建新的场景，做好更深层次的场景化标准适配与个性适配。

参考文献

[1] 任艺霏.我国教育出版数字化场域的资本运作研究[D].华东师范大学,2019.

[2] 梁旭艳.场景:一个传播学概念的界定——兼论与情境的比较[J].新闻界,2018(09):55-62.

[3] 彭兰.场景,移动时代媒体的新要素[J].新闻记者,2015(03):20-27.

[4] 王燕杰.我国教育出版数字化转型策略研究[D].郑州大学,2017.

[5] 郜书锴.场景理论:开启移动传播的新思维[J].新闻界,2015(17):44-48+58.

[6] 郜书锴.场景理论的内容框架与困境对策[J].当代传播,2015(04):38-40.

[7] 周璇.中小学教材出版数字化转型研究[D].南京大学,2015.

[8] 谭天.从渠道争夺到终端制胜,从受众场景到用户场景——传统媒体融合转型的关键[J].新闻记者,2015(04):15-20.

[9] 杨慧娟.传统出版向数字出版的转型及创新研究[D].郑州大学,2013.

[10] 张晗.文化科技融合背景下的中国出版产业数字化转型研究[D].武汉大学,2013.

再续往日荣光
——新华传媒的多元化战略及其对策分析

摘 要：媒介融合背景下，传统出版企业开始进行战略转型。上海新华传媒有限公司在二次重组后将自身企业定位为多元化的现代传媒企业，力图从单一的传统发行、纸媒经营向具有新型互联网媒体特质的多元文化传媒公司转型，但结果不尽如人意。本文将利用BCG矩阵对新华传媒的业务结构进行分析，并揭示其原因主要是主营业务收入行业基本不变与投资结构不合理，最后为新华传媒的未来发展提供建议。

关键词：新华传媒；多元化战略；绩效分析；困境分析

1. 上海新华传媒有限公司简介

上海新华发行集团有限公司成立于2000年6月10日，是以上海新华书店及各区（县）店、新华书店上海发行所、上海书城等24家企业为基础组建的国有独资企业集团。在文化体制改革的进程中，上海新华发行集团有限公司完成了由国有独资企业转变为国有多元企业，再改制为混合多元企业的过程，最后成功借壳上市，以上海新华传媒股份有限公司（股票代码：600825，以下简称新华传媒）之名成为第一家成功在国内资本市场上市的出版发行企业。2007年至2008年，新华传媒向解放日报、中润广告有限公司定向增发股份，由此初步形成了图书发行、报刊经营、广告代理与物流配送等四大业务版块，公司的资产质量大大提高，核心竞争力也显著提高。

互联网技术的快速发展，使得传统出版业受到了严重冲击，出版企业的生存空间受到了挤压。图书、报纸、杂志等传统出版物的销量直线下降，传统出版企业陷入经营危机。在此背景下，新华传媒决定在保持传统业务稳定发展的同时，进一步整合公司内外部资源，通过收购兼并等手段发展未来其有市场空间的新型媒体和文化业务；在图书业务方面进一步加大向互联网、社区等低成本渠道转移的力度，改造线下网点，实现网上网下的互动；为优质网点度身定制新的业态，打造一种融合图书、文化特色的新型文化生活MALL；广告业务要突破经营区域以及媒体形态的局限，重点拓展通路媒体，并积极布局新媒体；将自身企业定位于多元化的现代传媒企业集团,以传媒服务、文化空间、新媒体平台为三大转型方向,加快打造商业运作能力、资源整合能力、品牌塑造能力和项目管理能力等四大核心竞争力,努力实现从单纯的传统发行、纸媒经营向具有新型互联网媒体特质的文化传媒公司转型。截至2018年,新华传媒已形成图书发行、报刊经营、广告代理、电子商务及传媒投资等业务板块。然而,近十年新华传媒的股价却在不断下滑,2018年较2008年缩水了近9倍之高,由此看出新华传媒陷入了经营困境。

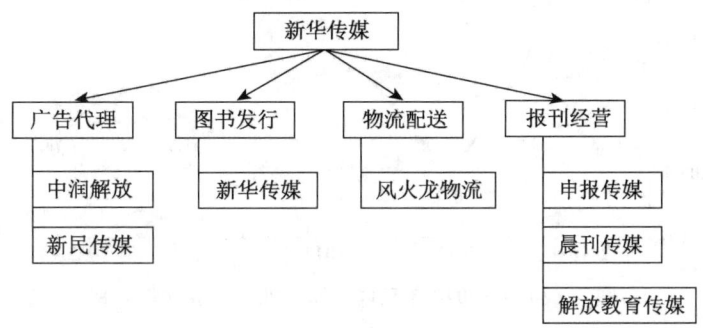

图 1　新华传媒早期业务结构

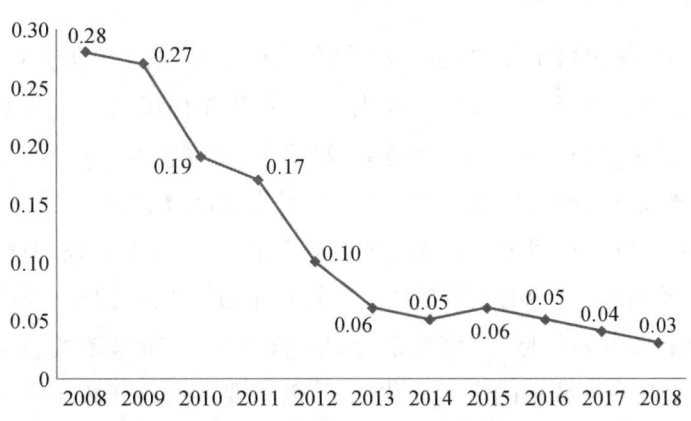

图 2　2008—2018 年新华传媒基本每股收益(单位:元)

2. 新华传媒多元化转型的动因

2.1　传统业务增速放缓

移动技术的快速发展为传统出版业带来了挑战和机遇,2009—2012年传统出版行业的营业利润增长有所放缓,数字出版行业悄然崛起,开始抢占传统出版业市场份额,传出版行业的转型迫在眉睫。2014年《关于推动传统媒体和新兴媒体融合发展的指导意见》提出"实现出版内容、技术应用、平台终端、人才队伍的共享融通,形成一体化的组织结构、传播体系和管理机制",加快了推进媒介融合的进程。党的十八大之后,"融合发展"上升为国家战略,传统出版行业的转型已是必然。

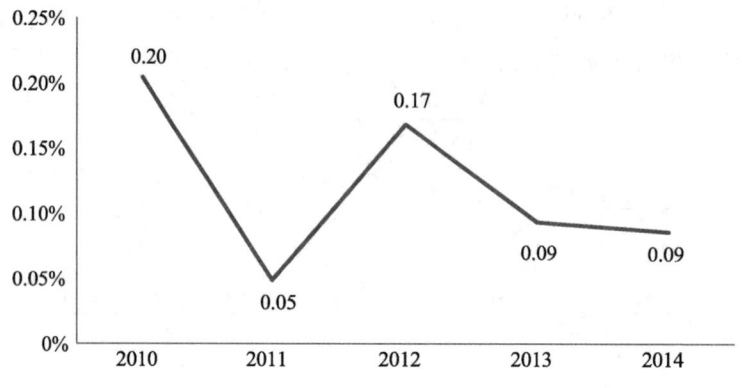

图3　2010—2014年新闻出版行业营业利润增长率

2.2　企业发展的必经之路

多元化经营是传统出版企业加快转型升级的内在要求,也是出版企业做大做强转变为文化企业的必经之路。出版企业通过专业化经营,在传统出版业具有核心竞争力,会获得规模经济,但根据投资收益递减规律,当企业发展到一定规模时,规模经济效应趋于下降,出版企业就需要通过寻找新的行业来增加利润增长点,以便从规模经济走向范围经济。新华传媒在2008年至2018年间传统业务收入明显下滑,证明新华传媒的核心竞争力已明显不足,需要改变经营策略,向新的领域拓展。此外企业的核心固守单一领域,会加剧企业的经营风险,适当地扩张经营领域,会分散企业的经营风险,并带来新的利润。因此,新华传媒想成为具有新型互联网特质的多元文化公司,就需要改变固守传统行业的经营策略,通过多元化经营向互联网产业、数字出版行业进行扩张,以此增加新的利润增长点。

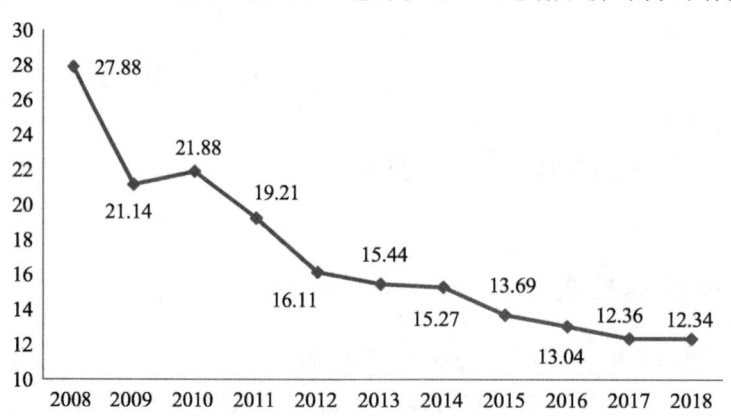

图4　2008—2018年新华传媒传统业务收入(单位:亿元)

3. 新华传媒多元化战略转型

多元化经营是企业发展到一定规模后,为充分利用其现有资源优势来加速自身成长而在相关或无关联的产业领域采取的一系列跨产品或跨行业的扩张性经营活动。按照业务的相关性多元化经营分为相关多元化经营和无关多元化经营,两者的区别在于业务之间是否存在市场或技术相关;而按照扩展经营领域的方式,多元化经营则可分为纵向多元化经营、横向多元化经营。

3.1 新华传媒的纵向多元化扩张

纵向多元化是指企业通过内部投资或外部并购,不断向产业链的两端扩展,主要是通过向出版产业链的上游(造纸业)和下游部门(印刷发行、媒体广告、出版物流等行业)延伸,以此形成较完整的产业链生态系统,扩大利润增长点。新华传媒在纵向多元化扩张方面主要是向出版下游部门进行扩张。

广告业务通过积极整合平面媒体代理市场,努力打造第三方广告代理服务平台。其旗下中润解放及其子公司上海新华置城文化传媒有限公司、上海杨航文化传媒有限公司、上海申报传媒经营有限公司的主营业务为广告代理。广告业务秉承以客户需求为导向,创新开拓各项活动,与其他行业公司展开合作,加强广告投放量。公司成为上海国际赛车场户外广告独家广告代理商,中润解放传媒策划了新闻晨报十周年庆等大型活动,并借世博、世界杯等契机开展了相应的市场活动。在传统媒体广告市场受到冲击后,新华传媒深入拓展广告业务领域,寻求更广泛的合作渠道和合作项目。中润解放代理了解放集团旗下手机报I-NEWS 广告业务开展移动互联网广告业务、联手"饿了么"等众多优质品牌及沪上十大商场跨界打造出线上线下的"吃货俪人节"。

印刷发行方面,新华连锁具有一般图书、上海市幼儿园教材、中小学教材和中专职学校教材的总发行、批发、零售、连锁经营的业务资质。一般图书上游采购主要客户为国内各大出版社,下游主要销售对象为零售客户;教材发行上下游客户稳定,上游主要采购客户为有教材出版资质的各大出版社,下游主要销售客户为除大学以外的市内各类学校及外省省店。新华传媒的一般图书发行业务主要依赖线下销售门店,近年来又不断完善业务流程,充分发挥了企业在这些方面的品牌优势。

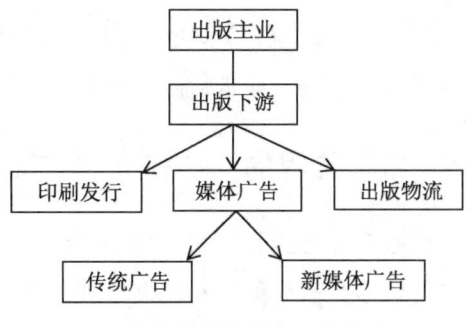

图 5 新华传媒纵向多元化扩张图

3.2 新华传媒的横向多元化扩张

横向多元化是指企业以现有产品和市场为基础,通过开发与现有产品和市场无关或关联不大的产品,在水平方向上拓展经营领域。多媒介融合经营的趋势、出版企业的横向多元化,有时多是指出版企业利用自身的内容资源优势进行跨媒介经营或者全媒体经营,从而实现内容资源的反复增值。优势内容资源的图书、报刊、音像、广播电视、数字媒体互补和互动开发,可使自身的优势内容资源能全方位、立体化地占领市场,从而有利于内容资源的收益最大化。

在这方面,其旗下子公司上海申报传媒经营有限公司已加快从单一纸媒向"城市生活服务运营商"转型,《申江生活导报》已由纸质版转换为电子版,并开通了微信公众号、微博,开展跨媒体战略;文化创意实体店"申活馆"已成功引入战略投资者增加注册资本,新设新天地、大上海时代广场两家门店,并举办上海空气凤梨展、申活沙龙课程等多场盈利性线下活动,进一步凸显了线下引流集客的独特能力;中润解放聚合《新闻晨报》"晨传媒"全媒体矩阵,以"新闻晨报+互联网+"为主平台;地铁时代出版基于读者需求重新设计改造《i时代报》刊物形态,精简聚合原主报资讯,力求版面年轻化、风格时尚化、营销精准化,推出白领一周生活指南《周壹见》和《周五见》,进一步提升内容品质感,实现了新闻咨询和生活服务的有效融合;同时他们顺应新媒体受众阅读习惯,全面发展"IMetro"、"i时代社交圈"、"爱拍客"、"唖劲"等一批粉丝数可观的微信号,打造出"魔都地铁微生活圈"整体品牌形象。

2009年,新华传媒开始涉足电子商务领域,打造大型网上商城,一城网突破传统格局,注重细节创新,在保持图书网购特色的同时,着力于打造专业化的B2C电子商务平台。2010年4月,公司联合解放报业集团和上海易狄欧成立了合资公司,正式进军移动手持阅读终端运营领域,推出了自有品牌"亦墨"电子阅读器;2011年推出国内首个网上数字内容发行平台—"新华e店"。在2015年,新华传媒先后开展"CNONIX图书发行体系应用示范项目"、"一城书集O2O平台建设与实施项目"等项目,加快O2O能力建设,在信息、支付、物流、社交等方面进行改造升级。

3.3 新华传媒的同心多元化扩张

同心多元化扩张通常是指企业向有一定关联程度的行业进行发展,对于出版行业,其扩张行业多是教育科研和咨询培训行业。

新华传媒在近几年通过构建"依托报纸发行+拓展学校渠道+企业品牌推广"的模式,引流优质学生数据,实现二次销售,并将赛事活动、培训、营队活动、版权输出等作为延伸业

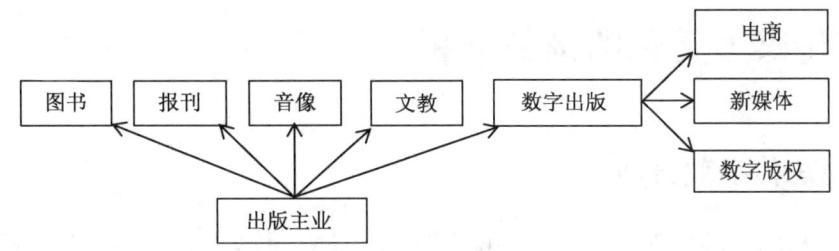

图 6　新华传媒横向多元化扩张图

务；在 2018 年联合新贝教育合作运营学生记者团项目,扩大培训业务规模,提升品质。通过举办"Spelling Bee 英语拼词大赛"、"未来之星"阅读大赛等大型赛事活动,搭建了"赛事 + 培训"的运营平台；此外,还继续推进对留学市场的业务探索,基本形成素养培训、实践活动、公益项目及海外游学为框架的业务格局。2019 年,根据文化 + 教育的拓展思路,其旗下新开发地产南翔新华悦都项目也打造了以"新华文化教育中心"为品牌的教育培训综合体。

3.4　新华传媒的非相关多元化扩张

非相关多元化即混合扩张性多元化指出版企业通过资本扩张向非相关产业渗透和扩张,形成混合扩张性的多元化产业。新华传媒欲打造集生活、读书、娱乐等于一体的大型生活 MALL,以此通过控股房地产公司来开发地产,2012 年即投资上海天下一家置业有限公司,主营业务为房地产开发经营、物业管理。

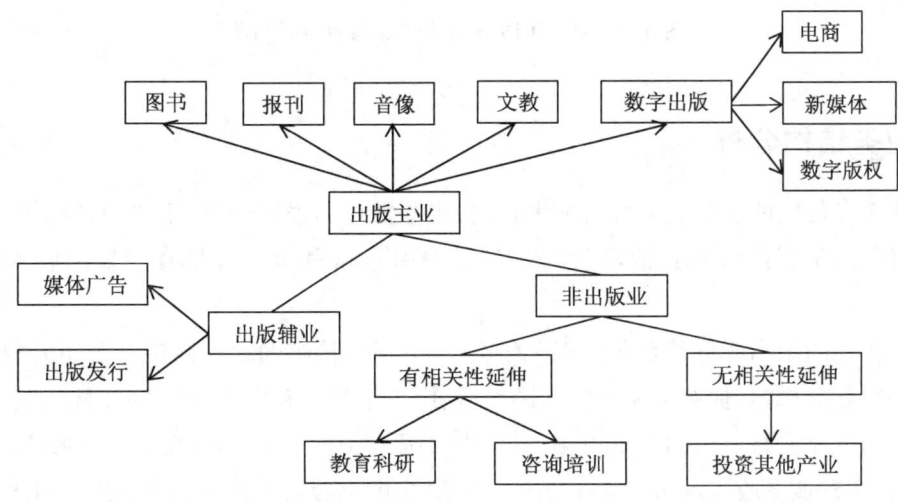

图 7　新华传媒多元化业务结构图

4. 新华传媒多元化的绩效分析

4.1 公司总体绩效分析

从公司总体规模看,新华传媒在 2013 年之前总资产规模持续上升,之后几年总资产规模缩减,2018 年其总资产规模与 2008 年基本持平。从企业的盈利能力看,销售净利润率不断下滑,主要是因为传统出版行业遭遇寒冬,其传统图书的销售业务竞争力急速下降;加之新技术、新媒体的出现,促进了数字化图书、网上书店的迅猛发展,使其传统业务规模、市场份额均有所萎缩,导致主营业务收入逐年下滑,主营业务毛利有所降低。从 2014 年的数据可知,新华传媒的营业收入已经不能弥补其居高不下的成本费用,利润主要靠非经常性损益来维持,因此新华传媒在转型后盈利能力不高,资产运营能力下降。

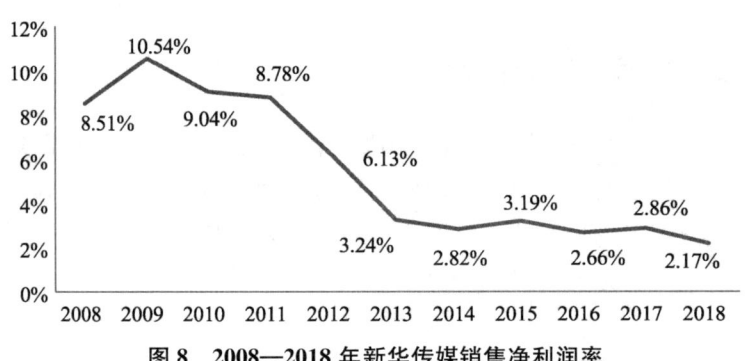

图 8　2008—2018 年新华传媒销售净利润率

4.2 业务结构分析

目前新华传媒的主营业务分为两大板块:出版发行和报刊经营;主要包括图书、音像制品、文教用品、报刊广告和其他,其中图书、文教用品和报刊广告是其主要的收入和利润来源。

新华传媒的图书业务是企业的现金牛类产品,新华传媒的教材销售是公司完成全年销售指标的重要支撑,其拥有上海市幼儿园教材、中小学教材和中专职学校教材的发行权,占据了上海市教材发行市场的绝对份额,竞争力极强。2018 年新华传媒的图书收入为 10.15 亿元,占比主营业务收入的近 80%,相比于 2017 年图书收入增加 4.29%,成为 2018 年主营业务中唯一呈现增长趋势的业务,但低于行业 8.3% 的增长率,总计发行 8 584.27 万册,占 2018 年全国发行图书的 0.85%。因此,新华传媒在该图书市场领域具有一定的核心竞争力,是新华传媒业务结构中的现金牛产品。在广告代理市场,新华传媒的报刊广告收入主要来源于报纸平面广告代理收入,受互联网、手机等新兴媒体迅速侵蚀传统广告市场的影响,平面媒体广告市场份额整体有所下降,公司广告业务收入也随之下行。2018年广告自营模式收入5 021万元,较2017年下降30%,代理模式营业收入为7 352万元,与2017年基本持平,总体低于平面媒体广告市场下滑率,属于问号类产品;在报刊经营方面,报刊经营收入为965.15万元,增加34.7%,但市场占有率较低,成为问号类产品。在音像制品方面,2018年新华传媒营业收入为558.4万元,较2017年下降64.15%,占2018年全国音像制品营业收入的0.2%,属于瘦狗类产品。电子商务领域,在2015年新华传媒开发了"一城书集O2O平台建设与实施项目"项目,开始进行线上销售。此前新华传媒的一般图书发行业务主要依赖线下销售门店,进军电商领域后依靠平台如亚马逊网、天猫网等和自建平台"新华一城书集"开展线上销售业务,但在2018年年报中,公司表示该业务尚处在培育期,未形成规模,所实现的营业收入占比较低,证明新华传媒在数字出版的电商领域并未取得一定成果,该业务属于瘦狗类业务。

5. 多元化发展战略分析

5.1 主营业务收入行业基本不变

纵观新华传媒近十年的营业收入分行业细分:其上市初期营业收入行业细分与十年后的营业收入行业细分基本不变,主要营业收入行业依旧是传统出版主业。

明星类	问号类 报刊经营 广告代理
现金牛类 图书发行	瘦狗类 音像制品 电子商务

图9 新华传媒业务矩阵

图书、音像制品、文教用品、报刊广告。新华传媒目前只有图书业务是现金牛类,其他业务都陷入了经营困境,报刊经营和音像制品业务受新媒体、新技术的影响较大,导致其主营业务收入逐年下滑,主营业务毛利率有所降低。根据对新华传媒具体的业务结构进行分析,发现其与行业内其他公司相比综合毛利率差异较大。图书业务主要是教材、教辅的发行业务和一般图书的销售业务,能够为企业带来大量的现金收入,但毛利率不高。主要是因为教材教辅发行业务受到采购、运输等成本的影响;而一般图书发行业务因受到上下游的议价能力、市场供求和图书品种结构等因素的影响毛利率也不高;比如政府集中采购的目录内教材、重点选题和重大选题的一般图书的毛利率就非常低。竞争力较强的图书业务利润率不高,其他类产品营业收入逐年下降,这就导致了新华传媒与其他企业相比利润较低。反观其他公司在近几年进入与出版相关甚至不相关行业,实现品牌和效益扩张,提高毛利率。例如中南传媒,其盈利质量高于新华传媒,主要是其业务类型较多,涵盖范围从传统的图书出版发行到物资印刷贸易等,近几年还融入了新兴的金融服务,金融服务的毛利率普遍较高,为中南传媒带来可观收益。因此,新华传媒绩效不高的主要原因是因为其主营业务收入结构未出现明显变化,进而导致其业务毛利率比行业内其他公司低的多,盈利质量也不高。

5.2　投资结构不合理

新华传媒自 2013 年至 2017 年的投资收益占利润总额的比重分别达到 56.7%、247.94%、106.38%、68.87%、173.09%,超过 100%的占比说明新华传媒内部经营产品获取的收益低于对外投资取得的收益,其经营性资产的利用效率低下,产品不能满足市场需求,缺乏竞争力,主要依靠非经常性损益来维持盈利。通过对新华传媒的投资结构进行分析,发现企业投资结构不合理,新华传媒只投入少部分闲置资金用来建设出版发行渠道,超过半数的投资是购买了理财产品和金融衍生品。在 2013 年新华传媒的投资收益还只是占到了利润总额的一半以上,而在 2014 年超过一倍之多,最近几年投资收益比重又开始明显上升。不合理的投资结构会加剧企业的经营风险,不利于企业的稳固发展。对比其他企业,中南传媒、凤凰传媒都投入了大量资金建设主业项目,新华传媒未能将资金投入到主营业务能力的提升中,将不利于企业未来的市场竞争,会进一步降低企业的盈利能力。

6. 未来发展

6.1　创新商业模式,增强主营业务竞争力

图书发行作为新华传媒传统的业务,主要采用的是线下实体书店的实地销售模式,而现今消费者更倾向于使用网上书店这类新型、便捷、高效的消费渠道。新华传媒需要改变

传统单一的零售模式,转向基于互联网环境下的线上传播、在线体验、线下消费和电子支付的新模式。线下打造文化生活 MALL,通过服务多样,集娱乐休闲文化于一体的商场增加客流量,线上提升新华一城书集的知名度,促进销售转化率的提升,扩大销售规模,提高新华传媒在 O2O 方面的建设能力,主要围绕信息、支付、物流、社交等方面进行产品、服务的升级改造任务。新华一城网微商城已于 2019 年 7 月 8 日正式上线投入运营,未来可以为公司提供丰富的营销活动支持,带来更多互联网流量。同时加强主营业务的竞争能力,以重点图书发行工作为切入口,发挥新华书店的品牌和网络布局优势,与所在区域机关团体、企事业单位建立广泛的联系,推行"走出去"的销售模式,以重点图书的销售量带动整体销售。

6.2　扩展新业务,合理分配投入资金

新华传媒试图打造多元化的文化传媒企业,但其主营业务基本不变依然固守传统领域,说明其转型力度明显不足,缺少新业务的扩张使其陷入多元化转型的困境。未来新华传媒可以适当减轻对传统领域的投入,减少购买金融衍生品及理财产品,增加对新业务或与出版有关行业的投入,以此提升企业的市场竞争能力。

6.3　强化数字出版领域

数字出版领域成为近几年出版行业发展的重中之重,而新华传媒在数字出版领域优势不足。2019 年 3 月,新华传媒的"出版发行大数据体系建设的 CNONIX 标准创新应用项目"正式启动。该项目有利于新华传媒建立与图书馆、读者、出版企业、发行企业相关联的数据库。未来新华传媒应打通数字出版产业链条,让出版商、技术运营商、内容运营商以及电信运营商共同参与,发挥各方优势,集图书、网络、手机、电子阅读器等多种媒体的优势于一体,进行跨媒介的融合,实现资源的优化配置,拓宽出版渠道,以多媒体、跨介质、跨终端、跨时空的方式,对内形成全媒体的出版能力,搭建起全媒体出版平台,最终满足读者个性和多元化的需求。

参考文献

[1] 邱菊生,姚磊,胡娟.我国出版集团融合发展研究综述[J].出版科学,2019,27(06):56-62.

[2] 顾永才.出版企业多元化经营的动因、条件与路径研究[J].科技与出版,2015(03):27-30.

[3] 杨荣.出版传媒集团多元化战略转型方向研究[J].现代版,2015(06):11-15.

[4] 朱静雯,徐佩佩.基于财务分析的我国出版传媒上市公司转型研究[J].出版广角,2017(13):24-28.

[5] 刘焰红.新闻出版业上市公司转型模式研究[J].出版学,2014,22(06):59-63.

[6] 邓园园.上海新华传媒股份有限公司盈利质量分析[D].云南师范大学,2019.

[7] 李列群.推进 CNONIX 国家标准应用 打造企业数据服务平台——以上海新华传媒为例[J].出版广

角,2016(17):36-38.

[8] 李宝玲.媒介融合时代传统出版业数字化发展的路径选择[J].科技与出版,2016(08):115-118.

[9] 严佳乐.新闻出版上市公司近五年经营绩效分析研究——以凤凰传媒、新华传媒、浙报传媒为例[J].科技与出版,2015(10):19-23.

[10] 蔡宁,王节祥,杨大鹏.产业融合背景下平台包络战略选择与竞争优势构建——基于浙报传媒的案例研究[J].中国工业经济,2015(05):96-109.

最大跨国并购的诱惑与陷阱
——凤凰传媒国际并购的得失研究

摘　要：国际上70%的跨国并购失败率并不能阻止凤凰传媒走出去。本文通过对凤凰传媒集团收购美国出版国际公司的童书业务，从共生式整合、协同效应以及并购后的挑战，探讨中国头部出版企业在国际并购中的得与失。

关键词：出版企业；国际并购；共生式整合

1. 并购案简介

1.1　概况

凤凰传媒以8 000万美元收购美国出版国际公司（Publications International）童书业务，成为中国出版史上最大的跨国并购案。从产品走出去转变为资本走出去，成功获得了美国出版国际公司遍布四大洲20多个国家的分销体系和美方出版人才，以及迪斯尼、孩之宝等国际一流品牌的形象授权。

1.2　公司简介

1.2.1　凤凰传媒

1953年组建的江苏人民出版社是凤凰传媒的前身。2001年9月，江苏出版集团在江苏省出版总社的基础上成立。2007年8月29日，江苏省新华书店集团有限公司整体改制为江苏凤凰新华书业股份有限公司。2011年10月，江苏凤凰新华书业股份有限公司更名为江苏凤凰出版传媒股份有限公司（股票代码：601928，简称凤凰传媒）。凤凰出版传媒集团由江苏出版集团更名而来。集团业务涉及广泛，分别是报刊、电子音响网络等出版物的出版、印刷、发行以及物资供应和对外贸易，是中国出版行业的头部企业。

1.2.2　美国出版国际公司

美国出版国际公司是一家美国私人出版社，1967年创立，注册在美国伊利诺伊州，总部设在美国芝加哥北郊。其销售子公司遍及英、法、德、澳、墨,并在中国深圳设立了一家管理和组织生产新产品研发的办事处。公司核心业务是儿童电子有声书,是全世界最大的儿童图书出版商之一,出版多种语言的儿童读物。囊括了全球几乎每个主要儿童形象出版许可权,如米老鼠与唐老鸭、忍者神龟、蜘蛛侠、hello kitty。它与尼克国际儿童频道、华纳兄弟等一系列国际品牌都有紧密的合作。公司拥有1 000多种童书及儿童数字产品。20世纪90年代初,该公司积极谋划向童书出版进军,将电子书和儿童玩具相结合,到2000年时已占据全球儿童有声读物市场90%~95%份额。

1.3 时间主线

2008年美国出版国际公司与美国玩具商达成了出售协议,要出售童书出版业务,该计划突然被金融危机打断。凤凰教育出版社总编辑王瑞书注意到了凤凰新华印务样本陈列室里的电子有声童书产品。2013年9月,美国出版国际公司出售童书业务的信息得到了凤凰出版传媒集团的高度关注。凤凰传媒总经理周斌决定由副总经理孙真福牵头成立并购小组,凤凰传媒要收购童书业务的意向反馈到美国出版国际公司,引起美方高度重视。凤凰传媒明确的战略定位和谈判诚意,改变了韦伯先生在资本市场上挂牌询价的意愿。2013年10月下旬,美国出版国际公司与凤凰传媒项目组在深圳首次面谈,并签署了排他性保密协议。凤凰传媒聘请了中国国际金融有限公司、德勤会计师事务所、美国美迈斯律师事务所等国际一流中介机构进行尽职调查。德勤会计师事务所对投资架构进行了设计,凤凰传媒以上海自贸区为依托,由江苏教育出版社在上海自贸区设立菲尼克斯创意国际贸易(上海)有限公司,并在深圳成立分公司。菲尼克斯公司下设凤凰国际出版有限公司和菲尼克斯创意国际贸易(香港)有限公司。前者收购美国总部的资产,后者通过股票转让或者资产交易的方式收购其位于英、法、德、澳、墨的资产。三大中介的适时介入,确保了收购的顺利推进。7个月的谈判历程中,经历上百小时的电话会议,发生了无数次的争论,凤凰传媒始终保持信任和诚意。2014年5月12日。凤凰传媒董事会通过了收购议案。2014年7

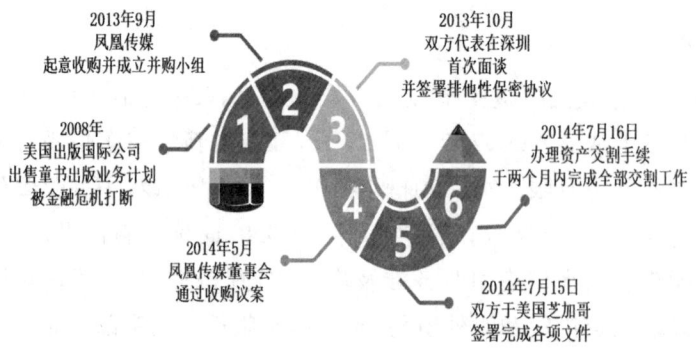

图1 并购时间主线图

月 15 日,双方在美国芝加哥签署完成各项文件,双方签订了过渡期服务协议,在交割后的 18 个月内,与美国出版国际公司保留的烹饪及汽车类图书与童书共享物流,美方则按原来费用分摊标准提供物流服务。2014 年 7 月 16 日办理资产交割手续,于两个月内双方完成了全部的交割工作,凤凰传媒拥有了美国出版国际公司童书业务全部资产以及业务人员。在规定时间内,美国出版国际公司向凤凰国际出版有限公司转让了不低于 95% 的形象授权,其中有 13 家公司的 25 个产品系列,在全球 217 个国家和地区的出版许可,以及沃尔玛和玩具反斗城等重要销售渠道。从协议签署到正式交割,只有两个月的时间准备,双方律师开出的交割清单,涉及 107 项交割事项,任务量十分巨大。

2. 凤凰传媒国际并购的动因与模式

2.1 凤凰传媒国际并购的动因

2.1.1 国家层面

党中央、国务院积极推动发展对外文化贸易。并且强调加强大力发展文化领域对外投资,要求培养一批具有国际竞争力的外向型文化企业。集团董事长陈海燕认为,十八届三中全会提出加快文化"走出去"步伐,促进文化大发展大繁荣,国际并购是最有操作性的选择。国际化是凤凰集团和凤凰传媒的重要发展战略之一,要成为世界出版强企,就必须坚定不移地"走出去"。

2.1.2 市场层面

近年来世界童书市场增速较快,2010 年开始年均增长率超过 10%,出版业并购又以少儿出版投资并购居多。少儿出版发展迅速,有大量的优质资源。少儿出版物受文化差异的影响较小、在国外更易被接受。童书出版市场基本已经成为图书市场最有活力的细分市场。尼尔森图书监测(Nielsen BookScan)回顾了美国 2005 年至 2016 年的图书销售情况,发现整个图书市场的销售量自 2005 年以来上涨了 21%,而儿童书籍则大幅上涨了 52%。据尼尔森《2014 年全球出版市场报告》,童书成为出版业最大亮点。2014 年大众出版市场的总收入为 154.3 亿美元,其中儿童及青少书占比约 17%,是大众出版领域最大的一个类别。童书为美国大众图书甚至整个图书市场增长都做出了重要贡献。

2.1.3 公司层面

凤凰传媒的发展战略为企业化战略、内容创新战略、市场拓展战略、数字化战略、外向合作战略、人才优化战略"六大战略"。本次收购紧扣外向合作战略和市场拓展战略。

凤凰集团副总经理佘江涛认为,通过国际化背景可以使得凤凰传媒在出版理念、出版

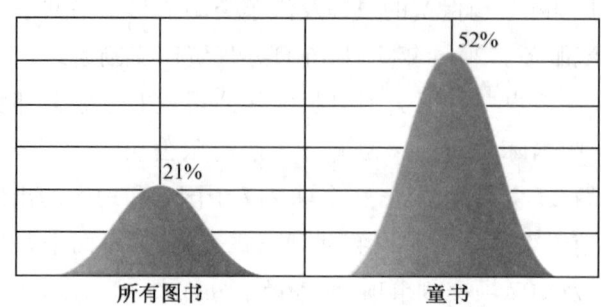

图 2　美国童书市场 2005 年至 2016 年涨幅对比图

数据来源：尼尔森图书监测

法则、出版制造上跟上国际水平，并确定产品向不同地区"走出去"的策略，逐步获得开拓海外市场的能力，由此提升凤凰传媒的出版水平和影响力。在 2013 年凤凰传媒年报中已披露要加快实施国际化战略，海外大型出版公司的并购要尽早落地。

2.2　凤凰传媒国际并购的模式

2.2.1　凤凰传媒公司业务结构

凤凰传媒年出版纸质图书和电子音像出版物 8 000 余种、报纸期刊 24 种，半个多世纪以来累计出版物有 6 万种，教育板块的基础教育、职业教育、幼儿教育教材以及核心教辅等出版门类处于全国领先地位。公司旗下人民社等 5 家出版社共有 24 种中小学教材经教育部审定成为国家课程标准教材，列入国家课程教材书目。

凤凰传媒虽然在教育教材上处于国内领先地位。但是，却一直没有涉足童书业务，这是一个巨大的遗憾。而国内外童书市场却又涨势大好，此次收购外国公司童书业务，也有助于国内童书业务的进一步发展。

2.2.2　凤凰传媒公司规划

凤凰集团总经理周斌认为，凤凰传媒作为中国文化产业的领军企业之一，要始终把国际化战略作为重要发展战略。要开展全方位、多层次、宽领域的对外文化交流、文化商贸、文化合作、文化并购。

作为出版传媒企业，凤凰传媒正是看清发展趋势，顺应时代潮流，确立了"走出去"的国际化战略理念：即通过文化交流推进文化商贸，借助文化商贸扩大文化影响。具体来说，就是在加强文化交流的基础上，通过版权贸易、出版、印刷与贸易等业务形式，以独资设立公司与兼并收购相结合的拓展方式，将凤凰的产业向国外延伸，以此将凤凰建设成一家真正意义上的跨国文化集团，跻身世界出版强企前列。

国际化战略定位经历了几个阶段，从最初的国际合作，到国际拓展，到走出去，再到近一两年的国际化。定位的变化,来自外部形势与内部发展的双重驱动。在实施国际化战略中,凤凰集团始终坚持资本驱动、产品带动、资产经营、打造平台、重视人才、讲求效益六大原则。凤凰传媒国际拓展的重点任务,其中之一就是发挥新收购业务的平台作用使之成为激活中国传统文化资源的重要阵地。完成年度版权输出任务,保持每年增长不低于10%。

2.2.3　凤凰传媒国际并购模式选择

跨国并购的模式以双方经营业务内容来划分,分别是横向并购、纵向并购、相关多元并购和混合多元并购。横向并购是指具有相同的产品,相互竞争的企业之间的并购,其扩大了经营规模,提升了竞争力,形成了规模效应,并且提升了市场占有率,也减少了竞争对手。中国企业的跨国并购主要是以横向并购为主。

凤凰传媒收购美国出版国际公司童书业务属于横向并购。凤凰传媒得到了四大洲的有声图书资产与业务,获得了迪士尼、芝麻街、梦工厂、孩之宝等国际一流品牌的形象授权以及沃尔玛、玩具反斗城等全球市场的销售网络。横向并购使得凤凰传媒的行业竞争力和行业地位大大增强。

但是横向并购对于凤凰传媒来说远远不够,如果没有纵向海外并购的话,对于一个跨国企业来说是不完整的。有人支持内容为王,有人支持渠道为王,不管谁为第一,这两个都是最为重要的因素。此次收购得到了非常有优势的渠道资源,那么现在欠缺的就是内容生产方的并购。原创内容是企业发展的活力剂,作为头部出版企业,需将有原创生产力的单位或个人纳入麾下。

2.3　凤凰传媒国际并购交易过程难点

2.3.1　收购体积大

美国出版国际公司产业链长,其中有创意研发,全球化生产,跨国物流,国际化销售渠道等全产业链;涉及主体又多,有迪斯尼等全球著名授权商、沃尔玛等全球经销商,以及20多家生产供应商,业务资产分布广泛,涉及6个国家的公司及遍及20多个国家和地区的资产。

2.3.2　融资压力大

美国出版国际公司对价8 000万美元,是十分罕见的并购交易,给凤凰传媒带来了不小的融资压力,也是双方讨价还价谈判的焦点。凤凰传媒以现金对凤凰教育增资1.5亿元人民币,以8 000万美元收购美国出版国际公司。此次并购总价款为8 500万美元,其中8 000万美元是交易对价,200万美元是授权转让费,300万美元是中介费。凤凰传媒决定进行海外融资,通过各大商业银行多轮竞价谈判,确定由中国银行通过其海外分支机构以较低利率交易金额提供7 500万美元贷款,其中450万美元支付交易对价,300万美元为短期流动性贷款。凤凰传媒并购项目一般采用控股和对赌的方式,双方利益共享风险分摊。

可是美国出版国际公司坚持全额转让，一次性付款。凤凰传媒对迪士尼等授权商沃尔玛、玩具反斗城、塔吉特部分卖场、威斯康星仓储物流中心以及位于深圳的各主要生产厂家实地考察，对授权商、经销商、供应商的稳定性进行了全面深入的调查评估；对并购过程中各类合同转移退货率控制应收坏账款率、库存商品减值率等关键问题制定应对措施，使得其在全额收购的情况下，企业能平稳独立运营。在净营运资金（包含可销售存货、应收账款）上，美国出版国际公司认为，在保证正常运营的前提下，净营运资金仅需 3 500 万美元。凤凰传媒分析了近三年的数据，认为 4 600 万美元的平均值比较合理，而美国出版国际公司又抛出 4 050 万美元的折中方案，但凤凰传媒坚持己方测算依据，最终使得美国出版国际公司高层接受了 4 600 万美元。在授权转让费上，按照美国出版国际公司与授权商的协议要求，如美国出版国际公司转让业务，则要额外支付 1 000 万美元左右的转让费，美国出版国际公司要求凤凰传媒全额承担该项费用。凤凰传媒以美国出版国际公司 2008 年的交易条款作为参照条件，最终只承担了 200 万美元以示诚意。

2.3.3　双方文化法律差异大

此次并购属于资产业务剥离收购，并非对美国出版国际公司整体股权进行收购，因双方文化、法律都存在巨大差异。交易过程中的法律风险和税收问题也十分复杂。双方的工作团队历经 7 个月数十次上百小时的电话会议以及三次现场会议，对细节问题进行讨论。光一句法律用语双方都会争论不休，在一次电话谈判过程中，双方律师对"据卖方所知"五个字如何定义争论不休。最终双方不断交涉协调，用三个半小时才形成定论。如果错过最佳交割时间，国际环境和市场形势一旦变化，美国出版国际公司估值也会随之发生改变，尽职调查将失去时效价值，而重启谈判还要进行二次尽职调查，会使得增加费用，导致整个并购过程延迟，加大了时间和金钱成本。

2.3.4　时间紧任务重

谈判必须紧张有序地推进，争分夺秒不浪费一点时间，同时利用谈判技巧打好心理牌，在礼物互动中化解尴尬。7 个月的谈判历程中，从最初的试探性接触，到知己知彼，经历上百小时的电话会谈，其间发生了无数次的争论，凤凰传媒始终保持信任和诚意。谈判期间，谈判小组核心成员、凤凰传媒董秘徐云祥的父亲不幸去世，为了不耽误谈判过程，他料理完老父后事后又马上赴美谈参加谈判。

凤凰教育出版社社长、画家顾华明托来中国谈判的美国出版国际公司高管团队给韦伯带去了一份特殊的礼物——一幅人物素描。画中人韦伯一手抵着额头，一手夹着摘下的眼镜，凝神沉思中浅露笑意，谈判桌上智慧而幽默的韦伯形象生动。韦伯看后动情地说，"这是我一生中收到的最珍贵的礼物！"韦伯甚至夸张地赞誉其堪比"当代达·芬奇"。谈判中的礼物与互动是谈判技巧的一部分，对促成收购成功十分重要。

3. 凤凰传媒国际并购目标的选择过程

3.1 凤凰传媒国际并购选择经过

2008年,美国出版国际公司韦伯与美国玩具商达成了出售童书出版业务的协议,该计划后被金融危机打断。于是,韦伯又想要国际招标寻找买家。2013年9月,凤凰教育出版社总编辑王瑞书注意到了凤凰新华印务样本陈列室里的电子有声童书产品。此产品出自美国出版国际公司,凤凰传媒总经理周斌决定由副总经理孙真福牵头成立并购小组。跨国并购需要企业提前做好谋划以及准备工作。凤凰传媒了解国外市场环境,也熟悉资本合作模式,并积累了资本运作的经验。收购之前,凤凰传媒加大了版权输出力度,在英国、美国、智利、加拿大、澳大利亚、新加坡设立多个分支机构。开拓境外市场,与国际出版巨头阿歇特进行资本合作成立了合资公司,并在国内A股市场上市公开发行股票,陆续发展了海南出版发行,厦门创壹软件,慕和网络等项目的并购,积累了非常有用的资本运作经验,还在集团内部组建了一支熟悉资本市场规则且具备并购专业技能的队伍。凤凰传媒集团通过尽职调查,尽量减少信息不对称程度,规避并购风险。美国出版国际公司出售童书业务的信息得到了凤凰出版传媒集团的高度关注。

商机稍纵即逝,集团总经理周斌及时作出批示,明确以凤凰教育出版社为收购主体,布局凤凰传媒的童书国际市场。凤凰传媒随即致函美国出版国际公司,明确表示了己方合作的意愿,同时邀请对方尽快来华谈判。凤凰传媒密切关注美国出版国际公司并且传达了其收购意愿。凤凰传媒集团明确战略定位和谈判诚意,改变了韦伯在资本市场上挂牌询价的主意,最终选定凤凰传媒。

3.2 凤凰传媒国际并购目标企业选择的匹配

美国出版国际公司的童书业务与凤凰传媒的发展战略高度匹配,与凤凰传媒自身经营业务也高度相关。凤凰传媒自身具有能力,驾驭匹配此次收购。

我国积极推动发展对外文化贸易,强调加强文化领域的对外投资。凤凰传媒开拓海外市场的能力不断增强,政策运用得十分娴熟。凤凰传媒以现金对凤凰教育出版社增资1.5亿人民币,同时决定向海外融资,由中国银行通过其海外分支机构以较低利率提供7500万美元贷款,使得收购有雄厚的资金保障。

据商务部报告显示,我国企业的发展阶段决定了现在多数企业仍将以并购境外中小企业或大型企业的部分业务为主。这是一种人弃我取的策略。然而完美的并购是强强联合。虽然是人弃我取的并购,但是能得到迪士尼等国际一流品牌的形象授权,以及沃尔玛,玩具反斗城等全球市场的销售网络,这就向当地的主流市场更迈进了一步。

表 1　　　　　　　　　　　　　　目标企业选择的匹配

匹配项目	具体方面
国家政策匹配	国务院积极推动发展对外文化贸易
公司发展战略匹配	凤凰传媒欲逐步获得开拓海外市场的能力 提升凤凰传媒出版水平和影响力
公司自身经营业务匹配	教育教材在国内处于领先地位
公司经营能力匹配	凤凰传媒有资本有能力驾驭美国出版国际公司的童书业务
公司发展阶段匹配	现阶段我国企业多数以并购大企业的部分业务为主

3.3　凤凰传媒国际并购风险分析

3.3.1　政治法律风险

政治法律风险来自境内境外两个方面，美国出版国际公司业务资产分布十分广泛，其业务遍布20多个国家和地区，各国的法律政策和文化都具有明显的差异性，且世界上60%的国家有反托拉斯法及其管理机构。

凤凰传媒在收购之前做足了功课，对其所处的环境进行了全面的评估分析，而且找到了国际一流中介公司为其规避潜在风险。而且我国政府发挥了宏观作用，我国与世界各主要经济体均有战略合作协议，它使得我国文化企业在并购过程中得到了许多优惠政策。成功规避了由于政治原因和法律原因导致的误会，避免了企业不得不退出当地市场或缴纳巨额赔偿金。

据商务部研究报告显示，我国国内中介机构严重缺位，使得中国企业在从事海外并购时，其顾问团队基本上被海外中介机构垄断，这很有可能会给国家的经济安全带来隐患。此次中介顾问团队中，德勤会计师事务所和美国美迈斯律师事务所均是美国公司。

3.3.2　财务风险

如不能及时发现财务问题，就会提高收购成本，凤凰传媒提前找好了非常专业的中介机构，做了详细的评估调查，就财务方面来说此次收购做了充分的准备。

美国出版国际公司对价8 000万美元，如此巨大的金额给企业带来了不小的融资压力。股权收购可以帮助凤凰传媒节税，降低了进入国际市场的成本，同时减少收购的现金流，有利于凤凰传媒并购整合后经营活动的进一步开展。

在ERP（企业资源计划）系统方面，由于并购，公司框架和财务管理流程都发生相应变化，原来的ERP系统无法继续使用，凤凰传媒保留了原有数据，更新了业务流程，以适应新的框架，新的ERP系统使效率大增。

3.3.3 经营风险

收购之前,凤凰传媒加大了资本输出与海外合作力度,在美国、英国和加拿大设置了许多分支机构,并开辟了境外经营市场,和国际出版巨头阿歇特成立合资公司,通过以上方式先行探索了国外市场环境,积累了资本运作和海外经营的经验。国际童书出版竞争激烈,凤凰传媒可通过此次并购反向促进国内市场运营发展。

公司涉及6个国家的公司及遍及20多个国家和地区的资产。授权商、经销商、供应商的稳定过渡期服务风险尚未可知,新公司后期独立运营需要进行探索。双方签订了过渡期服务协议,于交割后的18个月内,美国出版国际公司保留的烹饪及汽车类图书与童书共享物流。美方需按原来费用分摊标准提供物流服务,使得在过渡期间对运营的震荡减至最低。

4. 凤凰传媒国际并购后的整合

4.1 整合模式

4.1.1 整合模式类型

整合是并购的重要环节。整合模式分为四种:吸收整合,即把并购双方长期形成的运营组织以及文化全部整合为一体;保护式整合,即对被收购方实行有限的干预,允许被收购方发展利用自己潜在的能力以及优势;控制整合,即充分利用被收购方的资产以及业务;共生整合,即双方资源共享,但也相对独立自主经营。

表 2　　　　　　　　　　四种整合模式优缺点比较

整合模式	优点	缺点
吸收整合	使得双方公司 浑然一体 易于管理	抹杀被收购公司活力 造成文化对立
保护式整合	利于被收购方发挥原有的潜力及优势 双方文化逐渐融合	有限的管理使得 行政效率不高
控制整合	利于收购方充分利用对方资产及业务	被收购方就像殖民地 没有发展前途 造成文化对立
共生整合	双方达到双赢的局面 形成战略协同 同时有利于双方发展 双方文化逐渐融合	有限的管理使得 行政效率不高

4.1.2 凤凰传媒并购整合模式选择

凤凰传媒需要被收购方的发展活力、渠道市场、知识产权,也需要尽量避免引起文化冲突,使在整合阶段过渡平稳;并且,想达到双赢的局面,还需要两家公司优势互补;在打开美国市场甚至国际市场的同时,也同样促进中国市场的发展。只有双方公司都受益的并购,才是真正的好并购。

凤凰传媒总部选派少部分管理人员作为授权代表履行出资人职责。美国出版国际公司原有高管团队拥有二十年以上的从业经验。凤凰传媒决定基本保留除了CFO以外的全部高管团队;提升原来的销售及副总裁为CEO,对高管团队也制订了绩效挂钩奖励机制,对全体员工制订了更好的职业规划以及新的激励制度;用两个月的时间完成了对ERP系统的更新改造;为公司所有员工解决了医疗意外伤害险,提供职业规划;创意销售、财务、人力资源等部门的100多个美籍员工,均顺利进入新公司。海外公司的管理问题,最难的是找到既懂外语又懂出版,并熟悉当地法律、金融政策等方面常识的复合型人才。凤凰集团采取本土化运营的方式,在当地聘请有经验的专业人士担任CEO。新公司十分有活力,已制订了国际市场拓展计划。并购后,凤凰国际出版有限公司在7月至12月不到半年的时间里,销售收入高达561亿元。

4.2 凤凰传媒共生整合行动

4.2.1 知识产权整合

凤凰传媒得到了国际一流品牌的形象授权与出版许可。比如米老鼠与唐老鸭、忍者神龟、蜘蛛侠、Hello Kitty。这使得凤凰传媒拥有了十分强大的竞争力,而且这些知识产权产品也提升了凤凰传媒的知名度。无形资产闲置是造成无形资产损失的最大原因。显然凤凰传媒收购了这些无形资产并不会闲置。自2014年7月交割以来,凤凰国际出版有限公司共有145个品种,销量超过5万册,50个品种销量超过10万册,15个品种销量超过20万册。其中《冰雪奇缘》系列则是以超过300万册的销量成为名副其实的超级畅销书。

得到了美方的知识产权之后,凤凰传媒并没有反向促进国内原创知识产权的发展。2017年1~8月,累计售出童书1.2亿册,其中国内原创作品占1/3。畅销榜Top 500中,原创童书整体市场表现不如引进童书,引进童书质量参差不齐却售价普遍高于原创童书,Top 20中原创童书明星产品数量远低于进口童书。

4.2.2 销售网络整合

凤凰传媒得到的四大洲20几个国家的销售网络,极大地增强了其国际竞争力,成为名副其实的全球化跨国企业。儿童图书出于护眼需要,受数字化冲击影响非常小,纸质书的成熟销售渠道在未来很长一段时间内都十分有用,尤其是用在精装书上。然而放眼未来，平装书有可能被数字书所取代，而精装书有可能永远生存下去，因为精装书有可收藏性以及纪念意义。保留高效的实体书销售渠道，可以未雨绸缪为日后精装书的发展打下扎实的基础。电子书可以代替平装书却永远无法代替精装书。由于平装书制作平淡没有亮点，读者获取了其内容知识之后，平装书就丧失了存在价值。精装书采用的高档纸张有着非常好的触感，这对于读者来说触觉是一种享受，并且精装书用料讲究、做工精美，更有利于长期保存，精装书还具有一定的社交属性，更适合作为礼品赠送友人。

此次收购的产品并非只是传统的纸质出版，还有有声童书与益智早教结合的泛文化产品，这将极大地丰富凤凰传媒的现有业务。凤凰传媒将拥有国际性的资产和销售渠道，进入了国际主流出版市场。未来这些渠道资源可以打开尚未进入的市场。

凤凰传媒在双方产品渠道方面产生了协同效应。销售渠道来之不易，放眼未来，这些渠道必能为我国日后的文化出口产品提供便利。本次并购，拓宽了中国市场渠道，延伸了出版产业链，使新的公司生命力大大增强；并购之后要有继承，还要有发展，仅继承了美方原有的销售渠道远远不够；时至今日，销售渠道的开拓仍需加强，与尼克国际儿童频道和华纳兄弟仍需加强合作。

4.2.3 人力资源整合

凤凰传媒保留了原有的高管团队，为全体员工制订了职业规划，提供了新的激励制度，解决了公司所有员工的医疗养老和意外伤害保险问题。从另一个方面来看，是否对美方员工待遇过好，导致中方员工心理不平衡。但是这种不平衡也许会驱使企业为了协调两方利益而使得整个企业员工的待遇向前迈出一大步。

4.3 凤凰传媒国际并购的整合风险

并购后企业如果产生剧烈的文化冲突就会失去秩序，优秀的人才和客户也将流失。凤凰传媒采用本土化运营方式，保留原班人马及原有企业文化。使得被收购方没有受到巨大的文化冲击。但原有的企业文化也不是一成不变，而是潜移默化的，在很长一段时间内，慢慢被双方吸纳接受。凤凰传媒采用本土化运营的方式，在如今中美贸易战的情况下看来十分明智。二战时期德军的军用饮料芬达和美军的军用饮料可乐，其实都是可口可乐公司旗下产品。因为可口可乐海外公司的本土化战略做得好，使其并未受到战争波及，反而有所盈利。

整合阶段，凤凰国际出版有限公司召开全体员工大会，现场为员工答疑解惑，也为全体美国员工解决了后顾之忧。原公司的资深财务主管虽然即将退休，受此感召，也承诺将为新公司工作到退休。这些都有效避免了文化冲突和文化融合的水土不服，并且收获了员工的真心。

5. 并购的绩效评价

5.1 总体评价

凤凰传媒此次并购,短期绩效和中长期绩效都是成功的。但并购过程中,由于企业一开始刚刚完成并购,对于成本控制比较弱,公司结构变化和公司产品规模变化,使得公司对成本控制做得不够完善,公司经营成本有所上升,利润水平有所下降。然而当公司真正步入正轨之后,随着规模扩大,执行能力越来越好,从而进一步实现了盈利。并购之后,被收购方至今运营稳定,出版的有声童书年销售量位居前列,年销售收入在 6 亿元以上。

5.2 短期绩效

在并购时凤凰传媒的股价基本保持稳定。2014 年 7 月 16 日双方正式签约,凤凰传媒股价只是小幅下降并未出现暴跌。在收购前,市场对本次收购有些担心,但是收购完成后使得企业价值有所增加,市场对公司价值的增加予以了肯定。凤凰传媒收购美国出版国际公司,童书业务事件,从短期来看给公司带来了积极的正面效应,使得股东和投资者从中获益。

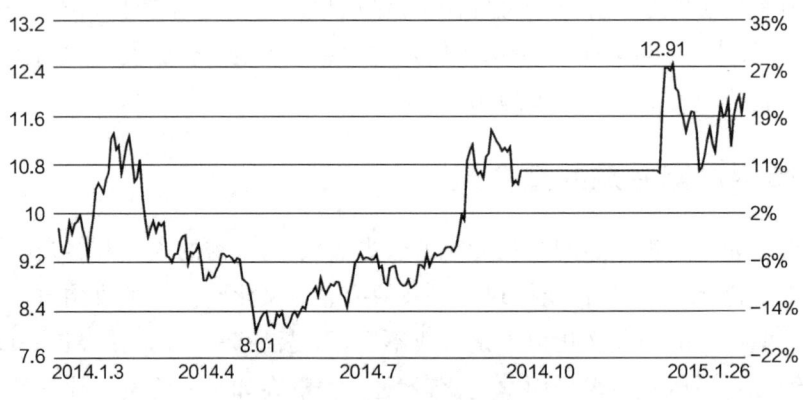

图 3 凤凰传媒股价图

数据来源:新浪财经

5.3 中长期绩效

5.3.1 盈利能力分析

利润率呈 U 形增长趋势,由于大量资金被用于收购,所以当年的盈利会显示下降。但收购、整合完成后,就开始大幅盈利了。

表 3　　　　　　　　　　　凤凰传媒盈利能力指标统计

年份	2012	2013	2014	2015	2016
每股收益（元）	0.36	0.37	0.47	0.44	0.46
主营业务利润率（%）	37.58	36.98	36.29	37.48	38.12
净资产收益率（%）	10.2	9.87	11.98	10.53	10.07

数据来源：新浪财经

5.3.2　偿债能力分析

凤凰传媒的负债率低于整体行业水平，偿债能力优于行业水平。得益于国家在文化产品出口方面的增值税零税率。这样凤凰传媒就有更多的流动资金用于偿债。

表 4　　　　　　　　　　　资产负债率对比

年份	2012	2013	2014	2015	2016
凤凰传媒	28.44%	30.59%	36.56%	36.67%	36.15%
传媒行业	37.90%	40.61%	40.87%	41.91%	36.52%

数据来源：新浪财经

5.3.3　运营能力分析

应收账款周转率持续下降，不利于企业运营活动开展。总资产周转率基本持平，说明资产没有有效配置。流动资产周转率持续升高，说明并购给企业带来了积极的效果。

表 5　　　　　　　　　　　运营能力指标统计

年份	2012	2013	2014	2015	2016
应收账款周转率（%）	27.77	26.16	19.79	13.37	12.76
总资产周转率（%）	0.52	0.53	0.61	0.58	0.56
流动资产周转率（%）	0.70	0.78	1.04	1.06	1.06

数据来源：新浪财经

5.3.4　发展能力分析

凤凰传媒主营业务增长率在 2014 年到达顶点，随后下降。并购之后，凤凰传媒的业务深度和宽度都有所增加，不能迅速获得大量收益。净资产增长率基本持平。研发收入占比不断升高，说明并购之后，凤凰传媒越来越重视研发。

表 6　　　　　　　　　　　发展能力指标统计

年份	2012	2013	2014	2015	2016
主营业务增长率(%)	11.29	9.10	31.47	4.54	-0.81
净资产值增长率(%)	6.40	5.87	6.33	6.04	6.24
研发收入占比(%)	0.05	0.45	0.68	1.04	2.07

数据来源：新浪财经

6. 凤凰传媒国际并购案的得与失

6.1 国际并购之得

6.1.1 建立了海外基地

凤凰美国控股公司成立于2015年6月，总部设于美国芝加哥市，在纽约、伦敦、巴黎、汉堡、墨西哥城和悉尼均设有办公处。凤凰传媒得益于此，立足美国，辐射世界。其年销售图书1 800万余册，成为北美第五大童书出版商。其年销售收入基本稳定在6亿元以上，累计实现利润4 500万元，成功完成了国有资产保值增值。

凤凰美国控股公司拥有7层办公楼及配套物业，其目标在于发展完善北美投资管理体系，塑造一体化海外发展战略平台。至奥黑尔机场驾车仅仅只有10分钟，高度满足了凤凰传媒收购的美国童书龙头高速流通广交朋友的办公需求。公司运营状况非常良好，总资产将近2亿元。它还推动了中国文化产业走向北美地区，通过举办展览、承办文化交流等活动，实现了文化贸易和跨国合作的共同发展。

6.1.2 提升了新公司行业排名

据美国权威品牌杂志 *License Global* 公布的"2018年全球顶级授权商榜单"显示，凤凰传媒在美国的全资子公司——凤凰国际出版有限公司已名列全球最大的175家品牌授权商之一。

凤凰国际出版有限公司名列2018年全球八大出版企业，企鹅——兰登书屋、美国学乐教育集团、IDW等国际出版业巨头均榜上有名。其中四家从事童书业务，这一次上榜意味着凤凰国际出版有限公司已成为全球顶级童书公司。

License Global 杂志每年会根据销售收入、品牌影响力、第三方卖场投票等多项数据综合比对，评选出最新的全球顶级授权商排行榜，包括服装、消费电子、体育、文化等各个领域，迪士尼、华纳兄弟、美国职业棒球大联盟都是榜上常客。该榜单是整个授权行业权威的风向标之一。

这是凤凰国际出版有限公司首次入选该榜单。童书销量稳居全美榜首，牢固树立了在美国有声童书市场的领头羊地位。

6.1.3 创造了全美超级畅销书

在凤凰国际出版有限公司第二次年度董事会上，CEO 杰克及詹尼佛、托尼、迈克、冯好奇等高管分别汇报了整体运营、授权续约、创意研发、国际市场销售、物流保障、财务管控等情况。

凤凰传媒常务副总经理孙真福认为，在内容创意方面，重点产品市场表现良好，《冰雪奇缘》总销量已达 500 万册，《星球大战》销售预计超 200 万册，《小狗护卫队》也有望成为超级畅销书。在授权方面，所有到期的授权已重新续签三年合同。沃尔玛黑色星期五促销订单已从并购前的长期亏损转为赢利。初步建立了管理团队月度经营分析制度，库存管理得到极大改善。财务管控进一步细化，新开发的 ERP 系统的调试，物流及办公场所搬迁等也在有序进行。深圳团队采购价格控制和生产管理成效显著。汉化系列高端产品即将推向中国市场。

6.2 国际并购之失

6.2.1 市场预判力不足，主要销售渠道玩具反斗城破产

凤凰传媒辛苦收购来的销售渠道，全球最大玩具零售商、美国知名玩具连锁品牌——玩具反斗城（Toys R Us）向法院申请了破产保护。该公司的声明称，希望可以借此获得 30 亿美元的债务融资来支持财务重组。玩具反斗城全球逾 1 600 家分店和 6.4 万名雇员命途多舛，但破产并不必然意味着关店，包括中国 141 家门店在内的亚洲业务暂时未受影响。

标普全球评级已将反斗城的评级下调至 CCC-，这一级别在所有信用评级中排倒数第三。而穆迪投资者服务公司对它的评级依旧维持 BBB，并对其前景持乐观态度。美国知名玩具连锁店玩具反斗城正式申请破产保护，并在弗吉尼亚州的美国破产法院启动破产清算程序。

辛辛苦苦收购来的销售渠道，一夜之间遭受重创。尽管收购日前做了详细的尽职调查。但是世事难料，随着时间的推移，每一个优势都可能会逐渐消失，玩具反斗城线上市场投入过于缓慢，随着行业颠覆被线上对手跨界灭门，时至今日市场格局已发生巨大改变。所以只能不断创造新的优势，才能给自己带来生机活力。

6.2.2 未料到国际汇率波动

2014 年起，人民币出现贬值趋势，凤凰传媒始料不及，准备不足。2015 年 12 月 17 日，美联储对外公布将基准联邦基金利率上调 25 个基点，这标志着量化宽松政策的正式退出。此后，美联储又分别在 2016 年 12 月 15 日和 2017 年 3 月 16 日上调利息，这标志着美元全面进入加息的周期。随着加息的节奏加快，人民币面临的贬值压力越来越大，汇率波动的

幅度也不断加大。加之全球环保局面愈加紧张,原材料采购价格将持续飙升。图书定价迅速提高,而读者对图书内容及品质将有更高要求。国际汇率市场波动剧烈,对凤凰国际出版有限公司童书产品在欧洲和拉美地区的销售及利润率产生了严重影响。经过采取一系列综合措施,目前已呈现良性发展势头。虽然销售和利润水平仍大大低于预期进度,但凤凰传媒仍充满信心。

6.2.3 未能预判到国内原材料价格上涨

国内原材料价格突然上涨也是凤凰传媒始料未及的。环保已经是老生常谈的事情,关停一批重污染造纸厂是大势所趋。但凤凰传媒并未预判到纸价上涨的必然趋势,这给并购之后的发展增添了障碍。2016 年 5 月,国家发改委发布《关于建设长江经济带国家级转型升级示范开发区的通知》,进一步推动了长江经济带 11 省市在绿色发展等方面的转型升级。各地加强污染治理,一批造纸厂陆续关停、搬迁、缓建。造纸厂减少,纸张需求依旧,纸张价格自 2016 年底连年上涨。2016 年底,普通的胶版纸已经从 5 000 元/吨上涨至 7 000 元/吨。2018 年 5 月初的 4 天里,全国就有 32 家纸厂宣布涨价,每吨涨价幅度达 100 元至 300 元。

图书定价上涨,很大一部分原因是纸价的上涨。纸张成本占一本书成本的 50% 至 60%。纸张价格上涨,直接造成出版成本的明显增加,出版行业被迫对图书定价进行调整,纸价上涨引起了全行业的紧张。

6.2.4 政策了解不透彻,导致银行贷款无法续期

在资本筹备阶段,政策调查不充分,政策了解不透彻。纽约中国银行给予凤凰国际出版 3 100 万美元的贷款授信将于 2019 年 7 月 14 日到期,经与纽约中国银行沟通,因美国监管部门监管政策调整原因,该授信很有可能无法续期,如不提前有效应对,届时将可能造成凤凰国际出版资金流动性困难。为确保凤凰国际出版日常经营稳定,凤凰传媒决定由凤凰教育社对凤凰国际出版增资现金 3 100 万美元。

6.3 应对挑战措施

6.3.1 保持现有地位

凤凰国际出版有限公司与迪斯尼、维亚康姆、梦工厂等主要授权商签订了长期协议,成功取得米老鼠与唐老鸭、海底总动员、复仇者联盟、朵拉等著名卡通形象的授权。

凤凰国际出版有限公司有 20 多本经典卡通形象图书销量超过 10 万册,《冰雪奇缘》单品种销售 80 多万册,全系列销售突破 200 万册。同时公司新书、畅销书与常销书结构日趋合理。与迪斯尼公司联手推出全球热映的《超能陆战队》《星球大战》等影片授权有声图书在全美持续热卖,与迪斯尼合作的《海底总动员 2》,与维亚康姆合作的《小狗护卫队》都创造了新的销量纪录。

6.3.2 积极投入研发

凤凰传媒常务副总经理孙真福提出,对于退货风险较大的个别区域市场特别是德国公司,不能盲目追求销售份额,因此而产生的销售缺口不影响对高管团队年度销售指标的考核。从产品成本控制、渠道、定价等多方面采取对策,竭力控制汇率损失。进一步强化财务管理,不仅要核算到客户,还要核算到销售人员,核算到每一个项目、每一个产品。管理团队要提高预警能力,及时发现苗头性问题,增强防范风险能力。加大新产品研发力度,下一年度要专门列出重点新品研发预算,鼓励创意团队下功夫打造出《冰雪奇缘》类的畅销核心产品。

积极地投入研发,新产品不断地推出,公司才会源源不断地拥有活力。如果只是安于现状吃老本的话,公司只会止步不前。

6.3.3 启动儿童文学奖

与中国首位"国际安徒生儿童文学奖"得主曹文轩的《蜻蜓眼》《青铜葵花》《草房子》三种儿童文学精品共签署了七项合同,涵盖英语、西语、葡语三个语种,授权的国家、地区有澳大利亚、新西兰、南美和西班牙,实现多语种多地区授权,产生巨大影响。今年年初,英国Walker出版社又买断了《蜻蜓眼》一书的全球英文版权。凤凰集团借此启动"曹文轩儿童文学奖",升级凤凰传媒儿童文学出版模式。这使得凤凰传媒的品牌地位进一步提升,扩大了品牌影响力,并且能够更加密切地联系到一些经销商,还能宣示自己在童书界的地位。

6.3.4 与多机构战略合作

凤凰传媒加大力度拓展与国际最具出版实力的出版集团、出版机构的战略合作伙伴关系。凤凰集团与法国阿歇特出版集团、美国西蒙·舒斯特集团、美国圣智学习集团、德国斯普林格出版社、越南国家政治出版社等建立了战略合作关系;还与美国佩斯大学、英国伯明翰大学、英国伦敦艺术大学、澳大利亚墨尔本大学、匈牙利罗兰大学、佩斯大学孔子学院、智利天主教大学孔子学院等学术、文化机构开展战略合作。广泛合作,广交朋友,为凤凰传媒商路大开打下了扎实基础。

6.3.5 开拓市场运营

凤凰国际出版有限公司进入了美国3 000多个沃尔玛的销售网点,组建了20多人的专业营销团队,与客户建立密切的联系;同时在纽约核心区域开设了300多平方米的产品营销展示中心,常年接待各类客户,扩大了品牌影响力;每年投入100万美元,参加法兰克福、美国、伦敦、博洛尼亚等书展,展示和推广公司产品;利用圣诞、感恩节等举办专题促销活动;利用凤凰国际出版有限公司的优质出版资源,逐步拓展国内市场,首批产品已于2015年秋季上市,全年共完成出版入库13个品种,其中"Look and Find"系列市场反馈良好。2016年底,其中文版图书达到40种以上。在销售渠道上,除传统的新华书店、四大网店之外,中文版图书发行还重点拓展异业渠道,争取披露订单,在全国机场、高铁店铺货,并计划全面进入迪斯尼中国专卖店。

7. 对未来的期望

7.1 加大协同效应

收购之后双方互相影响,对双方的模式都可能起到一些刺激作用。收购虽然是投资行为,但主要是合作行为,双方资源互补创造增值能力才是并购的关键。此次收购,凤凰传媒为国内作家提供了一个良好的海外创作环境。被收购的业务方也获得了国内市场渠道出版产业链的一些资源。

7.2 加大原创投资

如今国内出版市场,最缺少的就是原创作品。我国目前共有 580 余家出版社,其中专业的少儿出版社仅有 33 家。截至 2017 年 4 月,我国童书总量为 1 970 种,其中原创童书为 595 种,占比 30.2%;引进童书为 1 375 种,占比 69.8%,整体上引进童书在数量上处于绝对优势。国内市场的引进版权几乎占了童书出版的 80% 以上。全球销量前十的童书基本都已被引入国内。中国本土版权作品大多是基于对原来 1980—1990 年代老作家作品的整理,原创图书大概只占到 15%。美国童书原创氛围浓厚,凤凰传媒收购美方童书业务之后,并未反作用刺激国内原创氛围,并未借助收购而塑造原创生态系统。但我们的战略目光不应仅仅停留在获得经济利益这一层面,产生中国海外企业文化,促进自身原创生态发展这才是海外并购的目的。

童书对纸张、印刷都有较高要求,还要支付画家、作家以及科学顾问相应的报酬,只有加大创意投资,才能保护作者的原创能力。

7.3 仔细筛选精品

出版面临的最大问题是原创精品短缺,同质化出版无形中使少儿出版门槛变得越来越低。每年各出版社的少儿图书年度选题有数万种之多,这些选题如果全部出版,将是一场灾难。大量低水平相差不多的产品涌入市场,给读者选择图书带来巨大困难。凤凰传媒必须仔细筛选精品,宁缺毋滥,把最优质的内容带给读者。

7.4 形成品牌效应

与大众图书相比,童书品牌更加依赖品牌效益,不少童书品牌面临着用户忠诚度低、品牌影响力不足的局面,因此在图书营销方面难以形成长尾效应。在交割之后,公司取得了米老鼠和唐老鸭等国际性形象授权,获得了畅销欧美市场的同属品牌以及全球化的销售渠道,极大地提高了凤凰传媒的品牌效应,以及凤凰传媒在欧美的品牌知名度。坚持以这种品牌带品牌的策略,才能巩固在美国有声童书市场领头羊的地位。

参考文献

[1] 陈静.凤凰传媒并购美国 PIL 的价值创造研究[D].湖南大学,2017.

[2] 汤婷婷.文化企业海外并购绩效研究[D].安徽财经大学,2018.

[3] 张静宇.中国传媒业海外并购绩效研究[D].北京印刷学院,2018.

[4] 刘静.FHCM 跨国并购美国 PIL 案例分析[D].哈尔滨商业大学,2019.

[5] 周斌.凤凰出版传媒集团海外拓展战略路径与模式探析[J].出版发行研究,2015(09):10-13.

[6] 江鸣.出版业跨国并购的风险防范和管理分析——以凤凰传媒收购美国国际出版公司为例[J].出版发行研究,2016(12):88-90.

[7] 渠竞帆.美国童书市场三大特点[N].中国出版传媒商报,2015-11-13(006).

[8] 周斌.凤凰志四海　万里任翱翔[N].中国新闻出版报,2014-12-15(004).

[9] 江鸣.美国童书授权市场现状及我国引进授权的发展趋势[J].编辑学刊,2016(05):52-56.

[10] 渠竞帆.年度国际出版趋势报告·美国分报告[N].中国出版传媒商报,2016-08-23(007).

第二部分

"报"仍在，身已远

从新闻纸到互联网

——主流新媒体的转身和挑战

摘　要：媒体融合时代，主流媒体如何在互联网上延续传统媒体的深度和专业？从《东方早报》华丽转身的澎湃新闻，无疑是一个值得关注和研究的对象。本章通过对澎湃新闻发展战略的梳理，包括澎湃新闻的两个发展阶段，从报纸思维到互联网思维、澎湃的新"四化"等方面，展示中国主流新媒体的思考和作为，思考其面临的挑战和机遇，为媒体融合纵深发展提供思路和启示。本文部分内容来源于笔者2018年7月对澎湃新闻的访谈。[1]

关键词：主流新媒体；媒体融合；报纸思维；互联网思维

1. 案例背景

2014年8月18日，中央全面深化改革领导小组第四次会议审议通过了《关于推动传统媒体和新兴媒体融合发展的指导意见》。

在会议上，习近平总书记强调，推动传统媒体和新兴媒体融合发展，要遵循新闻传播规律和新兴媒体发展规律，强化互联网思维，坚持传统媒体和新兴媒体优势互补、一体发展，坚持先进技术为支撑、内容建设为根本，推动传统媒体和新兴媒体在内容、渠道、平台、经营、管理等方面的深度融合，着力打造一批形态多样、手段先进、具有竞争力的新型主流媒体，建成几家拥有强大实力和传播力、公信力、影响力的新型媒体集团，形成立体多样、融合发展的现代传播体系。要一手抓融合，一手抓管理，确保融合发展沿着正确方向推进。

据《中国新闻出版报》报道，此消息一出，立即成为传媒界关注的焦点，股市传媒板块也全线大涨。8月18日，A股文化传媒板块全线大涨，粤传媒、浙报传媒、人民网涨停，光线传媒、中文传媒、中南传媒上涨了5%～6%。而8月19日开盘，传媒股继续大幅拉升，板块平均上涨3.70%。个股方面，出版传媒、新华传媒、浙报传媒等3股涨停。相关分析指出，在加速转型和政策扶持双重因素影响下，传媒股加速发展可期。

---

[1] 林颖颖：《"澎湃新闻"的灵魂是主流价值观——专访澎湃新闻总编辑刘永钢》，《新闻与写作》2018年第10期。

8月18日晚,《人民日报》海外版微信公众号"侠客岛"刊文聚焦此消息,不但盘点了20多年来习近平有关媒体发展的言论和文章,以及十八届三中全会以来的媒体融合之路,还以《人民日报》、新华社、澎湃新闻为例,对今年这一"媒体融合年"提出了更多新的期待。《上海证券报》则从金融角度对这一指导意见的出台进行了解读,文章认为,围绕媒体融合,国有传媒企业和民营企业的融资,将会出现许多新模式、新机遇。

光明网总裁、总编辑陆先高表示,中央关于传统媒体与新兴媒体融合发展的顶层设计,是传统媒体转型的方向,更是新媒体的发展机遇。传统媒体和新兴媒体该如何融合?对此,陆先高认为,业界需清醒地意识到,无论是中央还是各省(区、市)的重点新闻网站,在内容生产、产品拓展领域同质化严重,各媒体网站大多在互相转载,点击量的多少取决于几家大的搜索引擎的选择性抓取和推送,而不是具有特色的独家内容。因此,融合发展就是要解决体制、机制、技术、产品、市场等方面的瓶颈,让传统媒体的强大内容生产能力,在新媒体技术、产品、市场的渠道里畅通无阻,改变新媒体传播领域生态。

《中国记者》值班主编陈国权表示,新型主流媒体的建构现在已经上升为国家战略,这是在当前传统媒体话语权受到新兴媒体巨大冲击的基础上,站在"巩固宣传思想文化阵地、壮大主流思想舆论"的要求上提出来的。"在我看来,新型主流媒体可以来自传统媒体阵营,也可以来自新兴媒体阵营,只要能够正确表达国家话语、体现社会主义核心价值观、为人民群众喜闻乐见并具有足够影响力的媒体,都应该属于新型主流媒体的范畴。当然,新型主流媒体还应是具有强大赢利能力与发展能力的媒体,否则,将因为失去经济基础而阻碍发展。"[1]

2. 澎湃新闻简介

上述指导意见,也正是包括澎湃新闻在内的国内多家新媒体进行媒体融合发展探索的基石和方向。作为上海报业集团改革后公布的一个重磅成果,2014年7月上线的澎湃新闻,无疑是我国主流媒体主动拥抱媒体融合的一大成果。澎湃新闻结合互联网技术创新与新闻基本价值传承,已迅速成长为中国媒体融合发展的领跑者之一,影响力在中国新闻网站中位居前列。

根据"澎湃新闻"主页"关于澎湃"的介绍,这是一个以原创新闻为主的全媒体新闻资讯平台,拥有互联网新闻信息服务一类资质,7×24小时为中国互联网用户生产聚合优质时政思想财经文化类内容,目标是打造成为中国的全媒体内容生产平台、全媒体产品创新平

---

[1] 李雪昆,赵新乐:《关于推动传统媒体和新兴媒体融合发展的指导意见》,审议通过引起业界关注,媒体深度融合,热潮将至。《中国新闻出版报》,2014-08-20(01)。

台和全媒体服务运营平台。

澎湃新闻有400多记者,通过图文、视频、VR、动画等全媒体新型传播方式的综合运用,每天生产超过300多条原创新闻报道。

澎湃的产品特色包括:

新闻＆资讯:澎湃新闻专注报道中国时政、财经、文化、思想,实时跟踪时事动态,解析经济时局变化,倾身关注社会民生;

视频＆直播:感受第一视角记录真实现场,实时了解最新进展,连线直播深度剖析新闻事件;

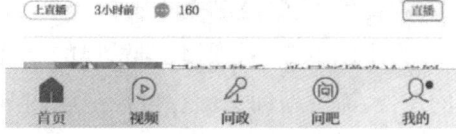

图1　2020年4月27日10:00澎湃新闻主页

问吧:新闻当事人澎湃入驻等你来问,专业解读新闻背后的故事;

问政:澎湃新闻打造便捷问政窗口,权威政务平台进驻,热点议题官方解答;

思想:理性建设性,紧扣脉搏普及新知,坦率争论碰撞思想。

3. 澎湃新闻的发展战略

3.1　两个阶段

澎湃新闻从2014年7月诞生到现在经历了两大阶段:2014年到2016年底,是学习和媒体融合的第一阶段,这段时间《东方早报》报纸和澎湃移动端并存。第二个阶段从2017年初至今,《东方早报》停刊,国有资本战略入股,澎湃独立发展。

在澎湃新闻总编辑刘永钢看来,这两个阶段的变化,是产品形态的变化,但更重要的是思维和观念的转变。

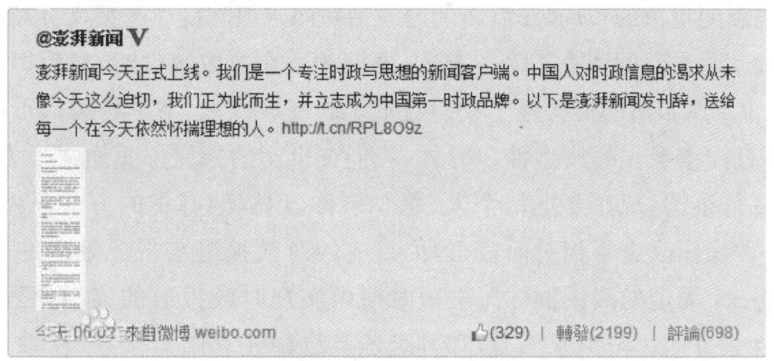

图2　澎湃新闻微博

在第一阶段,澎湃的主要动作在"转场",以《东方早报》的团队、品牌和采编管理理念和制度等方面的积累,以及政府及相关部门的资金支持和政策支持,开始做互联网内容,并且实现了一战成名、一炮打响。

"到了第二个阶段,澎湃新闻的工作核心,就是要全力以赴转变观念,全面拥抱互联网思维。我们希望至少能够接近互联网原住民那样去思考。"

资料显示,《令政策的平陆往事》一文在网络上被迅速转载,让"澎湃新闻"这个名词作为消息源得到更多关注。

作为中国首个主打时政与思想的新闻产品,澎湃新闻自诞生之日起就紧扣"时政+思想"的定位,澎湃新闻意图在可控范围内,最大程度满足用户对时政的关心与好奇。部分栏目名称和相关定位内容,可见下表:

表1　　　　　　　　　　　澎湃新闻的栏目名称与定位内容

栏目名称	定位内容
打虎记	反腐报道
一号专案	法制报道
人事风向	党政官员、军方人事和外交人事报道
知食分子	食品安全报道
港台来信	港澳台报道

以《打虎记》栏目为例,该栏目契合了澎湃新闻"时政+思想"的定位,更重要的是,契合了党的十八大以来中央政府反腐倡廉的总体态势。

《打虎记》在绝大多数时候访问量排名靠前,澎湃新闻也致力于将它打造成"反腐倡廉第一平台"。

对于反腐新闻报道的布局,澎湃新闻网政治新闻主编陈良飞曾撰文介绍:首先,我们配备了澎湃新闻实力最强的调查记者。其次,要闻中心在抓取稿件时,对反腐新闻做重点关注。再次,注重反腐报道的覆盖性。我们对上至副部级以上、下至科级以下的腐败官员都进行曝光,并且注重曝光的典型性。另外,我们在事实的探究方面加强了力度。以前,仅泛泛地报道一件事情,现在要把每个人、每个事件,用解剖麻雀的方式来做,做细、做透、做深,这是一种操作改进。相对而言,国内目前的时政报道水平还处于一个相对较低的阶段,而且有一个固定的阅读群体。在短时期内实现时政报道的突破,是澎湃新闻内容建设的一个探索方向。与国家部委,和各级各类机构建立固定联系,获取第一手资料和信息,这当然是常规时政报道的题中应有之义。但只依靠这些手段肯定是不行的。澎湃新闻从管理层级上看,还只是一个地方新闻媒体,在权威信息的获取上无法和中央媒体相提并论。

在实践中,澎湃新闻摸索出了一套"立体式监控体系"。第一,对中央主要媒体和31个省份的党报、重要报纸和重点新闻网站必须全覆盖,它们头版或者要闻版经常会有一些重要文章披露或者重要人事变动。有些会被新闻门户抓取,有些则很容易"沉"在信息的汪洋里。第二,已经公开报道出来的新闻,你能看到,别人也能看到。光是"监控"媒体肯定是不够的,很多官方机构和单位的信息是一个大"富矿",媒体挖掘得还远远不够。第三,前面两种的"监控"方式都是面上的"监控",费时费力,非常辛苦,目的性不强,属于"逛超市"型"监控"方式,而关键词检索更有效。设定一些常见关键词,在搜索引擎里进行定向检索,往往会发现一些很重要的新闻。这些关键词又分为常见关键词和特定关键词。有些关键词具有"永远"的魅力,有些关键词只在特定时期很火。

以澎湃新闻的《人事风向》栏目为例,该栏目主要关注党政官员、军方人事和外交人事。对这三类人事报道的"监控"方式有很大不同。中国经济网的人事频道和人民网组织人事频道基本上是两个比较全面的党政官员人事变动频道,信息内容一般较短,澎湃新闻会根据他们的信息进行一些人物跟进报道。但是这两个频道也无法做到全覆盖,澎湃新闻会进行一些关键词"监控"。在关键词的选取上,除了特定人名和职务,动词往往是最有效的。在党政官员人事变动上,当选、不再担任、另有任用、干部任前公示、兼任、拟任、提拔、表决通过等关键词的选取往往是最有效的。但是外交人事变动的关键词又不是这样的。在实践中,澎湃新闻探索出这样一个规律:抵达、递交国书、履新、饯行这四个关键词基本上能够涵盖驻外大使的调整情况。[1]

3.2　从报纸思维到互联网思维

从总编辑到一线记者,澎湃新闻从成立的第一天起,就在思考如何从报纸思维转到互联网思维。做新闻报道,不再是单纯地"做稿子",而是从素材出发,研究其发布形式和传播节奏、表达方式和产品形态。

刘永钢也提出,最好的传播、最精妙的宣传就是讲故事,实实在在地讲故事,讲有血有肉的故事。作为互联网主流媒体,澎湃新闻要把宣传规律、新闻规律、互联网传播规律结合起来,通过具体的人和事,把主流的价值观、重大方针政策融进去,也把立体生动丰富的中国形象展示出去。

其中的一个典型报道案例是:2017年4月23日,澎湃新闻刊发了H5产品《长幅互动连环画|天渠:遵义老村支书黄大发36年引水修记》,17页的H5还原了老支书黄大发从20多岁的毛头小伙到60岁的花甲老人,青春耗尽、"拿命去换",终于带领村民修通了万米水

---

[1]　陈良飞.澎湃新闻内容建设的"变"与"不变"[J].中国编辑,2015(4).

渠脱贫致富的故事。[1]

根据澎湃新闻提供的采编过程介绍,2017年3月下旬,澎湃新闻文字和视频记者、工程师赴遵义播州区平正仡佬族乡团结村参加中宣部组织的集中采访,前后方报道组经过多次远程会议,商定报道形式和框架。

4月22日至23日,澎湃新闻先是连续两天推出《天渠———一位村支书的三十六年修渠记》开机屏海报,以宏大的"天渠"二字为题,气势磅礴,背景用动画的形式展现村民带着劳动工具行走于悬崖之上水渠的画面,渠旁就是千米绝壁,场景震撼,山水鸟鸣之声空灵而有"大片"气质。

4月23日下午,澎湃新闻刊发H5产品《长幅互动连环画|天渠:遵义老村支书黄大发36年引水修渠记》(以下简称《天渠》),沿用大气磅礴的海报封面,开篇几十字为整个报道奠定了基调:一道万米水渠,跨36年建成,过三个村子,绕三重大山,穿三处绝壁,越三道险崖。一位村支书,用一辈子的时间,彻底打破了村庄干渴的"宿命",带领千余人打开了脱贫致富之门。

17页的H5产品以水为主线,用下拉式长幅连环画、渐进式动画、360度全景照片、图集、音频、视频、交互式体验等多种报道形式,全景地展现了黄大发带领老一代修渠脱贫、带动新一代致富的历史长卷,用新闻媒体的社会责任感,为当地的发展历程记录下了浓墨重彩的注脚。

图3　澎湃新闻作品天渠

图4　澎湃新闻作品天渠

---

[1] 新华网:《长幅互动连环画|天渠:遵义老村支书黄大发36年引水修渠记录》,http://www.xinhuanet.com/zgjx/2018-07/19/c_137334874.htm。

为了提高事件还原的真实度，整个 H5 制作与画风选用了朴实且带有平面装饰意味的黑白风格创作，角色处理采用写实的手法，生动传神，画面背景与人物主体关系黑白布局得体，以金色作为点缀，稳重大气又不失活跃的细节，在这个新媒体与手机阅读时代，带给了读者更全面立体、更轻松、却更震撼的阅读体验。

报道刊发后被全网转载。截至 2017 年 4 月 24 日 22 时许，仅在澎湃平台，黄大发的系列报道总点击阅读数即突破 300 万，网友纷纷向其致敬，称"除了感动还是感动"，赞其为"人民的村支书"、"新时代的愚公移山"、"千千万万个黄支书在基层的坚守汇成了中国共产党人的光辉形象！这才是我们必须传承的精神支柱！"

值得一提的是，《天渠》的英文报道被世界经济论坛官网、法国国家电视台二台转载。可见，主旋律报道只要用心用力用专业去做，挖掘出好的符合新闻规律和人性的中国故事，对于改变西方主流媒体对华报道的方向也有着引导作用。

这一作品，最终摘得 2018 年度中国新闻奖一等奖桂冠。

对于澎湃的"思维转型"，刘永钢说：要真正成为一个互联网新型主流媒体，就要领悟互联网，真正搞明白互联网的逻辑和传播规律，并结合我们的比较优势，来考虑和推动我们的发展。

一个关键的问题是，澎湃的记者、编辑，有很大一部分是从东方早报转岗而来，澎湃是如何帮助大家实现从报纸思维到互联网思维的？

图 5 《天渠》作品二维码

刘永钢介绍说，澎湃一直鼓励记者编辑进行专业学习和交流，也创造机会让员工有机会不断地尝试和实践。我们特别鼓励传统媒体的人员和新引进的专业人员一起工作，他们各有特点和专长，互相在一起，多合作几次，多争吵几次，大家就都进步了。

3.3　澎湃的新"四化"

2018 年 7 月，在澎湃新闻主办、汇聚全国近 60 家主流新媒体机构的"2018 外滩新媒体峰会"上。刘永钢指出，澎湃新闻的下一步目标是"新四化"：主流化、平台化、全球化、生态化。

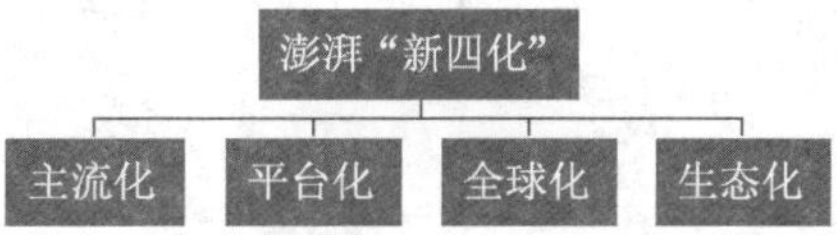

图 6　澎湃"新四化"流程图

访谈中，刘永钢对此表示，坚持主流化、加速平台化、敢于全球化、实现生态化，既是澎湃的目标，也是澎湃的方法论。

主流化，我们一直在做。我们是主流新媒体，这是我们的使命和职责。我们要旗帜鲜明地倡导主流价值观，传播主流声音，引导主流舆论。

平台化，是我们不遗余力要实现的。我们一直说，内容是王牌，但如果真正实现了平台化，就可以把更多的王牌集中起来，打出一手更好的牌。平台化的核心，是使阵地更大更强，是增加好的内容，提升内容分发能力，最终提升主流价值观和声音的传播力、影响力、公信力、引导力。

全球化,一方面中国不断发展壮大,对于来自中国的声音、中国元素和对中国的兴趣,全球的需求都在迅速增加。另外,中国媒体自身实力的壮大和人工智能技术的进步,为我们全球化提供了雄厚的基础。我们认为,全球化也是澎湃实现发展壮大的重要途径。澎湃的目标,是做一个在全球有一定影响力的内容供应商和传播平台。

"生态化,其实也是为了澎湃的可持续发展。四年多来,澎湃除了品牌和内容取得的成绩,更为重要的就是建立了一整套相对独立和自主的新媒体采编、运营、管理和技术体系,整个新媒体链条的全流程,我们都有了自己的人才、技术、模式和规范。"

而一直以来,如何实现内容与技术相融合,并从管理模式到技术平台全方位解决新媒体实践中产生的问题,是很多新媒体都在面临的挑战。

对此,2018 年 7 月澎湃新闻也推出了其研发的新媒体运营全套解决方案——澎π系统。"澎π系统"能够实现线索收集、舆情分析、内容审核管理发布、智能分发、广告发布支持系统、后期数据监测等新媒体全流程需求。

澎湃新闻相关负责人表示,区别于市面上常见的智能分发推荐逻辑,澎湃算法在研发和进化过程中,将资深编辑、记者的思维和逻辑转化为了计算机算法,整合到澎π系统的运用中。澎湃算法不仅能满足用户个性化的阅读偏好,更重要的是澎湃推荐的信息将来自不同维度,因此能呈现该社会事件的全貌。

其中新媒体解决方案,从内容生产的角度来看,澎湃新闻相关负责人透露,澎π系统具有采写与审发隔离的机制,使得内容撰写者与审发者能协同工作,互不干扰。一份内容,需要经过超过三个环节的审定签发,才能安全发布;与此同时,该系统的追踪模块还能回溯内容稿件的流转全程。

因此,该系统一方面可以完全避免不安全内容的发布;另一方面能够完全符合媒体内容内部审核的需要。经过澎湃团队的"精心设计"和"数轮调试",澎湃新闻发布的澎π系统,实现了集传统实践与新技术探索于一体的新型科技平台。

4. 互联网主流新媒体的挑战和机遇

互联网主流媒体的优势是什么?难点和挑战又在哪里?

对此,刘永钢认为,互联网媒体和传统主流媒体的本质一样,都是媒体,"所以我从来不认为他们有什么优劣之分,只是媒体面对技术变化而在传播手段上的调整而已。"

当然,刘永钢也承认,以今日头条为代表的算法派平台的崛起,深刻地影响了中国的互联网内容生态。

"但是,随着用户对优质内容需求的提升,随着纯算法逻辑本身的价值陷阱,随着国家互联网治理的日趋规范和严格，原有的内容格局正面临着深刻的生态修复。互联网原创媒体，也就是主流新媒体，最坏的时期正在过去。"

刘永钢列举了目前对主流媒体利好的四大因素：

第一，内容监管进一步规范。古今中外，媒体从来就是与法律和监管联系在一起的，对于互联网内容行业来说，它已经成为当下社会治理的有机组成部分。假消息、标题党、震惊体、秀下限，公然挑战法律和道德底线。政府通过严格和规范的监管加大了对互联网乱象的治理。这些监管、规范和治理对于互联网舆论场、对于新媒体的良性有序发展至关重要，对于形成真实、守法、客观的良性内容生态至关重要。

第二，优质内容仍然是王牌。时间已经证明，大浪淘沙之后，高质量内容在移动互联网时代依然是制胜法宝。不论是在社交平台、各大资讯平台，还是在爱奇艺、腾讯视频等影视平台，乃至B站这样的二次元平台，高质量的内容都是刚需，芒果TV就是凭借好内容在娱乐细分领域胜出的标杆之一。

当前，自媒体的疯狂的粗制滥造已经退潮，用户对深度内容的需求正在回升，专业创作者的价值进一步凸显。专业媒体在适应了互联网传播规律后，采用新技术、全媒体手段制作出来的符合互联网规律的专业内容，已经逐渐成了移动互联网时代的流量担当。内容为王的思路正在全面回归共识，商业变现价值的回归也在路上。

第三，价值观深度引领算法。互联网新媒体的发展离不开新技术的应用，也绕不开关于算法的讨论。澎湃的态度一直是明确的：从编辑单向推荐到用户主动搜索，再到内容自动匹配用户，算法是一个技术进步，极大提升了内容分发效率；但是算法必须要与媒体价值观连接，必须要靠价值观加以约束。目前，配合开放平台的建设，澎湃也在研发自身的算法体系，打造深刻体现主流价值观的澎湃算法。事实上不止是澎湃，人民日报客户端等主流新媒体也都在这方面努力探索，商业网站也在不断修正他们的算法体系，价值观深度引领算法正在成为共识。

第四，版权价值进一步提升。最近，国家版权局、国家网信办、工信部、公安部四部委联合启动了"剑网2018"行动。与之前强化版权意识和建章立规相比，如今的版权保护正在强化全面的专项整治和执法监管，版权保护和治理的力度不断提升。这对于主流新媒体，对于编辑记者和专业创作者来说，都是非常大的利好，优质内容的版权价值得到进一步彰显和提升。

因此，澎湃新闻在发展中，一直在处理变与不变的关系。

"不变的是，我们要始终牢记我们是媒体，必须始终传承和坚持专业的媒体素养和坚守。澎湃从一开始就建立了严格的'三审制'流程，一条稿子要和读者见面，专业记者写出来后，还要经过和传统媒体一样的层层审读。

"正在改变的，是技术和传播格局，我们一定要适应这种变化。所以，既然现在是移动互联网时代，我们就要研究这样一种传播介质，我们的内容传播必须要适应这样的变化。

当然，适应是第一步，之后必须进一步研究，什么样的内容，什么样的表达方式，什么样的传播策略，会更有传播力、影响力？"

参考文献

[1] 林颖颖：《"澎湃新闻"的灵魂是主流价值观——专访澎湃新闻总编辑刘永钢》，《新闻与写作》2018年第10期.

[2] 李雪昆，赵新乐：《关于推动传统媒体和新兴媒体融合发展的指导意见》，审议通过引起业界关注，媒体深度融，合热潮将至。《中国新闻出版报》，2014-08-20(01).

[3] 陈良飞：《澎湃新闻内容建设的"变"与"不变"》，《中国编辑》2015年第4期.

[4] 新华网：《长幅互动连环画|天渠：遵义老村支书黄大发36年引水修渠记录》，http://www.xinhuanet.com/zgjx/2018-07/19/c_137334874.htm.

突围中的坚守和舍弃

——品牌都市报的"新传播"转型之路

摘　要：本文以上海在20世纪90年代改革开放后第一份城市晨报——《新闻晨报》在平台升级、人才激活、价值回归等方面的转型探索为例，研究都市报在媒体融合时代突围之路上的坚守和舍弃。"从第一张社区报开始，我们分头下沉到上海的街巷，去思考大众媒体如何融入居民区的烟火气。从第一个社区微信公众号开始，我们从手机端分别走进社区，探究如何根据每个区域独特的性格去提供服务。从第一条视频第一场直播开始，我们研究最新最潮的介质和形式，实践如何将专业媒体的优质内容来获取流量，从第一条周到上海App推送开始，我们有了自己的集成平台，从此将精细化的资讯和服务辐射到这个城市的千万人群之中……"在2018年6月由新闻报社党委书记、社长黄琼主编的《新传播之路》一书中，新闻晨报的高层管理者和一线的记者、编辑，一起探讨了品牌都市报在转型之路上的思考和领悟。本文部分主体案例源自于此。[1]

关键词：品牌都市报；平台升级；人才激活；价值回归

1. 案例背景

以1995年1月1日《华西都市报》的创刊为标志，都市报诞生已有20多年。[2] 但是，在技术和新媒体的双重浪潮下，作为20年前传统媒体的生力军，都市报近年来的日子"不好过"。

特别是在2011—2015年，都市报进入下行期——移动互联网时代开启。2015年的数据显示，都市报发行量与广告收入进入下行通道，都市报连续两年"断崖式"经营下滑。

以2014年1月1日《新闻晚报》休刊为代表，都市报关停的趋势在全国蔓延。与此同时，以2011年1月微信公众号的出现、2012年手机网民规模首次超过PC端为标志，互联网进入移动时代；自媒体大号们争夺了都市报曾经的内容优势，朋友圈抢占了都市报赖以

---

[1] 黄琼.新传播之路[M].上海：上海远东出版社，2018.
[2] 彭剑，李晖，刘文帅.都市报的变革与转型[M].北京：人民日报出版社，2018.

生存的渠道优势,点击率取代了都市报广告发行量,都市报的发展空间被互联网一步步蚕食。[1]

在内容生产上,独家新闻、热点新闻、舆论监督等方面的优势被网络的海量信息和UGC内容消解;运营管理上,广告发行的领跑位置,被新媒体平台挤占、压缩;人才竞争中,部分优秀的采编力量流失,亟需的技术人才以及优质的潜力军,难以引入。

面对内外夹攻的危机,都市报血液中"创新""拼抢""试错"的基因,让他们纷纷从内容、技术、运营等方面进行转型的思考和探索。

2. 新闻晨报概况

《新闻晨报》是解放日报报业集团(注:2013年10月28日,解放日报报业集团和文汇新民联合报业集团整合重组为上海报业集团)出版的综合性都市报,于1999年1月1日正式创刊以来,历经数次改版。目前已经形成独特的风格,是上海早晨零售量最高的日报,也是发行量最大的早报之一。新闻晨报成为上海90年代改革开放后第一份城市晨报。

《新闻晨报》的受众定位为25~50岁上班族,以独家新闻、事件新闻、热点新闻为主要特色,以关注民生为宗旨,追求最鲜活、最实用的新闻。《新闻晨报》除了常规新闻版面,还会在每周不同的时间,固定推出配合新闻的周刊版面,为读者提供延伸阅读。如今,"娱乐周刊""体育周刊"等专叠,已经逐渐打造出了自己的品牌效应。

随着新媒体时代的到来,近年来《新闻晨报》着力打造多样化、多媒体、集成化的内容与产品,先后设立了微博号、微信公众号、"周到上海"App(简称周到)、抖音号等平台,为提升核心竞争力和市场影响力奠定牢固基础。

3.《新闻晨报》"新传播"转型之路

"晨报从未停止过奔跑",在2018年《新闻晨报》创刊18年之际,黄琼说道,在互联网势不可挡地解构传媒模式时,压力不断转化成了动力,种种探索在晨报启动。

3.1 流程再造:信息平台多元化

几年来,新闻晨报社从读者阅读习惯的改变出发,布局媒体融合。在精心办好主报的

---

[1] 秦川.都市报转型路径的思考——兼谈新闻晨报下沉社区对接区县融媒体中心建设的探索[J].新闻记者,2019(8).

同时，充分利用新媒体技术及各种新媒体平台。在"两微"时代，晨报率先在微博和微信上抢位卡位，取得了不俗业绩。

《新闻晨报》新浪微博定位是一个全国性的媒体官方账号，内容定位是社会化、民生化，以故事性和趣味性见长。截至2019年11月，《新闻晨报》新浪微博粉丝数量为3 681万，在国内的影响力很大。

《新闻晨报》的微信公众号包括"新闻晨报"、"晨最上海"等。因其粉丝以上海用户为主，因此其定位是上海地域性官方媒体，内容定位是以本地新闻为主，尤其是突发新闻、民生新闻，偏实用性。

图1　2020年4月27日新闻晨报头版(电子报)

报社内部的各个部门也都涌现出了不少新媒体的拳头产品。比如晨报新媒体部的"上海升学"微信号,新闻晨报周刊部的"上海市民生活指南"微信号等,已为上海市民所熟识和喜爱。

值得一提的是,作为《新闻晨报》整体新媒体转型的客户端产品,"周到上海"App 2016年6月1日正式上线,即获得网信办1 000万元的新媒体专项资金资助。截至2017年8月年度项目扶持期,其装机量、日活量、到达、受众人群等,均完成申报时承诺的各项指标,通过主体团队的组建、内容、技术运营等各方面,均出现显著的提升,正在向上海市民精致生活方案提供商的目标稳步推进。

进入App时间,《新闻晨报》依然以务实精神、精准研判、精心布局、精彩呈现,在转型策略上确立了"1+1+N"的战略。

第一个"1"是母报,依托品牌、向上生长,强化影响力和公信力;第二个"1"是"周到上海"App根植社区,向下扎根,强化传播力和服务力;第三个"N"是晨报以公众号为代表的各个重度垂直矩阵,强化的是细分力和抓地力。

表1　　　　　　　　　《新闻晨报》"1+1+N"战略

《新闻晨报》1+1+N 战略		
1:母报:《新闻晨报》	1:周到上海 App	N:以公众号为代表的各个重度垂直矩阵

根据这样的转型战略,"周到上海"App初步形成晨报特色、周到的特点转型之路。所谓晨报特色就是市场主导、务实创新,周到特点就是小而美,既不同于央媒的中央厨房式,也不同于纸屏替代的"澎湃""上观"式,又有别于分步转型的"文汇""邻声"式,而是初具互联网精神的航空母舰式。

图2　2018年3月8日《新闻晨报》版面一角

"周到上海"App的转型特色具体表现在三句话上:主体团队、融合平台、整合传播。

3.1.1 主体团队

主体转型主要体现在思维意识和状态,而不是简单的弃纸转屏、全员转场,重要的是用互联网思维重构生产关系。

"周到上海"成立时,主体团队约 50 人,分为内容、技术、运营等主要板块,在内容部分"周到上海"组建了 15 人左右的周到编辑部。目前"周到上海"的内容团队实现了报纸编辑转型,同时做到了为报纸和新媒体供稿+专属团队拾遗补缺。活力和压力并存,形成良性竞争的氛围。

在技术和运营等领域,则是充分引入市场优秀人才。2017 年上半年"周到上海"完成了 7 人配置的自有技术产品团队组建,摆脱了以往外包公司的牵制。在运营部分,对原有运营团队,进行了换血和补充,组建了将近 10 人的专业团队,用户运营、ASO、积分商城等均由社会招聘专业人士担任,大大提升了"周到上海"作为一个新媒体技术产品的专业度。

3.1.2 融合平台

这是晨报"航母模式"的核心所在,对内融合方面:"周到上海"通过细分的垂直频道对接报社采编相关部门和事业单位,完成 PGC 的生产,如"身边"频道对接社区晨报、"吐槽"频道对接社会部、"出行"和"健康"频道,对接民生部,这好比航母上的舰载机,形成初步战斗力。对外融合方面:通过对接政府和机构的相关部门及自媒体大军完成 UGC 的内容生产,"周到上海"主体团队的编辑部门则通过产品标准、考核机制、分发机制,来实现对内容的服务、监管和引导,这好比是航母通过自带的舰载机和护卫舰及外围舰载机形成战斗编队,为组成综合战斗力打下基础。

3.1.3 整合传播

"航母模式"的最终目标是形成具备"精准打击能力"的整合传播力。"周到上海"通过内外深度融合,形成"1+1+N"的综合传播力,以多元立体传播矩阵,实现晨报从 100 万读者到融合传播 3 000 万用户的量级提升,从而实现从单一版面手段到内容、创意、线上线下综合手段,从单一广告到创意变现、流量变现、IP 变现、内容电商等多种商业变现方式,借助"周到上海"App 实现各个端口和矩阵的合力,这就是航母形成的战斗集群的概念,可以有分有合地进行战斗力的调配使用,以实现即时发现和精准捕捉。

3.2 人才激活:体制内创业、留人育人

新闻晨报社以新闻起家,拥有一支优秀的采编队伍,他们深谙新闻生产的科学规律,新闻策划和舆论监督更是晨报人的强项。

作为专业媒体,晨报的采编在部门、条线上分工明确,文字记者和摄影记者也各操专业。大家在各自的田地埋头深耕,积累人脉和资源,保证了新闻在各自领域的专业性和影响力。

但是,条线式的分工已经不能完全适合媒体融合时代的需求。互联网最要害的就是一

个"联"字：形式上，把文字和图片联合起来，把静态的内容和动态的视频、音频联合起来；内容上，把各行各业、各种领域的信息联接起来。互联网还有另外一个特点，那就是"快"。

这时，就要求一线记者要"敲得了键盘，按得住快门，扛得起摄像机"，尽快成长为全媒体记者。编辑也要学习在不同的平台上生产不同形式的稿件，在确保规范用词和专业编辑的前提下，掌握最新的网络语言。

为了配合一线采编的"联"和"快"，晨报顺势开发了移动发稿系统"晨报微采编"，在手机的方寸屏幕间完成新闻线索的监控，文字、图片、音频、视频的上传，编辑也在系统内取稿、看稿、改稿，让新闻信息在第一时间迅疾流出。同时，打通记者和编辑之间的界限，改变"记者写稿、编辑编稿"的思维定式，以各部门为单位，鼓励记者参与新媒体平台稿件的编辑。

晨报社还通过制度改革来倒逼员工转型。几年来，晨报通过在报社内部举行全员双向选择，让员工选择平台和部门重新上岗。并设立"蓄水池"，对在双向选择中没能入选的员工，进行再培训再上岗，也让他们感受到不转型就没有出路的危机。

2017年，晨报推出记者每月至少有三篇好稿（B稿）的"底线制度"。

2018年初，新闻晨报社开展特级首席记者、首席记者的竞聘，向全体员工公开招聘，经过内部公开报名，由申报人所在部门领导给出推荐意见，再由报社评审小组逐个评议，并由报社领导班子进行终评。终评结果在报社公示，于2018年2月7日正式下发聘书。对于特级首席和首席记者，报社每个月给予固定津贴，年底给予考核奖，特级首席岗位年应发工资不低于40万元，首席岗位年收入不低于32万元。特级首席岗位和首席岗位每年一聘，聘期一年，均可在报道中署名特级首席记者（编辑）和首席记者（编辑）；同时，也要承担一定的采编任务，并接受考核。

目前看来，全员双向选择、好稿数量底线、竞聘上岗制度，对杜绝报社内部的慵懒散漫、不思进取，起到了很好的效果，激发了全体记者和编辑的积极性和创造力，营造了蓬勃向上的工作氛围。

而在晨报的"周到上海"团队，除了感情留人、待遇留人、还引入了"阿米巴经营模式""阿米巴经营模式"，就是将整个公司分割成许多个被称为阿米巴的小型组织，每个小型组织都作为一个独立的利润中心，按照小企业、小商店的方式进行独立经营。

用体制内创业、留人育人。"周到上海"首先选择了一些小的垂直领域进行试点，比如"民宿"项目，初选四名主力记者组成团队，以体制内创业的思路孵化项目。两位记者作为负责人与"周到上海"签署对赌协议，对项目营收进行目标管理，超过目标获得奖励，达不到目标则需要扣除奖金。记者将整个项目进行利益捆绑。这个尝试留住了想辞职的员工，也激活了"混日子"的员工。

民宿频道运营的初步成功证明体制内创业方向正确。"周到上海"力图成为晨报转型的"自贸区"，先行先试，探索可推广、可复制的经验。下一步，"周到上海"将进一步进行制度创新,用合伙制同重建工作关系。

"周到上海"App是一个主打生活资讯的平台,与同城其他主打新闻资讯的平台不同,也与新闻晨报本身的新闻业务不完全相同,对内对外的考评体系都在面临创新。在内部考评上,"周到上海"App内容部分的绩效考核仍在摸索,如果按照简单的唯PV论,或者用简单应用网信办影响力数据来考核,往往都会导致采编团队一味追求耸人听闻的新闻,忽视新闻宣传的社会效应,以及对于用户的服务性,导致"周到上海"定位跑偏。

如何引入多元化指标来评价,需要技术驱动和考核指标的双重摸索,这对于《新闻晨报》的整体全媒体转型,也是至关重要的。在对外评估上,目前网信办影响力指数是沪上新媒体考评的重大技术成果,对新媒体转型指导意义深远。他们也期盼进一步优化引入分类分级考评,增加横向、纵向不同权重,既体现新闻类新媒体产品的共性,又体现生活类等不同类型新媒体产品的个性。

4. 思考:都市报如何"回归都市"?

新闻晨报全媒体经营中心总经理秦川认为,对进入转型第二阶段的都市报来说,更需要在互联网环境下对核心价值的再度强化,对自身特色的重新确立。都市报转型恐怕要放弃与商业平台拼大比全的幻想,而应有所不为、扬长避短,老老实实守住看家本领,在本地、社群上做文章。

图3 《新闻晨报》、"周到上海"App与上海日夜共生

从2000年创刊始,新闻晨报社就十分注重社区拓展、社群营造。2009年率先创刊社区晨报,目前已联手54个街道(镇)社区合作报纸和公众号,覆盖上海1 341个居民区。

同时,新闻晨报社还在演艺、教育、留学、健康、养老等垂直细分领域,打造了一系列具有IP性质的产品,如面向跑友的"蒸蒸日上迎新跑"、主打食尚文化的"河马美食节",定位市民艺术超市的"九城艺术展",开拓游学市场的"海外游学",培养未来媒体人的"小记者团",关注健康服务的"海上名医",倡导健康流行文化的"简单生活节"等,培育出了一批活跃度较高的垂直社群。

新闻晨报社在融合转型中坚持"社区＋社群"的逻辑,2016年上线的"周到上海"客户端主打区域和服务,面向上海本地城市家庭和社区居民,渠道覆盖上海16个区,200多个街道、乡镇,1.28万个小区和社群,致力于提供"城市资讯＋生活服务"。

与此同时,全国铺开的区县融媒体中心建设也提供了助力都市媒体转型的新机遇。2018年8月,习近平在全国宣传思想工作会议上提出"要扎实抓好县级融媒体中心建设,更好引导群众、服务群众"。

按照中宣部提出的"主流舆论阵地、综合服务平台和社区信息枢纽"的建设目标,区县融媒体建设未来将承担舆论与服务的"最后一公里"贯通重任。

图4　2020年4月27日10:24"周到上海"App的开机页面

按照《上海市关于加强区级融媒体中心建设的实施方案》,黄浦、徐汇、长宁、虹口、杨浦、嘉定、金山、松江、青浦、奉贤 10 个区已在 2019 年 6 月 28 日挂牌,其余的将在 9 月底前挂牌,区办融媒体中心建设正方兴未艾。

基于以上分析,《新闻晨报》"社区+社群"的优势与融合转型特点,正与上海建设中的区级融媒体中心的需求相契合,区融需要晨报这样的融媒体转型先行者和下沉式服务开拓者提供的经验;反过来,晨报也需要区融这一移动互联网最大的增量用户和最全的区域化传播资源进一步强化自身的本地化、社区化;两者之间,优势互补,才能合作共赢。

为此,《新闻晨报》推出了"晨报+区融"的"区块链三年行动"计划,拟以内容合作商、渠道共建商、运营开发商、服务供应商的角色定位推进与上海区级融媒体中心的合作。

4.1　共享本地特色内容

重点打造具有社区特色的内容产品。新闻晨报将以"周到号"为路径,联手区融中心,发展 10 000+"内容合伙人",共享内容生产链。

4.2　共建社区下沉渠道

与区级融媒体中心在区级、街镇级和居民区级建立"三级融媒体服务站"。三年内,计划建立 1 000+各级融媒体服务站,打通社区"神经末梢",实现晨报与区媒的渠道共建共享。

4.3　打造"周到运营"品牌

为区融中心提供从策、采、编、发、审的全链条服务,包括"重大选题报道策划""数据可视化产品""视频直播产品""H5 动漫制作产品",以及"专业业务流程"输出"人力管理制度"输出"协同工作力量"输出、正文及评论审核系统"晨哨""融媒体培训"的输出等。

4.4　输出"周到服务"产品

通过智库建设、问政服务、榜单评比等线上线下活动,推进智慧政务。在民生服务方面,晨报梳理出体育、健康、教育、养老、快消、演出等数十项基于地理位置或垂直兴趣的业务线,将"住、康、育、购、玩"五大产品服务集群的若干产品在社区场景进行线下落地。

新闻晨报社在融合转型的实践中认识到,下沉社区、运营社群,既是一条能发扬自身特色与优势的道路,也契合了国家和市场的需求。晨报的此番实践,一方面提供了都市报转型的新方向,另一方面也希望能为县级融媒体中心建设提供有益探索。[1]

---

[1] 秦川.都市报转型路径的思考——兼谈新闻晨报下沉社区对接区县融媒体中心建设的探索[J].新闻记者,2019(8).

参考文献

［1］黄琼.新传播之路［M］.上海：上海远东出版社，2018(6).

［2］彭剑，李晖，刘文帅.《都市报的变革与转型》，载《中国报业 40 年》第 48 页，人民日报出版社 2018 年版。

［3］《中国报业"断崖式"下滑，2015 年发展形势严峻》，人民网 2015 年 5 月 9 日。

［4］秦川：《都市报转型路径的思考——兼谈新闻晨报下沉社区对接区县融媒体中心建设的探索》，《新闻记者》2019 年第 8 期。

省级广播电视台内容 IP 经营之路怎么走？
——以 SMG 价值经营为例的探析

摘 要：本文以上海文广新闻传媒集团(SMG)为研究对象，在归纳、总结近些年来省级广播电视台(简称省级广电)内容 IP 资源价值经营现状与问题基础上，运用价值链理论，并对该理论进行了一定的演绎与深化，构建本文的分析框架，再以价值挖掘、价值整合与方法及价值衍生的分析逻辑对相关案例进行了深度分析，最后得出加深内容 IP 资源价值保护与挖掘强度、加大内容 IP 资源价值整合与增值力度、延伸内容 IP 资源保鲜期与价值链长度的对策建议。

关键词：省级广电；内容 IP；价值经营

1. 省级广电内容 IP 资源价值经营现状与问题

1.1 省级广电内容 IP 资源价值经营现状

近年来，传统媒体在技术与政策等因素的影响下动作不断，自上而下的层层改革与由内到外的新旧融合齐头并进。省级广播电视台在管理体制和发展战略上都做出了相应调整，过往的价值经营策略已经过时，在资本的强势裹挟下难以为继，经营对象也从单纯的内容进化为内容 IP 这一新兴资源，现阶段对内容 IP 的研究不在少数，主要集中在对网络文学 IP、影视 IP、游戏 IP、网络红人 IP 资源等的开发、营销与转化研究。

内容 IP 资源已经超越传统概念的束缚，转而成为一种现象级的营销概念，包括在具体运营过程中，相关企业获得经济效益与社会效益。内容 IP 资源发展红利之足，吸引了各类企业参与到这一新兴营销资源利用中去。大型内容 IP 资源品牌具备极广的国民度与极大的价值增值潜力，借助内容与衍生品有效刺激消费，带动社会经济发展。

我国的内容 IP 资源经营运作、经营策略，已经从单一粗放转为全面化、一体化、技术化、全产业化的发展模式。国内能够对内容 IP 资源全盘运营的文化产业实体多为具有多元业务的主体,主要是大型广电影视集团,如央视、SMG、湖南广电等。这类运营主体拥有媒体平台、制作团队、新媒体入口、广告客户以及不同业务主体的下属公司,其多元业务大多依托下属公司完成。

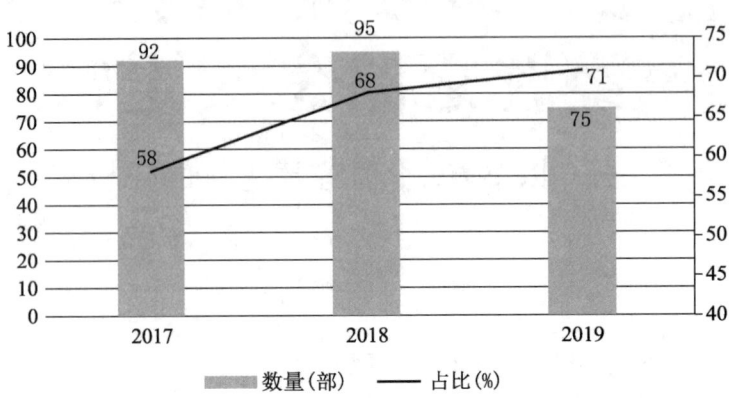

图1 2017—2019年中国电视剧行业IP剧数量及占比变化
数据来源:艾媒数据中心

结合近年省级广电内容IP资源价值经营发展情况来看,主要有以下三个特征:

第一,内容IP资源已成为挖掘当下多元产业价值的有力武器。随着其价值产业链的不断延伸,对优质内容IP资源价值开发更具备持久性与稳定性。电影、电视、动漫、游戏、文学、主题乐园、价值衍生品等产品的创作与开发大多来源于对优质内容IP资源价值的深度探索。2019年,即便正处于影视寒冬,中国电视剧行业IP剧占比也较前一年上涨3%。其中,改编自马伯庸所创同名小说的网剧《长安十二时辰》播出后,原著纸质书销量和电子书阅读量分别上涨862%和818%,剧中多次提及的美食"水盆羊肉"在外卖平台"饿了么"热销,京沪两地外卖订单量环比增速高达133%和62%,火晶柿子在淘宝的搜索量增长了2 000倍,飞猪平台中位于西安的历史类的景点周预订量同比增加27%。[1]这充分表明,优质内容IP资源价值辐射能力与范围是巨大的,有时甚至超越传统认知,短时间内迅速提升某一产业的价值,开拓新赛道,达到线上线下的全方位经济联动。

第二,内容IP资源已呈现出跨越产业鸿沟、多元产业的跨界合作和文化产品的跨界衍生的趋势。电影、电视、文学、音频、动漫、游戏等不同类型的文化产业,通过价值挖掘与资源整合,借由价值链的延伸以最大化商业价值。这一方面的佼佼者为欧美国家,包括美国

---

[1] 腾讯网:2019—2020,影视行业增长型IP盘点[EB/OL].2020[2020-03-10].https://new.qq.com/omn/20200122/20200122A0KIVA00.html

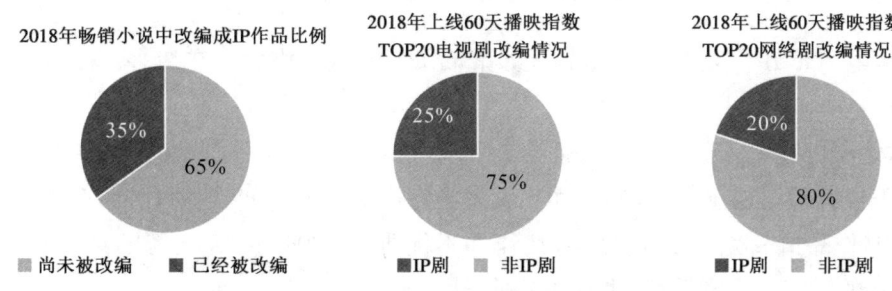

图 2 2018 年畅销小说[1]改编成 IP 作品情况及播映指数[2]

漫威漫画公司、华特迪士尼公司等,其漫画、动漫中的经典人物都经由数次开发,已形成较为完整的内容 IP 产业价值链。国内较易出圈的内容 IP 资源主要源于文学与动漫作品,尤以网络文学作品为甚,出现了包括《甄嬛传》《琅琊榜》《鬼吹灯》《盗墓笔记》等在内的诸多现象级 IP。随着政府对动漫产业的扶持及国人对动漫产业关注度加深,近几年也出现了一些代表性的动漫作品,如《大鱼海棠》《大圣归来》《哪吒之魔童降世》等。

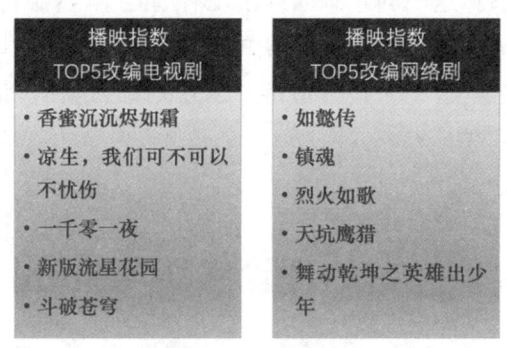

图 3 2018 年播映指数 TOP5 改编电视剧、网络剧[3]

第三,省级广电在内容 IP 资源价值挖掘、整合放大与衍生过程中往往会与大型传媒机构及商业视频平台合作,以达到共赢目的。如 2018 年播映指数 TOP5 改编电视剧、网络剧中,《香蜜沉沉烬如霜》的主要出品公司为完美影视、幸福蓝海、时代众乐等,播出平台为江苏卫视、爱奇艺、优酷与腾讯视频。其中,幸福蓝海影视文化集团隶属于江苏省广播电视总台。《凉生,我们可不可以不忧伤》出品公司为蜜淘影业,播出平台为湖南卫视、芒果 TV、PPTV、爱奇艺、腾讯、优酷。其中,蜜淘影业为老牌传媒机构慈文传媒旗下的全资子公司。

---

[1] 畅销小说指 2018 年 TOP100 畅销书中的小说作品。
[2] 数据来源:掌阅、艺恩 2018 年度白皮书。
[3] 数据来源:艺恩 2018 年度白皮书。

1.2 省级广电内容 IP 资源价值经营存在的问题

省级广电内容 IP 资源价值经营如火如荼,形式利好,但仍然存在诸多问题,总的来说,有以下三点:

第一,优质内容 IP 资源稀缺,明显供小于求,这在初始阶段就为省级广播电视台内容 IP 资源价值经营埋下隐患。目前,市面上大多内容产品类型相似、题材相同,在此基础上改编而成的 IP 作品情节类似、结构雷同,往往并不优质,如 2010 年起兴起的穿越风古装剧,2011 年兴起的清宫宫斗剧等,除个别作品外,皆不算上乘。

第二,部分省级广电内容 IP 资源开发工作中缺少以用户为中心的互联网思维,难以瞄准受众需求,进而找准商业定位。传统广电媒体作为大众传播时代的产物,在受众反馈与互动方面存在天然的滞后性。移动互联网时代,互联网思维的核心问题是用户,满足用户需求的内容 IP 资源才能够获得优异的成绩。其中较为重要的是借助大数据、5G 等技术做好用户细分工作,精准把握用户需求。

第三,省级广电内容 IP 资源价值经营工作多集中在价值挖掘与价值整合环节,而对价值放大、衍生环节着力不够。这一问题肇因源于现有内容 IP 资源价值链不完整,其突出表现是在价值放大、衍生环节较为薄弱。从前期的优质 IP 筛选与收购、中期的 IP 改编与影视制作到后期的 IP 价值衍生这一完整价值链并未规划细密,在付诸实践时难以跟进内容 IP 资源热度,进而放大其价值。

2. 内容 IP 资源价值经营的理论实质与研究框架

2.1 理论简述

2.1.1 价值链概念及其深化

美国战略管理学家迈克尔·波特于《竞争优势》一书中提出的价值链模型可应用于本文内容 IP 资源价值经营研究。任健(2012)从企业角度解读,认为该理论的实质是价值链提供的分析方法可将企业划分成若干活动,这些活动既相互分离又有序集合,通过各活动的增值流程来提升企业的竞争地位。[1] 微观而言,这一理论也适用于内容 IP 资源的价值经营。张旭尧(2020)认为企业角度的价值链可划分为核心和拓展两大层次,分别针对企业内部价值链结构与外部不同企业内部价值链在产业链条上的纵、横向嵌入和组合,而核心

---

[1] 任健.从"三次售卖"到信息服务多业态平台化集成提供——对期刊商业模式创新中支撑因素的探析[J].新闻大学,2012(01):62-66.

企业的价值创造活动又由研发、生产、营销与品牌化四个层次构成。[1] 杨翠红等(2020)认为信息技术的改进和贸易成本的下降有效促进全球价值链的形成，而这一背景下的价值链重在分工合作及生产过程中的价值增值。[2] 总的来说，内容IP资源价值链主要包括内容价值挖掘，价值整合与放大形成内容IP资源，并运用有效的经营策略衍生内容IP的价值。

2.1.2 "三次售卖"概念及其深化

"三次售卖"原指欧美发达国家期刊经营的一种商业模式，即内容—广告—衍生产品三次售卖过程。[3] 结合内容IP资源价值创造过程，笔者认为，对SMG而言，其内容IP资源"三次售卖"行为指内容IP及其衍生品价值链形成、完善与放大的过程。具体而言，可分为价值挖掘、价值整合与放大与价值衍生三个环节。

就价值挖掘环节而言，互联网下半场，内容体量巨大，且与内容IP资源之间重峦叠嶂，SMG能否灵敏其嗅觉，探知优质内容，预见其价值大小显得至关重要。因此，优质内容IP是构建内容IP资源价值链的先导，是价值挖掘环节的重要基石，如优质版权的挖掘及其IP化转换。随着市场竞争日益激烈，挖掘的准确度与深入度成为这一环节成功与否的关键标准。

就价值整合与放大环节而言，内容IP制作、售卖过程产生的价值固然重要，但其后续价值增值部于SMG类省级广播电视台而言更为关键。整合内容IP相关资源，基于此创造出新的内容产品或活动。如优质影视IP资源的内容产品或线上、线下活动，借助新技术与粉丝经济，放大内容IP资源价值。

就价值衍生环节而言，此为内容IP资源变现的赛点，而SMG类省级广电当前成绩不佳。受该产业价值链粗糙、短狭影响，价值衍生长度、宽度与深度皆有较大提升空间。如优质内容IP资源的周边产品衍生，短期可刺激销售业绩，长期则可与内容IP资源形成良性链式反应。

2.2 研究框架

根据上述文献讨论，本文提出如图2-1所示的研究框架。总体研究思路遵循价值挖掘—价值整合与放大—价值衍生三个环节。

首先，对省级广电内容IP资源价值挖掘方式、效果进行分析。探讨内容来源及其IP化的可能，如文学作品、动漫作品、电影作品等，并明晰其价值挖掘主体，与后续价值整合与放大环节联合，总结其合作模式。

其次，分析省级广电内容IP资源价值整合与放大环节，主要从版权IP、影视IP、音频IP与综艺IP四个层面，借助与之相对应的四个子公司或业务部门的运营策略，归纳总结其特

---

[1] 张旭尧,徐达宇,吴燕华.森林产品价值链模型构建及品牌增值研究[J].中国商论,2020(02):59-60+63.
[2] 杨翠红,田开兰,高翔,张俊荣.全球价值链研究综述及前景展望[J/OL].系统工程理论与实践:1-21[2020-04-20].
[3] 黄薏.从"三次售卖"理论看传统期刊的创新发展路径——以《大众医学》为例[J].编辑学刊,2018(04):47-51.

征与优势。

再次，其研究主体为某一具有代表性的省级广播电视台，因而选择案例研究是合适的，能够满足研究目的。本文研究目的并不在于验证假设，而是对省级广电内容 IP 资源价值经营如何增值、产业链整合与延长进行解释，因而需要进行针对某一省级广播电视台的案例来研究。

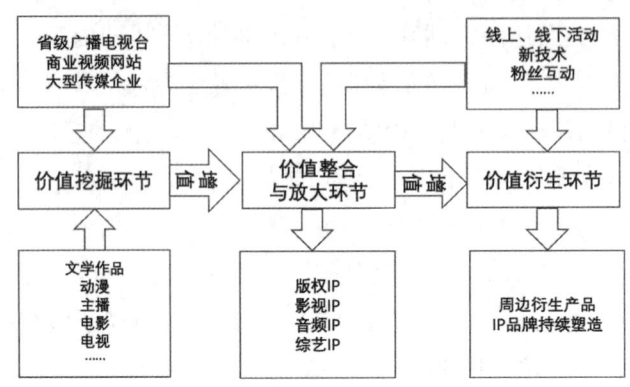

图 4　省级广电内容 IP 资源价值经营策略研究框架

最后，探讨省级广电内容 IP 资源价值衍生环节，主要是分析周边衍生品开发程度与影响力及该 IP 品牌塑造的持续性。从内容资源的价值挖掘开始，某一内容 IP 资源的价值体现就在于 IP 品牌价值的持续放大，通过线上、线下活动、借助新兴技术，持续与粉丝互动，吃足粉丝经济红利。周边衍生品的开发也早已不仅限于玩偶、手办类产品，游戏、主题公园等也是势头正猛的发展方向。

3. 案例选取与数据来源

3.1　案例选取标准

案例选取须遵循典型性原则和目的抽样法则。根据上述研究框架，考虑到案例企业的代表性、在全国的影响性、数据可获性、不同获取方式的数据质量以及增加案例的边际效用等因素，本文最终选择了 SMG（上海东方传媒集团有限公司）。该公司经过长期发展，已成长为囊括广电老牌内容、影视投资、拍摄与推广、文旅地产、电商等多维业态的综合性产业集团，其立足上海，在全国范围内具有一定引领作用。内容 IP 资源作为 SMG 转型后的重要价值来源，已孵化出多种形式，取得多番成绩，但也存在诸多不足。本文选取其中版权 IP、影视 IP、音频 IP 与综艺 IP 四个典型作为研究对象进行探析，旨在对其价值经营经营策略作出分析。

3.2 数据来源

由于本文重点在"三次售卖"理论视角下探析省级广电内容 IP 资源价值经营策略,因而在获取一手资料时主要以面向企业高管和重要业务主管的深度访谈为主,结合必要的政府咨询,以便在不同情境下搜集和对比一手数据,同时也在调研的前后搜集、整理和补充相关的资料。

关于数据搜集与整理,首先,对于案例中涉及的业务企业、部门进行调研,其中单次访谈时间不低于一小时,在访谈结束以后,及时形成录音文稿与访谈纪要,并进行完善,建立每个企业、部门专门的一手数据库;其次,通过文献阅读、网页搜索、专家咨询、观看宣传片等方式获取尽可能全面的二手资料,并通过文档归集和数据提炼形成前期资料库;最后,与政府部门合作调研,面向企业召开座谈会,在座谈和交流结束后,调研组还向随行的与会人员展开面对面的咨询。

4. SMG 内容 IP 资源价值经营分析

4.1 五岸传播:版权运营与出海增值

上海五岸传播有限公司(下文简称五岸传播)隶属于 SMG、东方明珠新媒体股份有限公司,是专业从事海内外版权代理、IP 运营和投资孵化的版权运营子公司,可以说,五岸传播的创立,就是 SMG 版权意识的觉醒,是 SMG 内容 IP 资源价值挖掘的发力点。

首先,就内容 IP 资源版权运营而言,五岸传播取得一定成绩有赖于其敏锐的观察、敏捷的行动与专业的团队。五岸传播率先瞄准版权业务,拓展海内外市场。如今,SMG、OPG 的庞大版权内容皆由五岸传播综合代理,业务布局逐渐合理,海内外版权业务连年扩大,版权业务在上海电视台的整体布局中逐渐占有重要位置。

其次,从成立之初的自我管理到频道改革的版权下分,再到资产重组后的统一管理,五岸传播版权管理模式逐渐走向成熟与完善。2004 年成立之初,开展版权代理业务、战略前沿的眼光确实带来不少营收。然而,随着频道、体制改革,五岸传播也被裹挟其中。版权代理权下分,使得整个版权代理业务进入不系统、不统一的状态。这一阶段,五岸传播的业务营收受到较大影响。至 2014 年,东方明珠集团战略性资产重组,对版权进行统一管理,各频道体系也逐渐完善,将资源利用率最大化。2015 年,五岸传播作为 SMG 的优质版权资产注入上市公司,获得了平台和资本的资源支持,版权运营的战略格局也愈发清晰。2017 年以来,版权市场面临媒体格局变化带来的巨大挑战和机遇。五岸传播也在这一时代背景下,顺应市场、转型拓展,以"一体两翼"为发展原则,即立足 SMG 和 OPG 的内容及平台优势,一方面拓展下游平台,尤其是海外新媒体平台的深度运营合作,另一方面是利用多年版权运营的经验及发行优势,参与上游内容的出品和制作。

再次,在五岸传播版权业务发展的十余年中,专业团队一直是成功与否的重要条件之一。五岸传播财务总监戚雯珏认为,版权管理的重要前提就是集中的模式、统一的管理、完善的体系,而这一前提的基础在于专业的团队。专业的团队是实现版权业务营收的重要基石。从多年的企业运营经验中可知,专业的团队就是走在前沿的目光、成熟的管理经验、优质的逻辑体系,能够充分挖掘资源,在有限的投入中找到最大化回报。

学者杨洪涛认为,目前市场中优质IP看似丰富而实则稀缺。大多IP空有概念炒作和营销计谋,实则缺乏精彩故事和精神内核。沉寂之后,IP行业进入发展稳健期,过往累积的经验教训也能为今后高效、合理、艺术地开发IP资源提供了参照指标。[1] 基于此,五岸传播充分发挥东方明珠新媒体的业态优势,继续深耕已有IP,最大价值挖掘内容产品的产业推动力。在过去几年中,五岸传播相继开发了多个优质IP,其中不乏爆款,如《镇魂》《你和我的倾城时光》等,皆为其带来较高营收。除了深耕优质内容,五岸传播也十分重视IP的跨界合作。东方明珠新媒体于2017年6月提出"娱乐+"战略,五岸传播也积极响应。近年来,五岸传播与众多业界领先的企业合作,在影视、文学、动漫、游戏等多个领域战略性布局,发布多款内容产品。《小鸡彩虹》这一"IP+动漫"跨界项目是五岸传播的重点项目。第五季已于2019年2月19日全网上线,并在央视一套播出。该产品是由杭州天雷动漫有限公司与五岸传播联合制作出品的学龄前暖萌动画片,讲述了红橙黄绿青蓝紫七只彩虹色小鸡在神奇云岛上的成长趣事。这一产品瞄准了庞大的、有较高市场需求的学前启蒙市场,继承发扬了水墨动画传统,创造出时尚的新水墨画风,让孩子观看有趣故事的同时接受中国美学熏陶。目前,该片已在爱奇艺、优酷、腾讯等视频平台上线,在CCTV-1、CCTV少儿等全国上百家电视频道热播,同期海外已发行至Discovery、澳洲ABC等多个世界知名电视频道。

最后,就推动优质内容IP项目、产品出海而言,五岸传播一直都是先行者与领导者,已连续多年被评为国家重点文化出口企业。近年来,随着技术的发展以及中国版权内容市场的繁荣,海外媒体平台对中国市场关注度显著增加。在这一大环境下,五岸传播发挥自身渠道优势,积极推进中国内容在海外全平台的呈现,针对海外新媒体进行合作。目前,其海外合作区域已覆盖日韩、中国港澳台、东南亚、北美、中东和欧洲。2017年来已陆续与马来西亚星报集团、俄罗斯SPB TV、印度Planetcast开展平台专区合作。五岸传播在选择出海IP项目中往往有战略性的考虑。传播中国优秀文化、强化国际交流、讲好中国故事、响应"一带一路"倡议的优质IP,是五岸传播在海外布局中的首选。此外,在渠道方面,五岸传播与多个世界闻名的展会进行深度合作,例如中国联合展台(CHINA PAVILION)、法国戛纳秋季国际电视节(MIPCOM)、新加坡亚洲电视论坛(Asia TV Forum & Market)、印度孟买全球内容市场(Global Content bazar)、俄罗斯莫斯科春季世界内容市场交易展(World

---

[1] 杨洪涛.论网络IP的影视改编[J].当代电影,2019(01):133-136.

Content Market Moscow Spring)、美国电影市场展等皆为五岸传播的友好合作伙伴。

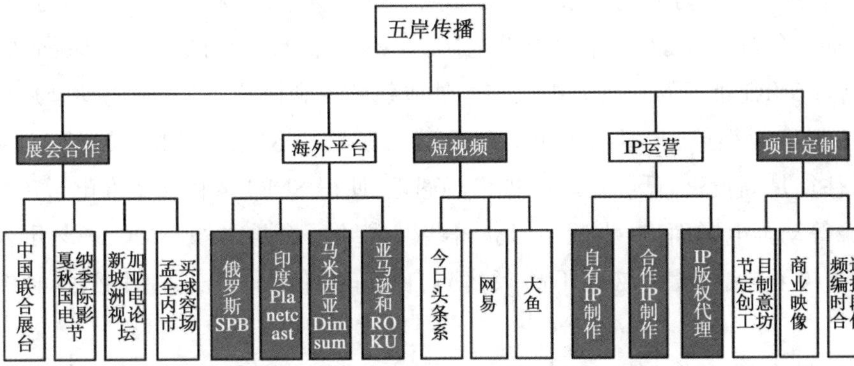

图5 五岸传播业务概览

4.2 "'喜羊羊'大电影":影视营销与市场推广

广播影视产业作为文化产业不可缺失的重要部分,不仅包括内容制作、平台搭建、IP运营、技术产业,往往还能以这些业务为基础,形成内外循环流通的文化生态产业链。它兼具经济属性和文化属性:一方面,广播影视等业务的出口能带来极大的经济收益;另一方面,广播影视产业的输出往往伴随着文化输出,能够有效提高出口国的文化软实力。2018年,全国电视节目制作时间357.74万小时,公共电视节目播出时间1 925.03万小时,比2017年增加44.01万小时。电视节目制作投资额达427.24亿元,与2017年基本持平。电视节目国内销售额387.86亿元,同比增长7.63%。统筹有线、无线、卫星等协同传输覆盖,全国广播综合人口覆盖率98.94%、电视综合人口覆盖率99.25%,有线用户数2.18亿户。[1] 电视剧、电视动画片、纪录片的制作量稳中有升。2018年共制作发行电视剧323部、1.37万集,制作发行电视动画片241部、8.62万分钟,制作纪录片7.59万小时,比2017年小幅增长。电视剧、电视动画片销售额实现较快增长。电视动画国内投资额16.53亿元,比2017年(14.43亿元)增长14.55%;国内销售额15.69亿元,比2017年(13.77亿元)增长13.94%。[2]

《喜羊羊与灰太狼》作为前些年有较宽泛影响力,较广阔受众基础,较长远影视生命的优质内容IP资源,吸引了SMG的目光,借助其自身电视平台的优势,如炫动卡通,并进行了新一轮运作,其价值得到升华。该动画片的制作方为广东原创动力文化传播有限公司,其本身特长在于动画制作,而SMG在影视营销方面经验丰富。因此,在贺岁电影《喜羊羊

---

[1] 江苏省广播电视局:全国广播电视统计工作会议在我省召开[EB/OL].2019[2020-4-5].http://jsgd.jiangsu.gov.cn/art/2019/4/25/art_69981_8318161.html

[2] 新华报业网:推动新形势下高质量发展,2019年全国广播电视统计工作会议在江苏召开,[EB/OL].2019[2020-4-5].http://js.xhby.net/system/2019/04/24/030949060.shtml

与灰太狼》的影视营销与市场推广中就不得不借助上海文广集团与北京优扬文化的网络与平台。2009年前后中国动画电影市场尚未成熟，SMG却投入大量的人力物力与财力，鼓励广东原创动力创作一部又一部动画大电影，并不是毫无章法的。投资原创动画，早在2004年就成为SMG布下的一盘大棋。与国外成熟的盈利模式不同，国内动画片电视购买力低、音像市场盗版猖獗、儿童图书市场竞争激烈等无一不成为SMG投资原创动画的阻力，一开始，往往是高投资，低收益。电视市场遇阻，使得SMG将目光瞄准电影市场，《风云决》《宝莲灯》等动画电影面世，小试牛刀获得些微成绩。除此之外，SMG一刻不停挖掘内容IP资源，购买了包括《没头脑和不高兴》《骑自行车的仙女》等儿童图书、漫画的电影改编权。

就影视营销而言，SMG的宣传策略是不断优化、细化的。《喜羊羊与灰太狼之牛气冲天》的特色是面向儿童市场的海量宣传，这主要是由当时处于朦胧阶段的动画影视市场决定的。铺面甚广，不重细分的宣传策略，确实点燃了大量观众的观影热情。但这一宣传策略的劣势在于导致了成人对动画内容与主题的不关注、印象不深刻等问题。考虑到儿童往往要借助成人才能获得影片的购买与观看，第二部《喜羊羊与灰太狼之虎虎生威》中，便增加了成人观众世界观中的话语特色，如"做人当作懒羊羊，嫁人当嫁灰太狼"的口号，强调了灰太狼的家庭负担和压力，使部分成人受众也能情从中生，从而达到拓宽受众年龄层的宣传目的。在面向儿童受众的营销上，借鉴日本KONAMI公司《游戏王OCG》卡片游戏，《虎虎生威》上映时还优化了集换卡游戏的使用方式，增添了侧重点由"集"到"换"而产生的互动感。此外，"福袋"、"印章"等周边衍生品的研究与开发也有效提升了市场销量。

就市场推广而言，SMG与优扬集中在动漫产业的下游即市场调研、出版发行、广告宣传发力。借助优扬的多元渠道和调研队伍，SMG本地宣发的平台优势得以放大。在电影上映前，SMG各个频道做了大量宣传，投放了诸多预告片，在电影上映前和上映中，SMG与院线公司直接对接，做了大量工作。在第一部"喜羊羊"大电影上映时，SMG在全国电影市场做了票房监测、笑点记录工作，积累了珍贵的数据，并投入近百万的财力在全国500家影院做了调研工作，这些资料与数据在后几部"喜羊羊"大电影中起到了举足轻重的作用。

4.3 广播矩阵：空间突破与资源整合

改革开放40多年来，特别是党的十八大以来，我国经济实力、文化软实力、社会凝聚力和综合国力都得到极大提升。广播电视产业发展已从20世纪80年代初的初始状态，发展成为目前在产业价值链上呈整体横向分布、各环节紧密链接的集约互动态势，逐渐形成由内容挖掘与生产、广告营销与推广、传输平台经营、媒体融合新兴产业四大板块链接而成的产业结构，营造出融媒体服务、智慧化传播的新生态，广播电视产业迎来繁荣发展新格局。

2018年,广播节目制作时间为801.76万小时,同比增长1.64%,播出时长1 526.74万小时,同比增长2.34%。此外,农村广播综合人口覆盖率98.58%,比前一年增长了0.34%。[1] 全国网络视听机构新增购买及自制网络剧2 133部,与2017年持平。其中,新增自制网络剧593部,比2017年(409部)增加184部,同比增长44.99%。网络视听付费用户群体3.47亿人,比2017年(2.8亿人)增加0.67亿人,同比增长23.93%。[2]

"阿基米德FM"于2014年10月正式上线,由上海东方广播中心(ERC)投资,隶属于上海广播电视台、上海文化广播影视集团有限公司(SMG)。"阿基米德FM"借助技术力量专注于实现广播音频的新媒体互动,引入社区的概念,打破传统广播单向传播和区域收听的桎梏,让听众和主播真正进入同一个"朋友圈"。又根据专业的数据挖掘团队提供传统广播的实时收听率数据,科学改进节目。用户不仅可以通过"阿基米德"实现直播收听与回听,还可以随时与主持人在线互动,发现身边有共同爱好和话题的朋友,媒体融合的互动方式较大提升用户活跃度。目前,超过1.6万档广播音频节目汇聚于"阿基米德FM",覆盖164个国家和地区。"话匣子FM"新闻客户端是东方广播中心的又一力作,已形成以新闻客户端为主,微信公众号、新浪微博以及各矩阵号一体的全媒体传播矩阵,资源整合最大化。

就空间突破而言,"阿基米德FM"致力于突破传统广播行业想象空间,重塑自身市场价值,以获得足够的资本青睐。鉴于此,"阿基米德FM"打造出社区抑或是朋友圈的概念,着眼点从过去的广播节目到现如今节目聚合后的人群,包括主播与听众。在网红大行其道、视频直播成为资本积累重镇的移动互联网时代,广播主播也具备收割资本的隐性基因。因而,除了为传统广播留住已有的优秀主播,SMG也在挖掘具有创新力、专业力和发展力的新时代主播上重点发力,前有SMG名、优播音员主持人遴选,后有"明日之星"上海广播主持人大赛,持续不断为上海广播输送优质人才。此外,"阿基米德FM"还致力于推动优质主播IP化,这使得优质内容IP资源回归到价值源头本身,即人的价值。主播IP化是个人价值在移动经济时代的重估与放大。

就资源整合而言,"话匣子"全媒体传播矩阵表现亮眼。"话匣子FM"新闻客户端全面打通新闻采编团队原本在广播端与移动端各自的工作,实现了新闻内容一步采集、同步编辑制作与发布、二者互为来源。此外,移动传播下半场的黑马——短音频内容产品也成为SMG的重要发展项目,它有效链接传统广播与互联网内容,传统广播节目也能够借此吸引年轻受众的目光。以"阿基米德FM"与"话匣子"全媒体传播矩阵为平台,SMG力推短音频内容产品,设立专项"阿尔法基金",不断挖掘、整合优质内容IP资源,模拟市场化创投机

---

[1] 江苏省广播电视局.全国广播电视统计工作会议在我省召开[EB/OL].2019[2020-4-5].http://jsgd.jiangsu.gov.cn/art/2019/4/25/art_69981_8318161.html.

[2] 新华报业网.推动新形势下高质量发展,2019年全国广播电视统计工作会议在江苏召开[EB/OL].2019[2020-4-5].http://js.xhby.net/system/2019/04/24/030949060.shtml.

制,激励、帮扶、孵化有潜在价值的新产品、新作品,培训主播的运营能力,提升了广播节目质量,其中《听总书记讲故事》《党旗下的回响》《忠诚与信仰》《给90后讲讲马克思》等系列内容IP产品便是其中翘楚。

4.4 互联网研究中心:节目开发与垂直深耕

一直以来,传统广电媒体转型难以功成的主要原因之一都被认为是缺少互联网思维,紧紧握着体制内这根稻草艰难前行。王怀广(2019)提出要为传统媒体注入包括数字技术、超级链接、强交互性、符号多元在内的九种互联网基因。[1] 传统广电媒体转型,无不注重"全"、"新"二字,"全"即"全媒体","新"即"新形态"。具体来说,便是内容与渠道两个层面的转型与用户开发。

SMG互联网节目中心即上海好有文化传媒有限公司,成立于2015年,是国有广电媒体中第一个专门从事互联网内容生产和运营的机构。体制出身与独立运营的双重身份,是SMG互联网节目中心的特色,也是其不可忽视的优势。好有文化传媒有限公司在根本上转变了传统广电媒体的思维方式,其在网络综艺"红海"中遵守严格的市场化管理和运营体系,高度参与市场竞争,重视用户互动与反馈,力求生产符合互联网传播规律的优质内容,并注重内容IP资源开发、整合与放大。

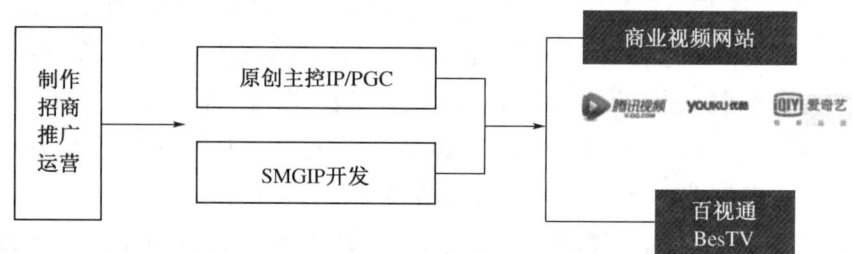

图 6　SMG 互联网节目中心 IP 制作模式

就节目开发工作而言,SMG互联网节目中心在全民娱乐类节目开发中投入颇多。就目前阶段,全民娱乐类节目主要指网络综艺。SMG互联网节目中心与商业视频网站三巨头——腾讯视频、爱奇艺、优酷合作密切,其合作模式主要分为三种:其一,独立出品,即SMG互联网节目中心自身开发的项目、节目,商业视频网站购买后播出,这是较为常见且传统的合作模式,这一模式中SMG互联网节目中心承担了前期的优质内容IP价值挖掘与整合工作;其二,联合出品,即同一优质内容IP由双方共享,共投共研,统一制作、运营与推广,这一合作模式中SMG互联网节目中心体制内的身份在政策决策、风险规避中起到一定帮助作用;其三,参与出品,即SMG互联网节目中心仅参与优质内容IP价值评估、投资与

---

[1] 王怀广.充分运用信息智能技术推动区域性广电媒体转型升级[J].电视研究,2019(05):39-40.

后期制作工作,这一模式中商业视频网站占据主导地位。而对于产品的把控,SMG互联网节目中心也有着缜密翔实的规划:基层为特色级产品,体现为发展前期对垂直领域定制的移动互联内容及短视频资源的挖掘与开发;中层为口碑级产品,体现为发展前期与中期对优质内容IP和满足用户需求的资源的挖掘与开发;顶层为现象级产品,体现为发展中后期对能够实现横跨电视、移动端与PC端等各种传播形态的多屏互动优质内容IP资源的挖掘与开发。

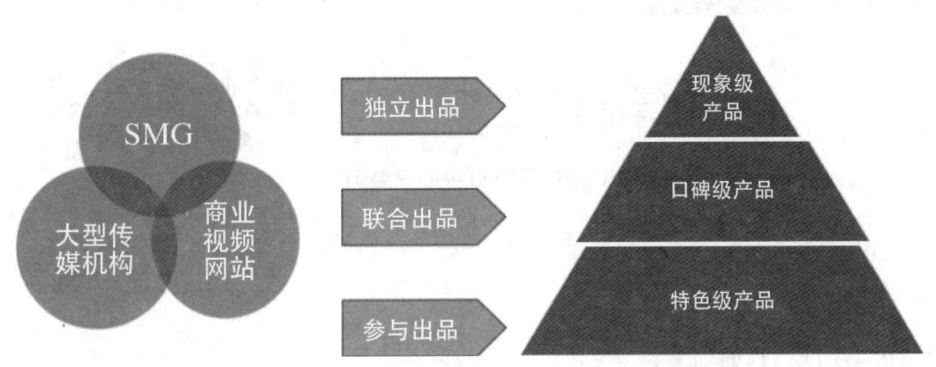

图7　SMG互联网节目中心产品开发与把控模式

就垂直深耕工作而言,SMG互联网节目中心是在一路摸索中确定发展家装条线的。现阶段来看,作为同为SMG出品的热门家装节目《梦想改造家》原班人马打造的网络家装类节目《WOW新家》,目前,第一季在腾讯视频播放量突破5 300万,平均播放量超过400万,弹幕总量10万+,豆瓣评分8.3,有近80%的网友打了四星以上,这一成绩对于一档纯素人、低成本的垂直类家装节目已十分可贵。此外,SMG互联网节目中心趁热打铁,于2017年推出"家装+脱口秀"网综节目《就匠变新家》,目前第三季已经开播。相较于图文攻略和样板房,家装综艺的优势在于加深观众的直观体验感,从改造案例中获得共情感和参考,而高度垂直性的特征使得这一类节目在广告招商方面阻力较小。据腾讯视频的用户画像显示,《就匠变新家》系列节目主要受众年龄段在18—24岁,比例达42.5%,这显示出家装市场及家装节目面向的主流消费人群已经是90后年轻人。[1]从《WOW新家》到《就匠变新家》,实际上是对《梦想改造家》这一传统优质内容IP的价值挖掘与延伸,借助碎片化的短视频、随时点播的网络版与传统的电视版组成的内容产品线,打造电视到网络,再由网络反哺电视的价值生产共鸣线,最大化实现这一家装综艺IP资源的价值,塑造了全新的IP品牌,并能够与时俱进,不断发展拓展其深度和影响力。

---

[1] 刘小土:《就匠变新家》都做到了第三季了? 家装综艺真是永恒刚需[EB/OL].2019[2020-4-10].https://baijiahao.baidu.com/s? id=1635112775229324311&wfr=spider&for=pc

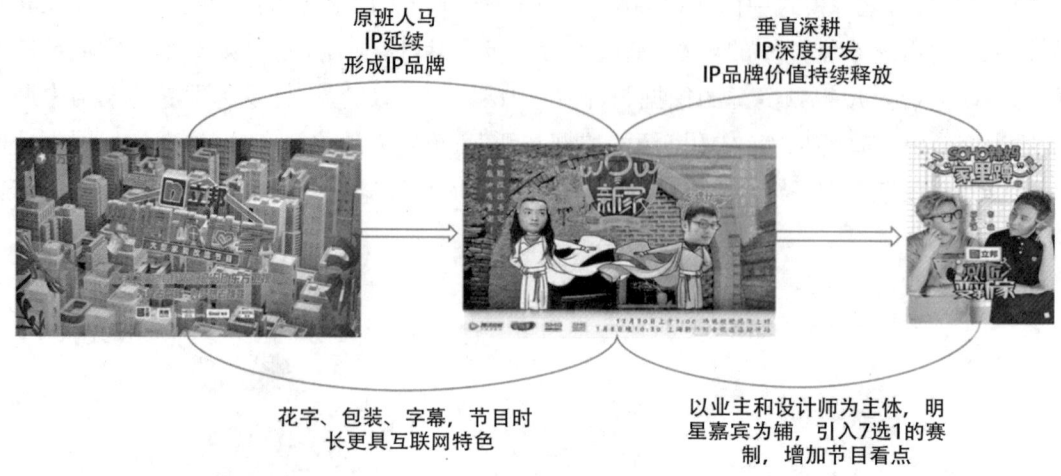

图 8　SMG 互联网节目中心家装 IP 的打造过程

5. 结论与优化建议

5.1　结论与讨论

随着媒介终端的技术改进，数字化与多屏融合成为广播电视行业发展的大趋势。此一态势下，SMG 在版权 IP、影视 IP、音频 IP 与综艺 IP 资源价值经营中积累了诸多经验，总的来说，有以下三点：

第一，内容 IP 资源价值挖掘层面。首先，SMG 洞察敏锐，版权意识较强，率先布局版权 IP 业务，为后续资源价值挖掘奠定基础；其次，除了自有 IP，SMG 还注重与拥有优质内容 IP 资源的企业合作，延展内容 IP 资源价值挖掘广度，更利用 SMG 的电视平台与本地宣发优势，制定可行的营销策略与推广方案，增加内容 IP 资源价值挖掘深度，如 "喜羊羊" 大电影系列；再次，SMG 与时俱进，在促进传统广播音频内容、渠道多层面融合，引入社区概念的基础上，进而挖掘优质短音频内容资源价值，孵化主播 IP、短音频 IP 等新兴业务与产品；最后，SMG 转变思维，成立集体制与市场特征并存的互联网节目中心，为传统广电媒体注入互联网基因，又与商业视频网站加强合作，拓宽视野，从而增强优质内容 IP 价值挖掘能力。

第二，内容 IP 资源价值整合与放大层面。首先，SMG 注重团队资源价值的整合。2019 年 6 月，尚世影业与五岸传播两家公司的内容创制及运营业务正式整合，公布 "工作室计划" 与 "创智者联盟计划"，融合导演、制作人、编剧等社会资源，为内容 IP 资源价值整合与放大奠定基础;其次,SMG注重内容IP资源的跨界合作。包括影视、文学、动漫、游戏与短音频IP资源的合作,造就了如动画片《小鸡彩虹》、"喜羊羊"大电影系列、短音频《听总书记讲故事》等作品;最后,SMG注重内容IP资源品牌的塑造与放大。如借助SMG已有的家装综艺系列节目《梦想改造家》,进而繁衍出《WOW新家》《就匠变新家》等系列家装综艺节目,在一众娱乐化综艺节目中另辟蹊径,塑造了家装综艺IP的概念。但在这其中也存在着内容IP资源价值放大程度不足的情况,如"喜羊羊"大电影系列后劲不足,未能持续发力,面临在市场消声的尴尬局面。

第三,内容IP资源价值衍生层面。SMG确有尝试,如"喜羊羊"系列大电影上映时"福袋"、"卡片"与"印章"等周边衍生品的研究与开发,有效提升了市场销量。但与迪斯尼、漫威电影等国内外优质内容IP相比,其IP转化程度较低,遑论形成较为完整的产业链、获得巨额盈利了。

5.2 优化建议

基于以上经验总结,针对改进SMG内容IP价值经营策略,从具体实施角度提出以下优化建议。

第一,要加深内容IP资源价值保护与挖掘强度。除了利用好五岸传播庞大、成熟的版权IP业务,保护现有版权IP资源并深度挖掘其价值,还要深入了解市场需求,细分受众类别,有针对性地挖掘潜在优质内容IP资源。如华特迪斯尼,作为全球数一数二的内容IP资源生产经营者,每年都会进行多次市场调研。韩国动漫产业中,也常常出现根据市场需求先设计出卡通形象,再根据消费者的喜爱程度决定是否要大力开发Flash动画和网络游戏。

第二,要加大内容IP资源价值整合与增值力度。着手构建资源整合与运营机制,疏通内、外内容IP资源的阻塞,将内容IP资源的跨界合作常态化、各自独立的内容IP资源整合逻辑化,塑造出满足多群体需求的优质内容IP。同时做好市场调研和现有数据分析工作,加大包括IP出海在内的多渠道价值增值力度。如美国内容资源生产模式中,较为注重在覆盖面广的平台宣发,进而迅速形成品牌效应。日本著名的动漫产业中,ACG[1]模式下完善的组织网络体系能够将动画制作公司、出版社、电影公司、电视台、音像公司、衍生品和游戏开发公司层层链接,促进动漫IP资源的跨界合作和品牌形成,值得借鉴。

第三,要延伸内容IP资源保鲜期与价值链长度。移动互联网时代内容IP资源保鲜期极短,只有做好内容IP资源品牌的塑造、运营与管理工作,才有可能保证后续IP转化程

---

[1] 动画(Anime)、漫画(Comics)与游戏(Games)的英文首字母缩略字,即二次元文化。

度。此外,内容 IP 资源衍生品的质量、盈利过低也体现出其值链不完整、后续增值环节效果差甚至缺失的现状。这一方面,应立足本土,同时借鉴欧美、日本等国的优质内容 IP 周边衍生品开发、研究与盈利案例,以弥补不足,尽早搭建完整的内容 IP 资源价值链。如以品牌乘数型企业著称的华特迪斯尼,其独特的玩偶、服饰类的衍生品及广为人知的主题公园,便是其动漫人物相关 IP 价值持续和延伸的多元手段,各环节相互影响、平衡,达到价值最大化。

参考文献

[1] 腾讯网.2019-2020,影视行业增长型 IP 盘点[EB/OL].2020[2020-03-10].https://new.qq.com/omn/20200122/20200122A0KIVA00.html.

[2] 任健.从"三次售卖"到信息服务多业态平台化集成提供——对期刊商业模式创新中支撑因素的探析[J].新闻大学,2012(1):62-66.

[3] 张旭尧,徐达宇,吴燕华.森林产品价值链模型构建及品牌增值研究[J].中国商论,2020(2):59-60+63.

[4] 杨翠红,田开兰,高翔,张俊荣.全球价值链研究综述及前景展望[J/OL].系统工程理论与实践:1-21[2020-4-20].

[5] 黄薏.从"三次售卖"理论看传统期刊的创新发展路径——以《大众医学》为例[J].编辑学刊,2018(4):47-51.

[6] 杨洪涛.论网络 IP 的影视改编[J].当代电影,2019(1):133-136.

[7][9] 江苏省广播电视局:全国广播电视统计工作会议在我省召开[EB/OL].2019[2020-4-5].http://jsgd.jiangsu.gov.cn/art/2019/4/25/art_69981_8318161.html.

[8][10] 新华报业网:推动新形势下高质量发展,2019 年全国广播电视统计工作会议在江苏召开[EB/OL].2019[2020-4-5].http://js.xhby.net/system/2019/04/24/030949060.shtml.

[11] 王怀广.充分运用信息智能技术推动区域性广电媒体转型升级[J].电视研究,2019(5):39-40.

[12] 刘小土.《就匠变新家》都做到了第三季了?家装综艺真是永恒刚需[EB/OL].2019[2020-4-10].https://baijiahao.baidu.com/s? id = 1635112775229324311&wfr = spider & for = pc.

"倾听"的春天来了吗?
——互联网音频头部企业的开拓之路

摘　要:"内容为王",这被大多数传媒企业视若圭臬。内容产品是一家传媒企业得以生存和发展的基础。营销学大师菲利普·科特勒说过,"每一家公司必须开发新产品,新产品开发是公司未来的源泉",传媒管理必须从产品开始。进入新媒体时代,整个传媒业的形态正在发生革命性的变化,内容产品的开发也不例外,内容不再是简单的文字、图片或者单纯的音频和视频,传媒企业不仅提供可阅读、可视听的内容形态,更提供产品服务,以及产品运行的语境。新媒体环境下,如何更好地开发产品及产品服务,符合、引领市场和受众的期待、需求,是传媒企业面临的最重要课题。对此,我们以中国首家网络音频平台蜻蜓FM为例,探寻新兴传媒公司在内容产品开发上所做的创新和拓展。本文部分内容来源于笔者2019年7月对蜻蜓FM的访谈。[1]

关键词:新兴传媒;听觉经济;产品服务;产品开发与拓展

1. 案例背景

声音作为人类最为古老的信息传播介质,其记录的历史最早可追溯到19世纪70年代爱迪生发明的圆筒留声机。此后无论无线电广播还是实体唱片、磁带,记录声音的介质越来越丰富,效果也越来越清晰。在数字化潮流下,互联网与音频的结合,使记录和传播声音的方式前所未有地便捷化,有声书和播客相继诞生,之后随着无线网络和移动智能设备的普及,更是彻底引爆了声音记录、聆听、传播的革命。

有学者认为,中国的网络音频市场,从1997年至今,已历经了四个时期,即实验性探索打开发展之门的孕育期(1997—2003年),商业模式初具、早期用户养成的萌芽期(2004—2010年),行业持续发展、完整产业链形成的成长期(2011—2014年),创造行业价值、实现商业变现的成熟期(2015年至今)。[2]

近年来中国网络音频用户规模也呈现逐年递增:

---

[1] 林颖颖,李佳咪.蜻蜓FM副总裁潘聪:"音频唱主角"的那一天,总会来到[J].新闻与写作,2019(8).
[2] 熊辉.声音的回响:中国网络音频发展简史[J].互联网经济,2017(7).

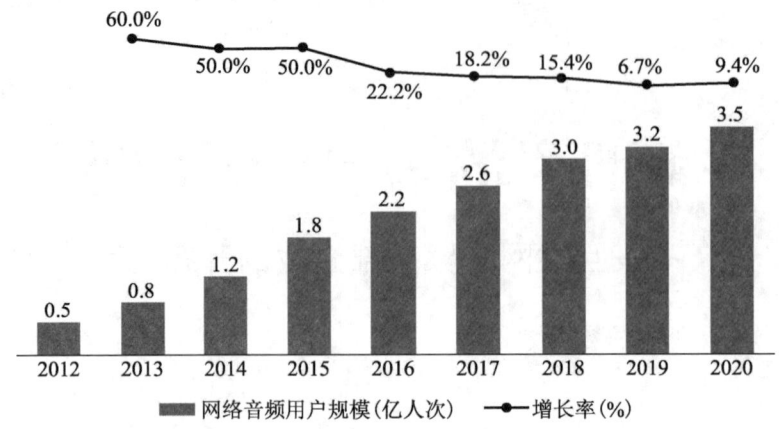

图1 2012—2020年中国网络音频用户增长规模及增长率情况

来源：以mUserTracke为基础，综合互联网公开信息及专家访谈，根据艾瑞统计模型核算，仅供参考

2. 蜻蜓FM简介

蜻蜓FM是中国首家网络音频平台，截至2019年1月，总用户规模超过4.5亿，截至2019年11月，生态流量月活跃用户量1.3亿，收录全国1500家广播电台，认证主播35万，内容覆盖文化、财经、科技、音乐、有声书等各种类型。平台自上线以来用户量即领先同类产品，是多家第三方数据机构评选公认的网络音频市场占有率领导品牌，与喜马拉雅、荔枝等网络音频平台，成为互联网音频的头部企业。

蜻蜓FM副总裁潘聪介绍，"蜻蜓"，其实就是"倾听"。在初创期，创始团队希望通过互联网加音频这样的一种创新性的形式，让用户通过这个平台听到更多样更多彩的世界。蜻蜓FM一开始的slogan是"倾听世界的声音"，发起动作的主体是平台，说的是蜻蜓FM作为"最好的收音机"，收录了全世界的好声音。蜻蜓FM如今的slogan是"更多的世界，用听的"。发起动作的主体变成了用户，更加强调用户感受，鼓励用户在音频中发现美好世界。

蜻蜓FM的内容构成主要包括三个方面：广播电

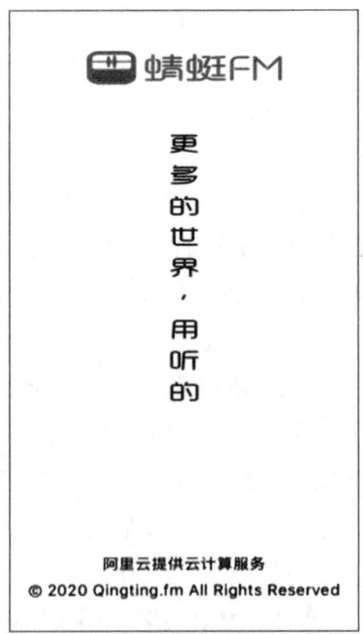

图2 2020年4月27日10：00 蜻蜓的开机页面

台聚合、有声读物、主播节目(包含点播和直播)。

作为行业巨头,蜻蜓FM认为,在内容庞杂的音频领域,只有高品质的内容才能吸引受众、占领市场、创造价值,和竞争对手有所区别。蜻蜓FM以PUGC战略思路,以此布局和运营内容:不追求绝对数量,以内容品质和用户体验为导向,聚合有能力产出高品质音频内容的团队和个人,打造国内最优质的音频内容平台。

3. 蜻蜓FM的内容生产

蜻蜓FM副总裁潘聪认为,蜻蜓的核心竞争力首先体现在高品质的内容。"这是基础,也是我们区别于其他平台的关键因素。"

根据蜻蜓FM的企业布局,打造以独家、优质的头部内容为核心,以垂直类自媒体节目和品牌类合作节目为两翼,以付费变现内容为驱动,高收听量、高竞争力、高商业价值、高品牌价值的"四高"内容体系。

以蜻蜓公司近两年来的内容布局为例,我们可以比较清楚地看到,在"四高"内容体系战略下,围绕不同用户、不同场景、不同需求下的音频内容消费特性,打造"全场景"的内容消费体验,是如何落实到有品质的内容产品的策划、生产的脉络中去的。

图3 蜻蜓FM内容生态矩阵

3.1 优质头部内容的深度开发

蜻蜓FM付费专区2017年最受欢迎的栏目是高晓松的《矮大紧指北》,售价200元/年,一年共 156 期,节目从"指北排行榜"、"文青手册"和"闲情偶寄"三个栏目展开,"高晓松没说的话矮大紧讲给你听"自 2017 年 6 月 12 日上线,在一个月内获得了超过 10 万名付费订阅用户。

其次,还有蒋勋的《细说红楼梦》,主要从美学角度解析《红楼梦》,共 160 期,每期时长一小时左右,单价 0.8 元,截至 2018 年 10 月累计播放次数已经达到了 2.4 亿次。

2018 年,蜻蜓 FM 加大优质头部内容的开发升级。

2018 年 3 月 18 日晚,荣获《声临其境》总冠军的朱亚文,在蜻蜓 FM 上线了其音频首秀《最美情书》专辑的第一期正式节目。节目上线首日收听破百万,登上微博话题榜第三名。

2018 年 6 月 9 日,蜻蜓 FM 独家主播蒋勋的"天地有大美——文人—诗书画—长卷"艺术讲座在上海浦东图书馆顺利举办。同日,"天地有大美——蒋勋的艺术人生"特别展览在上海正式面对公众开放,蜻蜓 FM 专程提供了多平台直播服务,让不能来到现场的粉丝也可以在线上同步观看、收听本次分享。

除了和"大咖"合作,蜻蜓 FM 还与优质内容专业机构联袂。2018 年 8 月 9 日,蜻蜓 FM 与纵横文学在北京举行战略合作签约仪式,宣布双方达成文字及音频版权互授、联合打造文学 IP 等合作计划,将聚合双方平台优质资源,以多种手段助力有声精品内容的创作、传播和变现,携手开拓互联网文学音像出版业新阵地。此次与蜻蜓 FM 的战略合作中,纵横文学将为蜻蜓 FM 每年独家开放 1 000 本作品的优先选书权,作品由蜻蜓 FM 旗下的央广之声制作成有声书后,除了在蜻蜓 FM 播出,还将反哺给纵横文学旗下的熊猫看书 App,形成双向互动。

3.2 为 UGC 产品聚合流量

随着互联网运用的发展,网络用户的交互作用得以体现,用户既是网络内容的浏览者,也是网络内容的创造者,UGC 模式运营而生。然而,相对主打头部优质内容的 PGC 模式,UGC 模式呈现出遍地开花,却不易形成流量效应的现状。对此,蜻蜓 FM 发挥平台优势,通过包装、选拔,为 UGC 主播创造舞台,随之扶植出来的中间力量,得到更多受众认可,最终反哺平台,实现流量二次聚合。

2018 年 7 月 16 日,蜻蜓 FM 开启文学 IP 声优招募"天声计划",这为素人群体专门打造的主播招募活动,活动以文学 IP 为本,设置"读书"这样的超低主播准入门槛,号召大学生、播音爱好者们就百余本经典出版物及网络文学作品进行播读。

不到一个月的时间里,"天声计划"活动页面曝光量破 360 万,活动共吸引了 3 000 余名选手在蜻蜓 FM App 上传了试音作品近万份。

优胜主播的评比结果基于为期 20 天的网民公投,结合饶雪漫、乔诗语、国鹏、胥渡等导师及众多高校教授的专业评审意见得出。除了成为播读书籍的官方指定有声书演播者,优胜者还将获得蜻蜓 FM 提供的百万声酬。

签约仪式同日,由导师及评委担任教练的首期声音训练营正式开营,蜻蜓FM将为获奖主播提供专属的版权、资源、资金、培训、商业化等一系列支持,联动影视综艺、电商等多维度打造主播IP,让处于幕后的主播冲破录音间,走进大众视野。

2018年11月5日,蜻蜓FM在秋季内容生态发布会上发布了关于主播的生态战略,宣布将在三年内投入10亿扶持资金,打造集生态开放、资金扶持、版权支持、主播职业化的孵化体系。

内容审核是网络音频平台不可推卸的责任。值得一提的是,不管是PGC还是UGC,蜻蜓FM对主播入驻的要求非常严格,均需用身份证进行实名认证,认证完毕之后,才能进行相关的直播、节目上传活动。与此同时,平台还会审核用户上传的音频节目,包括节目导向、用户头像、个人介绍等,审核通过后,才会正式开放账号。

3.3 紧跟热点推出场景化营销

节点、热点的"追随"和"引领",一直是传媒行业内容生产的工作传统。在公众关心的议题上,做创新性的内容引导,往往能得到意想不到、事半功倍的效果。每年3月21日是世界睡眠日。2018年3月21日前后,蜻蜓FM针对"321世界睡眠日"策划睡前音频场景营销,发布《2018睡前音频收听场景研究报告》,并上线朱亚文情感类"哄睡"节目《最美情书》,在睡前场景进行营销。

场景化营销则是通过具体的空间与环境、用户的实时状态、用户的生活习惯等基本要素为用户提供服务。其所关注的不再是广大时空范围内的用户画像,而是具体场景中用户"我是谁"的问题。

除去"陪睡场景"外,蜻蜓FM后期还在世界杯期间带来车内场景营销。2018年6月3日,蜻蜓FM2018世界杯"足球先声"7城巡游发车仪式在上海举行。会上,蜻蜓FM发布了首档自制体育IP节目《足球先声》,成为首家布局体育领域的网络音频平台。

《足球先声》由知名足球比赛解说员姬宇阳担任主持人,邀请到李玮峰、范志毅、冯潇霆、毛剑卿等新老足球明星加盟点评阵容。蜻蜓FM的"足球先声"7城大巴巡游活动也正式揭幕,蜻蜓FM改装出了一辆载有"模拟录音间""世界杯声音墙""声音光电互动"等与足球和声音相关体验装置的主题大巴。以上海为首站,这辆大巴一路向北,开过南京、郑州、济南、天津、石家庄、大连共7座足球氛围浓郁的城市。

3.4 多维度多入口,打造内容矩阵

近几年经过对头部IP的长期挖掘与经营,蜻蜓FM拓展出以人文领军为核心的九大内容矩阵。整个体系包括了前缘再续、蓄势待发、女性、新青年、财经、儿童、原创自制、超级广播剧、影视IP九大矩阵,围绕不同用户、不同场景、不同需求下的音频内容消费特性,为差异化用户打造全场景的内容消费体验。

比如,在音频领域都十分关注的"儿童内容"方面,2018年12月5日,蜻蜓FM在深圳

举办了"KID INSIDE · 蜻蜓 FM 儿童生态合作发布会",宣布推出儿童智能硬件生态内容服务方案——"KID INSIDE",将与智能硬件产品开放合作,共建儿童音频内容生态,将优质儿童内容输送到千家万户。

蜻蜓 FM 向生态合作方开放价值超过 1 亿元的头部儿童内容 IP 储备,提供播放时长超过 15 000 小时、单月会员包价格超过 15 000 元的儿童优质音频内容。

与此同时,蜻蜓 FM 还将从音频内容引入、生态技术服务、生态运营和音频内容策划四个维度,为生态合作方提供一站式内容服务方案,共建多入口、全场景的儿童音频内容生态。蜻蜓 FM 为生态合作方推出"独家免费内容包"和"特色会员包售卖分成"两种合作模式,旨在通过"内容+运营+一站式内容服务"的定制化方案,实现多赢局面。

3.5 用户音频付费偏好分析

根据蜻蜓 FM 提供的信息,蜻蜓的用户在音频付费上主要偏好娱乐消遣类、个人成长类和品味提升类。

主播主讲类内容方面,用户意愿较高的是人文类内容&个人技能提升类内容。购买的用户中,以 30 岁以上者为中坚力量,其中女性更愿意消费人文类内容,男性更愿意消费个人技能提升类的内容。

其人文类内容,主要以蒋勋为代表,用户会更认可头部,《蒋勋细说红楼梦》是蜻蜓 FM 付费专区最受欢迎的栏目之一,主要从美学角度解析《红楼梦》,节目共 160 期,每期时长一小时左右,单价 0.8 元,截至 10 月 12 日累计播放次数已经达到了 2.4 亿次。高晓松的独家音频节目《矮大紧指北》在收官时斩获 20 万付费用户,全年播放量超过 1.3 亿。梁宏达的《老梁的四大名著情商课》节目,收听总次数破 1.5 亿次,漂亮的成绩受到音频内容付费行业的高度关注;个人提升类的内容主要以各种技能为主,比如职场心理学、谈判技巧等可以学以致用的内容。

有声书精品付费板块的消费更偏于娱乐消遣导向,用户可以通过分集购买听书,目前看来,女性用户喜好通过分集购买听书,男性用户喜好直接购买整本有声书,但整体而言,分集购买的情况较多,优势在于用户的复购率极高,长此以往,有声读物付费将为蜻蜓 FM 的商业变现做出不少贡献。

有声读物的每个类别都有垂直的受众群,悬疑恐怖、灵异、言情都是常青题材,原因在于主播的演播和后期的音效能最大化地营造悬疑的氛围,给听众以临场感;而平台大量女性更偏爱女频言情类有声书,可以注意到的是,在午、晚饭前后的大段时间购买率会更高,或许是由于与家庭主妇的休息时间吻合。

2017 年,《人民的名义》热播,有声小说《人民的名义》以比电视剧提前两集的节奏在蜻蜓 FM 上推进,每天电视剧刚播完,就有一大波听众涌到蜻蜓 FM 收听后面的内容。该小说上线后已成为小说付费类的周销量冠军,日均新增和活跃用户一直稳居首位。这部书拉动了整体小说付费用户量的增长,日均新增付费用户同比增长近一倍,同时也带动了其他官场类小说的销量。当然,这也印证了影视剧对于听书热潮的影响力。

3.6 经济效益和市场效益双重增长

传媒企业在追求市场效益、经济效益的同时,必须积极履行社会责任,创新产品模式,实现经济效益和市场效益的双重增长。

2019年正值新中国成立70周年。2019年6月29日,蜻蜓FM开出"蜻蜓之声"频道,该频道共分为9个版块,分别是"我们的70年""每日必听""党建读物""不忘初心""一带一路""学习十九大""辉煌之路""党史小故事""修身经典"。

此次上线"蜻蜓之声"是蜻蜓FM互联网党建工作中具有标志性意义的一步,也对互联网音频平台传播党建讯息提供了良好的借鉴意义。

蜻蜓FM副总裁潘聪介绍,蜻蜓还以优质内容服务民生、服务社会。两年前,蜻蜓联合徐汇区文化局做了音频节目《建筑可阅读》,随后还将和嘉定区文旅局合作,以小切口,而又有趣的方式为游客介绍嘉定的经典。

蜻蜓FM还积极尝试与医疗行业合作,把健康知识以一种通俗易懂的音频节目方式传递给老百姓。在2019年3月,蜻蜓FM与上海市卫健委合作,做了"医苑新星健康倾听日"的活动,在每个月第一个周日邀请六位医生,来做健康方面的直播。2019年7月16日,蜻蜓FM与上海曙光医院签约,联合出品《曙光之声》。

从用户角度、用户立场来思考问题,以及节目走向。比如,蜻蜓FM正在打造线上线下内容服务一体化的医疗科普体验,针对候诊区、住院区等不同区域,以及不同诊室的患者,优选平台健康咨询、医疗科普、舒缓情绪类音频节目走进医院。

蜻蜓FM还积极与上海市司法局合作,在上线"蜻蜓之声"的同一天,蜻蜓FM还上线了"戒毒故事",节目根据真实案例讲述,让声音成为戒毒"良

图4 医苑新星健康倾听日节目单

药"。据节目策划人介绍,该节目第一季共有6集,每3天更新一期,节目通过戒毒人员口述真实故事,展现不同人员在各种情况下接触毒品的案例,告诫广大听众不要接触毒品。通过讲述真实的故事,为节目增添了一份可信度的保障。

4. 讨论:不仅提供产品内容,还提供内容生态

在万物互联时代到来之际,所有的东西将会获得语境感知,增强的处理能力和更好的感应能力。在"耳朵经济"领域,未来不仅仅是手机、电视、音箱,在床头灯、冰箱、热水器、油烟机上,也会越来越多地出现音频的身影。

2018年初,蜻蜓FM提出"全场景生态",基于庞大的优质内容,与智能音箱、智能家居、可穿戴设备及车联网品牌展开合作。

目前,蜻蜓FM已内置智能家居及可穿戴设备8 400万台,这包括小米小爱音箱、天猫精灵、百度小度等品牌在内的智能音箱,海信、海尔、美的、飞利浦、SONOS、DOSS等品牌的智能家居产品,以及华为、三星、FILL等品牌在内的可穿戴设备。

蜻蜓FM认为,音频与智能家居有较多契合点,做好场景细分运营的智能家居,已经成为车载之后,又一大音频收听场景。例如,蜻蜓FM战略合作方海尔冰箱与豆果美食网、爱奇艺、苏宁易购、1号店都有展开合作,他们通过对用户使用馨厨冰箱的点屏次数分析出,用户对于电台应用的比例最大,占到了二级页面点击率的47%。也就是说,用户在厨房生活中,对于"听"的依赖度非常高,这也促使他们向着新的发展方向转变。

另外,蜻蜓FM与福特、沃尔沃、宝马、奥迪等品牌在内的多家车厂和TSP厂商合作,拥有800万的App预装量,车载后装市场,涵盖了"传统的车机、OBD产品、后视镜"等车内联网智能硬件终端。

在人工智能时代,蜻蜓FM以开放的姿态去迎接加入到百度最新发布的DuerOS开放平台中,成为其重要的音频内容合作伙伴。而在百度carplay计划中,蜻蜓FM也以传统广播电台收听独家合作方的角色,向着200亿传统广播电台市场出击。

"在人类发展史上,听觉始终扮演着重要功能与角色,只要存在听觉,那么音频行业就有了发展的根基",潘聪说,随着5G技术和语音交互技术更加成熟,包括越来越多互联场景的应用,音频肯定还会有更大的发展和渗透空间。

参考文献

[1] 林颖颖,李佳咪.蜻蜓FM副总裁潘聪:"音频唱主角"的那一天,总会来到[J].新闻与写作,2019(8).
[2] 熊辉.《声音的回响:中国网络音频发展简史》[J].互联网经济,2017(7).

破局·蝶变·重塑：新时代传媒经营管理创新案例研究

第三部分

内容：何以为王？

从"内容变现"到"平台连接"?

——小社群公众号的彷徨

摘　要：微信公众号已经突破1 000万的规模，越来越多的人通过公众号渠道获取新闻等各类信息，然而大量的小社群公众号无法真正实现盈利。本案例通过描述睿界网络科技公司高校微信公众号的运营过程，从功能优先到"内容为王"的转变，然后描述了该公司"内容变现"面临的困境，需求升级、成本约束以及变现困难。最后重点描述了作为小社区自媒体，该公司谋求转型发展面临的抉择，是继续坚持内容生产还是尝试"平台连接"，去创新微信服务平台的新盈利模式，执行全新的业务架构、营销推广、资源整合管理等系列方案。

关键词：公众号；自媒体；社群营销；内容变现；服务平台

1. 案例背景

1.1　公众号的深度渗透

微信自推出以来高速扩散，截至2015年9月用户已达6.5亿，日均活跃用户5.7亿，一线城市渗透率已达93%。2012年8月，腾讯公司推出微信公众号运用服务，微信公众号是开发者或商家在微信公众平台上申请的应用账号。该账号与QQ账号互通，通过公众号商家可在微信平台上实现和特定群体的文字、图片、语音、视频的全方位沟通、互动，形成一种主流的线上线下微信互动营销方式。正如线上线下微信互动营销的代表微部落，率先提出标准的行业通用模板和深定制的微信平台开发理念相结合，形成了线上线下微信互动营销的开放运用平台，微信公众号的运用已逐步改变了人们的日常生活。

越来越多的企业将微信公众号作为企业的展示窗口，并用其作为与用户沟通服务的桥梁，微信公众号在2015年底，已经突破1 000万的规模。数据显示，2015年微信公众号用户近8成为活跃用户，平均每天使用1.5次；访问时长中，超过半数以上的用户为深度使用用户，平均每天访问浏览25.6分钟。艾媒咨询数据显示，2015年77.4%的受访手机网民表示已经关注微信公众号，而媒体和企业为用户最主要关注对象。

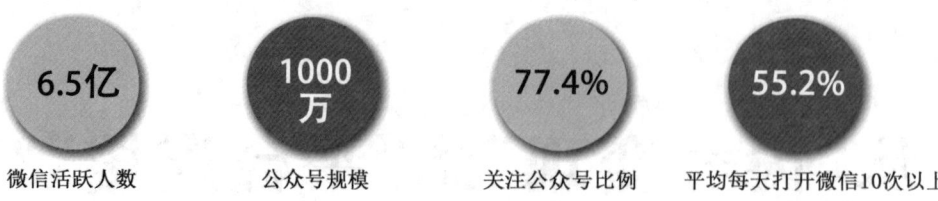

图 1　2015 年微信用户基本使用情况

数据来源：腾讯企鹅智酷、艾瑞咨询数据

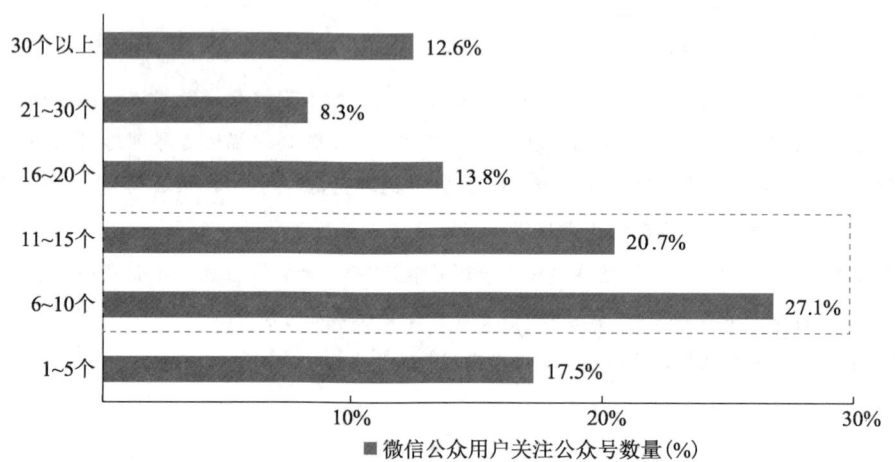

图 2　2015 年微信用户关注公众号的数量

数据来源：艾瑞咨询 2015 微信公众号媒体价值研究报告

1.2　媒体与社交融合

大量的研究报告显示，社交媒体越来越成为公众获取各类信息的主要来源渠道。2015 年美国皮尤研究中心美国新媒体研究报告显示，社交媒体已成为美国人获取新闻的主要渠道，41%的美国人通过 Facebook 获取新闻。在中国表现出同样的趋势，接近半数的公众认为社交媒体在个人获取新闻渠道中扮演重要角色，通过社交获取新闻已成为常态。

业内流传一种说法："你的粉丝超过了 100，你就是一本内刊；超过 1 000，你就是个布告栏；超过 1 万，你就是一本杂志；超过 10 万，你就是一份都市报；超过 100 万，你就是一份全国性报纸；超过 1 000 万，你就是电视台。"

1.3　公众号的冰火两重天

"微指数"公司对 500 万微信公众号进行了实时分析，得出这样的数据：97%的公众号粉丝不过万，73%的公众号阅读量在 1 000 以内，86%的公众号广告价值还不值 100 元，粉

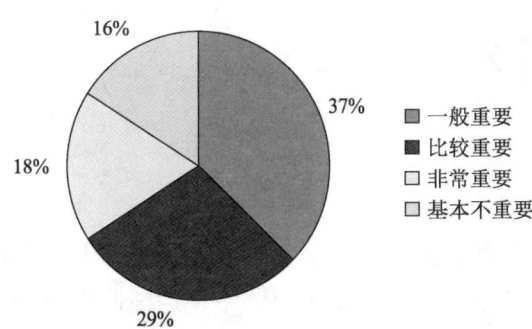

图 3　社交媒体对获取新闻的重要程度调查

数据来源：腾讯企鹅智酷 2015 中国新媒体趋势报告数据。注：调查样本数 50 146

丝 10 万以上的大号只占 0.28%。尽管数据可能存在一定的偏差，但据业内专家估算，目前真正实现盈利的还不及整体数量的百分之一。这样的成功比例让看衰微信公众号的声音不绝于耳。

但是与此相对应的是，大量大 V 级公众号横空出世，"一条"开通公众号两周内关注者超过 100 万，阅读数几乎篇篇 10 万以上；"二更"从 2015 年 11 月上线至今，官方介绍粉丝数量已达 200 万。它们不仅在短时间内积聚百万粉丝，而且获千万级融资，与大部分公众号形成了鲜明的对比。

	1.0—内容为王	2.0—颜值最大	2.5—才智or颜值	3.0—商业变现
网红发展史	工具：文字 人物：匿名写手 平台：BBS、文学网站 代表：痞子蔡，南派三叔等	工具：图片 人物：草根红人 平台：BBS、博客 代表：凤姐、犀利哥等	工具：文字+图片 人物：段子手+电商模特+知名ID 平台：微博、微信 代表：留几手、吴晓波等	工具：短视频+直播 人物：主播+播客 平台：直播平台、视频平台、微信、微博 代表：papi酱、艾克里里等
网红经济资本介入	同道大叔 时间：2015年 金额：A轮 数百万美金 估值：超2亿元	罗辑思维 时间：2015年 金额：B轮 未透露 估值：13.2亿元	 二更食堂 时间：2016年 金额：A轮 超5000万元 估值：未透露	 papi酱 时间：2016年 金额：1200万元 估值：1亿元

图 4　自媒体大 V 公众号的快速发展

数据来源：网络公开资料

2. 睿界网络科技公司

2.1 公司背景

桂林市睿界网络科技有限公司成立于 2013 年 8 月,初期主要以软件开发、游戏开发、网络工程为主的科技服务型公司。2013 年 10 月睿界科技推出针对广西师范大学学生的微信服务平台——广西师大管家,最初管家团队主要推出满足学生需求的如成绩查询、校车时刻表、图书查询等技术功能。管家强大的功能满足了多数师生的需求,师大管家用了两年的时间在师大获取了 2 万多的活跃粉丝,渗透率高达 90%。

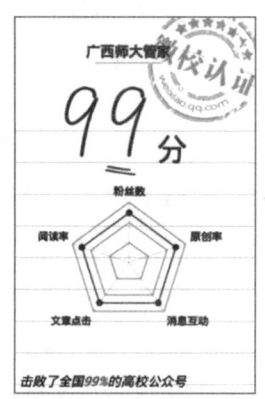
图 5　管家公众号的极高认可度

图 6　睿界科技的管家家族

2015 年 6 月,管家开始进驻其他高校,分别在广西大学、广西民族大学、桂林电子科技大学、广西旅游学院、广西财经学院、广西艺术学院、桂林理工、广西鹿山学院等高校挖掘个性人才组建团队。现在管家的总粉丝为 10 万多,其中广西财经学院创造了一天吸收粉丝 7 000 多的记录,预计 2016 年底管家的总粉丝会超过 20 万,图 6 是管家系列公众号。

2.2 从功能到内容的转变

社群营销就是基于相同或相似的兴趣爱好,通过某种载体聚集人气,通过产品或服务满足群体需求而产生的商业形态。社群营销的载体不局限于微信,各种平台,都可以做社群营销。论坛,微博,QQ 群,甚至线下的社区,都可以是社群营销。做社群营销的关键是有一个意见领袖,也就是某一领域的专家或者权威,这样容易树立信任感和传递价值。通过社群营销可以提供实体的产品满足社群个体的需求,也可以提供某种服务。各种自媒体最普遍的是提供服务。比如招收会员,得到某种服务,或者进某个群得到某种专家提供的咨询服务等。

表1　　　　　　　　　　　社群营销商业模式的类型

类型名称	关键能力	价值主张	价值网络	盈利模式	代表企业
自媒体人格类	塑造出魅力人格	更强调开发出消费者的情感归属价值	明显层级,由一个核心的"魅力人格体"领导	通常以"连接"作为核心资产,围绕流量开发产品服务	罗辑思维,吴晓波读书会等
产品概念类	以人为核心的产品情感属性	更强调开发出消费者的情感归属价值	明显层级,即"中心化"趋势:由一个核心的"产品人格化"领导	立足基础产品,后期进行衍生产品开发	黄太吉煎饼,青橙手机,nextbuy等
功能聚合类	高起点,专业性的社群势能	强调消费者的社交及自我实现价值,即由于社群的圈子聚合效应发挥网络外部性而产生价值	分散化节点,核心领导相对弱化	面向圈子提高高附加值的服务,同时发挥开发流量的商业价值	知乎,钛媒体,binggo+等

伴随着近年来高校官方微信平台的崛起,管家本来独树一帜的校车功能、成绩查询功能等被一一复制赶超,管家原本打算通过增加微信平台功能来吸引更多粉丝的做法貌似已经失去了原本的优势。从2015年开始,睿界网络科技开始逐步打造开展新栏目、新服务,推出一系列以人物为主题的访谈内容,通过"女神痣"、"师大青年"等栏目展现高校个性人物,展现他们背后的故事和不一样的自我,这些栏目在高校引起众多粉丝的追捧。

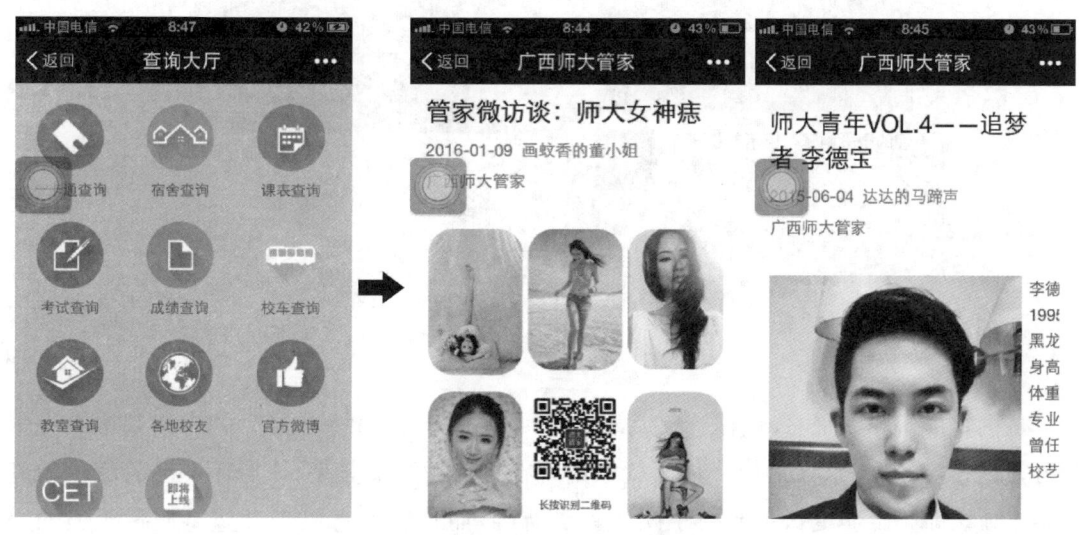

图7　睿界网络科技从功能到内容的转变

3. 内容变现的困境

3.1 升级的内容需求

从核心内容上来看,睿界网络科技主打栏目"女神痣"目前已经做了 16 期,如愿抓住了大学生的眼球,也吸引了很多粉丝。但是受众调查发现,"人物专访做的貌似有些肤浅了",现在粉丝们对于'女神痣'的反馈越来越差,很多人觉得这些女神不怎么接地气。专访的这些学生表面上看起来非常的有个性,也很有特点,可真正谈到价值这一块儿,他们对大学生的影响力还是远远不够。很多时候,大家看着这些女神只是当成了一种娱乐消遣,了解到原来自己身边的确存在这样的人,可这些人的影响力其实并不怎么高。优质内容是微信公众号的生命之本,如何在内容质量上下功夫才能满足学生们越来越苛刻的要求,这个问题不得不引起重视。

图 8　睿界网络科技内容的升级

从内容推送频率来看,现在管家基本上是一周进行一次推广,最少的时候基本上大半个月才能推广一次,这无形中降低了管家出现在大众视野的频率,十分不利于管家的粉丝积累。无法高频定期更新主要由于团队人员有限,而管家一直以来又坚持质量至上的原则,优质内容的产出需要时间。因此,在坚持原则的前提下,又能提高推送频率,做到定期及时地更新,也是当前管家亟需解决的问题。

从粉丝互动管理来看,刚开始做管家的时候团队成员每天除了睡觉之外都会在后台给用户解答各种问题,高效及时的互动让管家与最开始的那些用户建立了长期而稳定的信赖关系。但是随着粉丝规模日益庞大,粉丝量的增长速度逐渐趋缓,后台回复的热情逐渐消退。在各种公众号泛滥,学生们的注意力又很容易转移的情况下,良性互动的缺失一方面造成了老用户的流逝,另一方面也无法真正保持新用户黏性和活跃度,推广管家品牌的效果自然也就收效甚微。可见,只有通过更好地建立起与粉丝们的连接,才能达到数量积累的滚雪球效应。

3.2 退缩的"变现"可能

内容以图文为主,形式单一一直是管家系列的软肋,但是视频的制作需要的技术和资本投入巨大,持续产出高质量视频的内容生产能力绝非三五个人所能完成,需要的是一个包括熟练掌握摄影、剪辑、脚本等能力的团队,而且还包括后期的渠道建设、试错和推广的高成本。很多大V公众号的3分钟视频都是每个团队花两三天时间才打磨而成,但是这些大公众号均有风投支持,资金雄厚。

而管家地处三四线城市,广告主实力有限,目前管家广告收入微薄,更多的依赖于各种活动策划反哺管家。校外商家之所以直接找到管家而没找其他的广告公司,一方面管家是主要针对大学生的自媒体平台,且在学生群体中已经有了很大的影响力,另一方面则是为了节约成本。通过管家推广的成本要比广告公司低很多,因此即使认同更多方式能增强推广效果,也大多因为受限于推广成本而拒绝尝试视频等更为丰富的推广形式。之前管家尝试所做的快闪视频花费过万元,偶尔为之还能承受,高频制作管家肯定难以承受。

图9 管家传统的图文推广案

4. "平台连接"的召唤

社群营销的内在驱动是由于互联网技术和移动终端迅速普及,互联网基础设施日渐完善,个体革命与需求升级,以及"再部落化"的内在诉求。目前社群营销普遍面临着"规模化"与"个性化"的冲突,社群的复制性与成长性困境。

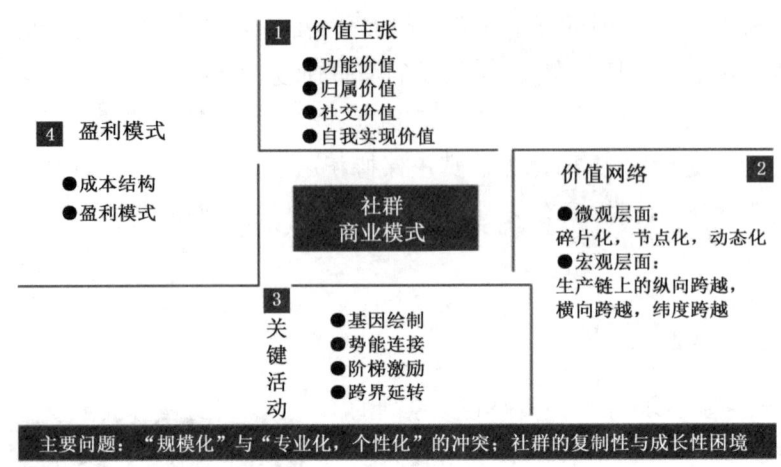

图 10 社群营销商业模式的特点

4.1 全面扩张业务范围

睿界网络科技产品本身的创新力不够，被超越只是时间问题。在产品发展变化上不足，非常保守。相对封闭性，是其商业模式不佳的最重要原因。原先的管家平台只是注重了功能的开发，希望通过增加功能来留住粉丝，没有进一步挖掘粉丝的需求，以及考虑他们与社会企业和社会工作人员的对接需求。因此，平台新的定位可以是商品和服务的提供方，主要业务是给学生提供商品和培训以及就业的机会、给企业提供优秀人才、帮助商家进行广告推送三大类。

学生希望从一个平台获取商品或者有用的信息，如特色商品、兼职信息、社会工作人员的工作经验、企业的招聘信息等，虽然现在很多网站都可以满足一方面的需求，但是却没有集中这些信息的可靠平台。另一方面，由于企业人力资源成本高，他们希望获取高效实用的人才，但是现在学校输出的人才大同小异，往往没有独具特色的人才，企业没有办法录用到最具有才华的人才，企业也没有时间和成本到高校去深入挖掘人才。但是管家是位于高校的平台，平台的主要受众是学生，还有专门的写个性学生故事的栏目，背靠高校的优势可以帮企业挖掘他们需要的人才。

此外，管家平台可以建立一个知识库，向学生提供学习资源，以便他们快速的学习社会所需要的知识。作为资源提供商，管家可以收取一定的课程费用。如果学生能力还不能满足企业的要求，还可以把他们推荐给培训机构，这样学生通过培训可以达到增强能力的目的。管家在这个过程中扮演中介角色，收取一定的费用。

至于商家，他们的目的就是为了获得学生的关注，增加店铺的曝光率，从而增加顾客流量，管家的广告推广功能可以满足他们的要求。管家的首要任务是把学生和企业、商家汇聚一堂,管家的观众是高校内外的人,表演的题材是校内校外的精英人物的生活,或者企业的文化故事展示,这样校内学生可以了解社会人士的日常以及企业的文化背景,校外人士也可以通过管家这个平台了解到现在校园内的生活,而整个活动的物质消费就由商家负责。

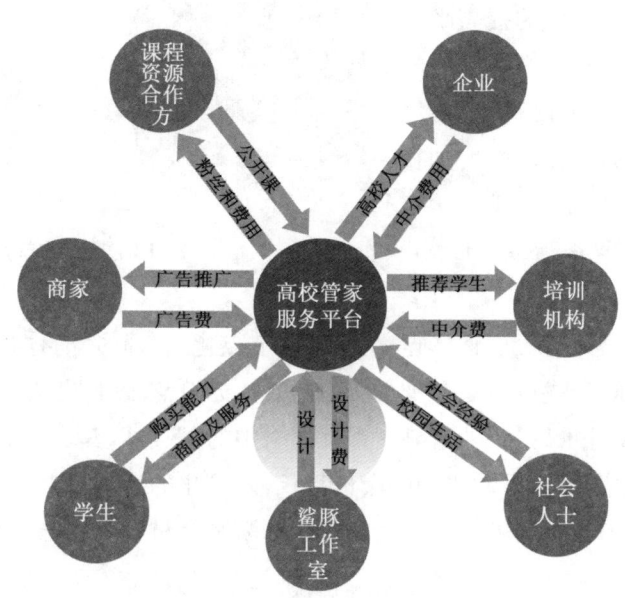

图 11　平台业务框架图

4.2　逐步推进资源整合

现阶段各高校管家的总粉丝数为 5 万多,但是如果宣布增加诸多商务活动,也许会出现掉粉的情况。为此,如何进行推广是一个必须重视的问题。可以以低价策略做一些地上活动推广,先尽量吸引高校粉丝,然后逐步把平台新的拓展业务清楚明晰地告诉观众。而且业务需要一点点的增加,如果业务太多,团队建设跟不上。反而会因为服务效率差,最终对平台形象造成负面影响。

还需针对资源整合、推广、成长、衰退等阶段做好相对应的措施。由于业务涉及了公开课内容,为此管家要洽谈好相关的资源提供方,确保平台有稳定的内容提供方;平台还应跟企业构建好输送人才的机制,确保企业的资质,同时也针对企业要求对学校的学生进行日常考核遴选,只有这样,才能确保学生和企业能有良好的互动互利效果;由于平台还与培训机构有业务合作,学生相信管家,才会选择平台推荐的培训机构,所以培训机构的整体实力的考究必须到位,这样才不至于让不合格的培训机构毁坏管家的声誉。资源整合的步子一定要迈得稳健有力,绝不能贪多求快。

4.3 动态开展社群运营

为了增加平台的知名度,还可以选择与大的微信号进行互推,例如可以和相关的课程内容合作方建立互推机制,这样互相借力,有利于更快的提高平台形象,促进粉丝增长。对于刚进驻的学校,要有固定的内容推送频率,还要注重与粉丝的互动,只有这样才能增加粉丝黏性。线下推广则可以依托于学生活动的形式,比如毕业季活动、新生开学活动、校运会等。

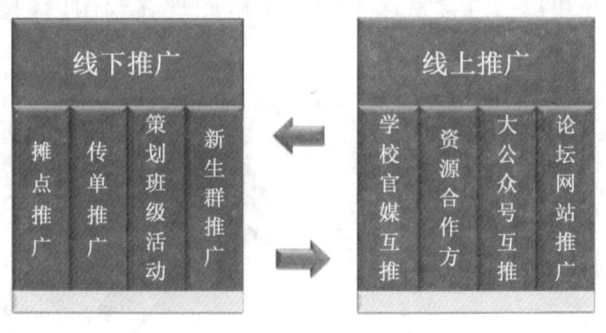

图 12　推广方式图

社群运营的整体思路就是"整体碎片化,局部节点化"。通过"有序保证成长,无序创造价值",形成社群灵魂,聚拢价值观相似的人;建立主要节点,以自己为轴心,聚拢身边的散点。对内参与活动设计推广,对外造势。重视网络中的"散点",其具有高度流动性,可以充当铁杆粉丝的后备库。区分不同级别的会员特权,差异化的活动及产品、筛选铁粉,强化群内价值观;形成半封闭会员制度;向会员征集点子,激励会员自动参与互换资源。

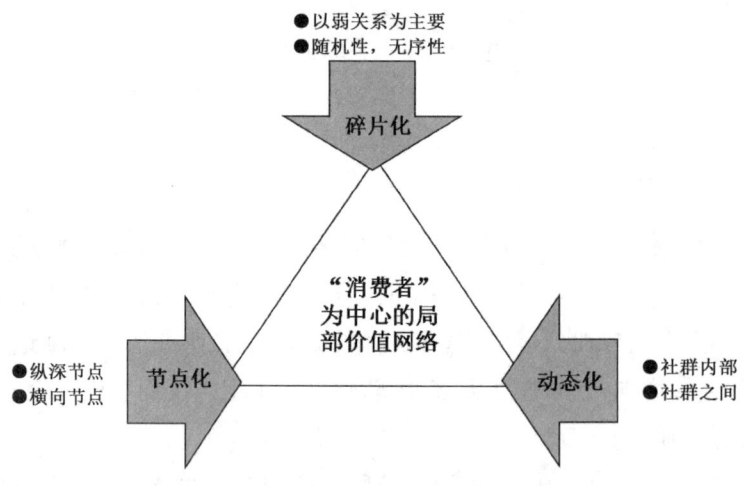

图 13　社群运营思路

对于社交产品,内容生产是核心竞争力之一。虽然平台连接业务框架具有很强的盈利前景,但是内容是公司赖以生存的基础,而扩大公司业务的同时保证高效的内容产出才能避免因为分散公司资源而影响立足之本。无论微博、微信都有一种有效的触发用户内容的生产机制场景与产品设计。人人走下坡路之时,"没有优质内容生产,垃圾分享泛滥"在某种程度成为人人网的一个标签。此外,在搭建和运营平台的过程中,睿界网络科技应当注意对平台的控制力和经营力,避免过度商业化的危险。

参考文献

[1] 王佳炜,李亦宁.社会化媒体时代品牌社群营销的核心逻辑[J].当代传播,2014(05):93-95.

[2] 吴国威,杨玲.出版产业的三种社群营销模式[J].出版广角,2015(Z1):136-137.

[3] 廖雪莲.基于忠诚的品牌社群关系营销策略研究[J].中国商贸,2010(04):25-26.

[4] 余溢文,虞蓓蓓,赵惠祥.基于微信平台的学术期刊交流平台构建研究[J].中国科技期刊研究,2014,25(05):664-666.

[5] 戴文彪.高校图书馆微信精准服务探析[J].大学图书情报学刊,2018,36(03):97-100.

[6] 黄锋,辛亮,黄雅意.高校学报微信公众平台的发展现状和运营策略研究[J].中国科技期刊研究,2016,27(01):79-84.

[7] 王海燕.传统媒体微信公众号编辑与运营策略分析[J].编辑之友,2015(02):85-88.

[8] 文艳霞.微信公众平台自媒体的发展及其对传统出版的影响[J].出版发行研究,2013(11):55-58.

[9] 吴荆棘,王朝阳.出版业微信营销研究[J].中国出版,2013(08):15-19.

[10] 马大艳,李学静,陈虹暻.高校图书馆微信服务现状分析及发展对策——基于"985工程"大学图书馆的调研[J].图书馆工作与研究,2015(03):33-37.

"免费阅读"的新商业模式探索

——以连尚文学为例

摘 要:随着互联网的发展和个人移动电子设备的普及,数字化阅读比例随之逐年增加;除了电子书和数字化出版物外,网络文学占有很大比重。经过20年的风雨变幻,早期的潇湘书院、红袖添香、起点中文网等奠定了网络文学的基础,现在大众比较熟知的阅文集团、阿里文学、咪咕阅读等网络文学大多还是采用收费的模式。主推免费阅读的连尚文学近几年发展势头较猛,逐渐成为新晋"独角兽"企业,其新颖的商业模式格外引人瞩目,值得我们研究。

关键词:商业模式;网络文学;数字阅读;免费阅读

1. 连尚文学简介

连尚文学创立于2017年7月,它是一家集网络文学原创、移动阅读分发、IP开发运营于一体的综合数字阅读品牌。旗下拥有原创平台逐浪小说网、逐浪小说App以及内容分发平台连尚读书App、连尚免费读书App。它的前身是连尚网络旗下"WiFi万能钥匙"的文学内容版块,随着业务范围的扩大和衍生开始品牌独立。品牌创立前期依托WiFi万能钥匙的流量数据,短短时间内已经拥有大量的用户。2018年,连尚文学完成了由厚朴基金领投的A轮融资,仅成立一年估值达到10亿美元。连尚文学的愿景是希望通过产品和服务,发展更多的作者和读者,为拥有不同需求的用户提供综合型的内容服务,让更多的人看到更多好书,真正实现阅读面前,人人平等。

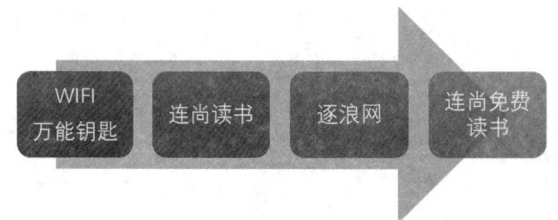

图1 连尚文学产品矩阵

2. 连尚文学商业模式探析

2.1 首创免费阅读模式

从网络文学出现开始，十多年一直采取付费阅读模式，这种付费模式在一定程度上阻碍了用户流量。2017 年，连尚文学推出了付费型阅读平台——连尚读书，同时一直在进行免费阅读模式的探索。2018 年 8 月，连尚文学正式推出免费型阅读平台——连尚免费读书，在行业内首批实践"看广告就免费"的阅读模式。这种新颖的阅读模式降低了用户阅读的门槛，也吸引了庞大的用户流量，在猎豹全球智库三季度中国 App 榜单中，刚上线的连尚免费读书已经位居 101 位，超过了 QQ 阅读、掌阅等。热度背后，也引发了争议，人们开始对免费模式下的内容质量有所担忧，同时对这一方面的版权问题提出了诸多质疑。虽然存在争议，但是另一方面，连尚文学的免费阅读模式也引起了行业内众家效仿，如阅文集团推出的飞读小说、今日头条推出的番茄小说、百度推出的七猫小说、趣头条推出的米读小说等。连尚文学在质疑声中一直极速扩张业务布局，坚定地推行免费阅读模式。

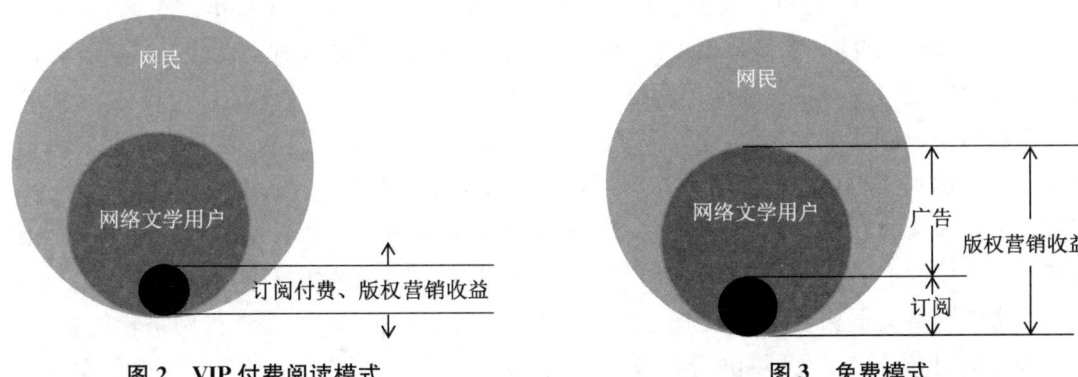

图 2　VIP 付费阅读模式　　　　　图 3　免费模式

在网络文学领域，几个龙头网络文学企业业务量与现有用户规模、需求没有完全匹配，VIP 付费阅读模式（如图 1 所示）带来的用户仅占其中一部分，甚至一些用户为了节约阅读成本正在看盗版网络文学。盗版网络文学扰乱了市场秩序，而免费阅读模式（如图 2 所示）的出现降低了阅读门槛，直击用户痛点惠及大量普通用户，而且对作家及其作品也是一种宣传。免费模式对丰富作品品类、扩大作品影响力起到了推动作用。连尚文学既是网络文学的内容提供商，也是广告主的平台提供商。作家在获得更多读者的同时，可以通过广告分成模式受益，不再是单纯的按字数收费。这样既扩大了网络文学作品的受众群，提高了作者和作品的影响力，也减少了单纯提高字数而为作品注水的可能性。"天下没有免费的午餐",除了实现阅读平等的愿景外企业最终目标仍是盈利,连尚文学"免费"的实质是通过广告收入实现营收,免费阅读模式带来了庞大的用户流量,更好地吸引更多广告主在平台投放广告,从而形成良性的免费阅读模式闭环。

2.2 瞄准下沉市场定位

现今中国社会实际上由两个部分组成:一个是"城市中国",一个是"乡村中国"。从媒介传播的角度去研究,由于城市经济发达,市民收入高,文化传播机构也主要分布在城市,所以城市理所当然就成了一切文化媒介所关注的焦点和传播的主要市场。移动内容领域竞争逐渐激烈,连尚文学主要聚焦于三四线城市及以下区域用户的下沉市场,以此为突破点还能做到后来居上实属不易。下沉市场有近 10 亿人口,基数大,潜在用户更多。下沉市场的人群生活节奏相比于一二线城市的人群较慢,经济欠发达,收入偏低导致支付能力较弱,免费降低了阅读门槛更能吸引这部分群体。另一方面,三四线城市及乡村的人群闲暇时间更多。据此前北京大学社会调查研究中心推出的《中国职场人平衡指数调研报告》,31~40 小时是三线以下城市居民一周工作时间占比最高的时间长度,为 35%,低于一线城市的 56% 和二线城市的 47%;在工作时间大于 41 小时的区间,三线以下城市同样低于一二线城市;相反,三线以下人群工作时间在 21~30 小时的占比高于一二线城市。同时,下沉市场的文化传播方面有待发展,所以这部分用户群体对于文娱内容的需求更高。连尚文学从创立之初就一直将自身的用户群体集中在下沉市场,正是看中了其具备的巨大市场潜力。

不仅是文化媒介,一二线城市的网络覆盖也较三四线城市及乡村更为发达,WiFi 万能钥匙自然而然地将用户定位瞄准了网络欠发达的中小城市。连尚文学的用户群体和 WiFi 万能钥匙的用户群体十分相似,正是源于连尚文学创立初期依托了 WiFi 万能钥匙的入口引流。关于连尚文学和连尚网络、连尚文学和 WiFi 万能钥匙的关系,连尚文学 CEO 王小书将其形容为资源互助、相互扶持的关系。连尚文学创始团队继承了先前平台网络文学运营和无线互联网产品开发的基因;连尚文学董事长王静颖是原盛大文学起点中文网 CEO,具有丰富的网络文学从业经验;担任连尚文学 CEO 的王小书同时也是连尚网络轮值总裁,他是盛大集团老员工以及早期网络文学创作者,在网络文学领域颇有研究。这也是连尚文学作为刚成立两年多的新公司,能够在移动阅读方面快速崛起的重要原因。

在积累初期的用户基础之后,连尚文学开始独立进行市场活动,进行用户的引入。根据 2019 年的平台内部数据反馈,连尚文学的平台用户画像呈现出"666"的分布规律:即 60% 的用户来自于三四线城市以下的下沉市场,60% 为女性用户,60% 的用户年龄分布在 25 岁以上。数据的统计也正契合连尚文学的初心,这都得益于企业精准且正确的市场定位。

2.3 决策凸显雄心魄力

连尚文学在两年多的时间里实现巨大的飞跃,离不开管理者的长远思考及正确决策。

连尚文学 CEO 王小书作为连尚文学的管理者,在企业发展的每个关键时段都彰显了领导者的魄力和毅力。他的父亲是印刷行业从业者,母亲是新华书店员工,都与文化产业息息相关,在浓厚的书香氛围中成长,在很大程度上加深了他对于文学的热爱,山村出身的背景也让他对下沉市场格外关注。连尚文学延续 WiFi 万能钥匙的市场定位,主要瞄准下沉市场用户群体进行拓展,也正是源于决策者对于这部分群体的深厚了解。

王小书 2003 年从华东师范大学工商管理系毕业后便加入了盛大网络,此后,他在就业、创业、再就业的职业辗转之中,再次带着坚定的信心和决心投身网络文学行业。2014 年他加入连尚网络任职副总裁兼合伙人,深厚的盛大基因让王小书很快地熟悉业务领域。2017 年连尚文学创立之后,首要问题是解决出版准入资格。申请需要拥有最基础的作家、编辑团队,还需要一定的时间周期,如何在短时间内进驻市场,王小书和他的团队萌生了并购的想法。他们对网络文学行业内值得收购的老牌网站进行了反复筛选和评估,最终在众多企业中选择了逐浪网作为内容源泉,同时将南京大众书网图书有限公司作为连尚文学的主体公司。该公司成立于 2006 年,它作为那一时期国家新闻出版署"网络文学出版试点单位"成员和中国作家协会"全国网络文学重点园地"单位同时具备出版准入资格,是吸引连尚文学收购的重要因素。获取了进入互联网出版领域的资格,连尚文学便完成了稳健立足的第一步。

在品牌营销方面,连尚文学主要倾向于公关稿件的发布,大致包括企业发展状况、业务进展程度、奖项评选荣誉等。除了常规的新闻稿件宣发之外,连尚文学主要通过参加行业展会进行对外展示,如参与网络文学+大会、数字出版博览会、南京书展等展会,通过不同的展台版块进行连尚文学产品、内容方面的新成果展示。除此之外,连尚文学还积极响应国家政策进行内容净化,如举办"首届全国网络文学现实题材主题征文大赛"庆祝

图 4　连尚品牌营销策略

新中国成立 70 周年、举办"优秀现实题材作品研讨会"等,为品牌树立了正面的网络文学企业新形象。

2.4　聚焦专业人才部署

企业的核心竞争力主要还是人才。连尚文学作为拥有互联网基因的新兴网络文学企业,在团队管理及构建方面有着独特的策略,企业主要侧重于两方面人才的储备:一种是基于算法和大数据的技术型人才,一种是基于写作和编辑审核的内容生产型人才。根据地域划分来看,连尚文学的团队分布呈现整体分散、局部集中的特点。

连尚文学的编辑部与审核中心的员工位于南京,考虑到招募编辑、审核团队需要一定的磨合时间,一方面保持了原有逐浪网的业务不受影响,另一方面南京的人力资源储备充分且成本低于北上广深。互联网使编辑与作者的沟通可以随时随地进行,连尚文学的作者

团队遍布各地,集聚了包括乔雅、陈酿、小神、东岳不苦、朽木可雕等优秀网络作家在内的 3.8 万签约作者。为了加强作者队伍建设和培训,连尚文学组织作家团队成员多次参与培训班与研修班,端正作者的价值导向,提升团队的网络文学整体创作水平。

只有优质的内容远远不够,互联网企业的技术也是决定企业发展的重要因素,用户数据可以最直观地体现用户喜好,大数据抓取逐渐描绘出用户画像,为用户进行个性化的智能推荐,通过海量数据的反馈为用户提供优质并喜爱的内容提升用户满意度,从而实现用户的良性留存。上海作为一线城市,集中了大量的技术顶尖人才,同时技术更新迭代速度快需要成熟的网络体系,连尚文学主要将技术型人才布局于上海盛大研发中心。"内容为体,技术为用",作家团队提供网络文学最核心的内容,编辑类及审核类人才负责为用户筛选并提升内容质量,技术类人才负责将丰富的内容分发给拥有不同喜好的移动终端用户,三者相辅相成才能实现平台和用户的良性循环,保证企业的良性运转。

3 连尚文学内容生态建设

流量基础	wifi万能钥匙的流量数据
创建	收购逐浪网,进军网文界
创新	"付费+免费",打造综合阅读新模式
拓展	收购漫漫漫画,打造文漫联动
升级	网文为源,IP孵化

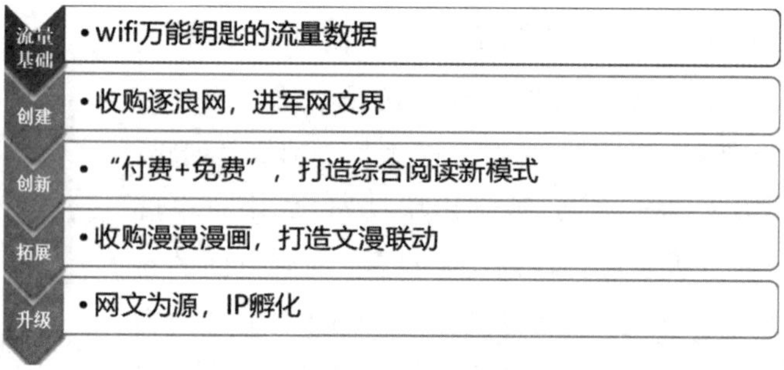

图 5 连尚文学内容生态建设

3.1 核心内容基础——网络文学业务

3.1.1 品牌创建:收购逐浪网,进军网文行业

连尚文学旗下原创网站逐浪网创办于 2003 年,是知名的原创网络文学平台,拥有经验丰富的编辑团队,培养了大量优秀作者,汇聚近 4 万名原创作家,累计原创作品 45 万余部。逐浪网先后被评为"十大最具影响力文学网站"、"最具投资价值文学网站"、"最具发展潜力文学门户",并被国家新闻出版署列为"网络文学出版试点单位"成员,也是中国作家协会"全国网络文学重点园地"单位。其旗下多部作品如《心照日月》《河庄梦情》《桧子花开》《黑白禁区》《绝世狂尊》等多次荣获国家、省级、市级奖项。

2017 年,连尚网络将逐浪网收购并整合入连尚文学,使连尚文学获得了一批丰富优质的作品与作者资源。依托于逐浪网,连尚文学还推出了操作简单、功能齐全、便捷安全的"逐浪作家助手"手机软件。作者可利用该软件随时随地记录灵感进行创作,及时上传作品进行发布。有创作想法的逐浪网读者也可通过该软件内化为逐浪网的作者,满足写作愿望,轻松完成身份的转换。目前通过写作助手在手机上写书的作者已经占到一半以上,作者增长非常明显。

并购后,经过挖掘和培育原创作者、鼓励和扶持文学创作、积极开发优秀 IP 的衍生作品,逐浪网迎来了爆发性增长。截至 2018 年 12 月,每日更新超过 1 200 万字,网站注册会员达到 5 200 万人。

3.1.2 "付费＋免费"的产品创新:打造"连尚读书"＋"连尚免费读书"

连尚读书是连尚文学旗下一款专注于手机数字阅读的综合文学阅读软件,于 2017 年 7 月正式上线。依托运营团队丰富的经验与 Wi-Fi 万能钥匙的流量资源,连尚读书快速崛起。一年时间即达到月活跃用户过千万。连尚读书拥有百余家内容合作伙伴,包括掌阅、纵横、塔读、中文在线、磨铁、咪咕、网易等知名的综合内容平台,以及黑岩、飞卢、书香等特色网站和诸多国内知名出版机构,作品品类丰富,包括历史、武侠、玄幻、修真、军事、现代言情、古代言情、浪漫青春等多种题材。为保证网文创作内容与质量的合格过关,登载于连尚读书的作品需经过三次审核,即机器审核、人工初审和编辑的复审。只有通过这三重审核,作品才能成功发布面向用户。至今,连尚读书累计登载作品近 14 万部,同时也与多家杂志社展开深入合作,引入《知音》《青年文摘》《故事会》等人气杂志,不断拓展内容范围。

在用户体验上,连尚读书具有智能、流畅、人性化的特点。特别是在人工智能数据分析及应用方面,通过大数据收集与分析了解用户喜好,根据不同用户绘制不同的用户画像,针对性地将阅读场景与图书推荐场景结合在一起,减少读者花费在找书上的时间,实现千人千面的个性化推荐。2018 年 12 月,连尚读书增加了看广告就免费的新模式,并从 2019 年 1 月 31 日起稳居 App Store 图书类排行榜前三位。

连尚免费读书是连尚文学开创免费正版阅读的一款综合阅读 App,于 2018 年 8 月正式上线。与当时已有的各种读书类 App 不同,连尚免费读书创新性地设置了看广告就免费的模式,同时保留免广告付费阅读的方式,供用户根据自身喜好自由选择。截至 2019 年 2 月,App 内可供免费阅读的作品已超过 10 万部。

连尚免费读书策略主要着眼于下沉市场,为闲暇时间较一二线城市多而支付能力较一二线城市弱的三四线及以下群体提供读书服务,这是连尚免费读书用户量大幅增长的最大拉动力。它不仅在商业模式上注重为用户降低阅读门槛,也在使用模式上便利用户。为避免潜在用户注重保护隐私而拒绝注册,或潜在用户认为注册、登录步骤繁琐而拒绝使用 App 的情况,连尚免费读书 App 在设计上尽量减少登录认证的情境,单纯读书也无需注册,以期通过简单方便的使用模式和"零门槛"的免费阅读模式,满足让更多的人可以看到更好的书的美好愿景。

自从免费读书推出后，2018 年 9 月至 12 月，连尚免费读书 App 连续 4 个月位列 Analysys 易观 App Top1000 排行榜的月活超千万增幅榜前列，在艾瑞发布的 2019 年 1 月移动 App 指数中，连尚免费读书连续两个月与掌阅、QQ 阅读一起位列在线阅读类 App 三甲。2019 年 4 月，连尚文学全平台日活跃用户突破 1 000 万。截至目前，连尚文学全平台用户 3 亿，单日用户总在线时长 9 亿分钟。

3.2　拓展漫画业务：收购"漫漫漫画"打造文漫联动

在漫画方面，连尚文学旗下逐浪网拥有独立的漫画创作团队，先后将《外挂仙尊》《武神天下》等多部人气小说改编成动漫，并在腾讯动漫、网易动漫、快看等渠道上线。2018 年 9 月，连尚文学投资专门从事漫画出海业务的平台 Mangatoon，进行漫画出海的布局。2019 年 5 月，连尚文学全资收购了原创漫画平台漫漫漫画，并推出了专属 App 小鸡漫画，借力巩固了连尚文学在漫画市场的地位。

漫漫漫画是一家以内容为核心的原创漫画连载平台。目前用户 83% 的年龄区间在 14～24 岁，且以年轻的女性用户为主。现已多维度 IP 开发，多平台战略合作，IP 商业化价值巨大。截至 2019 年 7 月，下载量 9 000 万，总激活用户 4 500 余万，峰值月活跃用户超过 700 万，日活用户近 115 万。合作作者超过 1 000 位，工作室近 100 家。目前已经有 47 本签约发行，70 万累计首印，2 727 万码洋总量，5 部杂志连载。多部作品出版海外，至中国台湾有《两不疑》，至越南有《喂，看见耳朵啦》《明安小师父》《两不疑》等。《喂，看见耳朵啦》销量 15 万册，获当当五星图书新书榜第一名；《秀才遇到妖》销量近 10 万册；《两不疑》获当当畅销榜前十；《爸妈来自二次元》一年加印 4 次；《哥哥是大笨蛋》获当当新书榜第一名。漫漫漫画还做游戏动画等多维度改编，《我的女友是老司机》50 集动画短视频 + 系列网络大电影正在开发中；《英俊又可爱》有声漫画第一季已完结，第二季仍在开发中；《喂，看见耳朵啦！》的第一季、第二季中日两地双版本已播放，第一季上线当日登上 B 站国创区榜首；《两不疑》动画 PV 制作中，《颜冬先生别过来》10 集真人短视频已上线。

漫漫漫画公司大事记
2015 年 11 月，公司成立，定位为一个专注原创漫画内容 IP 化的国漫连载平台。
截至 2018 年 12 月，下载 7 500 万次，总激活 3 500 万，MAU 近 720 万，DAU 近 150 万，付费用户超 10 万。
截至 2018 年 12 月，有 80 部作品订阅超过 100 万人次。
2018 年，逐步展开影视、游戏、广告、电商等商业模块的开发。
2018 年 12 月，漫上线小说频道，给用户提供更多元的内容阅读体验。

图 6　漫漫漫画公司大事记

为了实现文漫联动目标,连尚文学和漫漫漫画在 2019 年 8 月启动了"星图计划",计划在 5 年内实现 400 部原创漫画作品、100 部改编漫画作品的产出。

3.3 衍生业务升级:以网络文学为源头孵化 IP 衍生产品

网络文学业务发展稳定之后,为了充分利用已有的作品资源打造连锁口碑,也为了渗透文娱行业进行产业与产业间的相互融通,连尚文学开始向有声、影视、漫画等不同领域和产业方向进行价值开发,从而满足用户对网络文学内容的全方位需要。IP 孵化主要以连尚文学所拥有的优质内容为源头,自上而下有计划地稳步推进。

在有声读物开发方面,连尚文学共投入近 300 万元对旗下网络小说《合租医仙》《都市特种兵》等进行有声读物的开发,累计生产近百部作品。2018 年初接入懒人听书和喜马拉雅以及企鹅 FM 等渠道出版发行,接入作品点播量均超过百万次,其中《合租医仙》《都市特种兵》点播量近 2 000 万。

在影视开发方面,据连尚文学旗下人气网络小说《古玩大亨》改编的同名网络大电影已于 2018 年 1 月登陆爱奇艺平台播出,《黑白禁区》于 2019 年拍摄完成。其他网剧、网络大电影也在筹备之中。

在漫画开发方面,连尚文学不仅通过漫漫漫画创作 IP 衍生作品,巩固自身在漫画市场的地位,而且注重海外业务的布局,为此连续两次投资 MangaToon 若谷动画,打开了漫画出海战略的新篇章。

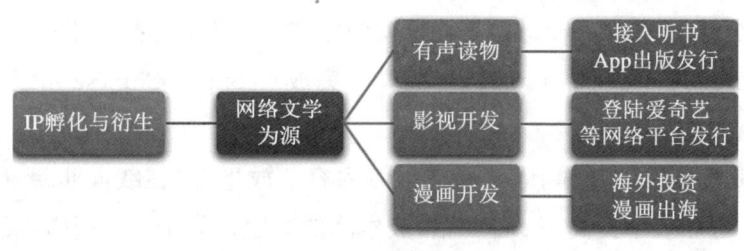

图 7 网文 IP 孵化过程

4. 连尚文学海外发展策略

4.1 以发展中国家为突破口,综合提升内容实力

对于网络文学和漫画出海方面,逐浪网和漫漫漫画均采用和国外网站进行授权合作的方式,通过翻译或出版进行作品的海外发行和输出。连尚文学的海外发展策略也十分

巧妙,前期计划主要是渗入发展中国家市场。由于发达国家的文娱内容产品已经发展得很成熟,对于漫画、小说等内容产品要求标准较高,相对来说,入驻这些国家,企业要投入更多的发展成本。发展中国家由于文娱内容产品的发展还不成熟,国民对于漫画品质的要求相对较低,因此,处于发展初期的连尚文学选择了以此为突破口,在使用更低入驻成本抓住这部分国家市场的同时,通过不同文化的交融及数据反馈,完成内容的一步步提高和完善。在打造外文作品出口的同时,也不断锻炼相关技能,逐渐完善作品的出口质量,以漫画方式讲述更好的中国故事,不断提高出海水平,实现企业的稳健成长和进步。

4.2 投资海外业务平台,横向延伸内容矩阵

除了将原有网络文学和漫画内容出海之外,连尚文学还通过投资 Mangatoon、Superchinese、推文科技等文化或科技型企业,进行海外业务的综合拓展。

MangaToon 是国内最早运营国漫出海的漫画平台,在印度尼西亚、越南、菲律宾都取得了十分积极的用户反馈,也是印度尼西亚最大的漫画网站。目前用户规模已超 1 000 万,日增新用户数万,日活跃用户近百万。2018 年底,连尚文学连续完成对 MangaToon 若谷动画的天使轮和 Pre-A 轮投资,Super Chinese 是一家 AI 智能对外汉语教育出海平台,通过 AI + 教育解决方案的模式进行汉语教学,帮助海外用户全方位了解中国汉语文化,提高汉语能力。连尚文学助力 Super Chinese 打造中国对外汉语教育出海,用汉语教学推动中国文化迈向全球化,希望在全球范围内推动中国文化的传播并挖掘中国文化产品的商业价值,助力文化走出去。2019 年 2 月,连尚文学完成对 Super Chinese 超级中文的天使轮投资。

推文科技是一家 AI 智能翻译 + 网文出海内容开放平台,在线同步更新小说超 2 000 部,推文科技让行业效率提高了 3 600 倍,成本降低至原来的 1%,是中国原创网络文学日更内容量最大的英文小说平台。2019 年 3 月,连尚文学完成对 Funstory.ai 推文科技 Pre-A 轮投资。

参考文献

[1] http://www.xinhuanet.com/book/2018-10/17/c_129973395.htm.
[2] 数据来源于 http://www.199it.com/archives/789582.html.
[3] 高菲,陆地.倾斜的中国"二元"电视媒介市场[J].现代传播,2005(06):90-91.
[4] 陈栋栋.阿里、腾讯为何同时看上它? 趣头条抢占三线及以下城市人口流量红利[J].中国经济周刊,2019(08):89-90.
[5] 数据来源于连尚文学媒体平台的外部公开数据。

附 录

(一) 连尚文学大事记

2017 年

7月,综合阅读平台"连尚读书"App 上线,连尚文学成立。

8月,连尚文学收购逐浪网,进入原创文学领域。

12月,连尚文学全平台月活用户超过1 000万,全年入库作品翻倍增长,达到7万部。

2018 年

5月,连尚文学全平台月活用户超过2 000万。

7月,猎豹大数据发布,连尚文学活跃用户数排名网络文学移动端平台第三位。

8月,连尚文学完成A轮融资,估值达10亿美金,晋级独角兽企业;主打免费阅读的"连尚免费读书"App 上线。

10月,连尚文学旗下产品"连尚免费读书"在 Analysys 易观发布的 App 榜单中居月活超千万增幅榜首;同月,连尚文学完成对国内最早运营国漫出海的漫画平台 MangaToon 的天使轮投资,拉开漫画出海的战略新篇章。

12月,连尚文学全平台月活用户超过3 000万;连尚文学完成对 MangaToon 的 Pre-A 轮投资。

2019 年

1月,连尚文学在第九届中国互联网产业年会上获得"2016—2018年度中国互联网行业自律贡献奖";连尚文学凭借"连尚免费读书"获得2018"金牛角"新营销领军奖;据艾瑞指数显示,连尚免费读书独立设备数达到2 272万台,跃居在线阅读类 App 第三位。

2月,连尚文学完成对对外汉语教育平台 Super Chinese 的天使轮投资。

4月,连尚文学全平台月活跃用户突破5 000万,总用户突破两亿。

5月,连尚文学宣布全资收购漫漫漫画,迈出数据化 IP 道路的关键一步。

6月,连尚文学入选2019年南京市独角兽企业,成为江苏首家网络文学独角兽企业。

7月,连尚文学主打产品"连尚免费读书"小程序上榜"2019上半年小程序神灯奖",荣获"最佳内容奖";连尚文学荣登36氪"2019 WISE 新商业引领者100榜"。

8月,连尚文学入选工信部"2019年中国互联网成长型企业20强"。

9月,连尚文学入选"江苏省互联网名企汇榜单",荣登"2019江苏省互联网企业50强"。

(二) 连尚文学获奖作品

2016 年

《绝世狂尊》入选中国作协全国网络文学重点园地工作联席会议重点作品扶持项目。

2017 年

《心照日月》入选原国家新闻出版广电总局、中国作家协会"2017年推介优秀网络文学原创作品"。

2018 年

《黑白禁区》入选中国作家协会重点扶持项目。

《河庄梦情》入选中国作家协会网络文学重点园地工作联席会议重点作品扶持项目。

《稔子花开》和《河庄梦情》分别荣获首届江苏省网络文学原创作品大赛二等奖和优胜奖。

2019 年

5 月,《旷世烟火》入选年中国作协重点扶持庆祝建国 70 周年专项扶持;《无字江山》和《第二次初婚》入选中国作协网络文学重点园地工作联席会议重点作品扶持。

8 月,漫画作品《醒狮少年》获得第十一届中国国际影视动漫版权保护和贸易博览会"动感金羊"优秀漫画作品扶持。

10 月,漫画作品《人间快递》《醒狮少年》获得 2019 年度"原动力"中国原创动漫出版扶持计划。

融合情怀与科技的
数字读书平台
——透析"樊登读书"的经营策略

摘　要: 本文首先介绍新型的数字读书 App 平台——樊登读书企业发展历程,从企业创始人本人、团队建设、用户三个方面探究樊登读书自 2003 年成立以来指数型增长的原因。企业创始人带着情怀十倍好地解决用户的读书难题,远大的企业愿景有效撬动了杠杆资源,忠实用户成为代理商,书友因为读书受益。最后从让企业的产品成为社交货币、让产品与诱因联系在一起、产品可视化、激发人们积极高唤醒的情绪、创造产品的实用价值、品牌故事让用户产生共鸣 6 个维度讨论樊登读书品牌营销。

关键词: 情怀;科技;数字读书;樊登读书

1. 案例背景

党的十八大以来,我国政府高度重视全民阅读。2012 年,党的十八大报告提出要"开展全民阅读活动"。自 2014 年以来,"倡导全民阅读"连续三年写入国务院政府工作报告。《中华人民共和国国民经济和社会发展第十三个五年规划纲要》提出要"推动全民阅读",并将全民阅读工程列为"十三五"时期文化重大工程之一,将全民阅读提升到国家战略高度。在国家文化政策的引导下,文化产业得到了迅猛发展。

2017 年成年国民听书率 22.8%,较 2016 年提升 5.8 个百分点,听书介质中移动有声 App 成为主流选择,未成年人的听书率与成年国民基本持平;14~17 周岁青少年的听书率最高,达 28.4%。国人每天休闲时间平均是 2.55 小时。由此可见,尽管在渗透率上有声阅读市场不及其他媒介,但由于阅读人群时间"碎片化"、受阅读场景限制等原因,其他媒介的阅读时长不高,而有声阅读可以凭借其收听场景的优势,让人们可以在做家务的时候、上下班的路上满足用户有声阅读需求。

数据显示:2017 年预计有声阅读市场规模 31 亿元,但 2018 年 4 月发布的最新《2017

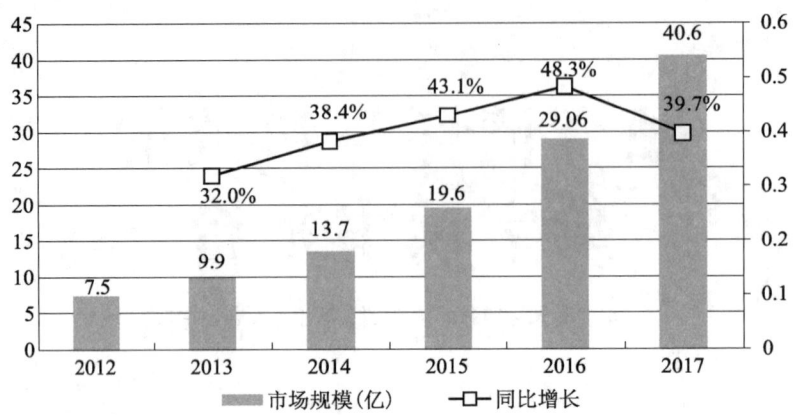

图1　2012—2017年中国有声阅读市场规模及听书场景、未成年人听书率

年度数字阅读白皮书》显示2017年有声阅读市场规模达到40.6亿元,同比增长39.7%,该数据超过之前31亿元的市场预期(见图1)。其中借助音频媒介开展的综合类知识付费服务贡献了约10亿元的收入规模,成为推动市场增长的中坚力量。

2. 樊登读书的发展历程

2.1 樊登读书是什么?

樊登读书是基于移动互联网的全方位读书和学习平台。樊登读书隶属于上海黄豆网络科技有限公司,由央视节目主持人、MBA资深讲师樊登博士于2013年与郭俊杰、田君琦、王永军共同发起,同年10月正式成立。总部设于上海,并在全球范围内设立了超过4 400家授权点。截至目前,用户人数达2 000多万。樊登读书App每周更新一本与家庭、事业、心灵有关的优质书籍的精华解读,以视频、音频、图文等多种形式呈现在App内。

樊登读书自2013年底成立以来,经过近五年的发展,已经吸引到众多爱学习、爱读书的人,为推动"全民阅读"这个共同目标一直在努力。

2.2 樊登读书的企业发展历程

樊登读书的发展历程如图2所示。短短六年,樊登读书用户人数达2 700多万,究竟是什么原因,让樊登读书这么一个读书学习的平台有如此迅猛发展?本文通过对樊登读书的调查与分析,力求回答这个问题,为数字内容企业的发展与创新提供借鉴之处。

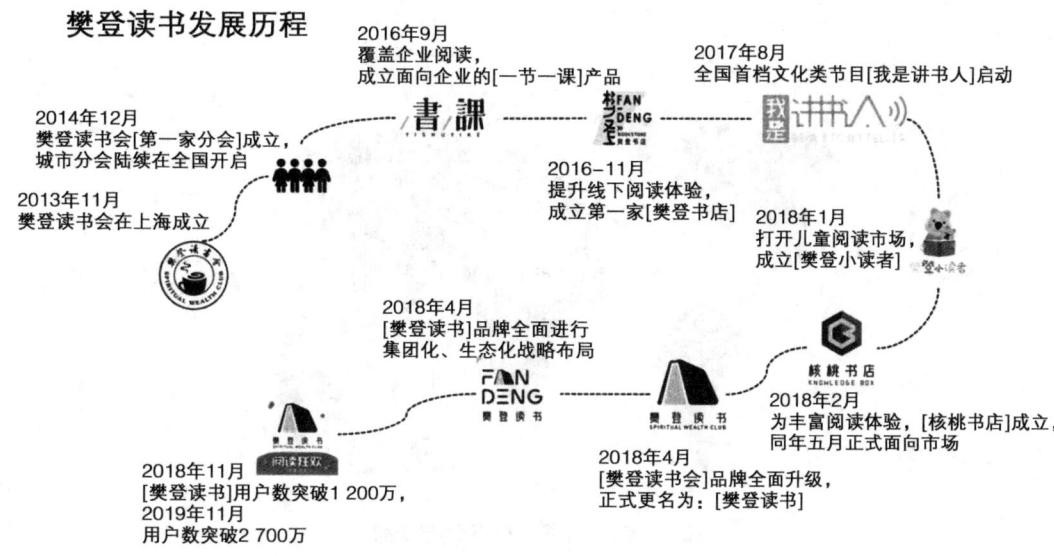

图 2　樊登读书发展历程(截至 2019 年 11 月)

2.3　樊登读书的业务板块

目前旗下有樊登读书、一书一课、知识超市、心选商城、樊登书店、核桃书店、樊登小读者、樊登年轮学堂、十万多等多款明星产品,内容全面覆盖企业、管理、职场、创业、家庭、心灵和人文等众多知识领域。

2.4　樊登读书的授权点分布及用户画像

首先,在组织架构上,樊登读书通过授权点和代理模式,把线上听书和提供线下活动、售后服务有机结合起来,大大增加了用户粘性。樊登读书在全球范围内有 7 000 多家授权点和 200 多家樊登书店,其中 25 家省级授权点,包括陕西、广东、山西、河南、浙江、云南、江西、江苏、湖南、福建、山东、辽宁等;242 家市级授权点包括西安、长沙、苏州、郑州、太原、金华、杭州、南京、厦门、深圳、沈阳等;1 260 家县级授权点,包括常熟、夏县、遵化、京山、浦东、天河、江阴等;80 家海外授权点,包括洛杉矶、休斯顿、达拉斯、亚特兰大、孟菲斯、东京、关西、温哥华、多伦多、巴塞罗那、新加坡、悉尼、布里斯班、墨尔本、纽约、巴黎、波特兰等世界知名城市;以及 1 511 家行业授权点和 4 639 家微企授权点,如图 3 所示。

授权点每年从会员 365 元的付费年卡中分得一部分利润。截至 2018 年底,樊登读书在全国有 3 700 多个授权点,樊登读书的付费用户超过 300 万,加上试听用户,总数超过 1 400万。依托这个庞大的生态网络,樊登读书每星期在全国各地举行上百场读书活动,书友们围绕一本共同喜爱的书展开深入的分享和讨论,形成一个共同学习、一起进步的氛围,让书友们感受到温暖和支持,从而提高用户粘性和忠诚度。有许多书店和咖啡馆为读书活动提供活动场所，让大家一起学习。

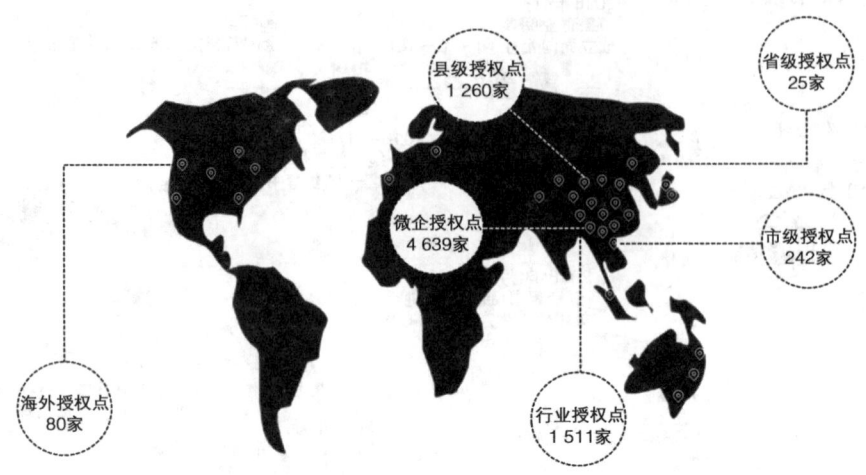

图3　樊登读书授权点分布版图

3. 樊登读书快速发展的秘密是什么？

3.1　带着情怀十倍好地解决用户的读书难题

今天有很多人在做知识付费的产品，但能把一个知识付费的产品卖给用户并非是一件容易的事情。樊登读书为什么用户愿意买单呢？这和樊登作为创始人的个人价值观和爱心是密不可分的。樊登认为每多一个人读书，社会就会多一份祥和。在这个价值观下，樊登抓住人们想读书却没有时间读书、看书但是抓不住重点的痛点，解决了困扰人们已久的读书问题，我们以前可能一年才能读几本书，而现在一周1本书，一年50本书，通过手机终端App听书十倍好地解决了读书问题。樊登读书激发了人们对知识的热爱，点燃了人们的求知欲望，为人们切实解决生活中遇到的问题。

3.2　远大的企业愿景有效撬动杠杆资源

3.2.1　企业愿景——带三亿国人一起读书

一个好的企业，一定是在正确的时间点、以一个正确的姿态，解决了一个真实的社会问题。比如，谷歌解决了在信息的海洋中用户如何检索到自己想要的信息，获得有价值的信息；腾讯的微信项目，解决了在互联网时代如何便利地满足人们的社交需求；共享单车解决了人们出行从地铁口到单位最后一公里的问题；而樊登读书解决了人们需要读书但没有时间读书、看书却抓不住重点的问题。当要解决的问题用户觉得足够痛，我们提供的产品或服务物有所值、甚至是物超所值地满足用户的需求时，用户就会购买我们的产品和服务，樊登读书恰恰做到了这一点。樊登读书的企业愿景是帮助三亿国人养成读书习惯，这是一个鼓舞人心的愿景，能够激励大家为之奋斗的愿景。试想一下，如果樊登读书让三亿国人都读书了，即使不挣钱，是不是也是一个让世人瞩目的成就！正因为有了这个宏大的愿景，才可以感召一批优秀的人才和资源会自发为之努力，撬动更多的杠杆资源。

3.2.2　忠实用户成为代理商

一个公司的愿景足够大，足够兴奋，这个目标让员工想起来就激动，就算不赚钱也会坚持做下去。樊登读书采用了宝洁的垂直一体化分销体系建立各地的授权点，樊登读书在实施分销一体化策略过程当中，总部不仅把代理商看成客户，同时更把代理商看成一个分销平台。根据推广人数和运作情况，授权点每年从会员 365 元的付费年卡中分得一部分利润。各个授权点的代理商都是樊登读书的忠实用户，代理商每周都要听樊登讲书，每周听书都在进步，他们觉得推广读书是一个有意义的事情。通过听书、学习和企业内部培训，促使大家形成共同的价值观，使得员工的价值观与企业的价值观一致，这样樊登读书的总部和各地授权点在面临问题时很容易达成共识，即使意见不一致，也容易沟通和解决。授权点为当地用户提供丰富的线下活动和售后服务。每星期在全国各地举行上百场线下读书活动，有许多书店、咖啡馆或企业会议室为读书活动提供活动场所，这些书店、咖啡馆、企业会议室都不是樊登读书的资产，读书活动不仅让书店和咖啡馆等闲置资源得到充分利用，同时也为书店、咖啡馆等带来了客源和消费；另一方面，樊登读书得到免费的活动场所，参与到企业的运作中来，这是一个双赢互惠的事情，也有效利用了社会闲置资源，使其成为樊登读书的杠杆资源。

3.2.3　书友因为读书受益

樊登读书的价值在于十倍好的满足了用户的阅读需求，提升了用户的阅读能力。有些用户逛书店，面对众多的书籍不知道选择哪本书合适，樊登读书的选书和编辑团队有一套严格的图书筛选流程，被选书籍形成一个"选书池"，每月在这个池子里筛选出最好的四本书进行讲解，这就在一定程度上解决了用户选书难的问题。有的用户书买回来，却没时间读书或者读书效率不高，樊登用 40—60 分钟为听众解读一本书的精华。虽然最后书友在 App 上听到的是樊登对书的解读，但从选书、文案、录制、剪辑、播放到 App 页面制作等，整个过程需要几十个人组成的团队共同完成。以前我们一年才能读几本书，而现在一年至少可读 50 本书，大大提高了读书的效率。以前读书抓不住重点，现在可以在听书的基础上再读原版纸质书，深入地解读一本书。

樊登读书秉持着"每多一个人读书，就多一份祥和"的美好愿望，以用户为本，选择好的内容，打造体验很好的 App 终端，通过各种精心策划的活动和完善的服务，线上和线下相结合的方式，为用户提供了一个优质体验的知识平台。随着中国国民经济和社会发展，人们对精神生活的追求成为生活的必需品,人们需要通过读书来开阔视野、丰富精神生活、改变人们的观念,以至于改变一个地方人们的精神面貌。比如樊登读书举办过上千场大型阅读线下分享会,吸引了上千万人次参与。我国东北的边境小城黑龙江宝清县,县城人口差不多5万人,就有5 000书友,占总人口的10%,樊登读书改变了当地居民生活状况,原来人们闲暇时间常喝酒,打麻将,多闹事,现在大家参加读书活动,讨论书,讨论孩子的教育等问题,整个城市的精神面貌都发生了很大的改变。

樊登读书的用户年龄覆盖范围广泛,以25~45岁间的中产阶层人群为主,同时拥有大批处于求学阶段的青少年群体以及老年人群体用户;女性用户多于男性用户,会员中女性群体占54%,男性占46%;这些用户普遍拥有强烈的求知欲和好奇心,热爱生活,热爱学习,想通过学习来改善自己,或与身边人和同事的关系,通过学习使生活变得更和谐、更美好。樊登抓住人们的读书需求,帮助人们解读书中的精华,并通过听书传递给用户,把人们的眼睛解放出来,对于每天接触大量电子产品的人来说,既学习了知识又保护了视力,无疑是一举两得的事情。樊登读书以用户为本,自2013年以来,平台用户数呈现指数型增长见图4。

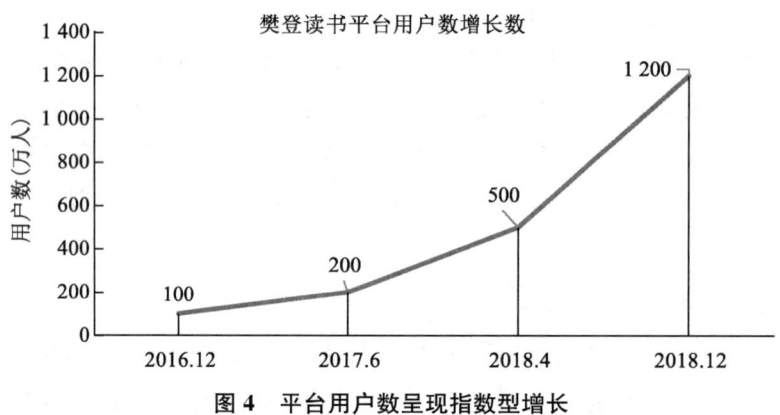

图4 平台用户数呈现指数型增长

根据联合国教科文组织的统计显示,人类近30年来所积累的知识占有史以来积累总量的90%;据英国技术预测专家詹姆斯·马丁的测算:人类的知识在19世纪是每50年翻一番,20世纪初是每10年翻一番,20世纪中后期是每5年翻一番,而近10年大约是每3年翻一番。人们面对如此庞大的信息量和知识量,感到焦虑和无从下手,同时也由于工作节奏快、事务繁忙等原因,人们没有充足的时间和良好的心境去主动吸收知识。而随着IT和互联网技术的发展,尤其手机智能终端的普及和应用,知识的搜寻、传播和分享发生了革命性的变化,樊登读书这种新型的数字读书平台作为知识中介,顺应时代要求,通过对抽象和理论化的元知识进行再次整理和加工,用音频和视频方式输出,从内容和形式上快速满足了当下人们对知识的渴求。

4. 樊登读书的品牌建设

4.1 LOGO

付费的知识产品良莠不齐，若想长久发展，必须重视品牌建设和维护。品牌的 logo 设计首先要简单明了，让用户容易辨识。樊登读书的 logo 是一本立着的书，配上樊登读书几个字，人们很容易可以联想到这个企业的核心业务与读书有关。

图 5　樊登读书的 LOGO

4.2 品牌建设策略

依托于樊登读书主业务，樊登读书围绕着知识产品衍生了一系列子公司品牌，实施多元化、杠铃式的品牌策略。一方面，针对不同的目标市场提供相应的知识付费产品，每个目标市场都是独立经营的品牌，如针对儿童和青少年市场推出樊登小读者，针对企业职场人群推出一书一课，针对创业者人群推出十万多，针对老年人群推出年轮学堂；另一方面，在与樊登读书主业务相关的上下游产业链上配置相关业务，有电商服务的樊登商城，有与出版相关的光尘文化，以及线下实体书店——樊登书店，线下无人书亭——核桃书店。樊登读书为消费者提供了一流的产品，又有线下的分销机构与消费者高效及地反馈和沟通，以此为消费者提供一流的服务，最终形成一流的知识付费品牌形象。

5. 产品营销的研发与创新

如今不再是酒香不怕巷子深的时代，好的产品也需要给力的营销，如何让企业的产品能够实现爆发式的增长，或者说如何让自己的产品实现疯传呢？樊登读书在传播上用到了以下六个工具。

5.1 让企业的产品成为社交货币

所谓社交货币，是指某一件东西大家很感兴趣，愿意去谈论，去传播、去交流，成了很多人茶余饭后的谈话资料,即谈资。有一家公司因为一篇标题为《如果你到杭州来,我才不带你看西湖呢》的文章,获得了几千万次的点击率,最后被携程收购,原因就是人们对去杭州旅游这件事很感兴趣,又都知道西湖是杭州的标志,这篇文章标题一下子就抓住了人们的眼球,引起人们想看一看的兴趣,成为人们的谈资,达到疯传的目的。这篇文章就是疯传中的社交货币。人们在看了这篇文章的同时也会关注到这家公司。所以如果我们的产品或服务能够做到让别人去谈论、传播、和分享,那么我们的产品就实现了疯传的中"社交货币"这个维度。

关于女性成长、事业、家庭、教育等话题都是大家非常感兴趣的,妈妈们在聊天的时候,孩子教育是热门话题,樊登读书里的《正面管教》《你就是孩子最好的玩具》《不吼不叫》《如何培养孩子的社会能力》等一系列经典的亲子类教育图书就很容易引起家长的兴趣,产生共鸣,成为社交货币,得到很好的传播。

如何成为谈资,关键是大家对这件事产生共鸣和共情。社交货币就是给品牌、营销加杠杆。

5.2 让产品与诱因联系在一起

这里的诱因是指,让人一看到就联想到另外一个事物的东西,通过这个东西的刺激,可以让人持续地谈论某个事物。两类事件可作为诱因,一个是高频事件、另一个是热点事件。如图6所示,A是高频事件,B是企业的产品,也就是说这个A一出来,就能让人联想到B,例如脑白金的广告语:送礼就送脑白金,那么这句广告语中的A是送礼,送礼是高频事件,而B就是脑白金,消费者看到送礼这个词,或者要送礼的时候,脑海里就会出现"脑白金"三个字。这就是利用高频事件实现了产品的销量。类似的案例很多,如微信红包的推广就成功利用了春节这个诱因,把春节发红包这个中国人的传统习俗巧妙地改为春节发微信红包。

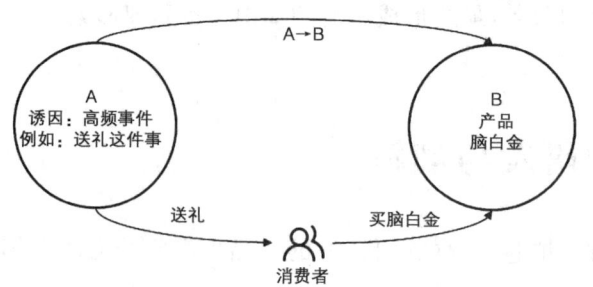

图6 诱因(高频事件——送礼)A与产品B(脑白金)的关系图

樊登读书的推广活动又和哪些高频事件联系到一起呢?在第25个世界读书日4月23日前后一个月,樊登读书结合世界读书日这一高频事件,推出一系列营销活动。从最初的文案策划、设计、呈现、渠道推广,整个营销过程需要各部门员工通力协作,全员参与,最后呈现在用户视线里,与用户产生共鸣。比如,世界读书日是高频事件,通过"读书越多、世界越大"的广告文案既易于理解又方便传播。

再如"太忙没时间看书,我在通勤路上听樊登读书。"这里的上下班通勤路上对每一个上班族来说就是高频事件,通过这个广告把樊登读书和这个日常生活中经常发生的事情联系在了一起(见图8)。

图7 樊登读书在世界读书日推出的"读书越多、世界越大"活动　　图8 "太忙没时间看书,我在通勤路上听樊登读书。"广告

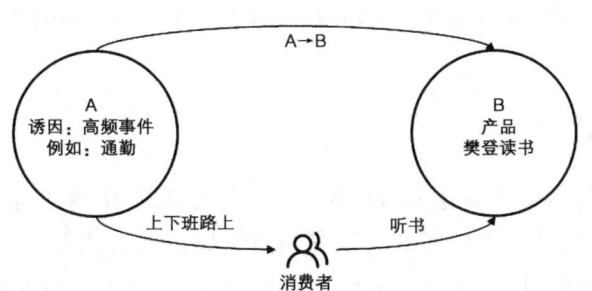

图9　诱因(高频事件——通勤)A 与产品 B(樊登读书)的关系图

另一个可以作为诱因的是热点事件。比如,2020年初新型冠状病毒疫情突然爆发,人们被迫困在家中,感到无聊和焦虑,针对疫情,许多知识服务平台向用户免费开放,让大家免费使用,为抗击疫情做贡献。樊登读书也不例外,及时为全国书友准备了超值礼包,通过听书、听课、学习来缓解了人们宅在家里的焦虑之情(见图10)。如果把这次新冠疫情看作是热点事件,这次送给广大用户的超级礼包让更多人认识和了解的樊登读书。诱因(热点事件——新冠疫情)A 与产品 B(樊登读书)的关系见图11。

<樊登读书陪伴疫情时刻>

宅在家的日子，听书、听课学习最好不过！

①截止1月31日之前，价值1580元的10门课程免费领取，领取后可永久学习！

②9本书的平安书单免费畅听

③湖北新老书友免费领取31天听书卡

领取方式：打开樊登读书app，所有人均即可免费领取

这是樊登读书为全国书友准备的战役礼包，大家在家也要加油，武汉加油。

宅在家的日子，我们一起读书成长

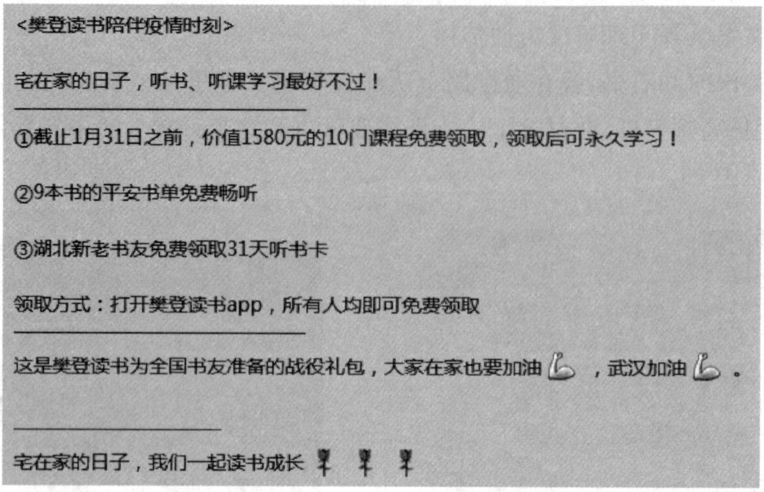

图 10　2020 年 1 月 23—31 日武汉疫情爆发时樊登读书推出的活动

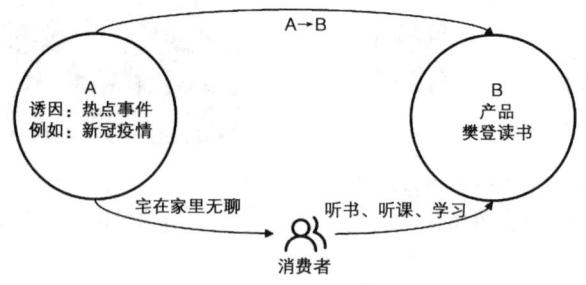

图 11　诱因(热点事件——新冠疫情)A 与产品 B(樊登读书)的关系图

5.3　让产品可视化

所谓产品可视化，是指产品让人看得见，让人能感知到，让消费者在消费你的产品的同时，还传播你的产品，即消费消费者的行为剩余。例如消费者挎着 LV 的包，就是为这个包做了广告。几万块钱的包比一年 365 元的樊登读书好卖，原因是皮包可以被看见，可视化，而樊登读书很难可视化，但如果企业的产品能够实现可视化，那么就容易卖掉。樊登读书的 LOGO、App 界面的设计、商城、文案宣传等都是让听书可视化的过程。

5.4　激发人们积极高唤醒的情绪

研究证明，有感染力的内容经常能够激发人们的即时情绪，能触动情绪的事物经常能被大家谈论，所以我们需要通过一些情绪事件来激发人们分享的欲望。

哪些情绪能够激发人们的转发和分享意愿呢？情绪水平的变化分为四种状态，积极低唤醒和积极高唤醒、消极低唤醒和消极高唤醒(见图 12)。情绪的唤醒程度越高，用户传播

的意愿越强烈。可以看出,无论是积极的还是消极的情绪,只要唤醒度高,都会被传播,会被疯传。

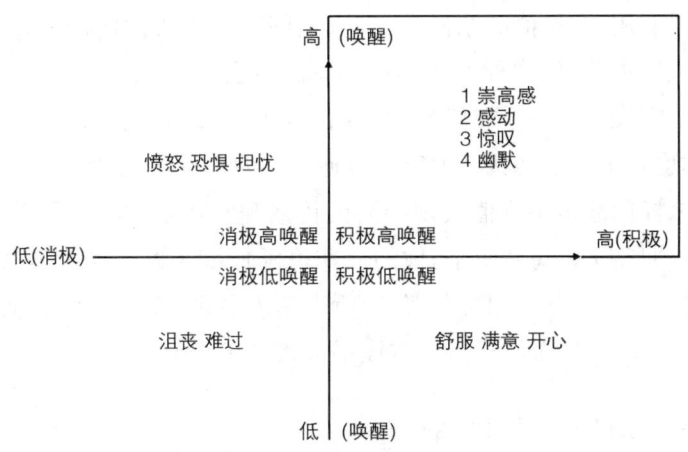

图 12　四类情绪水平

按逆时针顺序,图 12 中第一个象限是消极高唤醒,包括愤怒、恐惧和担忧的情绪。网络上有很多让人特别气愤恐惧、担忧的事件,就是典型的容易让人转发的情绪,如这次疫情,微信上传播各种关于病毒传播的新闻,人们不断地转、不断地传,就是因为内心恐惧和担忧。在教育领域,有些教育机构打着"孩子不能输在起跑线上"的广告,也调动了父母对孩子学习的担忧,孩子家长处于生怕孩子落后的担忧情绪下就给孩子报名了。

第二个象限是消极低唤醒,包括沮丧、难过等情绪。不是所有的消极情绪都容易传播,还有一些是低唤醒的。有很多是传播不了的。比如我们经常看到很多在朋友圈无病呻吟,今天不开心,今天很沮丧,这种基本就没有传播力度。

第三个象限是积极低唤醒,包括舒服、满意、开心等情绪。比如疫情期间,宅在家里的日子,几家欢乐几家愁,有些人把日子过得美滋滋的,每天晒娃、晒美食、晒太阳,日子过得挺舒服,但是舒服、满意、开心这类情绪是很难被唤醒的。因为谁会没事晒你的幸福啊,每个人更关注的是自己。

第四个象限是积极高唤醒,包括引发人们的崇高感,被感动,有惊喜,幽默感的这种情绪,这类情绪是正面的和兴奋的。人们特别愿意传播这种积极高唤醒的情绪,这一个象限就是企业做营销需要去下足够功夫的。比如,樊登老师提到樊登读书做的一个案例"多读书你会恒久敬畏",我们看到了宇宙,看到了冥王星的那一刻为什么会激动呢?为什么会兴奋呢?原因很简单,你感受到了自身的渺小,有一种崇高感。再比如,这次疫情,相信很多人也转发了很多感人的故事。一线的医务工作者,一线的党员干部事迹,这些都很感动,这个感动中也包含了崇高,那种舍小家为大家的精神。所以很容易被感动,很愿意去传播。

5.5 创造产品的实用价值

人们喜欢传播有用、有价值的东西,人与人之间有互相帮助的倾向。通过创造有用有价值的东西激励人们去分享,这种方式创造分享的机会,创造实用价值。比如,UBer 是怎么带来疯传的呢? 它设计了一个二维码,当你把这个二维码转发给你的朋友时,你的朋友得了三十元钱,你也省了三十元钱。大家可以通过转发得到实用性。

樊登读书是怎样创造实用价值实现产品的传播呢? 如果你听了樊登读书分享到朋友圈,朋友扫码注册,朋友 7 天免费听书,你的会期也延长了 7 天。组队读书,3 人加入队伍,视为组队成功,组队成功后 7 天内可免费读、听书单内书籍。7 天内听完活动书单内任意 3 本书,即为完成团队任务,每个队员得樊登读书 2 天 VIP。

5.6 品牌故事让用户产生共鸣

一个好的品牌故事的传播力度和说服力都是很强的,比你单薄地说自己的产品有多好要有效得多。让你的目标群体可共享、看得见、有共鸣的才是好故事。让用户产生共情和共鸣特别重要。家庭教育话题都是大家很感兴趣的话题,樊登读书如何用品牌故事来传播企业的产品呢? 比如,樊登读书讲了一个全职妈妈听了樊登读书后学会了带孩子故事,用第一人称称述:"我是全职妈妈,我一开始带孩子的时候手足无措不知道该怎么办,孩子哭闹的时候也没什么办法,后来听樊老师讲书,听完这些育儿书籍后,发现原来这里面有规律可循,学会了带孩子,生活发生了很大改变。听了樊登读书后知道怎么带孩子了。"这段故事采用了先抛出观点、举个例子、解释、回到观点 PEEP 的故事陈述方式展开的。这就让那些带孩子的妈妈们非常容易产生共鸣。

以上营销的六个工具,社交货币、诱因、公共性(可视化)、情绪、实用价值、故事,本质上都是以用户为本,知人心、懂人性。

参考文献

[1] 宗蕾.樊登读书,共建精神家园——访樊登读书创始人樊登[J].新阅读,2018(08):29-31.

[2] 冯晓霞.樊登读书:用耳朵打开书籍[J].光彩,2019(5):27-29.

[3] 赵隽杨.樊登探路[J].21 世纪商业评论,2019(02):70-71.

[4] 黄雅倩.基于 5W 模式的知识付费产品传播策略浅析——以"樊登读书会"为例.新闻研究导刊,2019(02):219-220,228.

[5] 张学峰.基于媒介记忆理论探讨"知识服务"引发的群体记忆变革现象——以"樊登读书"App 为例,新媒体研究,2019(02):100-102.

破局·蝶变·重塑：新时代传媒经营管理创新案例研究

第四部分

从产品经营到价值经营

国产游戏海外经营,路在何方?
——基于三家游戏企业经营实践的综合分析

摘　要：自 1978 年改革开放以来,在"引进来"的同时,也促成了一批国内企业走出国门并深耕海外市场,尤其是当下信息技术的发展催生出大量具有良好开发前景、拥有广泛用户群体的网络服务类、文创类企业进军海外。本文选取"游族""米哈游""心动"三家具有代表性的游戏企业,依循竞争战略的研究框架,从各自海外战略的实质特点出发,深入探究国产游戏企业海外竞争战略及其经营策略,提炼归纳游戏企业海外经营实践的有效性战略与策略。

关键词：游戏企业；海外竞争；经营策略

1. 国产游戏企业海外经营现状与问题

随着人民生活水平以及互联网普及率的极大提升,网络游戏已成为人们日常生活中的一项常见娱乐活动。而在经历过数十年的发展后,国内游戏市场竞争愈发激烈,越来越多的游戏企业将目标转向海外市场。反观近十年发展情况,我国游戏企业面临了诸多机遇与挑战,在收获不俗成绩的同时也存在发展不足之处。

1.1　国产游戏企业海外经营总体情况

近年中国游戏出海规模扩大,一步步拿下多个地区版图,我们看到的不仅是出海成绩的飞跃,更是游戏作为一种文化的自信和底气。随着人口红利消耗殆尽,国内游戏市场增速逐步放缓,如今更是来到了新低点。据中国音数协游戏工委与伽马数据发布的《2019 年中国游戏产业报告》,2018 年中国游戏市场实际销售收入为 2 330.2 亿元,同比增长 8.7%,较 2018 年增速小幅回升,继续保持低速增长态势；2019 年中国自主研发网络游戏市场实际销售收入为 1 957.6 亿元,同比增长 9.2%,为近十年来最低增速。[1] 单品类增长呈两极化分布,移动游戏市场实际销售收入增速平稳,而客户端游戏与页游实际销售收入仍保

---

〔1〕　中国音数协游戏工委.《2019 年中国游戏产业报告(摘要版)》[M]. 中国书籍出版社. 2018:70-78.

持下降态势。

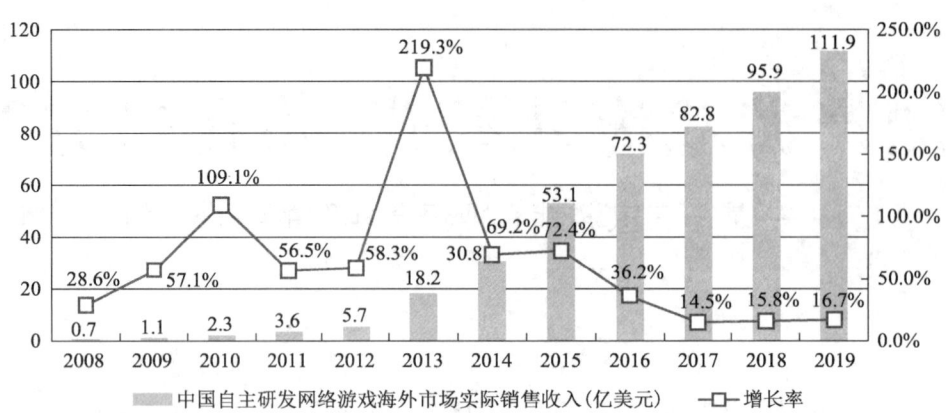

图 1　中国自主研发网络游戏海外市场实际销售收入

数据来源：伽马数据

与之相反的是，中国自主研发的游戏在海外发展的势头却越来越足。中国自主研发的网络游戏，2019年全年海外营收达到111.9亿美元，同比增长16.7%。[1] 随着国内游戏市场竞争加剧，用户红利见顶，以及国内审批政策变化，国内企业仍不断加强海外发展部署，无论是出海游戏数量、爆款量，还是下载量、收入等，近年中国自主研发游戏都呈爆发增长态势。从单点突破到全面出海，中国游戏企业在海外的步伐越来越快。

结合近年来中国自研网络游戏海外市场发展情况来看，主要有以下特点。

第一，全球移动游戏市场中，中国游戏企业竞争力较强，中国优秀企业正在成为全球移动游戏市场的重要力量。根据伽马数据与Newzoo发布的《2018年全球移动游戏市场企业竞争力分析报告》，全球移动游戏竞争力35强企业排名中，中国企业占据超三成席位，上榜企业数量遥遥领先。[2]

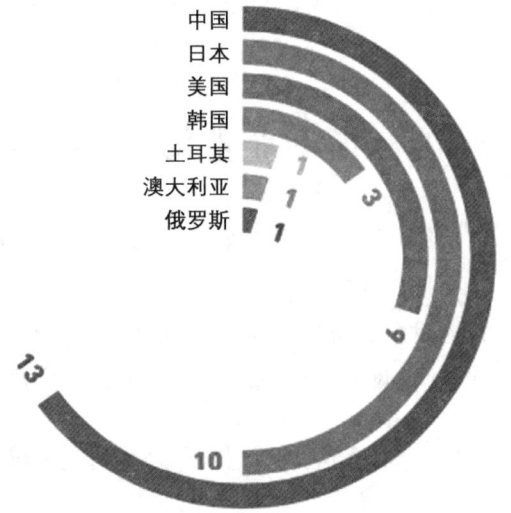

图 2　全球移动游戏竞争力35强企业各国企业数量（家）

数据来源：伽马数据 & Newzoo

---

〔1〕中国音数协游戏工委.《2019年中国游戏产业报告（摘要版）》[M].中国书籍出版社，2018：70-78.
〔2〕《全球移动游戏企业竞争力报告》：全球35强榜单公布，[EB/OL].http://www.joynews.cn/jiaodianpic/201811/2132211.html，2018-11-21.

这说明,中国游戏企业海外布局更加注重移动游戏这单一品类,这也符合全球游戏市场发展趋势。随着5G网络、Wi-Fi6等移动互联网技术的成熟与更新以及智能手机的普及,移动游戏即将迎来新一轮的爆发,云游戏的研发与应用也提上日程。在未来全球游戏市场中,移动游戏将成为主要增长极,中国游戏企业也将在这一领域继续发展。

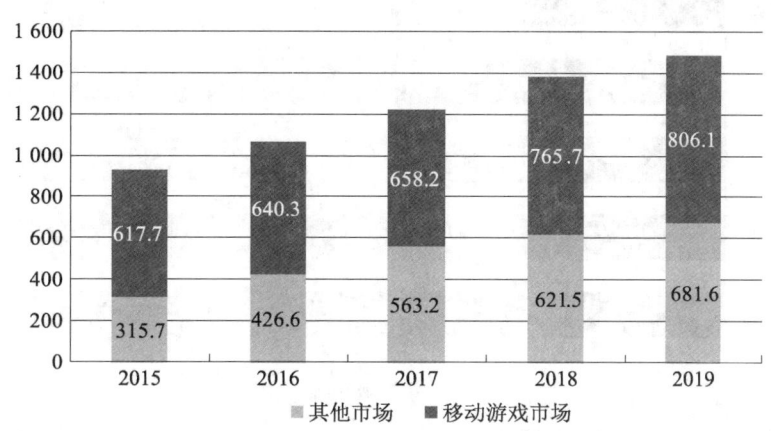

图3　2015—2019年全球游戏市场规模(亿美元)

数据来源:伽马数据 & Newzoo

第二,依靠成熟IP改编,降低生产成本,提高国际声誉。国内游戏市场趋近饱和,用户获取难度与成本不断攀升,依靠成熟的IP能够有效提升产品竞争力,而在存在文化折扣的海外市场,成熟IP改编的移动游戏也能快速站稳脚跟。根据伽马数据报告显示,2018年全球游戏市场流水TOP50超一半由IP改编。[1] 近年来,腾讯、游族等凭借《权力与游戏》《使命召唤》《PUBG》《圣斗士星矢》等经典流行IP改编的移动游戏在海外市场提高声量,同时也收获不俗成绩。中国游戏厂商依靠游戏制作经验与研发实力获得大量IP授权或者共同研发,例如网易拿下《哈利·波特》改编权,与暴雪联合开发经典IP《暗黑破坏神:不朽》。可以预期,在未来一段时间内,中国企业研发的世界流行IP改编的移动游戏将迎来高速增长。

第三,推进重点市场开发,特别关注新兴市场。在Facebook与毕马威合作发布的2018《中国出海领先品牌行业白皮书》中,根据毕马威调查数据显示,在游戏这一垂直领域,89.5%的受访者至少认识一个中国游戏品牌,其中在发达市场这一比例为84.2%,而新兴市场是92.3%,相比发达市场,发展中市场的品牌知名度更高。虽然成熟的美国、日本和欧洲市场收入更高,但封闭性较强,本地企业实力较强,中国游戏企业需要面临更加激烈的竞争,部分游戏厂商选择资本出海、设立海外子公司等迂回战术实现盈利;而东南亚、中东等

---

[1]《全球移动游戏企业竞争力报告》:全球35强榜单公布[EB/OL].http://www.joynews.cn/jiaodianpic/201811/2132211.html,2018-11-21.

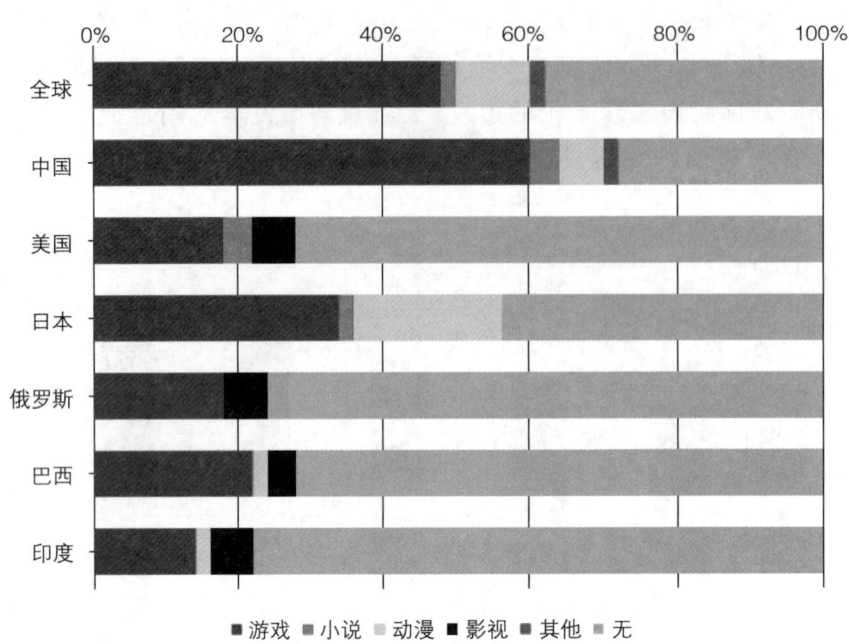

图 4 2018 年全球各市场流水 TOP50 移动游戏 IP 类型数量占比

数据来源:伽马数据 & Newzoo

新兴市场仍是一片蓝海,因为审美类似、风俗相近,一直以来,东南亚都是中国游戏出海的首选,中国游戏出口东南亚已是常事。[1]

表 1　　　　　　　　　中国游戏品牌海外市场知名度

整体知名度	按市场类型划分		按收入水平划分		
	成熟市场	新兴市场	低	中	高
89.5%	84.2%	92.3%	88.5%	89.9%	90.7%

数据来源:毕马威

1.2 国产游戏企业海外经营存在问题

面对迥异的用户习惯与文化差异,中国游戏企业进入海外市场时面临了极大的挑战。尽管目前中国游戏企业在海外市场发展进程加快,但是在发展过程中仍存在一些问题。

第一,游戏品类单一,产业布局分布不均。虽然移动游戏势头强劲,但是市场已是一片红海,竞争激烈,差异化发展才能够实现更好发展。放眼全球游戏市场,2018 年 1 379 亿的游戏市场规模中有四分之一是电视游戏市场,海外电视游戏市场庞大。直至 2015 年中国

---

[1] 中国出海领先品牌行业白皮书[EB/OL].https://assets.kpmg/content/dam/kpmg/cn/pdf/zh/2018/09/leading-chinese-cross-border-brands-the-top-50.pdf,2018-9.

游戏机才全面解禁,电视游戏发展严重落后世界水平。在之后的数年时间内,由于游戏审批、移动游戏发展崛起等因素影响,在海外市场占比较大的主机游戏并未在国内大范围流行,加之研发难度高,盈利方式有限,游戏厂商对于主机游戏的研发热情不高。在海外市场拓展中,主机游戏、客户端游戏等品类也被中国厂商忽视,无法在这些类型中占据市场话语权。

第二,IP转化能力有限,无法有效传播中国文化。相比于国内市场的游戏IP多渠道开发,游戏企业在海外市场显得十分谨慎,这主要是由于产业链较短,无法在海外形成有效生态圈,从而限制了游戏IP的盈利能力。此外为了迎合海外用户使用习惯与价值取向,中国游戏企业在选择IP改编的取向上也优先保证海外用户取向,以期提升产品在海外区域市场的竞争力。虽然这些举措有利于企业在海外市场获得收益,但是无法像美国电影与日本动漫那样达到文化内核输出的目标。

2. 从战略分析到策略抉择:一个基于游戏行业特点的研究框架

当一家新兴企业谋求进入新市场,并试图占据一定的市场份额时,它的市场策略即显得尤为关键,而这些策略则由其竞争战略所指引。对于提供单一或同质产品、服务的企业而言,其竞争战略与经营策略是一致的[1]。竞争战略理论由来已久,是西方管理学界与经济学界的研究重点,也是企业进行市场竞争的重要参考,其中心思想是企业在特定的行业或市场中建立竞争优势,借以扩大市场覆盖。企业的竞争战略涵盖了其产品与服务在目标市场中的方向、对策,落实到细则可包括竞争对象、竞争目标、竞争途径、竞争手段等。因此,基于企业竞争战略的研究框架能够从多维视角同时切入、衔接企业战略与策略两个层级。

2.1 企业竞争战略理论概述

2.1.1 企业竞争战略理论简述

企业竞争战略研究按照理论与实践的融合发展可划分为三个方向:结构学派、能力学派和资源学派。结构学派的代表人物是美国管理学家迈克尔·波特。他在《竞争战略》等著作中提出基于结构—行为—效果(SCP)模式的产业竞争的一般模式,认为行业内部竞争取决于五种竞争力的相互作用,即进入威胁、替代威胁、买方砍价能力、供方砍价能力、现有

---

[1] 罗珉.企业竞争战略理论的创新[J].财经科学,2001(01):42-44.

竞争对手的竞争,其中各种竞争力又受到诸多因素的影响[1]。经过分析,波特提出了三种竞争战略:总成本领先战略、差异化战略、聚焦战略[2],而且他强调企业应选择合适的战略进行市场竞争,因为企业的基本竞争优势主要在于差异化或低成本,如果同时追求两者优势,则会陷入"夹在中间"的困境而导致利润低于行业平均水准。

波特的论述着重从行业整体的竞争环境所展开,但这仅是企业战略选择的衡量因素之一,同时应注意的是企业自身能力与市场的匹配性,即从想做到能做的转换。为此,以汉默尔、普拉哈拉德等人为主的能力学派的观点更为聚焦企业核心能力、核心产品[3]的识别与培育,侧重于企业内部经营、管理、组织、产出的系统性与差异性。他们认为核心能力是企业持续保有竞争优势的根源,因而企业应该围绕核心能力完善其竞争战略架构并在最终产品开发上建立独特性,将核心能力延展至市场策略的应用。

资源学派相较于结构学派和能力学派,是融合与发展的关系。资源学派着眼于企业所拥有及配置的资源,认为资源是企业资产与能力的总和,在分析外部环境和内部管理时,由资源不可模仿性、持久性、占有性、替代性、优越性所体现的价值性与稀缺性成为企业竞争战略制定与选择的基础。从其衍发而来的细化措施则是基本竞争优势和核心能力的综合,如福克纳和鲍曼的"顾客矩阵"(The Customer Matrix)指出企业应以最低的可觉察价格(Perceived Price)向顾客提供最高的可觉察使用价值(Perceived Use Value),而这取决于企业的核心能力[4]。这种观点整合了复杂系统的整体性,舍弃了单一的影响因素,以企业内外两个方面评判其战略决策与市场行为。

2.1.2 企业竞争战略理论应用目标与其局限性

总的来说,三个学派均提出了考察市场、分析内部能力、比对自身核心竞争力的思想,因此就企业竞争战略理论的出发点与发展而言,该理论无一不在强调市场—行业—企业—产品四者的动态联系。波特的三种竞争战略与之后的能力、资源学说为企业在一定的产业环境下进行战略分析提供了框架,当深入分析其中的某一个要点时,则可将之结合进市场行为中,如总成本领先战略的目标即是采取有效的成本控制方式,借由价格优势以对抗竞争对手;差异化战略则是企业利用区别于市场现有产品或服务的差异性,从而建立竞争优势并以此增值;而聚焦战略更关注企业自身业务的专一性、高效性,通过在特定细分市场中的核心竞争力获取市场份额。

随着市场的不断更新变化,已有的竞争战略理论显现出不足之处,主要存在适用环境较为静态、可选择战略过少、单一战略发展弹性过小、多战略并行不当、行业差别大等问题。

---

[1] 叶克林.企业竞争战略理论的发展与创新——综论80年代以来的三大主要理论流派[J].江海学刊,1998(06):28-32.

[2] (美)迈克尔·波特(Michael E. Porter)著;陈小悦译.竞争战略[M].北京:华夏出版社,2005:30-40.

[3] Hamel G, Prahalad C K. The core competence of the corporation[J]. Harvard business review,1990,68(3):79-91.

[4] (英)D·福克纳(D. Faulkner),(英)C.鲍曼(C. Bowman)著;李维刚译.竞争战略.北京:中信出版社:西蒙与舒斯特国际出版公司,1997.01.

而且波特的三种竞争战略思想具有情境依赖性,经典理论低估了技术对于产业变革和组织更新的作用,例如不同行业的战略选择会有很大的区分。在宏观层面,以信息技术和知识经济所引发的文化创意产业形成了新的产业环境,同时呈现出几种迥异的特征,快速变化、不可预测的市场环境限制了线性逻辑的应用;而在微观层面,企业若是简单依循市场走向与绩效评估,就会在市场时机把握上出现较大欠缺,因而该理论不完全适用于新产业环境与其商业模式的特点。

近年来有不少学者针对先前的竞争战略理论提出了新的见解,并适当做了修正。对于波特的"夹在中间悖论",也有学者认为企业可以通过整合竞争战略,以重组业务流程和CRM、外包合作、提升协调管理和竞争合作能力等形式同时获得低成本和差异化优势[1]。而边缘竞争战略、动态能力战略、柔性战略等新思路将企业竞争战略的焦点转向了自身组织结构调整、竞争态势重构、资源整合创新、战略柔性培育[2],即企业需要应对的不再全是竞争对手的行为,而是如何统一整合资源,发挥核心竞争力,持续不断地推陈出新以提前领先市场的需求更新。

2.2 基于游戏行业特点的竞争战略研究框架

游戏行业具有不同于以往行业的新特点、新业态、新模式,在业务分类、商业模式、营销推广、目标用户、客户关系管理呈现出诸多创新型的战略与策略。因此,为进一步分析游戏企业海外竞争与经营现状,这就要求在综合企业外部环境和内部资源、能力等各种因素作用的基础上,建构符合游戏行业特点的竞争战略研究框架,并从框架出发探究战略—策略的转换。

2.2.1 组织战略背离

组织战略背离是指组织偏离既有行业标准或惯例,寻求建立组织战略优势的一种战略决策行为[3]。趋同与背离是企业进行市场行为时常见的两种选项。趋同是为了避免不必要的市场成本,以惯有的方式快速适应市场环境与行业规则,而背离则是应对竞争压力以差异化方式组建自身优势力量。当前来看,原有的差异化、专一化战略在普遍的市场化研发创新与技术迭代的情形之下趋同性愈发明显,而模仿行为存在竞争优势丧失的风险,这意味着企业要就自身的资源与能力重新进行战略决策。

Oliver 在 1992 年提出企业应对制度化过程中的各种差异化战略选择[4]。后续研究表明,战略背离的选择以及背离程度取决于多种因素的共同影响,包括宏观层面上的市场

---

[1] 曾凡琴,霍国庆."夹在中间悖论"研究[J].南开管理评论,2006(03):67-72+79.
[2] 刘艳梅.企业竞争战略管理理论三大主流学派的回顾与思考[J].哈尔滨工业大学学报(社会科学版),2002(02):39-43.
[3] Jianyun Tang, Mary Crossan, W. Glenn Rowe. Dominant CEO, Deviant Strategy, and Extreme Performance: The Moderating Role of a Powerful Board[J]. Journal of Management Studies, 2011, 48(7).
[4] Oliver, Christine. "The antecedents of deinstitutionalization." Organization studies 13.4 (1992): 563-588.

化水平、政治联系、地区关系文化[1],中观层面的外部资源、行业评价、行业竞争性,直至微观层面的决策者特质、组织结构、高管团队社会资本和组织资源冗余[2]等。这些因素驱动了企业通过战略选择的主动性构建以维持自身的竞争优势,而市场绩效反馈作为一种后置评估方式将组织战略背离的动机和行为组合成闭环,是驱动战略背离的关键要素。

战略决策与策略应用是企业在复杂经济系统中的审慎行为。近些年来,在传统的制造加工行业之外,国内大量的服务贸易、文化创意等新兴企业开始将业务开拓到海外市场,但当市场趋于饱和,加之海外已有的竞争压力与文化差异,企业会面临着来自制度、行业、市场、竞争对手等外部环境约束,如何推动组织层级,即企业自身在常规的行业做法之外探寻有效的市场战略,精细化完成内部的框架换置和外部的策略优化成为企业融入当地市场并占有市场的选择方向。

2.2.2 游戏产业与游戏企业特点

随着互联网技术不断发展,互联网文化产业在我国国民经济中占有重要地位,同时担负着社会主义精神文明建设的重任。网络游戏作为互联网产业与文化产业结合的产物,在为大众提供娱乐的同时也承担起文化传播与价值观输出等责任。游戏作为互联网与文化产业结合的产物,具有两种产业的特征,且产生了新的行业特征。

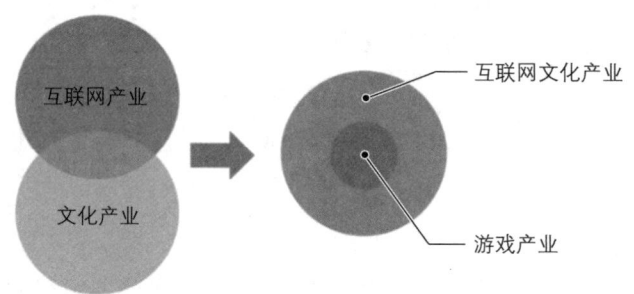

图 5　游戏行业性质

（1）网络效应

随着网络的不断发展与快速扩张,游戏市场逐步被网络游戏占据,单机游戏市场也无法摆脱互联网的影响,因此游戏产业具有互联网经济的一大特征——网络效应。

网络效应经济理论是随着信息通信技术革命而产生的一种重要的经济思想。网络效应是指信息通信产品所表现出的一种需求方规模经济现象:使用一种产品的人数越多,该产品的价值越大,从而吸引更多的人购买和使用它。[3]而在游戏产业中主要表现为游戏

---

[1] 李新春,叶文平,朱沆.牢笼的束缚与抗争:地区关系文化与创业企业的关系战略[J].管理世界,2016(10):88-102+188.

[2] 连燕玲,叶文平,刘依琳.行业竞争期望与组织战略背离——基于中国制造业上市公司的经验分析[J].管理世界,2019,35(08):155-172+191-192.

[3] 朱彤.网络效应经济理论:文献回顾与评介[J].教学与研究,2003(12):66-70.

玩家的增多会提升游戏对新用户的吸引力,而游戏内社交关系会提升用户对游戏的依赖性,在游戏运营过程中形成正反馈,从而提升游戏的营收利润。游戏在前期运营中会使用大量成本累计初期用户,这些用户会成为游戏发展的关键因素。在对游戏营业情况的评估体系中,游戏的月活用户是一关键指标,它主要反映游戏发展的未来趋势,若正反馈失效,游戏将面对大量用户流失导致的营收减少。

(2) 长尾效应与机会成本

长尾效应是网络时代兴起的经济学领域的一种新理论,由美国人克里斯·安德森提出,被用来解释成本和效率的问题。长尾理论认为,在网络时代,由于关注的成本大大降低,人们有可能以很低的成本关注正态分布曲线的"尾部",关注"尾部"产生的总体效益甚至会超过"头部"。[1] 由于互联网产品的特殊性,游戏产业与游戏产业提供技术产品与信息服务,在拓展市场时的边际成本几乎为0,且单个商品定价不会过高,更加适合多数消费者的消费能力,这也是游戏企业与游戏市场网络效应特征所决定的。但与此同时,产品在前期研发中需要投入大量的成本,如游戏策划、美术设计、编码设计等,在投放市场后,如果由于题材、美术等核心要素无非被大众接受或者细分市场、游戏类型过于小众,游戏厂商将承受更多的机会成本,甚至拖垮小企业资金链。因此对于游戏企业来说,前期的市场调研、用户调查、产品测试等准备工作相比其他行业显得更为必要。

(3) 创新必要

文化产品属性决定游戏市场格外注重创新性,需要不断有新作刺激市场,激发消费者的消费欲望。而游戏作品的创新主要体现在产品研发技术的创新与产品内容的创新。研发技术创新为产品提供更加精美的画面、更加流畅的操作体验以及更加多样的玩法设置;产品内容创新则为游戏产品提供更加丰富的娱乐体验,从而消解由于上市时间增长、娱乐价值下降所带来用户流失困境。即使是经典游戏也需要在营销方法、产品迭代、人物更新、关卡更新等方面进行创新生产。

2.2.3 研究框架

本文基于企业竞争战略、组织战略背离与游戏行业、企业特点的分析,认为游戏企业决策行为和市场行为是基于既成的市场和组织动态进行分析研判,按照目标规划下沉战略执行。为此,本文主要从战略决策出发,运用"如何"与"过程"的分析方式,构建了如下图的研究框架。

前文已论述到组织战略选择的影响因素大致可分为内外两个因素。在内部因素上,行业与企业特征是两个层次的属性,但两者是相互联系的关系,共同反映了游戏开发、服务、运营与其他行业、企业的本质区别。它对网络外部性和创新的要求更为严苛,这对于组织战略选择的影响是方向性的。

---

[1] 彭榕.网络谣言与公共秩序——基于"长尾理论"的观察视角[J].学术交流,2018(06):120-125.

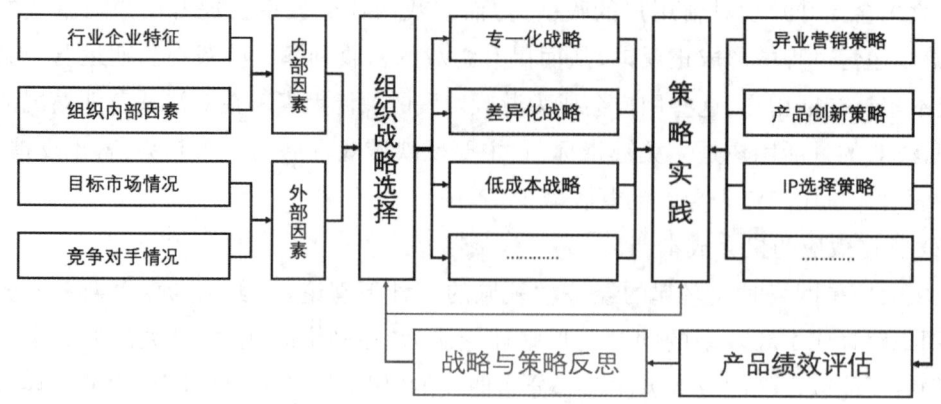

图6 游戏企业竞争战略研究框架

企业自身的资源和能力是其践行一切市场行为的前提条件。既有的研究成果显示,高管的行业外社会资本则能提升知识、经验与关系网络等,资源冗余则通过提供应对不利冲击的缓冲来强化企业战略能力和资源基础[1]。另外,研发是游戏这类技术服务导向的能力核心,占据了组织内部资源与能力整合的主导位置,企业的海外研发活动能够显著促进母公司创新绩效提升,而且政治资源和国际化经验正向调节海外研发和创新绩效的关系,而组织冗余却对两者关系起着负向调节作用[2],成本管理、人力资源等理论在其中发挥了较大的作用。

在目标市场方面,海外市场由于各国各地区的政治、经济、文化等环境的不同,显现出纷繁多变的特点。文化距离的客观存在影响了文化产品在其他国家文化市场的输入,用户对于其接受程度会有较大偏差。而映射到管理层,标准化的经营模式并不适用于跨国企业以差异性取胜的游戏产品和服务。因此,这个考量因素直接指向了差异化与本地化策略的对接。

在竞争对手方面,产业竞争强度对企业创新力度是正相关的,强度越大越会形成竞争的紧迫感,加快市场的变革。在不完全竞争市场中,资源与信息的获取、整合能力差异,不同企业之间更多的是一种领先与追赶模仿的划分,这通常意味着组织战略与策略的调整。而对竞争对手的分析有利于在市场中获得优于竞争对手的动态竞争优势[3],有学者调整了波特的"竞争对手分析框架",将其归纳为竞争对手假设、目标、战略、能力、行为五步分析流程[4],最后为战略决策提供理性参考。

---

[1] 连燕玲,叶文平,刘依琳.行业竞争期望与组织战略背离——基于中国制造业上市公司的经验分析[J].管理世界,2019,35(08):155-172+191-192.

[2] 李梅,余天骄.海外研发投资与母公司创新绩效——基于企业资源和国际化经验的调节作用[J].世界经济研究,2016(08):101-113+134+137.

[3] 李利方.企业获取动态竞争优势的重要方法——竞争对手分析[J].情报杂志,2008,27(12):161-164.

[4] 张冬梅,曾忠禄.如何利用波特的竞争对手分析框架分析竞争对手[J].现代情报,2007(05):187-190.

外部因素是环境层面的嵌入,内部因素是个体层面的能动,这两点是企业战略选择的解释逻辑。在具体的战略方面,除了波特提出的三种竞争战略,又衍生出诸多带有鲜明企业特点的战略,包括一般模式的竞争战略、整合竞争战略等,在具体的决策上并无统一的标准,如战略联盟中的合作与竞争等。权变理论认为战略的匹配和选择是依外界环境要求和组织成员的需求而定的[1]。不同的企业则会由于自身条件与环境的变化而选择不同的战略,围绕核心竞争力与市场目标,详细制定自身的发展,并会实时接收市场反馈进行组织战略背离,突破环境的约束。

策略实践的方向是有效执行战略目标,按照指引逐步达成业绩期望,更多指向了常态化与创新性的经营管理,将战略执行至可实现的程度。策略的灵活性提供了多样化的实施途径,如异业营销、IP开发、产品创新等。虽然针对特定情况采取的措施在此过程中企业可能采取并无效率的行为,其直接目的依然是为了提升业绩未来预期的过程展望,进而帮助企业获取足够的发展资源基础,实现策略与效率机制的统一。

在战略与策略的衔接和转换上,我们将产品绩效作为衡量战略与策略实施结果的影响因素,是一种自我修正的回顾性总结。企业战略对经营绩效有着显著影响[2],因此产品绩效的反馈在一定程度上表现了组织战略的决策与实施的有效性、适用性。

3. 游族案例分析:差异化战略中的本地化

游族网络股份有限公司(以下简称游族)成立于2009年,后于2012年在深圳证券交易所上市,主营业务包括游戏开发、动漫设计、创意服务等。游族以"精品化、全球化、大IP"三大核心发展战略推进其市场经营,依靠自身资源和研发、运营实力,并通过引进全球顶级IP,推出了《少年三国志》《女神联盟》《权力的游戏凛冬将至》等高质量的精品游戏,涵盖角色扮演(RPG)、卡牌(CAG)、策略战棋(SLG)等游戏类型,并应用于各网络平台。游族借助全球化战略布局,现已进入海外各地市场,并取得了一定的业绩,成为国内领先的互动娱乐供应商及泛娱乐内容产业的文化企业,入选了商务部公示的"2019—2020年度国家文化出口重点企业"。该企业的战略构思与海外实践值得进军海外市场的游戏企业借鉴和探究。

3.1 差异化战略与"精品化""全球化""大IP"

游族提出并践行的是以"精品化""全球化""大IP"这三大战略合一的方针,究其根本是差异化战略的衍化,即重视用户或潜在用户的多样化需求,根据所在地域和市场的不同采用针对性的措施来满足用户的需求,将买点转化为卖点。

---

[1] 杨锡怀,张静.关于战略管理中"匹配"性的问题[J].东北大学学报,1997(01):117-120.
[2] 王百强,侯粲然,孙健.公司战略对公司经营绩效的影响研究[J].中国软科学,2018(01):127-137.

游族在2010年已尝试向海外发行商提供产品,至2013年的自研自营、2014年的"精实增长",从这一时间长线来看,在全球化的风潮中,游族摒弃了单打独斗的常见出海方式,转向多元合作与开发的竞争合作形式。这一背离区别于单一的产品研发和上线投放,在资源有限性的情况下,代理、代研符合全球化中资源互配的优势,也是精品化进程的全球化战略。

游族的战略选择是由内外部要素所共同推动的。在游戏市场不断成熟,用户红利的消退以及游戏玩家的消费潜力得到激发后,用户已对传统题材、形式、玩法等感到厌倦,迫切地呼唤新颖的、独特的,但又符合主流观感的游戏作品。《2019年中国游戏产业报告》的数据显示,2019年国内游戏营销收入放缓,页游、端游呈下降趋势,而从海外市场的产品类型看,角色扮演类、策略类和多人竞技类游戏最受青睐,收入合计占海外总收入的74.7%[1],而这正是游族游戏产品的主要覆盖区,也是游族游戏业务竞争力的主要载体。总的来说,游戏产业作为内容创意产业,追求产品和服务的精品化及优秀作品的稳定产出是企业赖以生存的核心。游族根据"差异化"需求制定相应的举措,并在"全球化"过程中对游戏产品进行精细化匹配,从而发展出IP的矩阵和商业效益。游戏产业具有网络效应,用户群体的不断壮大,会使得扩张的边界逐渐向外延申,这便是IP商业开发的价值所在。

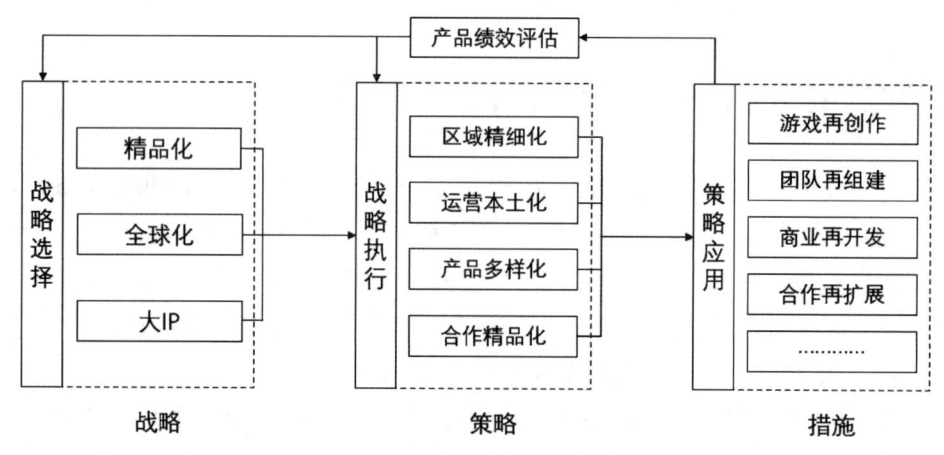

图7　游族海外战略与策略关系

在内部的组织生态方面,组织结构的调整中,简单化、扁平化是互联网企业的一贯做法。游族借助工作室体制,将平台的资源下发各工作室,赋予更强的灵活性与工作弹性,让研发、运营、数据、管理人员直面用户和市场。在研运一体化之外,游族一改传统的工作室结构,将公司资源分为前台、中台和后台三部分,通过搭建以上海总部为中央平台的结构版图,连接国内外各子公司和工作室,加强对研发品质的管理把控,实现对全局资源的有效调配,提升研发运营效率。

---

[1]　中国音数协游戏工委.《2019年中国游戏产业报告(摘要版)》[M]. 中国书籍出版社,2018:13.

3.2 研发合作并行策略与"精品化"

联盟合作是竞争战略中的常见议题,在跨行业或是同类企业间的不同竞合模式可达到不同的战略目标,即竞争与合作并不是相互排斥的,企业会基于成本和利润的比较,在不联盟、半联盟、全联盟的博弈模型中选取互有侧重的 R&D、生产销售阶段[1]。

代理和自研两条线的同时展开有助于全面快速占有市场。就市场占有而言,国内的手游市场的市场份额较为集中,其他部分的游戏也逐渐向此趋势靠拢,顶端产品大部分为腾讯、网易等大型企业所拥有,而他们有着较为完善的产品设计、研发、营销等流程,而长期在海外市场布局的游族则有着一系列的运营发行渠道,这种联运形式在于利用产品既有的前后端成熟体系快速输送成型的精品以争取海外用户群,如游族代理腾讯的《圣斗士星矢》和网易的《神都夜行录》《裂魂觉醒》,其中《圣斗士星矢》在上线的首月就突破了 1 000 万美元的流水。

而海外市场本身的合作和联动的形式则更为多样,从侧面完善产品的丰富性。跨游戏的同业合作在激烈的市场竞争中为拓宽玩家群体,增进剧情丰富度提供了一条可行路径。2018 年 2 月,游族与育碧(Ubisoft)达成合作,旗下魔幻动作角色扮演(ARPG)移动游戏《狂暴之翼》(Legacy of Discord-Furious Wings)与育碧动作冒险类主机游戏《刺客信条》展开了为期 6 个月的联动,多个《刺客信条》经典人物将以特殊角色的形式出现在《狂暴之翼》的变身系统中,玩家得以体会到全新的人物以及特效。除此之外,游族深度调试游戏内容,整合区域流量入口,与百事(Pepsi)在土耳其展开联动营销,与电信巨头 Maxis 在马来西亚达成异业合作,各区域的合作伙伴累计超过 1 000 家公司。在渠道拓展方面,游族也与谷歌(Google)达成联合商业计划合作,在流量接入、整合营销、数据挖掘等领域展开合作。

精品化开发同样包括引进国外游戏的 IP 作品,一是原有 IP 已培育了一批可观的用户,开发难度降低;二是再创造的游戏也可以"进口转外销",具备进入潜力。游族运作和引进的 IP 项目,通过引擎升级、玩法创新、经典复刻等方式,深度和长线挖掘 IP 价值。2017 年,游族与华纳兄弟互动娱乐(WBIE)达成战略合作,在 HBO 全球授权团队的协助下,游族推出了改编自全球顶级魔幻 IP《权力的游戏》的手游和页游。在《权力的游戏凛冬将至》中,游族在 SLG 玩法中添加大量 RPG 玩法,使玩家体验到 IP 本身的经典剧情和经典角色养成,发挥优质 IP 的自身价值,在吸引大量 IP 用户的自发性讨论及分享的同时,也提升了游戏产品的声量和期待度。2018 年 7 月,游族将《权力的游戏凛冬将至》移动游戏国内独家代理权授予腾讯,借由腾讯的实力助力《权力的游戏》发行,将自身的研发优势与腾讯的流量优势相结合,从而在用户接触面和服务上更上一层楼。而游族自身相对健全的二次元、女性等发行优势为其取得了日本游戏开发与运营商 DMM GAMES 的二次元 IP 游戏

---

[1] 郭焱,郭彬.不同竞合模式的战略联盟形式选择[J].管理科学学报,2007(01):39-45.

《刀剑乱舞-ONLINE-》中国地区独家代理权。

3.3 本地化策略与"全球化"

全球化时代,虽然人才、信息、物资、资金能够快速流动,但文化产品隐藏在流动性背后的则是深刻的文化距离和文化折扣效应,这对强调文化元素、创意的游戏产业更是如此。为此,如何突破文化隔阂,将产品有效地输送至目标市场是企业和产品进入策略的首要任务。

在游戏产品出海的早期,游戏企业通常会把目标对准东亚文化圈,以文化亲缘性为突破口。游族就利用文化独特性和题材的差异性在海外市场站稳脚跟,凭借立足于中国文化、侠文化的《一代宗师》《大侠传》《大将军》等一系列游戏吸引了大批对中国文化感兴趣的外籍玩家。直至今日,运营超过四年的《少年三国志》成绩表现依然突出,不仅在日、韩、东南亚等同样深受三国文化熏陶的海外市场上大受欢迎,甚至在不熟悉三国历史的北美市场也取得了不俗的成绩,在 2018 年多次进入美国 App Store 畅销榜总榜 TOP10。

游族当前的发行网络已覆盖 200 多个国家和地区,海外用户超过 8 亿,占其全部用户三分之二以上,海外市场贡献的收入占比达 58.36%。但基于市场竞争的加剧和业务的铺展,单一文化题材的游戏产品不可避免地会遭遇玩家的厌倦,并且差异化战略务必要求产品和组织自身的适配性。因此,游族提出了"全球化产品,区域化运营"的概念,将产品更深地融入当地市场,针对不同市场的特性,提出有针对性的区域战略,这包括组织架构的本地化和游戏内置的本地化。

3.3.1 组织架构的本地化

游族于 2017 年确立了新的发行理念和运营体系,通过面向区域市场搭建综合性的本地化团队,专注区域强势品类的研发和运营。其主要策略为扶持由总部人才和目标地人才共同搭建的区域化团队,总部向海外分公司提供标准、流程和工具,而海外分公司作为"创新先遣队",以此针对不同区域不同文化来精细化、差异化地深耕当地市场,为中重度游戏玩家带来符合其文化习俗与喜好倾向的高质量游戏体验,最终提升产品在海外区域市场的竞争力。以欧洲为例,游族在欧洲区域市场的布局策略为"1+N",即一个欧洲总部加上 N 个研发团队、合作伙伴,深入当地市场,聚合区域内分散的市场资源。目前,游族凭借多年出海经验积累构建了一个辐射全球的发行网络,在德国、日本、韩国、印度、新加坡、英国等国设有分支机构,已成立 9 个地区的发行和运营中心,拥有成熟的当地发行和运营团队,这有助于升级发行产品线,比如《权力的游戏:凛冬将至》国际版页游自上线以来四次获得 Facebook 全球推荐。

3.3.2 游戏内置的本地化

全球化产品到区域化经营,更多体现在游戏内置的变化,在不同文化背景市场细化文化和地域特色。在车田正美工作室正版授权、腾讯研发的卡牌手游《圣斗士星矢：觉醒》的全球发行工作中，游族进一步细化了区域化经营策略，在上线前期，游族重新组织了游戏的美编设计、剧情节奏，如 Logo 设计、游戏名副标题，拉丁美洲采用的是流传更广的"黄金 12 宫"作为副标题，而东南亚地区的版本则加快了游戏节奏，欧美则完善了剧情等等。上线后，除了基本的不同语言版本对应不同市场，《圣斗士星矢：觉醒》还内置聊天翻译功能，帮助不同语言背景玩家流畅组队。这些追求精品化和本地化的举措使得该游戏在中国香港、中国台湾等地区的游戏畅销榜长期保持第一、二名位置，在东南亚地区上线初期即登顶泰国、印度尼西亚及新加坡等国家的 RPG 游戏免费榜第一。同样的，以中东市场为例，《狂暴之翼》一度位居阿联酋、沙特、埃及、约旦等阿拉伯国家的 Google Play 及 App Store 游戏畅销榜 TOP5。观察到如此契机，游族于 2018 年 5 月为中东市场特地推出中东定制版本，该版本在文案、交互界面、角色设计等细节上根据阿拉伯文化进行适度调整和适配，特别面向中东玩家推出了特定套装、资源、战宠及斋月活动。

3.4　商业开发策略与"大 IP"

　　游戏与 IP 之间的双向赋能长久以来都是文化产业的深度问题，IP 为游戏开发提供了起点和架构，而游戏或是后续的产业链开发则意味着填补架构中的空当。一款 IP 能否成为经典的关键在于其核心的文化属性与长效市场价值。无论是耳熟能详的中国三国文化、欧洲中世纪文化，还是女性文化、二次元文化，均指向了某一群体、某一市场，这种文化属性赋予了其产品持续不断的生命力。

　　IP 的研发和普通商品一般都要从市场定位和潜在用户需求着手，在夯实人才基础和技术积累的基础上，以玩家为核心打造 IP，立足原有宣发渠道和流量优势，精准对接目标群体，以卖点变买点来打造产品品牌。游族在这一方面已对高人气、高口碑的经典老牌游戏产品进行 IP 化打造。例如《女神联盟》邀请 GTA5 美术总监担任指导，以主机级画质打造独属女神的精彩魔幻世界；重现 3D 卡牌回合制玩法的《女神联盟 3》也在海外上线，再如前文已提及的《圣斗士星矢：觉醒》和《权力的游戏凛冬将至》。成熟的研发技术和创新玩法相结合，为产品品质提供了充分保障。

　　在玩家口碑日益加码的情况下，社交、娱乐、文创便逐渐占据了延长产品生命周期、创新游戏内涵的重要途径。IP 的商业开发与转化并不局限于某一特定领域或是特定形式。跨界联动、直播营销、创意周边等一系列策略激活了目标群体，带动了用户活力，也提升了用户粘性。游族立足于精品化研发与运营，在研发和发行体系中探寻创新点，挖掘多元内容以延续经典游戏的热度，扩容 IP 新鲜感。游族在打造出《少年三国志》《女神联盟》等兼具口碑与影响力的 IP 作品后，基于市场潜力启动了游戏作品在音乐、文学、影视等方向的 IP 化打造，如 2018 年 1 月，《少年三国志》公开了少年 PROJECT 计划横向拓展产品链、纵向挖掘精神内核，开始全面推动《少年三国志》在泛娱乐领域方向的 IP 化全方位塑造，持续扩大品牌 IP 影响力。

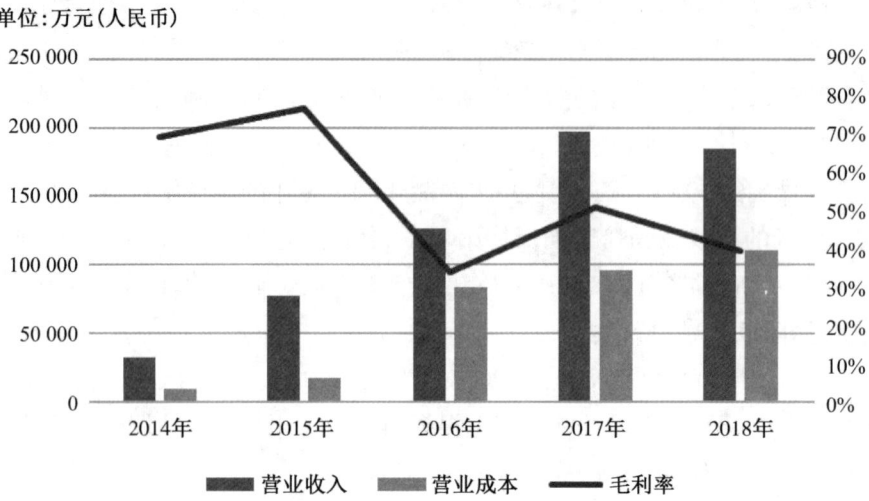

图 8 游族 2014 年至 2018 年营业收入及营业成本变动

数据来源：游族 2014—2018 年年度报告

3.5 绩效反馈

产品和服务的各项策略实施对于每家企业而言是市场业绩的正反馈要素，产品绩效是战略评测的首选。就目前而言，游族海外业绩增长快速，但成本相对较高，这其中研发、宣发费用占用靡多。在其 2018 年财报[1]中，游族全年的海外营业成本已达国内的两倍有余，达 11.1 亿元人民币，占比为 70.58%，而海外业绩占总营业收入的 51.49%，说明游族的海外市场投入过大而回报不成比例。除了早期布局所需的高额成本投入之外，代理游戏过多及其庞大的工作室和业务分布造成了利润的减损，除游戏之外的产品海外商业开发略显单薄，盈利点的不足造成收入未随成本得到同步的合理增加。

总的来说，游族所贯彻的"本地化的思维"布局"全球化市场"方向，从差异化战略切入用户需求是较为合适的竞争战略。在商业化成绩层面，游族已经收获颇丰，连续两年，游族都进入了 App Annie 统计的中国发行商出海收入榜 52 强行列。游族借助东西方经典 IP、区域化运营融合以及全球范围内的深度发行体系，形成了较强的区域渗透率和行业优势。旗下《狂暴之翼》《女神联盟》《女神联盟 2》占据了 ARPG 手游、RPG 页游的市场领先地位，并储备了大量优质 IP，产品矩阵丰富。

---

〔1〕 游族网络 2018 年年度报告[EB/OL]. http://www.szse.cn/disclosure/listed/bulletinDetail/index.html? c3ee13db-5f15-4fda-903d-57b74e1158d0.2020-4-10.

4. 米哈游案例分析：差异化与专一化战略

游戏市场竞争愈发激烈，曾经的一片蓝海如今涌入大量企业，而国内游戏市场日渐饱和，海外市场则面临着与本土企业的竞争，部分游戏企业选择打差异牌，而差异性战略的核心则是内容与技术的持续性创新，而体量较小的企业并没有同时研发大规模、大量产品的实力，这迫使企业需要同时执行专一化战略。米哈游正是执行差异化与专一化战略且获得成功的典型企业。

4.1 案例描述

上海米哈游网络科技股份有限公司（以下简称"米哈游"）于 2012 年成立，是一家以动画、漫画、游戏和小说（即 Animation，Comic，Game and Novel，以下简称"ACGN"）等产品为载体，深耕二次元文化的互联网文化企业。公司主营业务是基于原创 IP 开发和运营游戏、漫画、动画和轻小说等互联网文化产品，各类型产品的人物角色、世界观体系和故事主线相互统一。公司通过互联网进行信息传播，在二次元文化下搭建了一条以优质 IP 为核心的文化产业链。

公司目前正在运营的三款移动游戏分别为《崩坏学园》《崩坏学园 2》和《崩坏 3》。其中《崩坏学园》是公司开发的第一款移动游戏产品，于 2012 年发行，依托此款产品，米哈游的技术基础初步形成；《崩坏学园 2》是米哈游在《崩坏学园》的基础上开发的第二款产品，自 2014 年初上线以来得到了市场和玩家的高度认可。根据 App Annie 数据统计，2018 年《崩坏学园 2》年度流水 12 708 万元，在国产二次元手游中排名第 10；米哈游于 2016 年 9 月推出《崩坏 3》，在 App Store 上线次日就获得苹果首页推荐。根据 App Annie 数据统计，2018 年《崩坏 3》年度流水 23 亿元，在国产二次元手游中排名第 3，是米哈游短期内未来盈利的重要保障。在二次元手游最大的海外市场——日本 App Store 游戏畅销排行榜上，前 100 名中有 12 款国产手游，《崩坏 3》排名第 85 名。公司最新原创 IP《原神》定位多平台发行，目前已定将在任天堂 Switch、索尼 PlayStation 上线，吸引全球玩家关注。

米哈游的全球化布局起步于 2015 年。2015 年在日本东京成立分公司将原创的国产游戏出口到日本市场并取得了亮眼的成绩。2017 年出口到韩国、东南亚都取得了非常好的成绩。根据 2018 年韩国数据公司 IGAworks 发表的《2017 年韩国内中国游戏成绩报告》显示，2017 年在韩国收入最高的中国产手游产

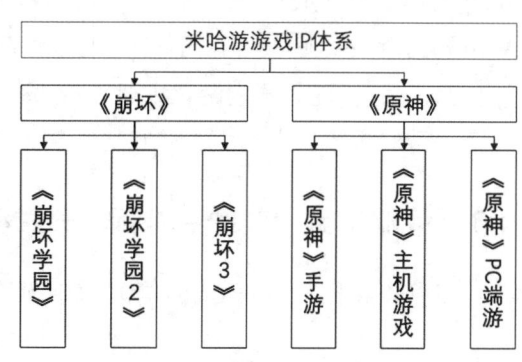

图 9　米哈游游戏 IP 体系

品,米哈游的《崩坏3》名列第四。充分说明《崩坏3》已经达到了相当的水准,具备很强的国际竞争力。[1]

4.2 战略选择:差异化与专一化战略

移动游戏市场的快速发展吸引了一大批传统互联网巨头下场,同时更多的初创公司也试图在行业内立足,这就导致移动游戏产品数量众多,部分游戏开发商缺乏创新动力或创新能力不足,游戏类型、玩法、题材跟风现象严重,导致市场上充斥大量同质化产品;另一方面部分开发商为快速赚取利益,游戏内容低俗,甚至直接抄袭换皮上市。不正当的竞争手段打击了拥有真正具备创新性产品的企业,过多的同质化产品导致市场供过于求,产品对玩家的吸引力下降,新用户增速下滑,影响了用户付费难度,降低行业利润率,对行业的整体盈利能力产生不利影响。因此,在面对竞争异常激烈的移动游戏市场,中小企业有必要尝试开拓新市场。米哈游在深耕移动游戏市场七年后,选择开发多平台游戏《原神》,这一策略转变是米哈游多平台差异化战略的重要体现。

相比于腾讯、网易等大体量游戏企业,成立于2012年的米哈游规模不大、游戏产品数量较少,持有IP较少,企业作品风格较为固定。企业内部以三位创始人为主导,初期基于三人兴趣选择制作二次元游戏,在处女作《Fly Me to the Moon》收获不俗口碑后,进一步创作《崩坏学园》《崩坏学园2》,2014年二次元游戏迎来爆发式增长,大众对于二次元游戏接受度提升,《崩坏3》发布恰逢其时,占据了一定市场份额,并选择进军二次元文化氛围较为浓厚的日韩与东南亚市场。2019年,米哈游发布全新IP《原神》,并宣布即将登陆三大主机游戏平台,借助成熟的游戏主机厂商平台进入主机游戏市场更大的欧美市场,在前期与索尼联合参展后收获国际关注,而在手机游戏更加受欢迎的亚太市场,米哈游主要推广移动游戏版本。

从米哈游的发展历程来看,促使企业选择差异化、专一化战略的主要因素在于:① 二次元游戏市场有较大发展空间,且有一定的口碑与用户积淀,若企业转型可能面临用户流失。② 经过多年的打磨与完善"崩坏"相比其他原创IP二次元更加成熟,世界观更加宏大,IP开发体系较为成熟。③ 企业规模受限,无法支持同时研发多款多种类游戏。④ 不同游戏市场的游戏类型取向不同,亚太地区移动游戏市场持续增长,欧美地区主机游戏热度持续扩张。另外,随着国内游戏主机审批进一步放开,国内主机游戏市场将迎来大幅增长,针对欧美游戏市场研发的主机游戏将能在第一时间抢占国内空白的主机游戏市场。

4.3 策略实践:前瞻性创新、研发运营一体化与IP产业链开发

尽管差异化与专一化战略能够使游戏企业的产品在一众同质化游戏中脱颖而出,企业

---

[1] 上海米哈游网络科技股份有限公司首次公开发行股票招股说明书(申报稿2017年12月19日报送)[EB/OL].http://www.csrc.gov.cn/pub/zjhpublic/G00306202/201801/P020180105619302637893.pdf,2018-1-5.

仍需面临产品未能被市场接受的风险,这就需要在具体策略执行中进行详尽的市场预调研与前瞻性分析。与其他游戏厂商相比,米哈游的游戏产品类型单一、游戏内容原创度较高,且研究周期较长,平均研发周期在两年左右,只有技术领先和概念超前,才能保证游戏在上市时在同类产品中保持竞争优势。

米哈游之所以能够迅速在二次元市场站稳脚跟,很大程度上需要归功于其精美的人物立绘和游戏画面,依托技术积淀,人物立绘、游戏动作、人物建模、CG制作等方面更是处于国内领先地位,足以媲美端游。先进的技术实力是互联网文化企业发展的根本动力,而技术的发展依托于企业持续的研发投入。作为一家主攻二次元游戏的游戏厂商,米哈游自成立以来,重点攻克移动游戏技术与美术、3D建模等核心技术难点,积累了"PostFX""AnimeFX""3D动画分层上色技术",以及"基于s-expr的数据驱动逻辑技术"等一系列核心技术,公司的核心技术使得公司产品在画面渲染、数据处理速度、系统架构设计上处于行业领先地位。[1]

在海外发行运营方面,与其他游戏厂商授权当地运营方的方式不同,米哈游在海外获得普遍认可之后,便于在海外成立子公司以负责游戏运营与发行推广。其海外经营业务主要通过香港米哈游、其分公司台湾米哈游以及株式会社miHoYo来实现。其中,香港米哈游为公司在香港成立的投资平台,主要经营与游戏相关的投资业务;株式会社miHoYo为香港米哈游在日本的全资子公司,主营业务为在日本地区运营及推广公司移动游戏产品;台湾米哈游系香港米哈游在台湾设立的分支机构,主要负责软件开发以及港澳台地区的移动游戏推广工作。三家分支机构的设立实现了米哈游海外运营自主化,且盈利能力进一步提高,海外运营与大陆本土的运营相对独立,更加自主化,推广模式更能适应当地环境。

表2　　　　　　　　　　　　海外游戏运营模式

国家或地区	运营方式		主要获取用户的方式
境外	自主开发运营	合作运营 (iOS平台+安卓平台)	采购线上和线下的广告
	授权运营(iOS平台+安卓平台)		被授权方承担引入用户的责任

资料来源:米哈游招股书(2017年12月)。

与其他游戏企业相比,米哈游坚持原创IP的开发与创作。与IP改编游戏相比,原创IP用户基础薄弱、研发成本高、市场接受度未知等给游戏企业造成了一定的开发、运营难度。米哈游针对"崩坏"IP开发三款手游,且口碑收益均位居行业前列,这主要是由于"崩坏"IP的核心世界观较为宏大、人物类型多样化、人设保持差异化、人物形象强调"萌感"、人物背景翔实、配音声优阵容强大,在角色人设创作过程中保持统一性。依托成熟的自研IP,米哈游进行了一系列的多类型泛娱乐开发,充分发挥IP的发展潜力,形成良性循环,最终

---

[1] 上海米哈游网络科技股份有限公司首次公开发行股票招股说明书(申报稿2017年12月19日报送)[EB/OL]. http://www.csrc.gov.cn/pub/zjhpublic/G00306202/201801/P020180105619302637893.pdf,2018-1-5.

反哺游戏,提高企业盈利能力。

米哈游的轻小说作品《崩坏学园2番外》以《崩坏学园》四格漫画的故事剧情为背景,用文字的方式讲述了游戏内主角等人日常的校园生活,配合小说插图,描绘出小说中鲜明的人物形象及轻松有趣的故事剧情,篇幅一般在4 000～8 000字左右。由"崩坏"IP衍生的轻小说更像是官方同人,将宏大的世界转变为琐碎的日常,满足用户碎片化阅读的需求。米哈游敏感地察觉到二次元发源地日本"轻小说"的崛起,在国内率先开发相关衍生品,体量小、更注重趣味性的轻小说既可以丰富现有玩家的游戏乐趣,也能吸引一批新玩家,扩大

图10 IP产品生态圈

游戏影响力。由于创作成本过大等因素,米哈游动画影视方面的IP改编计划搁置。尽管海外IP开发盈利能力不及国内市场,但是通过二次元人群较为接受的产品类型能够有效提高用户粘度,丰富游戏剧情内容,有利于游戏的持续发展。

4.4 反思与革新

米哈游在2019年前一直运营着唯一原创IP"崩坏",历经三代发展,最新的《崩坏3》也运营了三年,世界观趋于成熟,同时用户规模也达到天花板,新用户的开发成本不断攀升,老用户的维系也成为一大难题,单一IP带来的危机也逐步显现。经过多年的研发与创作,新IP"原神"对外发布,尽管经历过"抄袭"风波,但在经过多轮封测并且获得多家主机厂商的肯定后,游戏的关注度进一步提升。尽管新作争议颇多,但米哈游的IP创作与多平台策略还是赢得了不少玩家的肯定,这充分说明前瞻性与创新性是米哈游差异化与专一化战略的核心要素,在未来创作过程中应更加注意规避"抄袭"行为。

5. 心动案例分析:社群化战略与平台支撑

国产游戏海外发行需要熟悉目标市场的运作规则、目标人群的文化习惯与喜好等要素。相比于中国本土市场,海外市场虽然充满机遇,但是艰巨挑战也不容忽视。因此,部分游戏企业选择通过专业的海外发行运营平台进行托管运营,海外发行运营平台应运而生。与此同时,随着垂直领域社交网络的普及化,游戏领域的社交平台也亟需完善。心动抓住机遇,执行平台化与社群化战略,搭建海外发行平台,促进社交网络建构。

5.1 案例背景

心动网络股份有限公司(以下简称心动)是一家创立于2003年,拥有主营游戏研发与

运营的心动网络与游戏社区及平台 TapTap。根据弗若斯特沙利文的数据，按 2018 年手机游戏收入计，心动网络于 2018 年在海外赚取大部分游戏运营收入的中国游戏运营商中排名第五。根据相同的数据源，按 2018 年的平均月活跃用户计，TapTap 为中国最大的游戏社区及平台。[1] 心动网络于 2015 年新三板挂牌上市，2018 年 10 月从新三板摘牌，2019 年 12 月转而于港交所上市，以期实现公司发展国际融资平台及最大化股东价值的总体战略目标。

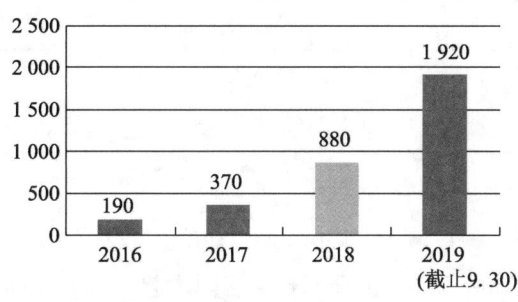

图 11　平均月活用户（万）　　　　　图 12　海外营收占比

资料来源：心动网络招股书（2019 年 11 月）

心动网络拥有一个横跨不同类型的多元化游戏组合。截至 2019 年 9 月 30 日，心动运营 42 款网络游戏，包括主要游戏类别的多款热门游戏，比如 RPG（《仙境传说 M》及《神仙道高清重制版》(Shen Xian Dao(HD))）、CCG（《少女前线》(Girls' Frontline)）、SLG（《横扫千军》(Heng Sao QianJun)）及战术竞技游戏（《香肠派对》(Sausage Man)）。截至 2019 年 9 月 30 日，心动也运营 12 款付费即玩的付费游戏，如《艾希》(ICEY) 及《喵斯快跑》(Muse Dash)。作为进入海外市场的中国游戏运营商之中的先行者，心动致力于为海外的更多人推荐卓越的游戏。心动在全球 100 多个国家及地区提供游戏运营服务。截至 2019 年 9 月 30 日，心动的 42 款网络游戏中的 30 款及 12 款付费游戏中的 7 款于海外市场运营。[2]

表 3　　　　　　　　　　　　　　　心动部分热门游戏资源

游戏名称	来源	主要运营市场	职务
《仙境传说 M》	自研	中国、韩国、日本、东南亚、北美、南美及澳大利亚	作为内地负责人及作为游戏发行商的海外市场代理人
《香肠派对》	授权	中国（港澳台地区除外）	负责人
《不休的乌拉拉》	授权	中国（港澳台地区）、韩国、日本、东南亚及美国	负责人

---

[1]　心动股份有限公司招股书[EB/OL].https：//img.xdcdn.net/xdwp/2019/11/C_fullset.pdf，2019-11-28.
[2]　心动股份有限公司招股书[EB/OL].https：//img.xdcdn.net/xdwp/2019/11/C_fullset.pdf，2019-11-28.

(续表)

游戏名称	来源	主要运营市场	职务
《少女前线》	授权	中国(港澳台地区)及韩国	负责人
《横扫千军》	自研	中国(港澳台地区除外)	负责人
《神仙道高清重制版》	自研	中国(港澳台地区除外)	负责人
《第五人格》	授权	韩国	游戏开发商的代理人
《明日之后》	授权	韩国	游戏开发商的代理人
《碧蓝航线》	授权	韩国	负责人
《苍蓝境界》	授权	日本	负责人

资料来源:心动网络招股书(2019年11月)

于2016年、2017年、2018年及截至2019年9月30日,TapTap移动应用程序的平均月活跃用户分别为90万、1 020万、1 500万及1 700万。TapTap不仅已创建起一个吸引及挽留游戏玩家的充满活力且富吸引力的手机游戏社区,而且为游戏开发商提供强大的分发、测试及评测平台。截至2019年9月30日,TapTap吸引了超过10 000家游戏开发商注册,拥有超过6 500款手机游戏供游戏玩家下载,并提供超过41 000款游戏的信息。[1]

5.2　战略选择:平台化战略与社群化战略

心动网络前身是VeryCD(电驴),VeryCD.com是中国内地浏览量最大的资源分享平台之一,自其诞生之初便带有"资源分享、信息共享、社区化运作"的特点,在其主营业务转向游戏后,这样的特征也得到了延续。

5.2.1　平台化战略

在海外业务方面,心动网络并未选择将自研游戏对外输出,而是选择成为国产游戏的海外运营商。网络游戏运营商指通过自主开发或取得其他游戏开发商的代理权运营网络游戏,以出售游戏时间、游戏道具或相关服务为玩家提供增值服务和放置游戏内置广告,从而获得收入的网络公司。

由于不同地域的文化风俗、游戏审批机制、发行制度等因素的不同,国产游戏出海面临着多方面的挑战,需要专业的海外运营平台提供专业化的运作,以适应不同市场游戏运营发行的规则。尤其在早期国内游戏市场火爆时,部分游戏企业无法分心海外市场,更加倾向于海外市场的全面托管,专业的海外运营平台的需求与日俱增。心动的海外运营平台化战略是顺应行业需求而生。

心动选择海外运营平台化战略也是对其自身能力与经验的信心体现。心动作为游戏

[1] 心动股份有限公司招股书[EB/OL].https://img.xdcdn.net/xdwp/2019/11/C_fullset.pdf,2019-11-28.

出海的先行者之一,在海外运营方面拥有丰富的运营经验与大量的人才储备,熟悉海外发行、运营的相关流程,因此,在帮助国产游戏出海方面有着一定的话语权。此外,前期海外运营积累的全球伙伴关系有助于平台的优化与提升,进而提供一站式的服务(比如游戏重新设计及本地化、优化、市场推广、分发及支付支持),帮助中国的游戏开发商有效进入国际市场。

5.2.2 社群化战略

心动作为平台不仅提供了面向国内游戏企业的海外运营服务,而且也为企业与玩家提供交流互动的平台——TapTap。心动于2016年上线TapTap,作为一家游戏社区与平台,TapTap秉持着心动"分享、共享"的原则,提供了面向玩家的游戏社区服务,进而实施社群化战略,利用TapTap与游戏的协同效应,促进企业产品互利共赢。

VeryCD的成功经验使心动发觉社群共享的潜在商机,互联网商业的网络效应促使用户粘度提升,社交网络的构建有助于企业建构起相对稳定的用户基础,这也是近年来互联网企业对社交领域关注度不减的主要因素。而在游戏这一垂直领域,TapTap之前并未有成熟的社区平台,其同类竞争对手网易大神直至2018年才推出,大神由于其母公司的性质,游戏种类相对受限,主要用户为网易游戏的玩家,游戏厂商进驻较少,用户范围较窄。心动多样化的游戏组合为TapTap吸引了越来越多热衷于讨论游戏及分享游戏体验的用户群,而TapTap的游戏社区使企业能够更好地了解和满足游戏玩家对优质游戏的需求并有效地跟随市场趋势。强大的用户群和独特的免费分发模式使TapTap能够留住并吸引越来越多的游戏开发商以增强游戏组合。

5.3 策略实践:组合化发展与社群文化提升

基于平台化与社群化战略,心动利用现有游戏资源与平台资源,积极实施组合化发展,激活运营平台与社交平台的协同效应,吸引更多用户与游戏开发商,扩大游戏产品运营规模,提高企业盈利能力。

5.3.1 加强产品组合,挖掘平台潜力

作为游戏运营平台,心动积极开拓新兴市场与潜力游戏,通过统一平台进行产品组合发展,拓展游戏研发厂商与IP储备,扩大平台业务范围,进一步延长产业链,发挥运营平台与游戏社交平台的潜力,发挥游戏产品与TapTap的协作效应。

心动将游戏产品根据生命周期分为成长期、成熟期及衰退期三大阶段,以及储备游戏产品,共计四大类,通过丰富的游戏品类、内容元素、产品周期以及地区偏好、市场需求等元素组合,为不同的市场提供更有针对性的游戏产品组合,提供更佳精确的运营方案,降低运营成本。为丰富游戏产品,进一步促进游戏产品创新,维持产品组合与平台的新鲜度,心动提出了一系列举措:① 通过增加对信息技术基础设施的投资、招募经验丰富的游戏开发人

员及提高视觉设计及音响效果制作能力,提升企业内部开发实力;②代理新兴和领先的游戏开发商(尤其是在中国、日本及韩国)的热门游戏,该等游戏将反映游戏玩家的喜好及最新的行业趋势;③与国内及海外的游戏开发商及内容提供商合作,将热门游戏及文化内容改编为手机游戏。

此外,为更好实现海外市场本土化发展,降低平台试错成本,实现海外市场游戏产品一手抓,心动于海外市场成立区域总部。就目前的主要海外市场(比如东亚)而言,心动计划通过以下举措维持并进一步增加市场份额:提供优质游戏及专注于更好的游戏本地化、委聘合格的外国顾问,获得建议及接触更多的本地合作伙伴以便进行合作;同时密切监控有巨大潜力的国家及地区(比如欧洲及北美)的市场趋势,以便寻找机会;计划继续参与国际游戏活动或展览会,以便于全球范围内提高企业的品牌知名度。

5.3.2 构建完整的社群生态链,进一步提升用户粘度

作为国内最大的游戏社区及平台,TapTap 是心动商业模式的重要一环。TapTap 现有内容生产机制包括:移动游戏库、编辑推荐、UGC 内容,主要功能包括游戏内容策划与推荐、游戏评测与评分、论坛、游戏预约以及游戏下载。目前已形成包括游戏企业、普通用户、编辑等对象的相对成熟的社区生态链,能够有效激活多方交流互动机会,提升社群活跃度,提升用户参与度。

此外,借鉴内容生产平台的成功经验,心动对 TapTap 的内容推荐算法进行改进,进而更加有效地满足游戏玩家的阅读、实用需求;提升 TapTap 搜索功能,充分发挥游戏库的潜在价值,帮助玩家高效查找相关资源;加强社区功能,增加自论坛及实施线上线下营销策略,提高用户参与度;提供更先进的开发

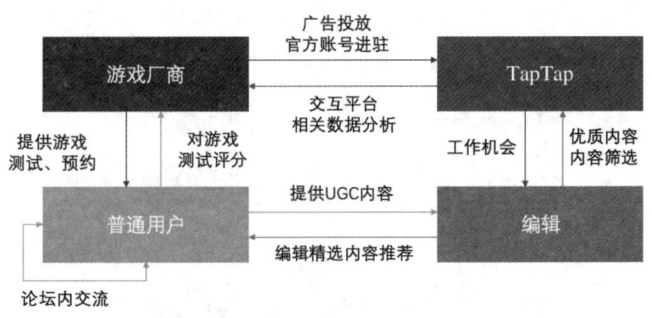

图 13 心动游戏运营逻辑

商工具,便于开发商更好与游戏玩家互动,以提升用户的游戏体验;举办线下活动,加强用户社交关系强度,提升用户粘度;举办游戏开发大赛,激励相关人才游戏创作开发热情等。此外,针对不同地区的 TapTap 社群提供具有本地化特色的生态链,进而更好服务当地用于与游戏开发商。

5.4 战略与策略反思

从 2016 年以来营收数据来看,作为运营平台的心动网络收入来源并不可靠,大部分营收来自少量热门游戏及一小群高消费的游戏玩家,集中性风险明显。2017 年起,《仙境传说 M》为收益增长做出重要贡献,营收占比甚至一度超过 50%,而《仙境传说 M》并不完全

归属于心动。在海外,《仙境传说 M》的收入由心动网络与 Gravity 进行分配,Gravity 既是该款游戏的 IP 所有者,也是其海外发行商,在国内,游戏的国内 IP 运营权则归属骏梦游戏。财务数据显示,2019 年 1—5 月海外产生的 3.9 亿元收入当中,东南亚市场占据了其中的 2.9 亿元收入,这是《仙境传说 M》在海外最主要的市场。[1]

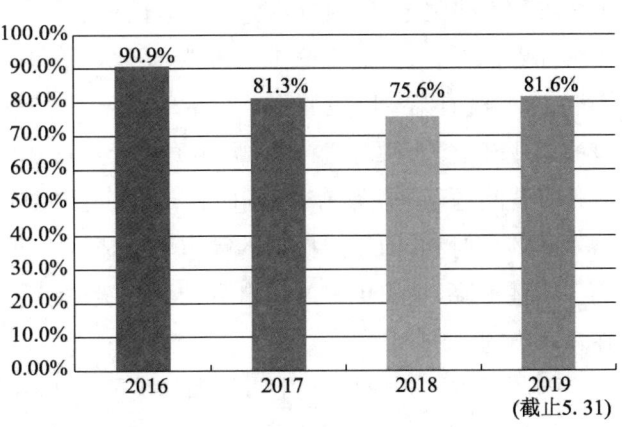

图 14　心动网络收入占总营收比率

资料来源:心动网络招股书(2019 年 11 月)

然而一个疑问在于,在海外市场的持续走高、国内市场持续下降的情况下(2018 年相较于 2017 年近乎腰斩),心动网络是否依旧可以保持对 Gravity 45% 抽成的溢价能力?数据显示,2019 年 1—5 月在心动网络的营收当中,来自 Gravity 分成的营收达到了 3.927 亿元,占营收比重的 38%,是心动网络的第一大客户。而在 2016 年、2017 年,心动网络的五大客户相加占据心动网络总收入比重仅仅为 2.5%、12.9%,[2] 可以看到心动网络对于合作客户尤其是 Gravity 的依赖正变得越来越重,对于心动网络而言这将是一个极大的隐患所在。可以看到心动运营前五的热门游戏均为授权,这样的现象并不健康,极度依赖游戏开发商,独立性较差,自研游戏与 IP 无法支撑企业运行。

因此,近年来心动网络大力推进自研游戏的创作与开发,包括通过 TapTap 举办游戏开发大赛挖掘游戏创意与人才,进而对平台稳定性进行平衡,可以看到在 2020 年即将发布的储备游戏中,自研游戏比重将会提高。

6. 结论与展望

本文依据竞争战略的研究框架选取了游族、米哈游、心动三家游戏企业,从战略、策略的实施现状来观察,就国内游戏企业的出海做了初步的分析。这三家企业的战略方向和业务导向各有特点:游族主要以全球化、精品化、大 IP 为发展的方向,海外的实质性策略更为重视本地化与合作的结合;米哈游侧重于品类的专一化战略,深度挖掘 IP 的市场价值;心动则注重于平台化的运营模式,以开放性获取游戏资源,并将其推向海外市场。在网络边

---

[1] 心动股份有限公司招股书[EB/OL].https://img.xdcdn.net/xdwp/2019/11/C_fullset.pdf,2019-11-28.
[2] 同上。

界拓展的态势之下,国内游戏企业探索出的研发、发行、运营路径总体上正逐步迈向成熟。值得注意的是,通过这三家企业可以小见大的是,国内游戏企业的海外运营处于不同阶段的混合期,既有第一阶段的输送产品和平台搭建,也有第二阶段的平台化运转,但在第三阶段的商业开发和营收获取上欠缺实质性行为及其效果。在第一章所总结的国内游戏企业海外经营问题至今仍然存在,同时,产品品类的创新与适配性也有很大不足。这是竞争战略发展的新时期,即用户推动的需求变迁成为产业的追逐方向,竞争对手所施加的市场影响已缓慢下降,组织更多的是自身转型升级的市场增长点的探索,呈现出回归文化产品内在竞争力的现象。

与此同时,海外的不确定市场和政治风险正在快速提高,新一轮经济周期开始显现,当今全球经济面临逆全球化的方向冲击,尤其是对于各国各地区制造业和服务业的影响,而这一变动与游戏等文创企业的发展目标是相违背的。为此,游戏企业应当从资源、资本、产业结构、战略执行等层面重新思考战略目标与策略实施。

第一,提升资源与资本的配比利用。一方面,全球化低障碍的通过环境造成外流资源和资本被大量重复和无效浪费,在对未来期望评估受限的情况下,依靠用户群体带来的购买服务及流量和附加的商业价值所产生的现金流会明显成为游戏企业的主要营收来源;另一方面,资源的整合开发是维持产品增值的起点,但在经济持续下滑的情况下会不可避免地出现消费能力萎缩的特征,产品服务的市场会大幅缩小。为此,组织层面的资源、资本储备与重组是当下紧迫的战略抉择。

第二,优化产业结构。近几年,扩大化的文创概念深入人心,产品开发的生命周期与商业价值被不断放大,但外延产业链过多过快延伸使得核心业务的创造能力被稀释,乃至转移消失。游戏企业的短循环产业链在短期内所受到的外围冲击较小,但此类泡沫造成核心竞争力的偏离,企业应当在构建一体化战略时提前预估供给和需求,将竞争力置于产品开发的全过程,从立项初始即明确产品的市场指向,聚焦完善更细致化的产业链。

第三,强化核心战略执行能力。业绩波动会影响企业正常运营和发展,为减少内部的不稳定因素,企业可以积极开展绩效评估,将预防措施前置化,维持组织运行的连续性与创造性,特别是确保海外已有业务运转的后续发展与战略的适配性,即从上而下挖掘强化核心战略的执行能力,妥善利用现有渠道和手段为保持稳定的增长势头寻找保障机制,适当进行前瞻性的战略布局。

尽管市场环境发生了极大的变化,但我们可以看到,在"文化自信"的旗帜下,在服务贸易快速增长的大趋势下,国内游戏产业发展不会发生根本性的动摇,并将持续从单一的产业类型转向多行业融合。东方文化背景的游戏以更高的品质具备了极强的市场竞争力,泛娱乐化的多渠道拓展与文化底蕴深度挖掘的结合,"互联网+"姿态驱动的新文创,AI算法创新形成的技术迭代,这些内因和外因共同构成了长期经营海外蓝海市场的可能性。从长远看,在战略选择和策略施行的合适性上,国内的文化、企业和价值走向世界有着充足的市场空间和竞争调整空间,但依然需要不断地补充和加强。

参考文献

[1][2] 中国音数协游戏工委.《2019年中国游戏产业报告(摘要版)》[M].中国书籍出版社,2018:70-8.

[3][4]《全球移动游戏企业竞争力报告》:全球35强榜单公布[EB/OL].http://www.joynews.cn/jiaodianpic/201811/2132211.html,2018-11-21.

[5] 中国出海领先品牌行业白皮书[EB/OL].https://assets.kpmg/content/dam/kpmg/cn/pdf/zh/2018/09/leading-chinese-cross-border-brands-the-top-50.pdf,2018-9.

[6] 罗珉.企业竞争战略理论的创新[J].财经科学,2001(01):42-44.

[7] 叶克林.企业竞争战略理论的发展与创新——综论80年代以来的三大主要理论流派[J].江海学刊,1998(06):28-32.

[8] (美)迈克尔·波特(Michael E. Porter)著;陈小悦译.竞争战略[M].北京:华夏出版社,2005:30-40.

[9] Hamel G, Prahalad C K. The core competence of the corporation[J]. Harvard business review, 1990, 68(3):79-91.

[10] (英)D.福克纳(D. Faulkner),(英)C.鲍曼(C. Bowman)著;李维刚译.竞争战略.北京:中信出版社;西蒙与舒斯特国际出版公司,1997.01.

[11] 曾凡琴,霍国庆."夹在中间悖论"研究[J].南开管理评论,2006(03):67-72+79.

[12] 刘艳梅.企业竞争战略管理理论三大主流学派的回顾与思考[J].哈尔滨工业大学学报(社会科学版),2002(02):39-43.

[13] Jianyun Tang, Mary Crossan, W. Glenn Rowe. Dominant CEO, Deviant Strategy, and Extreme Performance: The Moderating Role of a Powerful Board[J]. Journal of Management Studies,2011,48(7).

[14] Oliver, Christine. "The antecedents of deinstitutionalization." Organization studies 13.4（1992）:563-588.

[15] 李新春,叶文平,朱沆.牢笼的束缚与抗争:地区关系文化与创业企业的关系战略[J].管理世界,2016(10):88-102+188.

[16][19] 连燕玲,叶文平,刘依琳.行业竞争期望与组织战略背离——基于中国制造业上市公司的经验分析[J].管理世界,2019,35(08):155-172+191-192.

[17] 朱彤.网络效应经济理论:文献回顾与评论[J].教学与研究,2003(12):66-70.

[18] 彭榕.网络谣言与公共秩序——基于"长尾理论"的观察视角[J].学术交流,2018(06):120-125.

[20] 李梅,余天骄.海外研发投资与母公司创新绩效——基于企业资源和国际化经验的调节作用[J].世界经济研究,2016(08):101-113+134+137.

[21] 李利方.企业获取动态竞争优势的重要方法——竞争对手分析[J].情报杂志,2008,27(12):161-164.

[22] 张冬梅,曾忠禄.如何利用波特的竞争对手分析框架分析竞争对手[J].现代情报,2007(05):187-190.

[23] 杨锡怀,张静.关于战略管理中"匹配"性的问题[J].东北大学学报,1997(01):117-120.

[24] 王百强,侯粲然,孙健.公司战略对公司经营绩效的影响研究[J].中国软科学,2018(01):127-137.

[25] 中国音数协游戏工委.《2019年中国游戏产业报告(摘要版)》[M].中国书籍出版社,2018:13.

[26] 郭焱,郭彬.不同竞合模式的战略联盟形式选择[J].管理科学学报,2007(01):39-45.

[27] 游族网络 2018 年年度报告[EB/OL].http://www.szse.cn/disclosure/listed/bulletinDetail/index.html?c3ee13db-5f15-4fda-903d-57b74e1158d0.2019-4-30.

[28][29] 上海米哈游网络科技股份有限公司首次公开发行股票招股说明书(申报稿 2017 年 12 月 19 日报送)[EB/OL].http://www.csrc.gov.cn/pub/zjhpublic/G00306202/201801/P020180105619302637893.pdf,2018-1-5.

[30][31][32][33][34] 心动股份有限公司招股书.[EB/OL].https://img.xdcdn.net/xdwp/2019/11/C_fullset.pdf,2019-11-28.

胧爱文化
——基于客户精准定位的特色经营模式分析

摘 要：本案例描述了上海胧爱文化传播公司的发展现状与企业特色。上海胧爱文化传播有限公司是一家典型的大学生创业公司，它来自校园并理解校园，年轻且充满活力，致力于为客户提供更优质的校园服务。经过六年的发展，胧爱文化形成了自己独具特色的发展路径和经营理念，并创造了独具一格的企业文化。作为一家"校园营销执行服务商"，胧爱文化在营销策略上注重以客户需求为导向，企业组织结构合理科学，企业经营颇有亮点。本文以"4C营销理论"为基本框架，从消费者、成本、便利和沟通四个方面对胧爱文化的营销策略进行概述，并以"SMART原则"为理论基础，分析胧爱文化的组织结构与绩效考核制度，最终总结出企业经营特色与优势，希望为其他传媒企业带来一些启发。

关键词：校园营销；4C理论；大学生创业

1. 案例背景

上海胧爱文化传播公司（简称胧爱或胧爱文化）是国内规模最大的校园整合营销企业，是上海大学生创业带动就业的典型企业。校园整合营销是由高效传媒在2006年提出的一个概念，它是对各种校园营销工具和合适的校园营销手段的系统化结合。根据校园环境和政策进行即时性的动态修正，促使企业与学生在交互作用中实现价值增值。校园整合营销就是在对校园群体准确的分析基础上，制定针对性的营销策略，把各个独立的营销策略整合起来，形成一套系统的营销策略。胧爱就是这样一家企业。公司于2011年完成团队组建，前身是"志高社团"，2013年正式成立。2015年已拥有8家子公司。发展至今，带动就业156人，年营业额达1.3亿元。胧爱文化将自己定位为"社会资源与高校的连接者"，主营业务包括：校园整合营销、校园快递、校园媒体、创业就业服务、高校科学技术成果转移、高校论坛峰会举办、校园信息战略咨询等板块，整合了全国2000多所高校，55个校园快递服务站，10万多校园媒体平台，每年举办校园活动5000多场，客户有阿里巴巴、福特汽车、可口可乐等700多家企事业单位。其中，校园落地是面向在校大学生的媒体形式和针对高校大学生这一细分群体进行的市场推广活动。随着高校的逐年扩招，在校大学生群体数量不断增大。因其具有规模基数庞大且集中的目标受众,以及相对而言的低成本,面向高校学生的校园落地传媒具有强劲的市场潜力。目前,胧爱校园经营区域遍布北上广深与武汉、成都、重庆、西安等全国16所主要城市的1 000多个校区。

胧爱文化扎根校园,关注校园生态,重视大学生的品牌培育价值,与全国各地众多高校合作联系密切,协助各高校策划并实施各类活动。上海胧爱文化传播有限公司定位于执行服务商,以资源和执行标准为导向为客户提供高品质的服务。以场地及周边数据为基础,为明星见面会、大学生创业大赛、大学生歌手大赛、体育比赛、互联网产品推广等活动提供场地及周边执行服务。

胧爱文化可以提供包括客户对接、项目执行、品牌设计、新媒体运营在内的一站式服务。六年的发展和经验的积累,让胧爱文化形成了专业化的策划设计流程,方案设计细致,以客户的诉求为出发点,为客户提供高标准、效果优质的多种设计方案。

胧爱文化企业内部施行扁平化的组织机构,人员配置灵活机动,业务部门不断细分,小组构成合理,提高工作效率,节省人力资源。同时公司会定时进行员工述职,根据业绩和特定的考核决定晋升名额;年末的年会、颁奖礼会对不同领域的优秀员工进行表彰。科学的薪酬体系、晋升考核制度,有利于调动员工的积极性,减少人才流失,构建合理的上下级关系,保持员工的工作热情,实现公司的持续稳定发展。

2. 胧爱文化传播有限公司的发展历程

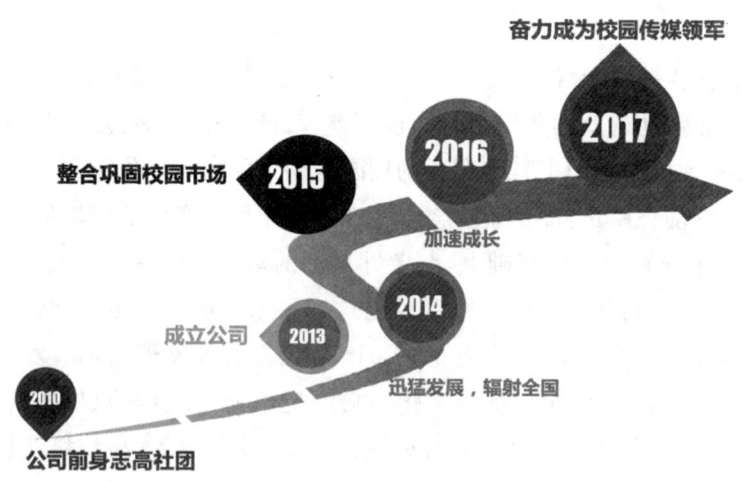

图1 胧爱发展历程

2011年,由还在校读书的团队成员以公益活动凝聚,组建成志高社团,承接各级政府、各类NGO的公益项目,为未来创业奠定基础;

2013年,以9人团队成立上海龙爱文化传播有限公司,营业额达200万元;

2015年,8家子公司成立,团队人数扩大到26人,营业额为1 800万元;

2017年,举办"乐创青春"活动,原上海市副市长时光辉莅临指导。团队规模扩大到164人,营业额突破2 600万元。

2019年,胧爱校园与全国更多高校开展合作,将基础业务夯实。同时寻找机遇,用几年来在线上、线下活动所积累的300多万大学生数据创造更多社会价值。

3. 胧爱文化的营销策略

3.1 顾客需求:精准受众定位,以顾客需求为导向,关注大学生创业

胧爱文化来自校园并扎根校园,其前身志高社团在校期间活动踊跃,深入大学生群体,了解市场需求,积累社会人脉。后期成立公司,瞄准校园市场,将校园生态视为一种具有极强社群特征和网络属性的生态,专攻校园整合营销与活动落地。

校园落地是在高校中通过一定媒介进行宣传推广的传媒活动。高校人员集中,受众明确,具有鲜明的市场特色,是活动方青睐的发展领域。校园落地的难点主要在于如何走到校园中来,使得策划的活动能被高校所接受,推广也能在高校师生中起到一定影响作用。在这一方面,大学生恰巧具有独特的创业优势。其来自校园且未脱离校园,与高校之间有着天然的联系,方便在企业与高校之间沟通联络,促进双方的合作。

胧爱传媒正是利用了他们的优势,借此逐渐发展。胧爱起源于高校的社团——志高社团,主要以"心怀感恩,志存高远;团结互助,立志成才"为社团理念。社团成员积极组织参与不同高校间的学生服务各类公益活动,不仅在本校表现优异、广结善缘,在其他学校里也积攒了一定的人际脉络,为日后能顺利进军校园市场打下良好基础。

社团活动不仅加深了成员与高校间的联系,也巩固了成员间的友谊和一起奋斗的信念。主创人员在社团活动中一起历练,一起磨合,一起成长,为团队协作打下坚实基础,积累了一定的经验和资源,这时他们水到渠成地发现,他们所拥有的校园资源,恰巧可以解决企业进校园传媒营销的问题。由此,创业意识觉醒,以志高社团为初始起点,胧爱文化传播有限公司作为企业成立,大学生创业正式开始。

大学生创业是一种以在校大学生和毕业大学生的特殊群体为创业主体的创业过程。大学生作为我国的年轻高级知识人群,有着较为丰富的知识储备,和新鲜生动的创造能力,是我国十三五规划的主要创业人群之一。当今社会,互联网络快速发展,5G时代已经到来,日新月异的科技变化打破了传统媒体一贯的宣传手段,新的传媒方式出现并冲击着传统媒体行业。当代大学生受互联网络环境的影响,思维模式与技能方面也和之前大不相

同。当代大学生能够更快找出新的创新创业契机，将理论与实践相结合，对市场潮流变化更具有适应性，是市场不可或缺的创新创业人才。

党和政府高度重视大学生创新创业能力，教育行政部门积极响应国家关于创新创业的相关政策，大力支持大学生创业。胧爱创业初期，加入延吉大学生创业家园，也享受到了许多优惠政策，如杨浦区开业指导中心资助的开业补贴、员工社保补贴等。秉持着代际相传的理念，胧爱校园在专注自身主营业务之外，着手发展大学生新媒体创业孵化器项目。为大学生创业团队提供固定资产，同时利用自身资源组织创业类的沙龙和讲座，为其发展牵线搭桥。

胧爱文化传播有限公司成立以后，其成员精准把握他们的优势和所长，稳健发展。在没有正式注册公司之前，主创团队已经凭借其所擅长的广告设计承接上海公益伙伴日、蓝天下的至爱等活动业务。正式注册公司之后，胧爱继续主打传媒类业务，走校园路线，和各大高校以及延伸的政府机关、品牌厂商等往来合作。通过其擅长的广告传媒设计，令企业产品落地校园，助校园活动顺利开展。

图2　胧爱文化合作品牌

胧爱在业界内通过优秀的传媒案例树立品牌形象，依靠口碑传播扩大市场，在创新创业领域不断提高品牌知名度。在项目执行过程中，胧爱为客户提供多种设计方案，全方位满足客户诉求。策划方案是策划成果的表现形态，通常以文字或图文为载体。策划方案源自于提案者的初始念头，终结于方案实施者的手头参考，其目的是将策划思路与内容客观地、清晰地、生动地呈现出来，并高效地指导实践行动。根据策划期内各时间段特点，推出各项具体行动方案。行动方案要细致、周密，操作性强又不乏灵活性。还要考虑费用支出，一切量力而行，尽量以较低费用取得良好效果为原则。在为客户提供传播活动设计方案时,胧爱并非专攻其一,交出一份答卷。而是从不同角度为客户考虑,根据活动的不同特色提供多种切合主题的设计方案,供客户凭喜好进行选择,或是择优整合。一套方案很难令客户非常满意,但多种方案中总有客户满意的元素,将其整合利用,便是将优点发挥到极致。

现今,胧爱已与上海市60%的高校达成合作关系,为其提供服务。

胧爱文化传播有限公司在校园推广的传媒活动中切实体现了自我价值,帮助优化了校园落地的工作流程。胧爱从活动本身角度考虑、从用户角度考虑,提供更全面更优质的推广服务。不仅如此,由高校社团发芽,逐渐茁壮成长,胧爱是大学生创业正在进行中的一份答卷;随着公司不断发展壮大,也为市场提供一定的就业岗位;并且反作用于校园工作,成为创新创业教育资源的一部分。胧爱帮助解决校园落地问题,解决校园传媒活动需要多方合作的现象,且回归校园进行创业指导。如与上海旅游高等专科学校达成协议,承接创新创业课程,每周末组织导师对四十多名学生进行创新创业的培训。在培养学生创新创业能力的过程中,胧爱坚持理论与实践相结合,重视实践机会,带领学生切实赴企业调研学习,将传统课堂向企业课堂转型。其优异的创业经验值得他人学习参考。

3.2 成本:服务链条完善+构建合作桥梁,双向降低物质与时间成本

高校的宣传活动全部环节落实下来包含有多项需求,譬如活动流程安排、活动内容规划、场地布置、名片卡片广告设计、物料准备等。以往,高校会分别针对不同的需求寻找合适的供应商,再如榫卯组装一样一一整合,最后联合成一套缜密完整的活动流程。这样难免会造成交接活动过于繁杂,项目与项目之间契合度的匹配磨合不当以及活动成本节节升高等问题。

胧爱的出现打破了这种不同项目寻求不同供应商的局面。公司可以提供包括客户对接、项目执行、品牌设计、新媒体运营等等在内的完善的服务链条,团队自身能高质量高标准满足整套活动的全部需求。经过几年的发展,胧爱已经形成了一支专业、高效的传媒活动策划队伍,可以完美承接方案策划、视频拍摄、图文直播、物料设计与制作等各种项目。高校不用再分工处理一项活动不同方面的落实问题,只需要将活动主题、项目内容和项目预期告知胧爱一个团队,即可完成全部任务。分工处理导致的多方对接、多项讨论会议等的问题得以改善,胧爱的一站式服务节约成本与精力,避免了管理混乱的现象,顾全整个布局安排,提供更多便捷。

图3 一站式服务链

除此之外，胧爱还在品牌与校园之间搭建桥梁，为校园活动推荐赞助，为品牌寻找合适的宣传渠道，将此之供给推荐给彼之需求。这样一来，既降低了客户（即品牌与校园）寻找合作伙伴的时间成本，也降低了企业自身为完善项目落地所要付出的物质成本。

3.3 沟通：建立有效沟通机制，多种渠道宣传互动

企业项目从无到有到最终落地，主要分为以下这几个阶段：了解客户诉求，讨论主题与策划方向；初步估测工作流程，为客户提供项目报价；向客户展示方案，阐述设计稿与物料筹备细节；场景搭建、设备调试，活动落地。其中，与客户的沟通贯穿整个活动策划与落地的环节。

在整个过程中，胧爱会将活动的各个细节仔细斟酌，与客户进行全方位、多角度的沟通与交流，为满足客户需求尽可能提出多种可行的方案。举一个例子来说，在为某高校的毕业典礼进行活动策划时，胧爱会首先了解该高校对于本次活动的基本设想，包括主题口号、思想导向的大方向、学校传统等内容。其次，以该高校的诉求为出发点，胧爱会出一个大概的方案，方案会详述策划内容、活动流程以及所需物料，并以此为依据为客户提供基本报价。

在方案的设计上，胧爱绝不是"流水线上的策划案"，胧爱的策划会严格按照专业的活动策划流程，但在每一个项目上都会根据不同顾客的特殊需要，设置亮点，使活动颇具新意，而不是千篇一律。比如在2019年为上海大学策划的开学典礼中，胧爱特别设置了"与共和国同龄人的学生代表讲述感人故事"的环节，在中华人民共和国七十华诞的特殊年份，这样的设计别出心裁同时又意义深远，令全体新生印象深刻。

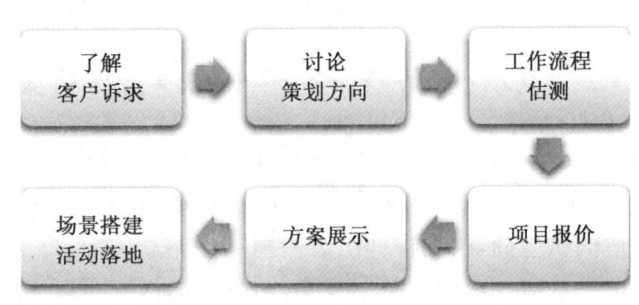

图 4　项目策划流程

3.4 便利：一站式供应商，提供牵线服务，解决多方问题

胧爱文化与校园紧密相连，关注校园生态，与全国各地众多高校合作联系密切，协助各高校策划并实施各类活动。具体到每一个环节的设置，胧爱都做到了给予顾客最大程度的便利。在活动策划的过程中，胧爱的工作人员会针对活动场地进行多次实地考察，对活动现场进行详细的测算、布置、取景甚至小规模的改造等。具体的考查内容包括场地的地理位置、进出入口的数量与位置、停车场等基础设施的情况，甚至周围路况等。在活动的流程安排上也会有细节的不同，比如出席典礼嘉宾的进出场路线、上下场路线、座位安排等，根据现场条件与情况的变化会有不同的安排，最大程度保证活动的顺利进行。在物料筹备方

面,胧爱也形成了自己的优势。胧爱有自己长期固定合作的礼品生产厂家,可以满足活动所需纪念品的生产需要。可以说,胧爱在为高校、品牌提供专业化的策划方案的同时,也具备了极强的执行力,当客户在众多备选方案中敲定满足自己需求的一份的时候,胧爱就会严格按照方案的流程与设置,将方案完美落地。

在校园推广方面,胧爱具有长期发展埋下的合作优势,并且能够起到牵连搭线的中介作用。胧爱理解的大学生的品牌培育价值主要体现在两个方面:一、大学生是未来的高端用户。大学生作为白领群体的后备军,拥有极强的财富潜力和消费潜力。二、大学生是品牌的忠实用户。因为初入校园的学生品牌意识相对比较淡薄,这期间的品牌影响搭载着"校园情结"能够为学生施以更加长期的影响。基于此,胧爱努力在校园和品牌之间搭建桥梁,为品牌找到消费者,为消费者推荐理想的品牌。如在为上大体育节的活动做准备时,胧爱方面考虑到正在接受的丝芙兰推广活动需要在高校落地,于是和上海大学达成协作,为其提供赞助,并让丝芙兰的推广成功进入校园。胧爱文化两方牵线,巧妙互补,一方面解决了高校方面活动赞助问题,另一方面也帮助品牌走进校园,扩大品牌知名度,两边的需求都得到充分满足,更好地调和解决供应问题,两全其美。而且通过这一举措,胧爱成功完成了上海大学体育节的传媒活动,并且促成了丝芙兰的校园落地任务,实现共赢。

4. 胧爱文化的组织结构:扁平化管理结构,助力优秀企业文化建构

组织结构是企业发展与经营过程中的重要内容,它是组织的全体成员为实现组织目标,在管理工作中分工协作,在职务范围、责任、权利方面所形成的结构体系,是整个企业管理系统的框架。一家企业的组织结构是否合理关系到这家企业未来的发展与生存。胧爱文化经过几年的发展,形成了独具特色的公司内部构成方式,团队拥有良好的工作氛围,建构了优秀的企业文化。

胧爱的团队成员起初只有创业时的9人,随着业务的不断发展,公司规模不断壮大,团队成员也相应增多。在公司发展的初始阶段,胧爱实行项目的小组负责制。每个项目小组具有类似的人员配置,包括策划、设计、后期以及机动人员,小组成员集体对项目负责,项目进度直接向公司的总负责人(即总经理)汇报。项目小组负责制对于规模小、职员数量少的企业来说有其优势。项目小组及高层领导直接对接至具体的项目,整个项目小组集体行动,可以有效提高员工工作默契,小组成员只需对手头的单一项目负责,有利于提高项目的完成度与完成质量。但是随着企业规模不断扩大,公司员工数量增速加快,项目小组负责制的弊端逐渐显现出来。人员数量的变动带来管理层面的混乱。小组负责制全组实时待命,集体行动,一定程度上导致了人力的浪费;随着项目体量的增长,员工绩效的考核变得

复杂,小组集体负责的制度为绩效统计增加了难度,不利于提高员工的工作积极性。此外,组内分工不清、领导层事无巨细操劳、精力占用过度问题也急需解决,因此,员工管理机制不得不根据现实情况进行相应调整。胧爱经过一系列的摸索,选择了细分部门及权力下放制度。

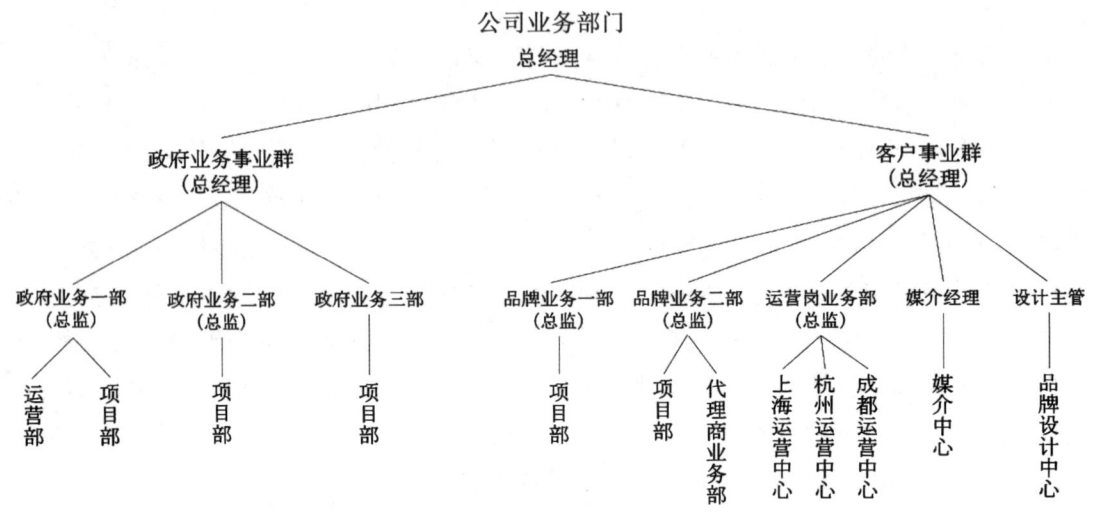

图 5　胧爱文化公司业务部门示意图

公司业务部门具体设置如下:公司在总经理的统领下,根据业务对象的不同,分为政府业务事业群与客户事业群两大分支,分别由各事业群的总经理总体负责。政府事业群由于客户性质趋向同一,业务内容相似度高,因此部门设置比较简单,只细分出政府业务一部、政府业务二部、政府业务三部三个小型业务部门,由各部门的总监带领对接不同的项目。其中,政府业务一部下分设运营部和项目部,在承接一般政府业务的同时负责运营宣传方面的事宜;业务二部和三部只下设项目部。而客户事业群面向社会各界,诸如高校、品牌等,类型多样,项目类型丰富,因此机构设置更加细化和立体。客户事业群下细分出品牌业务一部、品牌业务二部、运营业务部、媒介经理、设计主管五个业务部门,分管品牌业务、运营事项、媒介管理与分配、设计后期。公司在进行品牌业务相关的工作时,会由整个客户事业群下的不同部门协同合作,组成临时项目小组,各司其职,承接项目。与此同时,每个项目小组还会配备一名全能型的职员,在设计和执行上都可以独当一面。这种组织机构灵活机动,又保证组内成员的默契,最大程度节约人力又提高执行效率,在项目的每一个执行环节既有专业人士负责专业领域,也有项目总负责人监督、总揽大局,保证项目质量。除此之外,企业中的上下级关系也至关重要。在上下级关系的处理和构建上,胧爱也有自己独特的经验。公司会定时组织员工进行工作述职,上级领导根据员工的业绩和其他特定考核来决定晋升名额;在年末的年会、颁奖礼上,公司会对不同领域的优秀员工进行表彰与奖励。科学的薪酬体系、晋升考核制度,有利于调动员工的积极性,减少人才流失。

胧爱实行扁平化的组织结构，考核制度中有具体的、可衡量的绩效指标，对员工提出的工作要求与目标具有可实现性，承接活动时组织灵活，项目与项目之间具有相关性，人员安排机动，员工工作目标的完成具有时限性，整个组织结构切合"SMART 原则"，团队合作体现出专业化协作的特征。这样的管理结构，既方便人才的培养与发展，也有利于高层拥有更多时间与精力思考战略层面的事务，更帮助企业建构优秀的企业文化。在行政管理层面，各部门员工虽然有了明确的划分，但部门间的管理层人员依然相互联结，在保证日常工作井然有序的同时方便不同部门业务交叉时候消息的灵活互通；加之合理上下级关系的成功构建，有利于保持员工的工作热情，形成融洽互助的工作氛围。在这种优秀企业文化的熏陶之下，团队凝聚力得到提升，品牌的价值得以凸显与升华，从而推动公司的持续稳定发展。

5. 企业策划经典案例

5.1 上海大学开学典礼案例

上海大学 2019 届本科新生将于 2019 年 8 月 31 日在上海大学体育馆举办新生开学典礼。整个开学典礼将以"我爱上大"和"新中国成立 70 周年"为主题元素进行环节设定和现场布置。

在策划和设计的过程中，胧爱对活动场地进行了布置，选定海报、横幅的摆放位置，结合本次活动的主题与调性，胧爱为上海大学方面提供了两个版本的现场布置主画面背景图：

图 6 上海大学开学典礼主画面背景图

陇爱为整个活动设置了合理的流程,对相关人员的动线、移动时间、环节时长都进行了严密、合理的安排,每个流程都做到了"精确到每一分钟"。具体行程时段如下图所示:

时间	内容	参与人员	屏幕播放	备注
2019.8.30	提前一天搭建,30日下午彩排	指导老师、参与同学、陇爱校园	全流程	具体彩排时间由学校沟通确认
6:00~7:00	开学典礼会场最后调整布置	陇爱校园	调试	
7:00~7:30	主持人与现场工作人员、后台设备进行串场彩排	全体工作人员	全流程	
7:30~8:10	新生入场、摄影摄像、暖场视频循环播放	指导老师 全体工作人员	暖场视频	
8:10~8:30	现场位置调整,领导入场	全体人员	暖场视频 主画面	需播放入场音乐
8:30~8:31	主持老师后台开场,提示全体起立	主持人	流程PPT	主持老师需确认
8:31~8:36	奏唱国歌	全体人员	红旗飘扬	需要同步升国旗,音乐学院演奏
8:36~8:38	主持老师串场	主持人	主画面	
8:38~8:42	播放欢迎视频	音控台	欢迎视频	最终版视频28日确认
8:42~8:43	主持老师串场	主持人	流程PPT	教师代表候场
8:43~8:48	教师代表发言	郑老师	流程PPT	讲稿打印
8:48~8:49	主持老师串场	主持人	主画面	学生代表候场
8:49~9:54	在校生代表发言	学生会主席	流程PPT	讲稿打印
9:54~9:55	主持老师串场	主持人	主画面	后台视频准备
9:55~10:00	新生代表及共和国同龄人讲述与共和国成长的故事	后台	共和国同龄人视频	最终版视频28日确认
10:00~10:02	主持老师串场,入伍学生作准备	入伍学生	流程PPT	入伍学生候场
10:02~10:03	主持老师串场	主持人	主画面	新生代表候场礼仪就位
10:03~10:05	书记为新生代表佩戴校徽	书记、学生代表、礼仪	流程PPT	后台需播放音乐

(续表)

时间	内容	参与人员	屏幕播放	备注
10:05~10:20	校长讲话	校长	流程PPT	
10:20~10:22	主持老师串场,授旗人员准备	主持人	流程PPT	旗帜道具上台 授旗代表登台
10:22~10:30	全场传递校旗	全体学生	欢迎视频	传递方式需确认
10:30~10:35	全场合唱校歌 学生代表在座位席中依次起立演唱	全体学生	MV	学生代表 需确认

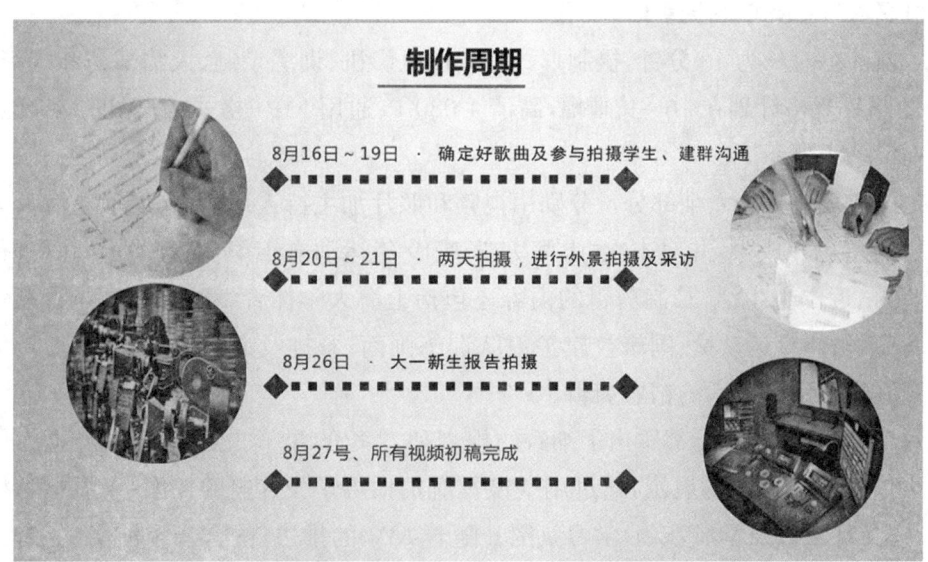

图7　上海大学开学典礼制作周期

　　根据上海大学方面的要求,胧爱还为其设计了一套内容丰富的视频方案。胧爱用自己的拍摄和导演团队,在上海大学师生的配合下为上海大学拍摄了迎新视频,内容以歌曲音乐视频的形式呈现,中间特别加入了上大师生的人物采访片段,经过后期编辑处理,制作成了6分钟左右的视频短片。

　　胧爱通过一首改编的校园歌曲,配合不同校区学长学姐的采访寄语,最后再把报名当天视频拍摄及采访内容剪辑进去,完整地体现出学校于新生的真切关怀,在新一年的大一新生迎新季给众多新生留下了深刻印象。一方面,视频为新生提供了一次快速了解上大优美校园的机会,另一方面也让他们感受到学长学姐对他们的美好祝愿以及未来大学生活的美好。这样一部接地气又富有感情的视频,不仅可以作为一部迎新视频、还可以作为一部校园形象宣传片对外播放和宣传,发挥了双重效用。

除此之外,胧爱还全权负责本次活动的网络直播、图片照片直播以及绿植的摆放、纪念礼品、议程手册的制作,为上海大学提供了专业化、一站式、整合式的服务。

5.2 上海大学体育节活动案例

2019年,胧爱文化传播有限公司为上海大学策划筹办了运动嘉年华这一活动。在运动嘉年华的主题基础上,分别策划了MV制作,摄影摄像,嘉年华文化宣传,饮品补给四个模块。

5.2.1 MV制作

MV制作主要由体育学院工作准备,以展示体育教育的教学成功,贯穿嘉年华及赛事全程,并以软广的形式宣传嘉年华文化。

MV预计总时长为10分钟,摄制形式有4K电影机、训练录制、人物采访和现场实拍。而MV的影片规格计划在16∶9画幅,高清1 080 P,通用MP4格式,以保证MV能清晰、兼容地在设备上展示。

MV构成板块分为六个部分。分别用视频和照片加主持人口播,来展示上海大学历年体育教育的特色和成果,并对本次"上海大学2019年运动嘉年华"内容展示同时进行情况介绍;为了贴近学生生活,录制剪辑的内容还包括上海大学体育学院为本次体育嘉年华的工作准备剪影;体育运动员、国旗校旗护卫队训练画面;彩排及训练剪影;以及嘉年华赛事的全程录制和活动结束后的精彩剪辑。

在每个不同板块,胧爱都给出了细致的规划和方案介绍。如MV的开场、上大体育特色及上大体育教育成果的展示,通过用空镜及航拍拍摄学校优美的校园,来展示学校的生活气息、人文环境以及学风基调、学习氛围。随着MV的推进,配合音乐前奏,上海大学的几名同学迎着朝阳开始奔跑,寓意着在上大这个起点向前方和灿烂未来奋力冲刺。紧接着,通过学生们的训练状况、参赛模样、得奖瞬间,来展现上海大学体育特色、体育教育成果。

胧爱不仅策划了MV的概况,而且提供专门人才进行视频拍摄剪辑。活动当中,也安排了相应设备,全程录制,以备从赛事和嘉年华区域的摄影资料中挑选精彩画面,剪辑接入MV赛事同步提供的全程录像。胧爱传媒提供的MV制作精美且独具风格,制作水准相当成熟。

5.2.2 摄影摄像

胧爱构建了本次系列活动的实时摄影页面,通过微信发送、朋友圈分享链接的方式,可线上观看现场的实时直播。并在前期准备好了宣传画面和链接,用于前期宣传和保存。直播过程中共准备有4个机位,分别聚焦领导席、运动员、嘉年华摊位、裁判、志愿者等不同的人群，记录他们的实时动态，捕捉精彩瞬间。每个机位分工明确，对准主席台前侧和开幕式会长中央拍摄活动领导和参与学生，也有摇臂从上至下进行拍摄，随机捕捉现场镜头，还有游机拍摄近景，展现不同的风采面貌。

胧爱细心的准备不仅便于广大师生浏览赛事全程，为运动员提供珍贵的参赛活动影像，具有纪念意义。而且方便了不能前来的学生家长、亲朋好友等进行远程观赏。还通过互联网络的传播，展现了上大师生的精神面貌，宣扬了上海大学的拼搏精神。

5.2.3 饮品补给站

胧爱协调沟通在嘉年华现场建立饮品补给站，免费提供饮用水给现场的运动员、观众和嘉年华活动的参与师生。

饮品补给站的物资由"康师傅"提供，补给站摊位现场有明确的活动logo、补给方名称、代言人广告和易拉宝海报。在为参加活动的人员提供饮品的同时，也向广大师生进行了"康师傅"的校园推广，活动与推广水到渠成，一举两得。

胧爱对"康师傅"的校园落地需求和上海大学嘉年华的应用需求进行巧妙结合，既满足师生的饮水问题，也完成了供应方的宣传方案，一项合作拉动两个任务，不同的需求方在同一个活动下精准对接。

图8 "康师傅"军训补给站摊位

5.2.4 嘉年华文化宣传

嘉年华的文化宣传在物资方面主要体现在道旗、背景板、立屏展架和打卡互动区。

仅道旗这一项需求，胧爱就给出了三组共11个不同风格的设计方案。胧爱的设计考量主要从活动的内容性质出发，风格贴近主办方文化形象、师生生活和活动主题，画面设计以及用色考究。在"运动嘉年华"这一主题上，分别绘画出篮球、羽毛球、乒乓球、跑步四个特点鲜明的运动员人物形象，主色调考虑活泼鲜艳的橙红、亮眼的橘色、健康的绿色和稳健的蓝色，以展现活动及运动员的蓬勃生机和顽强的精神。

多样的设计稿是陇爱传媒的特色服务。在陇爱看来，针对一项任务仅提供一份策划方案，不仅无法承载集思广益的灵感，而且无论是他们自身还是需求方，都会对这"唯一"要求苛刻，精益求精，在多方不同的考量下，作品很难达到所有人的预期，是一份不够完善的"答卷"。而全方位多角度的设计与之不同，它从不同的活动切入点入手，展示活动不同的细节面貌，涵盖更多可能，能够更加全面地满足客户需求。客户在方案之间有比较，有青睐，有选择，也能够根据不同方案整合优势，集成为一项完善的成果。在这次上海大学运动嘉年华的活动中，主办方对陇爱的道旗设计的多种方案非常满意，最终全部采纳。

图 9　上海大学运动嘉年华道旗设计

完整的流程规划，细致入微的设计思路，专业的图文音像制作，多选的活动方案，陇爱以专业、认真、严谨的作风，从客户的角度对项目进行全面的考量，结合多方需求，努力完善成品，进行优质的媒体宣传，将不断在业界获得更好的口碑。

参考文献

[1] 朱孟斐.校园传媒下的校园文化建设[J].中国多媒体与网络教学学报(上旬刊),2019(08):241-243.

[2] 崔文斐,倪勇.多位一体构建校园传媒新生态[J].青年记者,2016(36):67-68.

[3] 廖宇飞.高校校园传媒的融合创新探析[J].湖北经济学院学报(人文社会科学版),2013,10(07):10-11.

［4］赵铭钰.4P和4C融合的营销策略模式及其案例[J].现代经济信息,2019(07):157-158.

［5］王羽.企业市场营销中的4P及4C结合应用探讨[J].财会学习,2019(08):191.

［6］卢楠.市场经济下企业经济管理模式研究[J].现代营销(信息版),2020(02):137.

［7］欧志强.4C营销理论及其应用研究[J].商场现代化,2018(15):12-13.

剧星传媒商业模式
创新演化路径研究
——基于动态能力视角

摘　要：本研究从企业的动态能力出发，建构了一个基于动态能力、商业模式创新之间交互影响的理论框架；在研究对象选取上，以上海跨屏整合营销传播领域先行者的广告企业剧星传媒为研究案例，分析企业对于外部环境更迭的响应机制，综合考量企业环境洞察能力、变革更新能力、技术柔性能力对商业模式的创新塑造。研究发现，剧星传媒以响应外部环境更迭为基础，通过对于市场、消费、技术、内容等多个层面的环境洞察能力形成商业模式创新助推力，通过优化企业组织架构，深耕核心内容领域形成变革更新能力，结合科学工具助力、数据资源驱动等技术柔性能力对商业能力进行核心塑造，最终实现商业模式创新后的价值创造。

关键词：广告媒体；商业模式；创新

1. 问题提出

随着互联网的发展，技术变革的影响已经深入人类生活的方方面面。新技术出现的同时也加速了市场中产品的更新换代，让商业领域的变化空前剧烈。由于技术和商业模式的快速发展，企业只有紧紧跟上，才能在激烈的市场竞争下求得一线生机。

在经济全球一体化、科技飞速发展及竞争日趋激烈的"超竞争"环境下，企业的持续发展面临着日益严峻的挑战，市场的剧烈变化也给企业发展带来了更多的不确定性。因而一个企业的动态能力在此刻就显得极为重要，也就是在面对激烈的市场竞争下，企业的商业模式创新能力如何是其能否够成功立足的关键因素之一。

由此我们不难看出，企业的经营战略在此时就显得尤为重要，正确的经营战略的制定可以有效地帮助企业应对市场的变化，在激烈的竞争中，更好地找准自身的定位，实现企业的转型升级。而对经营战略的错误选择，则可能将企业置于更大的危机之中，甚至是一个毁灭性的打击。

基于上述研究背景，本文将重点剖析以下问题：在面对外部环境更迭时，应如何考量企业动态能力对于商业模式创新演化的作用机制？从该问题出发作进一步延展,可细分为以下具体问题:(1)面对纷繁复杂的市场环境,应从哪些层面聚焦环境更迭？(2)在面对环境更迭时,企业的动态能力分别表现在哪些维度？(3)企业的动态能力如何作用于自身商业模式的创新演变及其效果如何？

为了研究上述问题,本文先从动态能力和商业模式两个维度出发,聚焦企业在剧烈市场变化下的决策更新;在此基础上,再建构动态能力和商业模式关系模型,同时运用该理论模型分析上海剧星传媒股份有限公司的战略转型及其成功经验;最后得出本研究的主要结论并进一步提出未来的研究方向。

2. 理论分析与研究框架

2.1 动态能力理论

动态能力理论出现于20世纪90年代。由于当时的市场环境日益动态化、技术变革加速、市场的全球化以及顾客需求的多样化,导致企业之间的竞争愈发严峻,为了应对激烈的竞争市场,企业唯有创新才能不断成功,于是动态能力理论应运而生。

对动态能力的研究自提出以来就一直是学界和业界的讨论热点,针对动态能力的定义也各有不同。1994年,Teece和Pisan在《The dynamic capability of firm: An introduction》正式提出动态能力理论[1]。他们认为,动态能力是整合、建立和再配置内外部资源和能力的能力。Lee等人在2002年提出,动态能力是企业竞争优势的来源,具体阐述了企业如何才能应对环境变化。Zollo和Winter则更强调动态能力是一种集体学习(活动)模式,能使企业通过系统创造或调整经营规则来提升自己的效能[2]。2003年,Winter进一步提出,动态能力是企业扩展、调整或创造常规能力的能力,是一种创造能力的能力[3]。

综上所述,所谓的动态能力理论是指,组织为使产品快速地上市、有效地掌握变化万千的商机,以及能持续地建立、调适、重组其内外部的各项资源与智能来达到竞争优势的一种弹性能力。它诠释了企业是如何创造商业价值的。[4]

2.2 商业模式理论

商业模式(business model),是一种建立在许多构成要素及其关系之上、用来说明特定企

---

[1] 王小可,禹安琦.动态能力论在企业中的运用——以滴滴出行为例[J].市场周刊(理论研究),2017(03):19-20.
[2] 韩凤晶,黄冬冬.企业动态核心能力培育与提升——基于NK模型企业组织结构创新路径研究[J].资源开发与市场,2012,28(12):1118-1120+1138.
[3] 梁玮.社会网络、动态能力与组织绩效关系研究[J].人力资源管理,2013(12):107-108.
[4] 何盼.企业动态能力研究[J].情报探索,2013(04):31-33.

业商业逻辑的概念性工具,商业模式可用来说明企业如何通过创造顾客价值、建立内部结构,以及与伙伴形成网络关系来开拓市场、传递价值、创造关系资本、获得利润并维持现金流。[1]

商业模式并非一个新鲜概念,其作为一个商业名词,最早于1957年出现在论文正文中。随着计算机网络的出现和电子商务的兴起,商业模式作为一个重要术语,开始被用以描述网络企业的经营方式和盈利模式,并主要通过总结企业的经营状况以对商业模式进行定义。

目前来看,商业模式在国外已受到企业界和学术界的广泛关注。[2] 关于商业模式的探索与定义,也不断从经济逻辑、运营结构与战略方向等单一视角走向整合一体化,以说明企业商业系统运行的本质。

从经济逻辑来看,商业模式即企业的经济模式,其内涵为企业获取利润的逻辑。从运营结构来看,商业模式重在说明企业通过何种内部流程和基本构造设计来创造价值。[3] 从战略方向来看,商业模式是对不同企业战略方向的总体考察,涉及市场主张、组织行为、增长机会、竞争优势和持续性等。[4] 目前来看,国外对于商业模式的定义大部分都在这几个范畴当中。KM Lab 顾问公司将商业模式定义为关于企业如何在市场上创造价值的描述,内容包括企业的产品、服务、形象与配销的特定组合,还包括用以完成工作的人员与作业基础建设的基本组织。[5]

从整合一体化角度来看,商业模式是对企业商业系统如何很好运行的本质描述,是对企业经济模式、运营结构和战略方向的整合和提升。

Osterwalder 在对众多概念进行比较研究的基础上指出,商业模式是一种建立在许多构成要素及其关系之上、用来说明特定企业商业逻辑的概念性工具,商业模式可用来说明企业如何通过创造顾客价值、建立内部结构,以及与伙伴形成网络关系来开拓市场、传递价值、创造关系资本、获得利润并维持现金流。[6]

2011年,Osterwalder 在《商业模式新生代》一书中提出,商业模式包含9个基本的构造模块,分别表示为:客户细分、价值主张、客户关系、核心资源、关键业务、重要合作、渠道通路、收入来源和成本结构。

不同的商业模式是差异化的构造模块或者差异化的模块组合的结果。客户关系是指如何和客户建立良好关系,渠道通路是指使服务和产品传送到客户手中的途径;收入来源描述的是企业获取利润的方式;核心资源描述的是企业获取核心竞争力的关键性资源,是保证一个商业模式顺利运行所需要的最重要资产;关键业务描述的是使企业拥有核心竞争力的业务,能保障其商业模式正常运行;重要合作描述的是在依靠企业内部资源无法满足

---

[1] 顾熹.浅析新时期电信运营商商业模式创新[J].市场周刊(理论研究),2012(04):62-63+68.
[2] 叶伟龙.基于细分市场的第三方物流企业商业模式研究[D].大连海事大学,2009:10.
[3] 郭天超,陈君.商业模式与战略的关系研究[J].华东经济管理,2012,26(04):93-96.
[4] 王砚羽,谢伟.基于立体价值结构的电子商务商业模式识别研究[J].科技管理研究,2013,33(22):194-196+200.
[5] 魏吉.商业模式与企业管理文献综述[J].经营与管理,2014(05):104-106.
[6] 李文莲.基于社会"碎片化"的商业模式创新[J].改革与战略,2014,30(07):53-55.

要求的情况下所借助的外部企业，通过双方合作、优势互补实现共赢；成本结构描述的是使一个商业模式正常运行所发生的全部成本。

2.3　研究框架

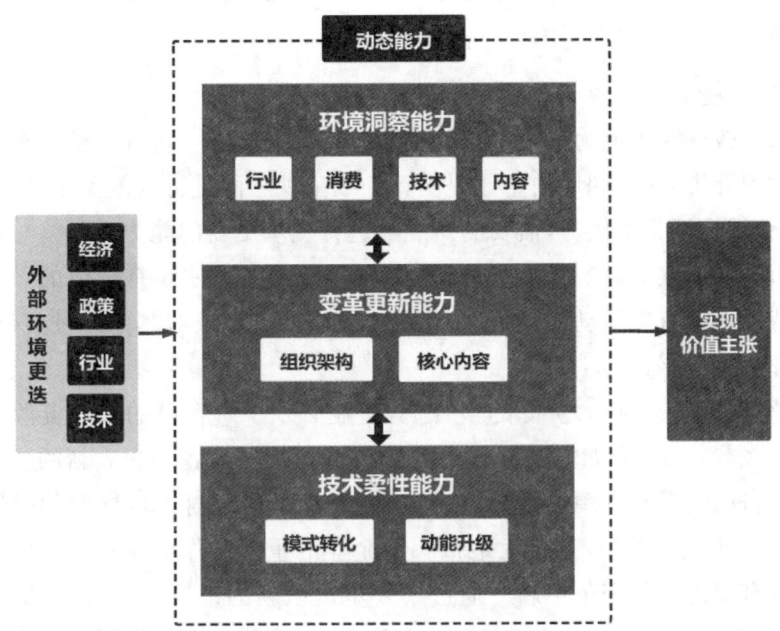

图 1　基于动态能力的商业模式创新演化研究框架图

商业模式系统展现了企业的商业系统如何运行，也是对企业经济模式、运营结构和战略方向的整合和提升。这种提升并非是一蹴而就的，它的产生、演绎以及实现过程都与当前的市场环境趋势息息相关，也与企业自身的动态能力密不可分。

一种新的商业模式诞生的逻辑起始点是企业生存环境产生变化的阶段。而环境变化建立在外部刺激（如竞争对手的创新、基础科学的进步、法律制度的改变等）与企业原有惯例所产生信息的联合基础之上。在这个阶段，个人或者群体对如何使用新方法解决老问题或如何面对新挑战产生了一系列想法。[1] 这些想法处于一种萌芽状态并部分以缄默的形式存在，此时只是处于探索阶段，如何把握变化的机遇，看清新环境下的企业市场机会，需要发挥企业的动态能力。

2.3.1　环境洞察能力

市场环境日益动态化，技术创新速度加快，经济的国际化和市场的全球化，顾客需求的多样化，造成了竞争内容越来越快，竞争优势的可保持性越来越低，唯有不断感知市场导

---

[1]　孔军. 基于知识的企业持续竞争优势构建研究[D]. 武汉大学，2005：23.

向,[1]才能使企业跟随市场不断发展,乃至走在市场前列。

以企业家为代表的中高层管理者和技术专家们凭借其深厚的人文底蕴、敏锐的商业洞察和多年的市场经验,及时把握产业结构变化和消费需求升级等市场发展机遇,进而寻找自己的商业合作伙伴,调整自己的业务方向,塑造以满足市场需求为核心价值的品牌形象,这样就可以得到市场认同和追捧,进而引领整个行业的产品和技术升级,从而最终持续保持竞争优势。

2.3.2 变革更新能力

动态能力是改变企业能力的能力,并在创新上具有开拓性动力。在动态环境中,崇尚建立开拓性学习能力,并长期地向企业提供新的战略观念而进行的侧重于变革的学习。因此,为了企业获得持续竞争优势,需要的是能够进行变革更新的能力。

在洞察市场环境之后,能对企业进行整合与变革的能力才是有价值的。所以,企业动态能力必须持续地拥有更新动力,通过企业员工创新活动以及对其他各种经营活动进行创新、变革以提高企业的效率。

这种变革首先体现在核心资源的整合上,企业必须了解自己的核心资源与优势,并且考虑在新的市场导向下,应如何发挥自己的核心资源优势或者是建立新的核心资源,这往往需要企业对自己的现有资源进行再转换。另一方面,通过对市场导向的感知,企业的关键业务也将面临挑战与变革,这极大地依赖于企业的重要合作伙伴和自己的核心资源,在此基础上进行有限的业务变革更新。通过早一步进入新的市场,把握先发优势,将在短时间内占领市场高地,为企业的核心资源打造争取时间,也为企业提供了技术升级的契机,形成自己的专利与技术壁垒持续保持竞争优势。

2.3.3 技术柔性能力

自进入互联网时代以来,技术在各个领域都占有举足轻重的地位。企业之间的跨界融合愈发凸显,甚至可以说,哪个企业掌握了核心关键技术,实现技术范式革新,它就能在该领域拥有极大的竞争优势。当技术范式发生转变时,新技术逐渐取代旧技术,整个过程表现出动态性、非线性和难以预测性的特征。在这些情况下,产业间的边界逐渐模糊,跨界竞争也已成为常态,每一家企业都面临着更多的威胁,但同时也将迎来更多的发展机遇,关键就在于企业能否准确把握机会,在此时,技术柔性能力就显得尤为重要。

在动态能力理论中,所谓的技术柔性能力是指,企业的现有技术能否很快地改进从而提升顾客对企业产品和(或)服务的认同感至关重要,企业必须具备在有关自身业务的技术知识演变中挑选出部分与自身现有知识基础关联的技术知识并执行这种关联的能力。具体而言,企业可以通过技术柔性能力对产品进行渐进式创新和颠覆式创新活动并合理分配资源,进行快速的机会识别,不断地对现有的资源进行渐进改进和剧烈重构,二者互动协同

---

[1] 何盼.企业动态能力研究[J].情报探索,2013(04):31-33.

一致能够使企业在动态复杂环境中获得持续竞争优势(焦豪,2011)。[1]基于此,企业可以对外部环境进行密切监控,时刻关注技术的变化能够带来的可行性机会,在这个阶段,企业家可以根据企业的具体情况从事技术创新工作,最大化的利用技术来优先抢占市场。之后再根据市场的变化,不断调整技术细节,完善技术和新产品,最终完全占领市场。

整个发展规律遵循以下逻辑:首先,外部环境的变化在这里尤指技术范式的革新将在时间和空间上影响企业创新战略的调整和具体创新策略的选择;其次,企业动态能力中的技术柔性能力将帮助企业在众多技术变革中识别并挑选出与企业自身最为契合的关键技术;最后,企业将利用关键技术开发新产品,以利在市场上取得优势地位。

但是,仅仅只有技术创新还不能实现企业盈利,最重要的是能够将产品(或服务)成功推销给顾客,所以在下一阶段,企业需要做的就是定位目标客户并成功出售其产品(或服务)。在互联网发展初期,由于其跨地域、全覆盖的特征,那时的产品(或服务)更多面对的是大众市场,其成功的关键在于能够让更多的顾客看到自己的产品(或服务)。但是随着互联网发展进入下半场,用户的需求更加的多样化,所以整个产品市场呈现出分众化的趋势,市场的划分也更加的细致,大众市场向细分市场逐渐转变。所以此时的企业对目标客户的定位需要更加精准,关键不在于定位用户细分中使用频次量最大的客户,而是要定位于最愿意为该产品(或服务)付费的那一部分顾客。这其实也就是企业价值主张的一个全新变革。

所谓的价值主张,顾名思义,其实就是企业通过其产品和服务提供给消费者的价值。简单来说,也就是企业对于顾客需求的深入描述。传统的价值链中主要是以供给为导向的一种商业模式,但是在现阶段,此类商业模式已经失去了生长发展的土壤,现在逐渐兴起的是以客户需求为导向的互联网商业模式和价值创造。因此,企业的价值主张也增加了全新的内容,对于用户的心理和用户需求的关注成为企业的重点问题,对于顾客心理的准确把握成为企业成功的关键一环。同时企业呈现给顾客的价值主张诸如企业对社会、对人的态度和观点等,也能成为企业的无形资产,增强消费者对于该企业的信心并且不断巩固用户黏性。从而为企业占领市场提供帮助。

3. 研究方法

3.1 案例研究法

采用案例研究的方法,主要是基于以下考虑:有关广告公司在互联网背景下的转型问题,已有不少相关研究,但在具体的路径选择以及模式总结等方面尚缺乏深入探讨。案例

---

[1] 焦豪.双元型组织竞争优势的构建路径:基于动态能力理论的实证研究[J].管理世界,2011(11):76-91+188.

研究特别适用于新的或现有研究不充分的领域,适用于解释性、探索性地回答"为什么"或"如何做"。通过对以前相关研究资料的阅览,提炼出有意义和洞察力的问题,[1]研究者通过对研究对象尽可能地完全直接地考察与思考,通过搜集整理案例数据寻求这些问题的答案,从而能够建立起比较深入和周全的理解,案例研究最终能够给研究者提供系统的观点。

3.2 案例选取

案例选取的标准与研究对象应和研究关注的问题息息相关,具体案例的选择应表现出非同寻常的启发性,或是极端的范例,或是难得的研究机会。本文研究选择上海剧星传媒股份有限公司(下文简称"剧星传媒",股票代码833153)作为案例研究对象,是基于剧星传媒在互联网时代广告行业的显著地位与竞争优势决定的。剧星传媒是一家以网络视频广告为核心,融合电视/搜索/门户/娱乐公关/媒体咨询顾问的全案代理公司,致力于成为跨媒体营销领域的领导者。剧星传媒成立于2011年5月18日,总部位于上海,公司员工近360人,拥有业内首家跨屏内容评估系统,并在广告投放过程中开发了"网络平台选择模型""营销转化模型""跨屏内容评估工具""植入权益评估工具"等多套工具,形成了自己的核心优势。

为保证数据资料的准确性和有效性,在获取资料时采取了两方面的策略:一是注重信息来源。选择具有法律效力的信息,如剧星传媒上市公司的公告、年报等;二是注重实地考察交叉验证,通过实地走访调研剧星传媒上市公司的主要职能部门,访谈主要部门负责人,了解公司实现价值主张的具体细节,并搜集到一些内部资料。

4. 案例研究

4.1 案例概述

剧星传媒是一家以网络视频广告为核心,融合电视、搜索、门户、娱乐公关、媒体咨询顾问的全案代理公司。剧星传媒作为新媒体广告企业,立足本土充分调动资源优势,致力于发挥中国智慧助力品牌塑造。在其发展历程中,正值互联网飞速发展时期,广告市场也逐步由传统领域向网络空间渗透,其业务板块不断融合新兴产业技术,以独特的互联网思维创新商业模式,拓宽经营范畴,打造了一系列具有前瞻性、独创性的营销案例。在近十年内,剧星传媒在跨屏营销领域重点深耕,业务团队布局全国,获国家"高新技术企业"认证,成为跨屏整合营销传播的先行者和引领者[2]。

---

[1] 冯军.企业动态能力提升机制研究——基于创业导向的视角[J].经济研究导刊,2012(25):26-27.
[2] 杨海军,孟令光.跨屏整合营销传播:剧星传媒广告的营销新模式探析[J].广告大观(理论版),2015(04):43-49.

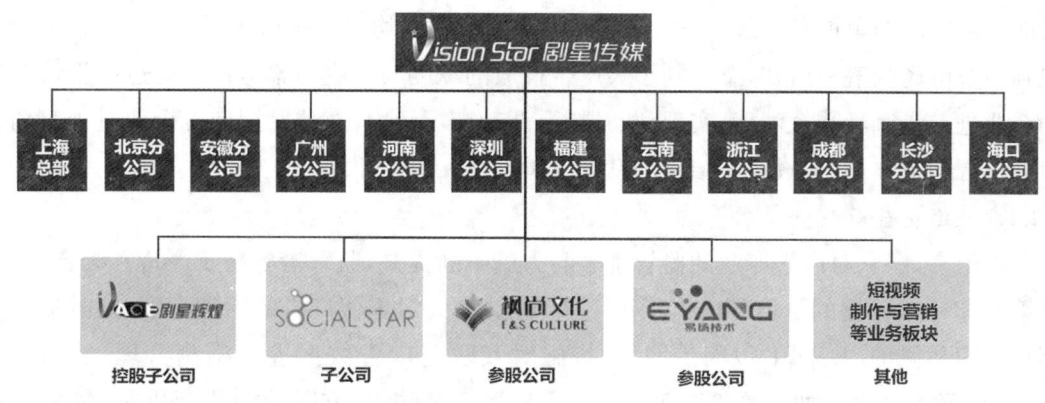

图 2　上海剧星传媒股份有限公司基本架构图

从剧星传媒业绩表现来看,得益于剧星传媒近年来大力倡导的"品效协同,齐头并进"战略,尤其受效果营销策略的创新带动,在品牌广告预算不断削减、传统广告增速大幅放缓、整体市场信心持续向下的大环境下,据其财报数据显示,2019 上半年剧星传媒总营收 19.56 亿元,同比增长 72%,净利润 2840 万,同比增长 104%,业绩表现良好。就本研究而言,剧星传媒在面对外部环境的动态变化时,借助其对于环境的深刻洞察与自身变革更新能力,并依托技术柔性能力实现商业模式的创新演化,在自身动态能力的强大支撑下实现了其在商业领域的价值主张,与本文研究思路高度契合,具有深刻的研究意义与借鉴价值。

4.2　案例分析

4.2.1　外部环境更迭

4.2.1.1　经济层面

2019 年,在外部环境较为复杂、国内经济下行压力较大的背景下,据国家统计局数据显示,全年国内生产总值 990 865 亿元,按可比价格计算,比上年增长 6.1%,增长率有所滑落。当前,世界经济贸易增长放缓,动荡源和风险点增多,国内结构性体制性周期性问题交织。进一步聚焦能够直观反映各经济体对市场心理预期的广告市场数据,2019 年中国广告经营额为 8 674.28 亿元,较 2018 年增长 8.54%,占国民生产总值(GDP)的 0.88%,维持在近五年来第二高位增长,较上一年度净增 682.8 亿元。[1] 据中国互联网广告发展报告数据显示,2019 年互联网广告经营额增速为 18.21%,呈"放缓型"增长态势,这标志着互联网营销正在走向成熟[2]。就互联网广告市场而言,受制于各个品牌的预算缩减,导致了

---

[1] 张颖.2019 中国广告年度数据报告[EB/OL].http://biz.ifeng.com/c/7v8CVm6AVBA,2020-3-25.
[2] 中关村互动营销实验室.2018 中国互联网发展报告[EB/OL].https://www.imz-lab.com/article.html? id = 55,2020-2-8.

互联网广告的增速放缓,但在此趋势下却进一步刺激了互联网广告营销的创意升级,在有限的资源空间内争取利益最大化。同时,必须着眼于人均可支配收入的不断增加,充分意识到消费市场的潜力所在,意识到扩大广告投放的深度与广度的紧迫性。通过广告营销辅助企业进一步刺激受众消费,实现利益增长,调动市场活力,充分发挥广告行业对于市场价值的挖掘塑造作用,形成经济结构的良性改善。

4.2.1.2 政策层面

近年来,国家对广告产业的监管水平与力度不断提升,监管措施趋于严苛。综合而言,政策整体针对传播的价值导向作了进一步规范,加大对虚假广告的治理力度,同时加强对用户的隐私保护,并采用"以网治网"的措施对互联网广告数据进行检测管理。同时,媒体、协会等力量逐步加入监管方阵,协同线上、线下打造多方联控的监管机制,彰显对广告行业的监管更加系统、规范和高效。对广告从业者而言,相关营销措施受到进一步约束,但有助于其进一步产出优质内容,拓宽营销内容的传播广度,使广告行业竞争更趋于稳定有序。

4.2.1.3 行业层面

就互联网广告行业而言,目前,基于移动互联网广告产业模式的更新完善,以多屏联动为核心的产业模式逐步清晰,其中,信息流广告逐步占据大众视野。信息流广告是位于社交媒体用户中的好友动态、或者资讯媒体和视听媒体内容流中的广告,是信息流商业化的一种形式,已成为重要的商业化增长动力。

2018 年信息流广告市场规模达到 1 090.4 亿元。从增速来看,信息流广告 2016 年、2017 年、2018 年增速分别为 109.3%、91.5%、58.3%,整体增速有所放缓,但市场份额则稳步提升,在网络广告市场已逐步成为主流模式。

4.2.1.4 技术层面

伴随硬件设施的升级迭代与软件技术的跨越发展,网络广告所依托的 PC 端、移动端等载体呈现方式更加多元化、沉浸化、智能化态势,对于营销技术开发也提出了更高的要求。在大数据对于各个行业的渗透催化下,技术向网络广告的渗透力度不断加大,数字营销领域发展迅速。对于网络广告而言,信息采集、产品生产加工、渠道整合分发、效果研判采集领域都需相关技术支撑,以更加智能化的营销模式应对技术对行业带来的冲击。

4.2.2 环境洞察能力

面对明显呈现动态化的市场环境,企业必须具备敏锐的环境洞察能力,结合市场经验对商业模式进行调整,从而在激烈的市场竞争中保持优势地位,也是企业动态能力的重要体现。剧星传媒在面对日新月异的市场环境时,依托其决策优势、技术优势在行业、消费、技术、内容等层面做出洞察响应,对商业模式做出快速、精准调整,进而为后续变革更新能力奠定基础。

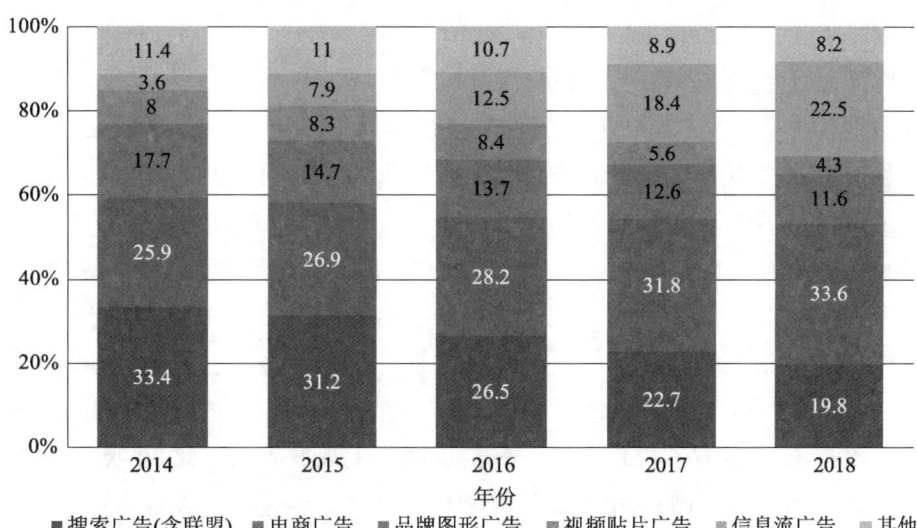

图 3　2014—2018 年中国不同形式网络广告市场份额柱状图

数据来源：艾瑞咨询

4.2.2.1　行业层面

面对网络广告市场，剧星传媒在其商业模式制定阶段已确定其核心为网络视频广告。由于网络市场的开放性、透明性，伴随信息的高速传播极易造成营销策略及产品趋同，同时期内市场涌现大批量同质化产品，对于创意生产而言具有较高风险。当优质内容产出时，在传播初始阶段必将面临海量的模仿者，特别在碎片化传播的大背景下，不利于其抢占用户注意力，从而对传播效果造成负面影响。剧星传媒通过对于核心业务的精准深耕，在面对媒介的普泛化时使其在网络视频广告领域占据一定话语权，从而避免在网络广告市场的纷繁形式中丧失竞争优势。

近年来，由于文创扶持力度的进一步增大，文娱市场表现活跃，催生大批量 IP 落地，对于广告代理商的洞察能力提出了极高要求。由于头部 IP 资源紧俏，其附加价值的巨大潜力造成广告代理赛道拥挤。剧星传媒联结上百家主流行业领先媒体，涵盖视频媒体、新闻 App、搜索引擎、垂直社交、电视媒体等领域，通过媒体全覆盖形成突破口，辅以特色成熟的数字营销方法论，注重品牌的创意策略表达与内容捆绑，逐步渗透头部内容的资源渠道，不断巩固其网络广告市场的优势地位。

4.2.2.2　消费层面

随着网络市场的高速发展，消费者面临互联网难以计量的信息时，极易陷入信息过载的局面，对于优质信息的筛选难度加大。在该情境下，消费者的敏感度有所下降，需要创新性、强刺激内容抢夺注意力，用户注意力的稀缺对于互联网广告营销而言无疑形成了新的挑战。与之相矛盾的局面为消费者使用互联网服务时对于广告具有天然抵触心理，存在性较强的广告在吸引用户注意力的同时会造成反感情绪的滋生，对于品牌传播而言如何协调二者矛盾成为难点。

剧星传媒在行业实践过程中，通过采用开机大图、原生信息流、展示类硬广等举措打通信息流领域的打造广告生态，使用户与企业连接触点更为多元，转变广告形式融入用户日常信息接收范围，以期达成"润物细无声"的传播效果。据艾瑞机构针对信息流广告接受度的调查显示，超八成用户认为信息流广告对其不存在打扰，且记忆力深刻。基于其直达用户、原生性强的优势，使商业行为与用户体验有所平衡，对于该形式的广告用户认可度较高。

在数字营销方法论的视野下，由于互联网的深度浸入，商业元素更为复杂，链条交叉度高，消费者在此模式中被互联网赋能。在该情境下，消费者的主动地位提升明显，不再处于被动的信息接收状态，具有了主动获取、交流、反馈的主观态势。因此，在吸引用户注意力的同时，剧星传媒同时辅以配套措施确保用户的主观能动性进一步发挥，达成注意力留存效果。剧星传媒在"陌陌+创意文案"的案例中，在影视剧集中创新 MOMO 表情包与创可贴结合，上线 300 余例创可贴广告。创新广告形式引发用户热议，在提高品牌曝光度的同时，这也对产品定位做了进一步强化，并以生动富有趣味性的内容引发用户下载参与讨论，通过放大用户的互动参与能力做到注意力的留存转化。

4.2.2.3 技术层面

在技术变迁快、应用速度快的市场环境下，需要企业具备极强的技术变异识别能力，通过对技术的持续注力来提升自身的动态能力。据天眼查数据显示，剧星传媒自 2015 年至今已拥有 19 件软件著作权，涵盖数据挖掘、效果预判、优化管理等多个层面，实现了技术对营销赋能的全方位渗透。

剧星传媒集团旗下子公司易扬技术即为剧星传媒技术布局的一环。易扬技术是一家精准技术驱动型公司，专注于实现消费者触达与广告互动融合与一体，通过核心操作区域 EyangDSP 投放管理平台调查投放策略及基础数据，通过 EyangDMP 数据管理分析系统多维度查看和分析投放效果，搭载 EyangDATA 数据研究中心进行数据的深度挖掘和研究，设定专属标签体系，实现人群优化、技术优化、标签优化及跨平台频控，以技术支撑实现精准广告营销，使效率与体验的平衡发展成为剧星优势。

4.2.2.4 内容层面

优质内容是广告主与消费者不可或缺的连接渠道，需要对于品牌文化的深度挖掘以及对于用户心理的深层把握，同时也需要在内容形式上有所突破。受制于媒体环境的碎片化，乃至粉末化的发展现状，剧星传媒深谙内容在传播市场中的重要价值，多年来倡导的核心理念就是"内容为王"与"多屏联动"。根据不同媒体内容的属性特征、消费场景实现独家定制，打通短视频、朋友圈广告、影游联动多种产品形式，依托特殊载体进行个性化、多元化的创意生产，通过相应的终端产品引流，实现跨终端、跨产品的整合营销。

在当下网络广告市场中，内容生产已突破其原有定义，更多地表现为数据驱动、技术赋能、创意升级等生产要素的高度交融，已经与既有的商业模式产生摩擦，因此更需要相关企业对于数据、技术、创意进行科学有效的高度整合，以发挥核心要素的最大竞争力。相较于初期专注于网络视频广告代理，剧星传媒现已建立以视频为核心，以内容营销为特色的整合营销全案服务的商业布局，可通过品效协同的核心理念使内容与效益成为运行基础，在确保利益增长的同时通过内容营销提升品牌价值。

4.2.3 变革更新能力

在对市场环境有了深刻洞察后，变革更新能力作为企业应对外部市场环境变化的重要动力，使企业能在环境动态变化之际灵活调整战略模式，以强大的技术、资源、市场、内容优势占据市场规模，在竞争环境中处于优势地位。变革更新能力作为企业动态能力的重要环节，强化了动态能力对于商业模式调整的支撑作用。从该角度对剧星传媒进行分析，有助于系统性地了解剧星传媒对于自身核心资源与优势的整合向思考逻辑。

4.2.3.1 优化企业领域布局，协同配合实现全案整合营销

据艾瑞咨询2019年5月对于中国广告主选择代理商的调研结果来看，中国广告主主要考虑的五个因素为全案整合营销能力、服务品质能力、服务过同类型客户并有代表案例、价格因素、公司规模与资历，其中全案整合营销能力是广告主选择代理商时会优先考虑的因素。全案整合营销能力对于广告企业而言，需要其制度、决策、实施等能力的高度完善统一，具备能够实现跨界整合的协调运营能力。

剧星传媒在成立初期立足自身优势，专注于网络视频广告代理，目前的业务板块已经拓展成为以视频为核心，以内容营销为特色的整合营销全案服务，形成了大视频业务、效果类业务、资讯类业务、公关类业务的全方位覆盖。

（1）立足本土资源，实现网络视频全案代理。剧星传媒在对市场充分了解的前提下，形成了以网络视频全案广告代理为主的立体化服务。涵盖市场洞察、整合购买、媒介策略、创意制作方面，与本土最大的代理公司爱奇艺、优酷、腾讯视频、芒果TV等形成精准化营销的战略合作伙伴。同时，其在特定领域也有针对性布局，如与PPTV在体育营销方面达成合作。

（2）坚持品效合一，实现效果营销专业化。剧星传媒的效果营销事业部致力于实现专业化的效果营销服务。在精准营销方面，搭载腾讯新闻、今日头条、ZAKER、一点资讯等平台，通过在市场中的长期浸润，致使其能够对信息资源实现精准化营销。同时结合百度、搜狗、360、神马等搜索引擎，结合搜索营销策略，实现了消费者信息获取渠道的精准覆盖。剧星传媒同样借助DSP（Demand-Side Platform，广告需求方平台）实现用户精准画像，了解用户的年龄、性别、地域等人口属性，判断用户的兴趣和行为偏好，在此基础上通过原生广告、Banner广告、贴片广告等丰富形式实现广告需求在时间、空间场景下的跨平台精确匹配。

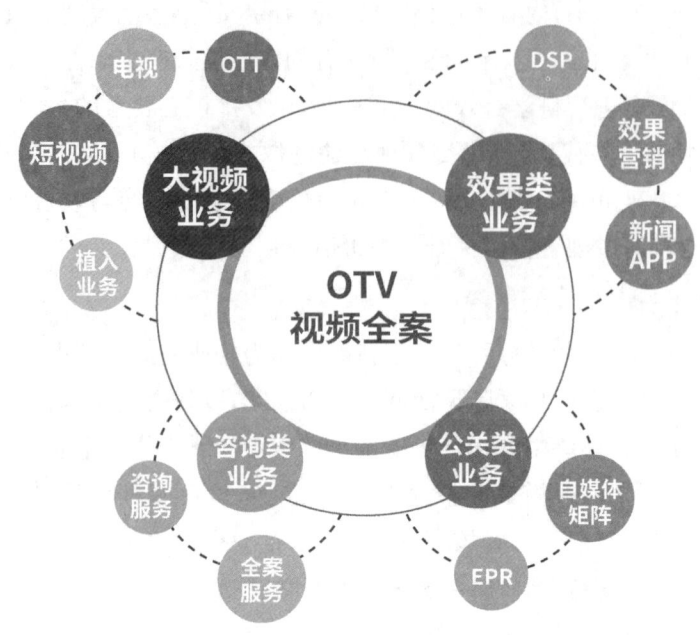

图 4 剧星传媒整合营销全案服务示意图

（3）打通娱乐公关领域，实现公关策略及整合营销服务。剧星传媒旗下的搜秀互动专注于社会化媒体整合营销，致力于为品牌提供社会化媒体整合营销策略的制定及执行。在网络大数据日趋成熟的行业背景下，结合网络视频、移动互联网等行业主流新兴模式及资源，提供给客户以社交媒体传播为主要形式的整合解决方案。搜秀互动服务包括但不局限于社会化媒体整合营销策略的制定、SNS 媒体阵地的活动推广计划制定与执行、社交媒体如微信公众账号、微博、贴吧、豆瓣等自媒体矩阵的代运营、S-CRM 大数据的挖掘整合及优化、微创内容如微电影、音频、微信 H5、微创海报等创意制作、App 技术开发及推广、HTML5 等技术应用解决方案、创意策略及执行。与此同时，结合百度 SEO（Search Engine Optimization，搜索引擎优化）提供舆情监控、关键词口碑等优化服务，实现了在公关领域的整合覆盖。

（4）以内容为核心，提供全方位电视广告业务代理。剧星传媒媒体代理涵盖央视、湖南卫视、浙江卫视等主流频道，通过媒介检测，提供媒介策划与评估，借助行业媒介投放评估分析，实现媒介播报及执行。在此过程中，剧星传媒基于对电视广告的特性了解，坚持以内容为核心，实现台网整合传播全案服务。

（5）搭建聚星智库，实现跨媒体咨询、顾问服务。剧星传媒确定战略定位、广告运营、品牌策略、内容运营、影视推广与内部管理并重的顾问服务原则。媒体咨询领域包括企业文化、组织架构、内部培训、绩效考核产品策划设计与定价、销售管理客户推广、大客户服务方案设计投资与购买、内容编排、受众推广影视内容全方位推广等，通过其背后强大的资源平台支撑实现跨媒体咨询、品牌咨询服务，以帮助企业品牌价值全方位提升。

（6）基于信息流内容，实现广告精准定制。信息流广告是位于社交媒体用户中的好友动态，或者资讯媒体和视听媒体内容流中的广告，是信息流商业化的一种形式，也是移动互联网时代下的商业产物。剧星传媒通过大数据实现精准定制广告，与今日头条、腾讯新闻、一点资讯等 App 深度合作，实现开机大图、原生信息流、展示类硬广等多种形式结合的广告服务，该模式下广告曝光率高，且灵活性强，并且凭借原生性可获得广告产品在点击、购买方面的极高转化率，深度契合剧星传媒近年来坚持的"品效协同"主张。

（7）兼顾硬件，建立互联网电视的聚合投放平台。基于互联网电视屏幕大、操作流畅度高的影响下，OTT 广告具备大屏所带来的沉浸感强、展示形式精美等特点。剧星慧视作为中国最大、最早成立的以内容为核心的 OTT 投放平台，打通媒体、第三方、OTT 厂商、用户之间的壁垒，并对互联网电视用户进行精准画像，通过智能分配等技术极大地提升了投放效率。

（8）浸入社交媒体，占据软性广告聚集地。在社交媒体平台，剧星传媒以朋友圈广告与头部微信公众号为两大投放重点。在朋友圈广告中，根据用户画像实现定向投放，通过原生化广告呈现实现大批量人群的精准覆盖，依托社交关系实现互动传播模式。在头部微信公众号中，剧星传媒根据公众号订阅者所呈现的社群组织精准定位消费者人群特性，借助粉丝效应实现品牌曝光，并且连接电商实现线下互动，达成品效合一的营销模式。

（9）大数据技术接入，构建技术支撑。易扬技术是剧星传媒集团旗下子公司，是专注于将消费者触达与广告互动融合与一体的精准技术驱动型公司。易扬技术前身是好耶集团的效果营销技术产品平台，在大数据精准平台及程序化采购平台上经验丰富，在 2016 年推出语音互动广告形式，欲将传统网络广告从单一被动广告的视觉影响转为"视觉＋听觉＋感觉"三重影响的主动趣味广告，进一步丰富了广告互动形式。易扬技术具有大量的客户及数据积累，电商数据模型较为丰富，使剧星传媒在品牌、电商等多领域内得以占据优势。

（10）强强联合，专注影视剧领域重点发力。剧星传媒联合大型影视剧制作公司 SMG 尚世影业投资控股枫尚文化，重点针对影视剧的内容植入建构营销模式。枫尚文化拥有尚世影业最具影响力的优质影视剧资源，同时还参与影视剧投资、网络自制剧、影视剧场、电视栏目代理和线下活动整合营销等业务。剧星传媒通过与枫尚文化的联动布局，使其在保障核心业务的优势同时打通全案营销的影视剧植入领域，以外接模式拓宽其优势领域。

（11）洞悉风口领域，打造短视屏营销平台。随着抖音、快手等短视频 App 在下沉市场的持续发力，短视频产业处于风口增长期，在信息技术、资本和消费行文的推动牵引下，营销价值不断增加，完成了从"流量积累"到"流量变现"的阶段转变。剧星传媒汇聚网络内容与内容制作者运营的头部资源，与二更视频、造物集、魔力 TV 等形成健全的合作模式，消除自身在制片、策划、联合推广、数字版权管理、销售等方面的壁垒。前期通过品牌洞悉进行创意策划,在多媒体平台对内容团队进行评估与匹配,而后通过内部系统批量采购,统一管理。在此模式下能够对数据进行实时分析,达成效果监测的效果。

(12)整合优质资源,打造品牌全案。在剧星传媒的发展运行过程中,已然形成一套完善且健全的品牌全案服务。剧星传媒对于自身优势进行重点整合拓展,同时与合作组织协同发力,发展成为独具特色的品牌全案逻辑体系。其品牌全案内容涵盖各个领域,包括价值梳理、品牌定位、整合传播、公关营销、创意制作、创意设计、终端辅助、渠道招商、市场推广,能够以科学化、市场化的决策体系帮助品牌建成完善的营销模式。

4.2.3.2 深耕核心内容领域,科学工具助力效益产出

在新的网络广告市场导向下,企业变革更新能力首先体现在对于核心资源的整合上。企业必须清醒地了解到自身优势所在,如何在市场导向下发挥或建立核心资源,形成自己的专利与技术壁垒持续保持竞争优势。剧星传媒基于对广告投放市场深耕多年的经验,针对广而泛的网络平台、营销渠道、内容评估、权益评估方面开发多款工具,以科学手段助力广告投放。

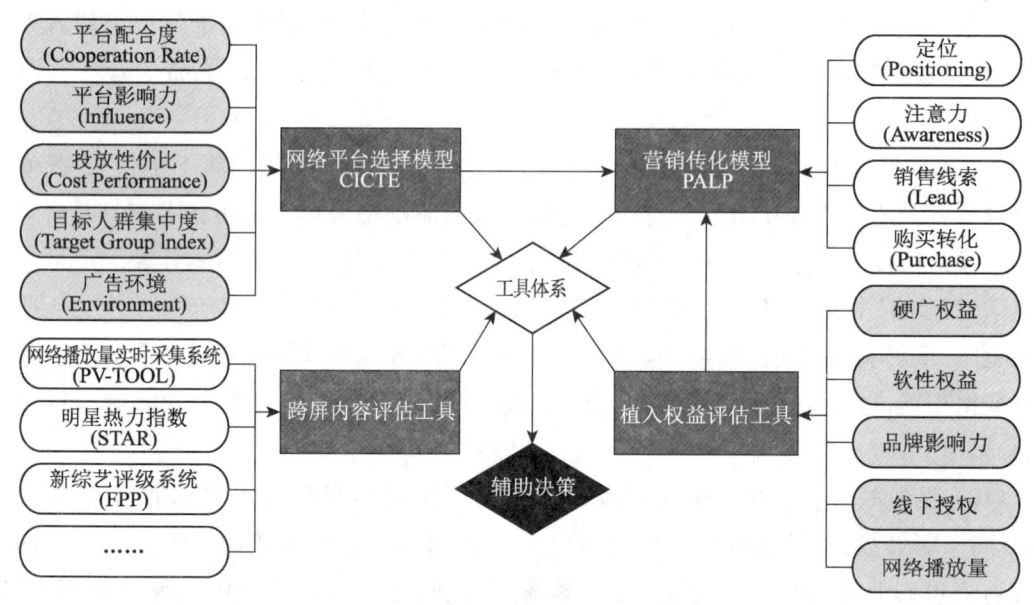

图 5 剧星传媒工具体系模型示意图

(1)网络平台选择模型。由于当前网络平台仍处于快速增长期,新的平台不断涌现,其平台定位、目标人群、内容产出模式上都有差异,在市场驱动下同质化程度较低,为广告投放的平台选择增加了壁垒与门槛。因此,在市场中依据投放需求对平台进行科学有效的整合筛选成为重中之重。

剧星传媒在此需求上开发网络平台选择模型,以平台配合度(Cooperation Rate)、平台

影响力(Influence)、投放性价比(Cost Performance)、目标人群集中度(Target Group Index)、广告环境(Environment)作为评价要素,搭建CICTE网络平台选择模型,筛选头部平台和垂直细分领域的腰部平台,在该模型的助力下与内容方建立联系,争夺优质内容资源平台,消除投放壁垒。

(2)跨屏内容评估工具。在全球数字化和供需关系升级的背景下,数据逐步成为企业重要的生产资料。由于各个平台属性不同,数据评估模式差异较大,且针对领域侧重点不同,同时数据获得壁垒难以突破,数据缺乏针对性与定制性。因此,剧星传媒在与主流数据平台进行对接的同时,开发自身跨屏内容评估工具,通过网络播放量实时采集系统(PV-TOOL)查询单个内容的日播放量以及播放总量,通过明星热力指数(STAR)查询近期明星热议情况,通过网络热度实时采集分析系统(SNC)进行单个内容的热度指数分析,以及内容潜力前情评估系统、综艺内容深度评估系统、新综艺评估系统等建成体系化的跨屏内容评估工具,依据广告主诉求进行具有针对性的数据采集、数据分析,构成自身的数据资产,提供更加具有竞争优势的定制化服务内容。

(3)营销转化模型与植入权益评估工具。在数字营销过程中,在互联网的塑造下信息流通走向数字化、网联化,消费者主动性增加,逐步在营销过程中占据主动权。消费者获取信息的渠道难以垄断,交互反馈更为频繁,在该变革趋势下营销转换模型的建立就显得尤为重要。剧星传媒针对痛点建立PALP营销转化模型,从定位(Positioning)、注意力(Awareness)、销售线索(Lead)、购买转化(Purchase)四个消费者维度进行考量,帮助广告的生产环节从消费者需求出发,摒弃单纯的销售导向性思考,全面高效地向消费则传递营销内容。辅以植入权益评估工具,从硬广权益、软性权益、品牌影响力、线下授权、网络播放量等对累计收视点、单期成本、单期点成本进行评估,综合达成辅助决策的功效。

4.2.4 技术柔性能力

核心技术是一家企业的生命力所在,当新兴技术不断冲击市场,就迫使企业必须具有前瞻性眼光,实现技术范式的革新。但技术冲击具有非线性、动态化、难以预期的特征,企业面临着跨界竞争的威胁,此时具备把握发展机遇,提升服务认同度,演变提炼出与自身经营优势有关的技术知识的技术柔性能力就显得尤为重要。

4.2.4.1 品牌传播模式转化提升

品牌传播是启迪消费者的关键环节,也是实现转化购买的重要渠道。剧星传媒在前期依据市场特性制定VSS传播模型,将内容作为核心,以视频(Video)为主要输出、结合搜索(Search)为阵地、通过社交(Share)进行渗透,形成攻守有道,内容为王的传播模型。但在倡导品效合一的当前市场,剧星传媒模式演进为以大视频为核心的互联网营销生态闭环,全新建构为VISA模型。

出于对当前市场痛点的综合考量,剧星传媒形成以短视频、OTT、OTV、UGC、TV、

TVC建构而成的视频（Video）内容核心，向图文信息（Information）、互动扩散（Social）、渠道转化（Action）多项辐射的传播模式。在以内容为核心的大视频支撑下，通过搜索引擎、信息流广告、效果营销建构图文信息板块，以社交互动、话题、海报、H5等打造互动扩散板块，打通和创新线上线下的渠道转化板块，丰富了旧有模型的内涵和外延。

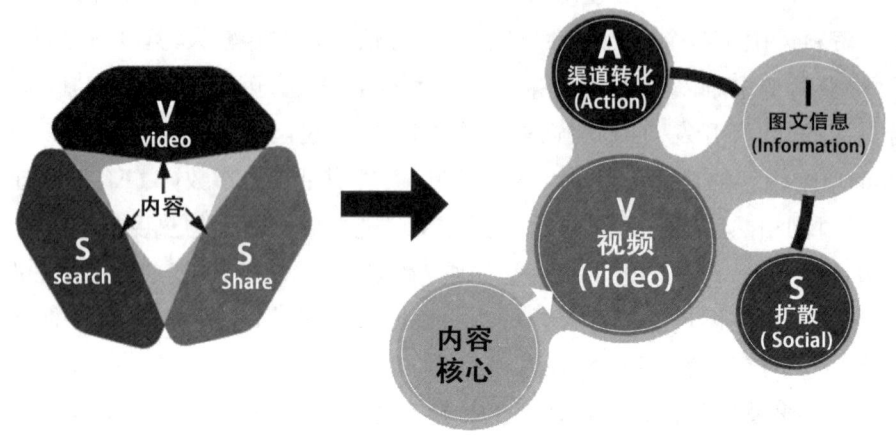

图6　剧星传媒传播模式变更图

该模型前提为剧星传媒对各行各业的研究和洞察。剧星传媒在互联网出行、旅游、社交等多个领域形成了洞察深刻的行业研究报告，以及借助对于龙头企业经典案例的打造，获取了一手行业洞察数据。在此基础上，剧星传媒具有优势资源能够通过品牌背景分析、媒介环境分析、行业及竞品分析形成前期背景洞察，综合采用SWOT分析、目标人群洞察、营销策略制定、策略解读构建编排传播策略。进入执行阶段后通过智能工具进行内容选择，借助CICTE系统进行平台选择，在确定形式后进行预算分配与效果预估，执行品牌推广。剧星传媒以全面、深度的多种组合模式针对性解决问题，实现核心内容的精准定位，在消费者触达率增长的同时保证了广告效果的透明化。

4.2.4.2　数据资源驱动能级提升

随着大数据、云计算、人工智能等技术进入广告市场，在网络广告市场中的参与度逐步提升，为行业带来了新的想象力，越来越多的广告主也倾向于寻求相关技术对于广告行为进行介入。同时，在数字消费时代消费者数据海量增长，对于广告代理公司而言，增强数据管理与应用能力已然成为大势所趋。

在数据获取层面中，剧星传媒与第三方检测公司有着广泛而深入的合作。在电视、电台、报纸、杂志、户外广告等领域与央视市场研究股份有限公司（CTR）合作，把控传统广告行业的数据波动态势。在互联网方面，获取中国广视索福瑞媒介研究（CSM）获取全网的电视收视率、电视投放内容评估和预估数据，另结合发布互联网全网广告数据报告的艾瑞系统等数据监测平台，形成了对于市场权威数据的深入把控。

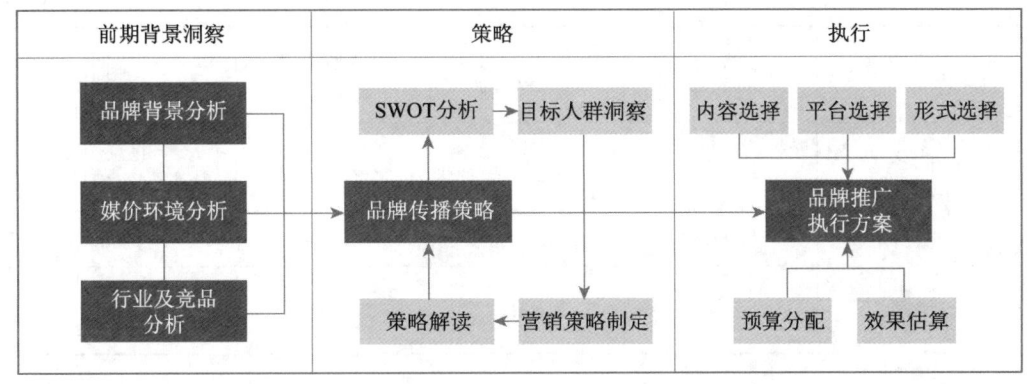

图 7　剧星传媒品牌传播方案制定模式图

在接入专业数据平台的基础上,剧星传媒自主研发了跨屏内容研究系统补充完善对于定点数据的采集需求。该系统涵盖网络播放量、网络播放量排名、网络热度等数据采集系统,在剧星传媒业务的针对性领域建立了精准数据库。与此同时,在对于数据的使用开发上,剧星传媒倾向于向人工智能方向发展,匹配性开发了内容平台匹配系统、电视剧网络播放量预估系统、实时关系校正系统、热点内容期待指数系统,实现了基于人工智能的投放预估和效果评估,将数据驱动能级进行改善提升,能够在大数据支撑下,以人工智能系统快速完成消费群体锁定、渠道筛选、平台匹配、效果预估等重点环节,以数据打通营销策略的全环节。剧星传媒对于数据资产的构建和合理利用,符合广告主的诉求表达,也为消费者提供了定制化、功能性更强的服务。

4.2.5　实现价值主张

据中国视听大数据统计显示,2020 年第一季度晚间黄金时段电视剧收视数据概览显示,《安家》在每集平均收视率、每集平均收视份额、单集收视率最高值上均独占鳌头,网络声量居高不下,话题度、讨论度、曝光度方面均有出色表现。剧星传媒作为以视频为核心的整合营销全案公司,助力姬存希、999 感冒灵、新氧 App、小牛电动车、葵花药业、亚宝药业、a1 食品等多个品牌在《安家》中多元化呈现,在同一剧集中高密度集结多种营销案例,具备极高的研讨价值。

表 1　2020 年第一季度晚间黄金时段电视剧收视数据概览表

节目	每集平均收视率	每集平均收视份额	单集收视率最高值	频道
安家	3.216%	10.789%	4.057%	北京卫视 东方卫视
如果岁月可回头	2.108%	7.542%	3.377%	北京卫视 东方卫视

(续表)

节目	每集平均收视率	每集平均收视份额	单集收视率最高值	频道
新世界	1.943%	6.444%	2.913%	北京卫视 东方卫视
奋进的旋律	1.886%	6.278%	2.141%	CCTV1
精英律师	1.877%	7.168%	2.153%	北京卫视 东方卫视

数据来源：中国视听大数据

4.2.5.1 强调品牌特性，多渠道并重扩散品牌影响力

姬存希创立于2015年，其品牌定位是面向消费者群体提供高科技天然萃取的新奢美妆品牌。其营销措施重点采用与主角剧中剧外深度绑定，扩散品牌影响力。《安家》男主角徐文昌剧中形象定位为"暖男"，于剧外扮演者罗晋形象契合度也较高，以"四处卖房一年四季都要防晒"作为推广标语。在剧中，姬存希不仅通过绑定男主角拍摄明星播报和中插播报，承包了剧集开头和中间的强关注时刻，将剧情高光节点流量和剧中受人喜爱的角色相互绑定，充分塑造了品牌定位。与此同时，该品牌锁定前情回顾，在承前启后之重要节点进一步扩散品牌关注度，同步联动打造"姬存希时间"。与其模式类似的新氧App绑定剧中角色"瓜哥"，锁定明星播报的广告形式，通过剧内剧外联动传递品牌信息，释放品牌力量。

图8 前情回顾+明星播报广告示意图

4.2.5.2 契合剧情灵活露出，巩固品牌专业特性

在剧情发展过程中，999感冒灵的品牌露出多采用创可贴形式，依据电视剧情节露出"对症下药，专业可靠"、"别趴在桌上睡，小心感冒"、"暖心呵护，做你的贴心陪护"等，其内容与剧情连贯性较强，也与品牌形象不谋而合。葵花药业也遵循同样模式，精准对接剧中多元化的情绪场景，打出贴合剧情的"葵花标语"，例如"可怜天下父母心，家有葵花才安心"、"戏精快走开，宝宝我来爱"等，吸引消费者注意的同时强调品牌特性。

剧星传媒基于对品牌特性的充分了解以及对内容载体的深度挖掘，洞察到了品牌调性与剧集之间的契合点，自然融入剧情发展，以创可贴形式进行品牌展示，借助剧情的高光时刻展现品牌的专业态度，精准触达用户。

图9　创可贴广告示意图

4.2.5.3 整合多维露出渠道，全方位占据注意力

丁桂儿脐贴绑定开篇前情回顾的黄金曝光位，在强调品牌的同时彰显产品卖点，布局观剧前路径，上线即刻紧抓用户关注，实现超预期曝光。小牛电动车采用产品剧内植入，搭配角标、暂停贴片的广告形式呈现，剧中内容联动互补，多维露出渠道并举实现了品牌的强势营销推广。剧星传媒在该方式的营销场景下，通过覆盖多元化场景，依据品牌特性需求

的定制性营销策略,实现效果转化及品牌增值价值的最大化。

图10　角标+暂停贴片广告示意图

4.2.5.4　实现跨平台并举,联动形成曝光突破

剧星传媒在 a1 食品的曝光模式上,主要采用投放多屏前贴片的形式,实现 PC 端、移动端与 OTT 端强势联动,以高完成率带动品牌曝光的突破。在三者的协同联动下,触达三类平台用户的消费市场,形成自上而下的传播渠道占领,迎合消费者在不同场景下不断变化的需求,最大化地挖掘多平台联动的营销价值,为广告主创造实效价值,同时满足自身效益的稳定增长。

在互联网发展的不同时期,用户的需求趋向多样化,产品市场呈现出分众化,剧星传媒广泛挖掘市场潜力,以产品多元化、曝光多维化、平台联动性建构灵活商业模式布局,以消费者为核心考量建构广告营销模式,实现网络市场的跨地域全覆盖,在其自身动态能力的支撑下完成商业模式的创新调整,实现了企业自身的价值创造。

5. 研究结论

本研究建构了一个基于动态能力、商业模式创新之间交互影响的理论框架,以剧星传媒为研究案例,分析外部环境对于企业战略产生的影响,企业在环境洞察能力、变革更新能力及技术柔性能力共同构成的动态能力影响下,在众多技术变革中识别并挑选出与企业自身最为契合的能力,从而塑造商业模式的创新演化路径。

对于剧星传媒的案例研究发现,剧星传媒的动态能力对于商业模式的创新演化主要包含以下层面的内容。剧星传媒以响应外部环境更迭为基础,通过对于市场、消费、技术、内容等多个层面的环境洞察能力形成商业模式创新助推力,通过优化企业领域布局,深耕核心内容形成变革更新能力,结合科学体系支撑、数据资源驱动等技术柔性能力对商业能力进行核心塑造,最终实现商业模式创新后的价值创造。通过对于该流程的详细梳理,本研究认为市场环境更迭为商业模式创新提供动因,环境洞察能力与变革更新能力催化企业做出战略调整,技术柔性能力塑造了企业核心竞争优势,共同构成企业的动态能力,实现了企业的商业模式创新演化。

动态能力作为企业应对市场更迭的重要能力,是支撑企业在面对经济层面、政策层面、行业层面、技术层面等外界呈现动态化的市场环境时应采取举措的理论基础。企业必须具备敏锐的环境洞察能力,依托自身决策优势、技术优势、组织学习优势、整合优势等做出洞察响应。在对市场环境做出响应后,变革更新能力作为企业动态能力的重要环节,使企业能在环境动态变化之际灵活调整商业模式。同时,技术柔性能力致使企业必须具有前瞻性眼光,把握发展机遇,实现技术范式的革新,提升服务认同度,演变提炼出与自身经营优势有关的核心技术,在动态能力的支撑下完成商业模式的灵活调整,实现企业自身的价值创造,视企业自身在竞争环境中保持优势地位。

本研究遵循了案例研究的方法论,将材料收集与实地走访并重,交叉印证了数据资料的准确性与效度。但在实际研究过程中,本研究仍存在一定的局限性。首先,囿于数据的可获得性,本研究的理论框架在经过综合考量后有一定倾斜。其次,由于部分统计数据并不完善,造成对于实际市场的把控力度不足,没有深入探讨外界环境更迭对于企业的实质性影响。最后,本研究采用个案研究法,对于案例到理论提炼过程的实证性不足,这仍需在后续做进一步研究时进行补充完善。

参考文献

[1] 王小可,禹安琦.动态能力论在企业中的运用——以滴滴出行为例[J].市场周刊(理论研究),2017(03):19-20.

[2] 韩凤晶,黄冬冬.企业动态核心能力培育与提升——基于NK模型企业组织结构创新路径研究[J].资源开发与市场,2012,28(12):1118-1120+1138.

[3] 梁玮.社会网络、动态能力与组织绩效关系研究[J].人力资源管理,2013(12):107-108.

[4] 何盼.企业动态能力研究[J].情报探索,2013(04):31-33.

[5] 顾熹.浅析新时期电信运营商商业模式创新[J].市场周刊(理论研究),2012(04):62-63+68.

[6] 叶伟龙.基于细分市场的第三方物流企业商业模式研究[D].大连海事大学,2009:10.

[7] 郭天超,陈君.商业模式与战略的关系研究[J].华东经济管理,2012,26(04):93-96.

[8] 王砚羽,谢伟.基于立体价值结构的电子商务商业模式识别研究[J].科技管理研究,2013,33(22):194-196+200.

[9] 魏吉.商业模式与企业管理文献综述[J].经营与管理,2014(05):104-106.

[10] 李文莲.基于社会"碎片化"的商业模式创新[J].改革与战略,2014,30(07):53-55.

[11] 孔军.基于知识的企业持续竞争优势构建研究[D].武汉大学,2005:23.

[12] 何盼.企业动态能力研究[J].情报探索,2013(04):31-33.

[13] 焦豪.双元型组织竞争优势的构建路径:基于动态能力理论的实证研究[J].管理世界,2011(11):76-91+188.

[14] 冯军.企业动态能力提升机制研究——基于创业导向的视角[J].经济研究导刊,2012(25):26-27.

[15] 杨海军,孟令光.跨屏整合营销传播:剧星传媒广告的营销新模式探析[J].广告大观(理论版),2015(04):43-49.

[16] 张颖.2019中国广告年度数据报告[EB/OL].http://biz.ifeng.com/c/7v8CVm6AVBA,2020-3-25.

[17] 中关村互动营销实验室.2018中国互联网发展报告[EB/OL].https://www.imz-lab.com/article.html?id=55,2020-2-8.

从浆粕车间走出的新希望

——广州羊城创意产业园转型之路研究

摘　要：本文关注的是广州羊城创意产业园的转型之路和发展历程。通过对其系统环境的内外部因素考察，辨析出它在转型上是选择了"聚集定位——持续发展——多元化创新"的路径，而在发展模式上则是经由了"企业子系统主导——园区子系统主导——区域子系统主导"的过渡。在此基础上，本文再从社区营造、引入第三方中介服务体系和体验终端的角度分析其未来战略方向，并通过介绍国际和国内知名的代表性文创园区案例作为参考，以期为我国未来文化创意产业园的经营发展提供借鉴。

关键词：文化创意产业园；战略转型；发展模式

1. 案例背景

文化创意产业作为国家大力推动发展的朝阳产业和支柱产业，属于资金密集型产业，但不需要消耗大量的物质资源，发展潜力巨大。国家统计局公报显示：2019 年全国 5.8 万家规模以上文化及相关产业企业实现营业收入 86 624 亿元，比上年增长 7.0%，发展势头强劲。文化创意产业园区是文创产业发展的空间载体，是产业发展过程的重要环节，更是在城市空间结构重新配置、生产更新、创意人群集聚等方面发挥着重要作用。

进入 21 世纪以来，我国兴起文化创意产业园区建设热潮，一些文化创意产业园区获得了快速发展，市场主体不断壮大，产业规模化、集约化、专业化水平不断提高，涌现出了北京 798 艺术区、上海张江文化科技创意产业基地、广州羊城创意产业园等极具发展特色的文化创意产业园区。但许多文化创意园区有着发展模式单一、产业特色不鲜明、专业化服务水平不高等问题。此外，由于文化创意产业园区是文化创意产业集聚演化的外显形态，其演化规律本身具有类似生物种群的"进化"特征和生命周期属性，具有较强的外部性和动态性。在当前瞬息万变的文化生态和媒介生态环境中，许多文创产业园区由于没有积极适应产业内外部环境的变化，及时调整相应的经营战略，在经营上存在着对"招商引资"模式的简单复制，依赖有限的企业资源，导致各级园区同质化倾向严重，限制了文化创意产业园区的发展。

然而,坐落于广州市依托于羊城晚报报业集团的羊城创意产业园在创意经济来临之际,主动在文化产业发展和媒介融合浪潮中积极进行自我变革、寻求转型升级,在发挥传统媒体自身价值的基础上积极推进媒体价值再造,探索出了一条媒体融合的新路径和突破口。目前,羊城创意产业园具有"国家文化产业示范基地"、"国家级音乐产业基地"、"全国报刊媒体融合创新案例 30 佳"、"国家级孵化器培育单位"、"广东省 A 级孵化器"等多个闪亮头衔,已建立起以园区为主体的复合型产业运营模式的平台,构建出"文化＋科技＋资本＋园区"的商业模式,真正实现了"以传媒树品牌、以园区聚要素、以产业促融合"的发展目标。

羊城创意园的成功打造也日益引起了业界和学界的关注和讨论。通过对羊城创意园在发展过程中每一次战略转型的回顾和梳理,分析影响战略转型的内外部因素,深入解析文化创意产业园区转型发展的内在根源,可以为文化创意产业园区发展提供新的发展思路和参考范本。

2. 羊城创意产业园发展历程

2.1 羊城创意产业园缘起

漫步在广州市天河区黄埔大道 309 号,年轻又摩登的追梦之地在老厂区里孕育而生。在这里,老厂房的痕迹依稀可见,但昔日轰隆的机器已成为陈列品。园内有着四通八达的小径,但这些道路不再连接着日夜劳作的机器,而是通往高颜值的雕塑、凉亭、音乐广场、办公基地……一边是由内而外延伸着待改造的老厂房,一边是公共艺术中心的"阳春白雪",如此混搭不仅为创意产业链提供了新空间,也留下了广州的城市记忆,留住了广州人的乡愁。

20 世纪 90 年代末,羊城创意产业园的前身,一个始建于 1958 年的广州化学纤维厂,正式宣告停产。1999 年,经国家经委同意,老厂区被羊城晚报报业集团购买收下,羊城创意产业园就此诞生。创意产业园的总用地面积 17.1 万平方米,总建筑面积 10.8 万平方米,地处广州东部新城区中心地带。

为了适应时代的发展,旧厂房被改造为文化创意产业办公之用;浆粕车间被改造为亚洲最大的印务中心;旧办公楼被改造为广州亚运会电视主播机构……老厂区在经历被重新设计包装、引入广州本地原创文化设计品牌企业和整体升级改造后,创意产业园就此诞生了。

改造前　　　　　　　　　　　　　　改造后

图1　改造前后的羊城创意产业园

2.2　羊城创意产业园发展历程

迄今为止,羊城创意产业园的发展历程经历了初创期、成长期和成熟期三个阶段。

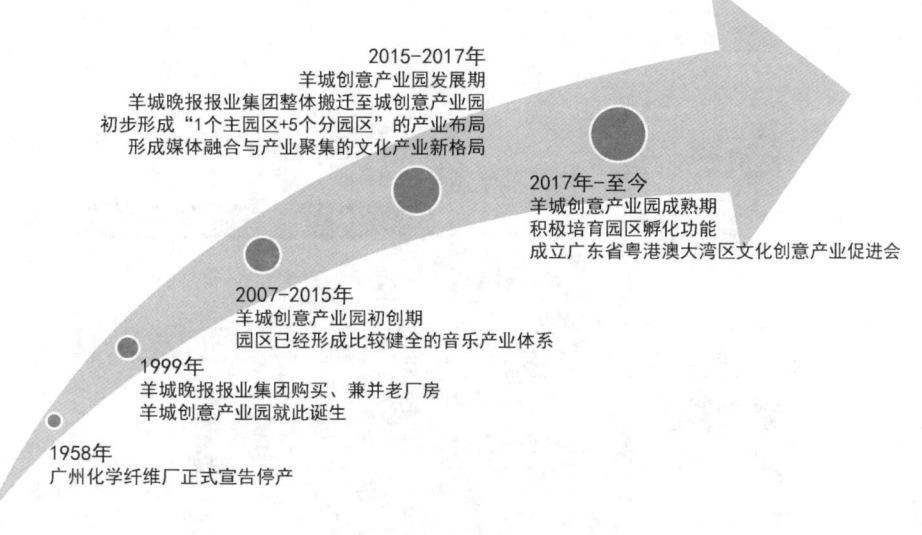

图2　羊城创意产业园发展历程

2.2.1　羊城创意产业园初创期(2007—2015年)

2007年,位于广州天河区黄埔大道的羊城创意产业园主园区正式建设启动。由于整体园区依托旧厂房改造成文化创意产业办公地点,办公环境具有很强的工业遗产特色,首先吸引的是大量设计公司入驻,如国内知名的建筑设计公司瀚华科技、景森设计等。浓郁的园区艺术氛围、便捷的交通、毗邻珠江新城CBD的地缘位置吸引了一批建筑设计、动漫、互联网等优秀企业的聚集,初出茅庐的羊城创意产业园在2010年成为第一批被文化部命名的"国家文化产业示范基地",从全国文化创意园区中脱颖而出,闪亮登场。彼时,羊城创意园以建筑设计业、网络文化业、动漫业等为主要业态。2012年园区产值达到32亿元,纳税超1亿元,提供就业岗位超5 000个,羊城创意产业园也成为广州市第一批重点文化产业园区。

　　成功实现了网络音频行业的产业集聚是羊城创意产业园在初创时期的一个重要特色。如果说改革开放创造了广州音乐的第一个黄金十年,那么在互联网浪潮的推动下,羊城创意产业园见证了广州网络音频行业的飞速发展。2020年1月,来自广州羊城创意产业园的荔枝公司在美股首次公开发行,确定发行价为每股11美元,正式成为中国网络音频行业第一股,而荔枝FM也成为第三家坐落于羊城创意产业园的网络音频上市公司。此前,羊城创意产业园已经成功孵化了直播行业巨头欢聚集团(YY),互联网音乐巨头酷狗(腾讯音乐集团)等上市公司。2013年成立于羊城创意产业园的荔枝音乐,2015年入驻园区的酷狗音乐等相关企业共同形成了互联网音乐产业集聚。2014年2月,由滚石唱片投资创办的"中央车站展演中心"正式入驻羊城创意产业园,成为广州首家专业规模展演中心。在这些音乐核心企业的推动下,园区以构建互联网+音乐生态为目标,先后引入与音乐相关的上下游企业有北影培训中心、西山居、天闻角川动漫。至此,园区已经形成比较健全的音乐产业体系。

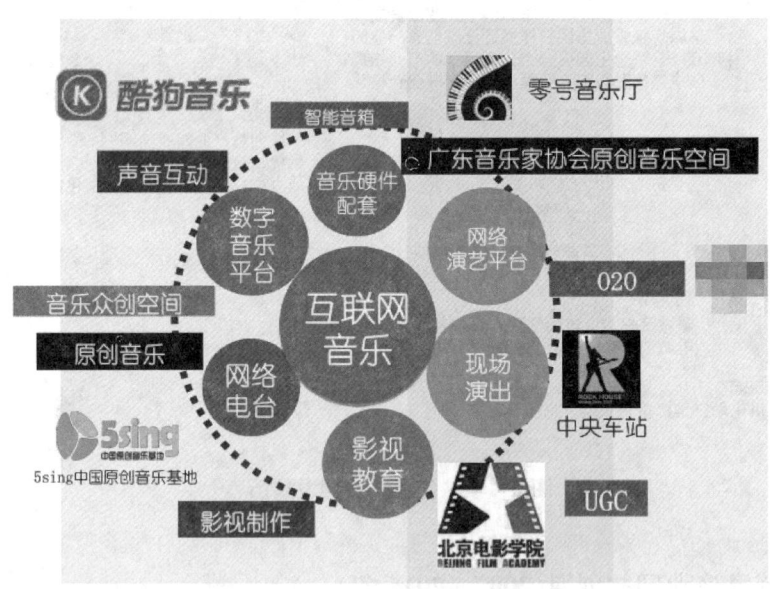

图3　羊城创意园的音乐产业

2.2.2　羊城创意产业园成长期(2015—2017年)

　　2015年,随着羊城晚报报业集团整体搬迁至创意产业园,也标志着产业园进入了新的发展阶段。羊城晚报报业集团提出了"跳出报业谋融合,扎根传媒促转型"的整体融合发展战略,羊城创意产业园区也走上了"以传媒树品牌、以园区聚要素、以产业促融合"的融合发展转型思路。

集聚创新产业、优化产业结构是羊城创意产业园在成长期的核心战略。一方面,羊城晚报报业集团依托创意产业园实施集团的产业生态重组与再造;另一方面,羊城晚报报业集团发挥《羊城晚报》岭南文化名片优势推动园区产业结构优化升级。园区以"文化+科技"为核心定位,积极发展全媒体融合、互联网直播、互联网音乐、全媒体,互联网游戏动漫、互联网旅游、互联网教育、互联网家装、电子商务、大数据和人工智能等多元化新型产业生态体系,实现创新产业集聚,涌现出互联网直播领域的网易CC直播、火豚直播;游戏动漫领域涌的深海游戏、九淇科技,互联网旅游领域的爱订不订、自游圈;互联网+领域的口袋兼职、洋葱海外仓,人工智能+领域的小鱼在家、青蜂信息等行业知名企业。2017年园区企业产值突破140亿元,羊城创意产业园连同毗邻的天河区其他创意园区一同入选广东省首批"互联网+"小镇项目名单。羊城晚报"羊城创意产业园"项目入选由国家新闻出版广电总局新闻报刊司主办的全国报刊媒体融合创新案例前10名。

"一园多区"战略是羊城创意产业园在成长期的又一战略创新。由于产业园是通过旧厂房更新改造而成,受土地性质、容积率限制,难以进行广度或深度开发,原有建筑面积不适应园区企业高速发展的需求。基于此,羊城创意产业园确立了一园多区的产业布局,即以羊城创意产业园为主园区,实施"一园多区"战略。在"一园多区"格局推进多元文化产业发展的路径上,羊城晚报报业集团坚持"产业园区必须独具特色"的发展理念。占地面积17.1万平方米的羊城创意产业园主园,经过多年培育和引导,已经有效聚合超过100家网络科技、创意设计、文化传播企业。而羊城晚报东风东园区在2015年引入广州首个"腾讯众创空间",以"腾讯众创空间+移动互联网生态树"的业态模式,定位"大众创业基地、报业转型平台、城市更新样本",吸引了众多高新科技企业和团队进驻,迅速成为广州城市移动互联网创新综合体和城市创新地标。正在开发建设的广州东(增城)园区也将着力发展以物联网、智能硬件和企业大数据为核心的新一代文化信息科技产业,服务珠三角制造业转型升级。至今,羊城创意产业园已经初步形成"1个主园区+5个分园区"的产业布局,形成媒体融合与产业聚集的文化产业新格局。

图4　羊城创意园的集聚创新产业

2.2.3 羊城创意产业园成熟期(2017年至今)

随着园区的飞速成长,羊城创意产业园区在发展上逐步进入了成熟期。2017年园区产值超过120亿元,成为全国为数不多的产值突破百亿的文化创意产业园区。然而,由于文化创意产业具有轻资产、非标准化、较难获得金融支持的特点,羊城创意产业园区内的一些中小微企业面临着成长性不足、赢利能力弱的局面;而另外一些不断发展壮大的文创企业对园区所提供的相关支持服务业提出了新的要求。在此背景下,羊城创意产业园积极搭建各项综合管理服务平台,构建了文创产业创业生态新格局。

首先,羊城创意产业园积极培育园区孵化功能。园区根据其定位,以孵化+创投为平台,组建基金、孵化器、加速器,提供创新创业服务,为园区企业提供文创加速孵化器、政策宣讲、知识产权、法律、财税、人力资源等培训。2017年8月华南首家"创投+产业龙头"产业价值创新园区——中科零壹互联网文创加速器,在广州羊城创意产业园正式启动,这预示着过去"游牧型"创投对项目点对点投资培育的"散养式"模式将升级为产业空间集聚与服务资源集中的产业园区创新发展的"果农型"创投模式,解决企业发展中的找钱、找事、找人的问题,以各种丰富的创新创业资源良性循环为企业的指数级增长提供支撑。[1] 目前园区成为国家级孵化器培育单位和广东省A级孵化器,加速企业成长过程,实现孵化功能。

此外,羊城晚报报业集团为贯彻落实习近平总书记的战略思想,成立广东省粤港澳大湾区文化创意产业促进会,旨在推动粤港澳大湾区文化和科技创新融合发展。羊城创意产业园借助粤港澳大湾区发展机遇,园区内邀请粤港澳三地企业,定期举办行业大咖分享会、互联网沙龙、创投沙龙、公益活动、文创大会等,帮助企业了解最前沿行业动态,对接社会资源,贡献社会力量。

3. 偶然还是必然:羊城创意产业园战略转型深度分析与讨论

据前文所述可知,羊城创意产业园自建立以来经历了初创期、成长期和成熟期三个阶段,而园区在每个阶段所选择的发展战略重点并不相同。无论是初创时的音乐产业聚集、成长期的集聚创新产业、探索"一园多区",还是成熟期的培育孵化功能、积极品牌赋能,羊城创意产业园以其敏锐的行业洞察力和市场敏感度,发挥了自身优势以适应社会经济变化,完成了一次次的华丽转身,在全国同类园区中一直拥有强劲的竞争能力和品牌知名度。这究竟是偶然的"文章本天成,妙手偶得之",还是有针对性策略性的战略转型,一直是学界

---

[1] 昌道励,江珊.创投+产业龙头创新园区落天河[N].南方日报,2017-08-09.

和业界所关注的焦点。本部分将结合战略转型理论、自组织理论等相关理论对羊城创意产业园成功的战略转型进行深度的分析与讨论,以期对国内同类型园区经营发展提供借鉴。

3.1 文化创意产业园区系统环境

文化创意产业园区的发展过程是一个有机运行系统。产业园区的发展离不开文化创意企业和园区所处的区域环境的协调共存,因此任何一个文化创意产业园区系统包括企业子系统、园区子系统和区域子系统。企业子系统和园区子系统构成了文化创意产业园区体系的内层系统,区域子系统构成了文化创意产业园区的外层系统。通过不同系统之间的互动,可以提升园区企业、园区本身和园区所处区域的文化创意产业发展,营造共享文化氛围。郑耀宗(2015)在其研究中将文化创意产业园区发展模式分为集聚型发展模式、融合型发展模式和管理型发展模式[1]。集聚型发展模式的主要特点是通过创意企业集聚发展带动园区发展,而管理型发展模式的特点是通过园区管理者的经营能力,通过创意环境和配套设施建设吸引优质企业,快速扩张。回顾羊城创意产业园区的发展之路,正是逐步从聚集型发展模式过渡到管理型发展模式。

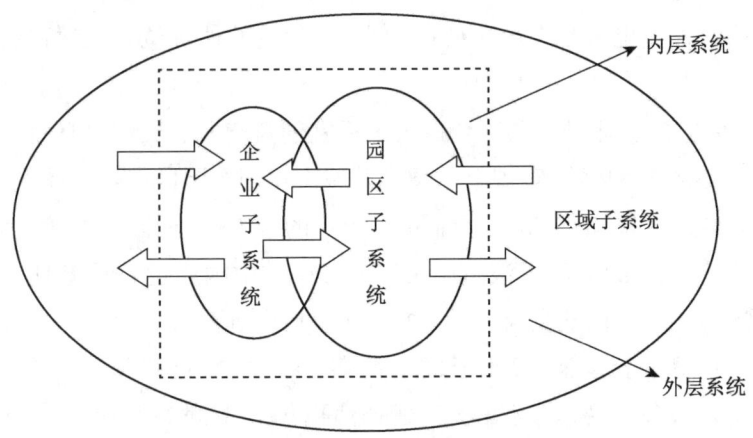

图 5　羊城创意产业园园区体系结构图

3.2　羊城创意产业园不同阶段战略转型影响因素

任何一个文化创意产业园的发展与企业的发展一样都存在完整的生命周期,其成长与发展是一个不断演进与改革的过程,并且其中的每个阶段均受到各子系统间的相互影响,而各子系统内外部环境的变化促使着文化创意产业园区在经营发展上的变革。文化创意产业园区若想要保持良好的生存与发展能力,必须根据不同的发展阶段适时地进行战略转

---

[1] 郑耀宗.文化创意产业园区的自组织演化研究—理论模型与上海实证[D].上海市社会科学研究院,2015.

型,尤其是当内外部环境的变化达到一定程度时,会发生从量变到质变的转化,从而要求园区实施新一轮的战略转型。

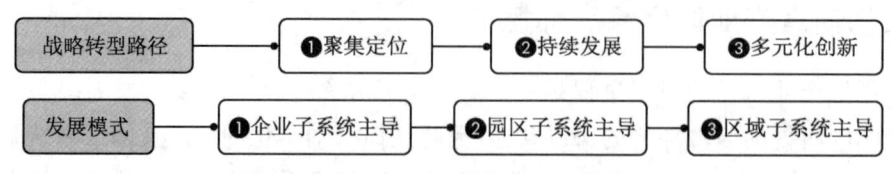

图 6　羊城创意产业园战略转型路径与发展模式

3.2.1　初创期:企业子系统主导变革

回顾羊城创意产业园区的发展历程,不难发现,在园区的初创时期是由企业子系统主导园区的发展路径。由于创意产业是以人为核心的产业,因此相关行业中具有重大影响的核心文化创业产业的集聚是园区形成的关键条件。处于初创期的文化产业园区发展速度相对缓慢,发展定位并不清晰,发展过程中存在着一定的偶然性。如最先入驻羊城创意产业园的建设设计类企业主要是基于对园区办公环境的考虑;而荔枝音乐、欢聚集团(YY)等互联网音乐企业的入住也多是考虑了便捷的交通、优越的地理位置、良好的艺术氛围等硬件因素。

但这些最先入驻的企业进入园区营造出了适宜创新产业发展的小环境,并通过不断的反馈机制改善园区的整体环境,客观上引领了羊城文化创意园区产业集聚的方向。园区中互联网音乐企业数量的增加,提高了行业相关企业的吸引力,而园区的管理者正是抓住了这样的战略机遇,有意识的引进了滚石中央车站、5sing 中国原创音乐基地、北京电影学院等多家"互联网+文化"和传统文化企业,并自行规划设计建设了音乐园林、音乐广场、音乐部落和星光大道等配套设施,逐步形成了数字音乐平台、网络演艺平台、网络电台、影视教育等线上音乐服务和音乐硬件配套、现场演出等线下服务产业的多个"互联网+文化"产业链。由此可见,在该阶段企业子系统是通过内部聚集推动整个园区生态系统的发展。

3.2.2　成长期:园区子系统主导变革

当企业子系统发展到一定程度后,园区的内部市场已经形成了一定规模。步入成长期以后,一方面相对松散的园区管理模式可能与不断扩大的产业规模相矛盾,另一方面园区在经营上面临着更加激烈而多变的外部环境,如果继续沿用原有的发展与管理模式,将面临竞争优势被削弱的局面。因此,各种内外部因素的共同作用驱动着文化创意产业园区的变革。

对照羊城创意产业园区在此发展阶段的战略选择,不难发现,羊城晚报报业集团整体搬迁至创意产业园成为影响园区在战略转型的最重要影响因素。2015 年传统媒体产业急速衰落,作为南粤大地知名纸媒品牌的羊城晚报报业集团也面临着广告收入下滑、经营方式单一等发展瓶颈,进行传媒转型迫在眉睫。随着羊城晚报报业集团的整体入住,羊城创意产业园不再单纯的是一个自生长的组织系统,其发展开始与整个集团的战略休戚相关。羊城创意产业园肩负反哺集团融合发展转型的重任。因此,在这一成长期园区子系统成为主导变革的力量。

羊城创意产业园在成长期主要采用"集聚创新产业、优化产业结构"的发展战略,该战略与羊城晚报的文化基因优势以及媒体融合的转型路径相互匹配。在该阶段初步建立起以羊城晚报报业集团旗下各系列报及数字媒体公司为核心,辐射视频直播、音乐移动播放、在线电台、在线游戏制作、实体演艺剧院、偶像专属剧场等线上线下一体的多元传播生态[1]。在园区子系统主导下,羊城创意产业园以"文化+科技"为核心,侧重于引入人工智能(如小鱼在家)、跨境电商(如洋葱海外仓)、在线服务业(如爱订不订)多元化类型企业,逐步形成"互联网+"和"人工智能+"的新型产业生态体系,实现创新产业集聚。

此外,依托园区子系统主导发展的文创产业园区的最终发展目标是将其在管理过程中积累的完整经验,复制到新建立的园区中,从而建立文创产业园区生态系统,塑造自身竞争力。而羊城创意产业园也正是在此背景下采用"一园多区"战略,获得了巨大成功。

3.2.3 成熟期:区域子系统主导变革

当文创园区从成长到成熟期,其内外部生态环境呈现出复杂、多变、动态等特点,同时园区内企业在应对外部环境时面对着更多的信息不对称性,面临决策风险,此时需要园区管理者通过构建更完善的公共服务支持体系,帮助各企业降低交易双方的搜寻成本和匹配成本,同时通过建设企业孵化器等方式,帮助园区内企业解决融资困境,从资本角度保障企业需求,因此需要园区管理者积极与区域系统内相关部门与主体协同创新,从而帮助文创园区实现转型发展。

羊城创意产业园区在成熟期阶段积极搭建各项综合管理服务平台,构建了文创产业创业生态新格局。产业园区所在的广州市天河区被誉为广东省的"超级孵化器",截至2018年10月,天河区市级登记以上孵化器77家,各类双创载体总面积146万平方米,并保持平均每年40%以上的增速。在孵化器建设过程中,天河区充分考虑了孵化器"准公共产品"的性质,坚持政府引导,市场主导,推动创新要素向孵化器集聚。通过租金补贴、认定奖励等方式,不断降低孵化器运营成本,撬动社会资本参与孵化器建设。在这个转型阶段,羊城创意产业园依靠天河区良好的创业孵化资源,通过搭建文化金融中介服务平台嫁接文化与金融,解决园区内企业融资困境;搭建政务服务平台,引进中科零壹互联网文创加速器、创业黑马、粤科金融集团、乡创孵化器等多家优质互联网孵化企业入驻园区,帮助建立"众创空间-孵化器-加速器-投融资机构"的一站式服务体系,为企业提供政策咨询、查询、审批等

---

[1] 汤红.文化创意产业园建设的实践与思考——以广州"羊城创意产业园"为例[J].文化学刊,2018(7):133-136.

业务,协助企业申请政策支持资金等。

3.3 不同成长阶段文化创意产业园区战略转型演化路径

文化创意产业园区的成长与发展是一个不断演进与改革的过程,各阶段之间相互影响。在不同的成长阶段,文化创意产业园区会进行不同的战略选择。从对羊城创意产业园的分析可以看出,园区基本遵循着"聚集定位——持续发展——多元化创新"的路径,而在发展模式上由"企业子系统主导——园区子系统主导——区域子系统主导"过渡。

从战略转型方式选择来看,在文化创意产业园区的初创期,园区内企业规模有限,经营方式单一,自组织成长性明显。在这一阶段,园区的管理者多基于产业集聚情况,专注于某个具体行业领域,实行定位战略。进入到文化创意产业园区的成长期,随着园区内企业类型和数量的增加,园区管理成本增加,发展增速降低,园区管理者多采用持续发展战略,结合自身需求和优势突破发展瓶颈。当文化创意园区逐步完成向成熟期过渡后,基于过去发展经营,调整发展方向以适应内外部环境变化,多元化战略成为必然。

从战略转型的过程实施来看,根据不同阶段的战略选择,文化创意产业园区也会采取不同的实施策略。如羊城创意产业园的第一次转型主要是为了平衡园区内企业迅速扩张和园区所依托的羊城晚报报业集团媒介融合的转型战略,实现二者协同发展;而羊城创意产业园的第二次转型主要是为了解决日益增长的企业各项需求与园区有限的配套公共服务之间的矛盾。而制定不同阶段的实施路径需要考虑环境认知、资源契合、模式创新三方面的要素,其中环境认知是对所处系统生态环境的识别,资源契合是为了实现企业子系统、园区子系统和区域子系统的有效协同,而模式创新是文化创意产业园区实现战略转型的最终目标状态。

4. 未来之路:对羊城创意产业园未来发展趋势研判

4.1 社区营造:从"旧厂房改造"到"城市文化创意复兴"

学者 Scott 的"创意场域"论(creative field) 认为创意场域是促进学习和创新效应的结构,是"生产和工作集聚结构中文化、惯例和制度的一种表达,主要由基础设施和研究机构、设计中心等社会间接资本组成"。[1] 而羊城创意产业园正在逐步成为一个具有活性的创意场域。园区成立的初衷源于城市更新中的旧厂房改造。经过十几年的努力,已经成为具有鲜明特色的羊城创意文化新地标。在闲暇时候,在羊城创意产业园斑驳的树影下和极具

---

[1] Scott,Allen,"The cultural economy of cities",International Journal of Urban and Regional Research,21(2) ,1997.

设计感的厂房前拍照打卡、去中央车站喝杯咖啡、听个小型演唱会等已成为很多本地青年和外地游客的最优选择。羊城创意产业园正是依托周围环境区位优势，削弱了产业与文化的边界感，让建筑与人文气息得到良好交融，营造了良好的城市创意文化氛围。

未来，相信羊城创意产业园能够从文创产业集聚朝向园区、社区、街区一体化发展的高级阶段不断演化，走向涉及经济、文化、社会各层面的地方导向型、内生型的发展路径。

4.2 引入第三方：构建社会化文创产业中介服务体系

羊城创意产业园目前收入来源较单一，主要还是依靠招租、举办展览、活动等创收，经济效益难以实现快速增长。随着文化服务业和在线经济的快速增长，园区可以考虑依托自身优势，在现有孵化平台等服务系统的支持下构建社会化文创产业中介服务体系，实现从园区运营向文创企业服务运营商转型。通过引入行业协会、专业机构促成孵化器社会化、网络化转化，跨越现有服务企业的半径，通过线上平台开拓更广阔的市场，为各类文创企业提供更为全面和有深度的孵化服务。廉租服务、产业化引导及相关的信息服务等方面实现资源的多元化供给，通过政策资源、创新资源和社会资源的综合配置，维系企业个体、孵化平台和市场环境的动态平衡。

4.3 体验终端：将文化消费进行到底

文化消费的持续升级为文化创意产业园区带来了全新的机遇与挑战。羊城创意产业园独特的自主性和差异性为文化创意产业线下体验营造了独特的场景。未来，园区将突破传统的演唱会、演艺剧场等文化项目，开展更多的如"创意市集"、"DIY 创作"等具有异质性和开放性特点的互动性活动，将园区营造成文化消费和体验学习的空间，不仅可以培育和提升民众的审美情操，还能够吸引更多游客的参与，带动相关产业的发展，生成区域经济的"乘数效应"。

5. 国际知名文化创意产业园区介绍

为了帮助读者更加全面的了解文化创意产业园区的发展与运营情况，本部分将介绍国际知名的代表性文创园区，以期为我国文创产业园区发展提供借鉴。

文化创意产业园区，作为一种产业集聚的形式，最早兴起于欧美国家。其主要构成有相关文化创意设计方面的企业、有提供高科技技术支持（如数字网络技术）的企业、有国际化的策划推广和信息咨询等中介机构，还有从事文化创意产品生产的企业和在文化经营方面富有经验的经纪公司等。

按园区形成方式和核心竞争力的划分，可以将欧美发达国家创意产业园区的发展模式分为产业链为核心的模式、政府引导为核心的模式、文化底蕴助推创意区的模式、科技为核心的模式和艺术联姻商业的模式五种。

5.1 以产业链为核心的模式:美国好莱坞影视制作基地

(1) 园区特色

好莱坞位于美国西海岸加利福尼亚州洛杉矶郊外,地理环境优越,景色优美,是由一位摄影师寻找外景地所发现。大约20世纪初,这里吸引了许多拍摄者前来取景,接着是一些为了逃避专利公司控制的小公司和独立制片商们纷至沓来,逐渐形成了一个电影中心。在第一次世界大战前后,好莱坞电影城迅速兴起,恰好适应了美国在这一时期的经济飞速发展的需要,电影业也进一步被纳入经济机制,成为谋取利润的一部分。随着持续发展,好莱坞成了为美国电影的代名词。

随着当地娱乐工业的发达,电影制片厂分布的范围早已不局限在好莱坞一隅,好莱坞与其周边的城市共同构成了美国影视工业的中心地区,形成了发达的电影业产业链。随着米高梅、派拉蒙、20世纪福克斯等七大影业公司的相继落户,这些企业相互合作、紧密关联,相互构成利益共同体,形成了今天庞大的好莱坞影视制作基地。

(2) 运营情况

美国好莱坞影视制作基地核心企业资金雄厚、人才密集、经验丰富,而且品牌价值较高,它们主导着园区的发展方向。各个企业和机构配置合理、相互依赖,充分发挥各自的角色优势,不仅增强企业整合外部资源的动力,也为企业创造和积累了内部资源。

创意产业链条主要包括内容创意、加工生产、市场营销三个环节,每个环节又涉及若干服务商。今天好莱坞呈现出这样一种局面:以文化创意产品的制造企业为核心,信息咨询机构服务于内容创意,后期制作、设备供应商服务于加工生产,中介机构、经纪公司服务于市场营销,更有政府、行业协会、民间组织提供综合性服务和必要的支持。

目前,全球正在放映的影视产品有85%来自好莱坞,好莱坞通过其工业化、程序化的生产模式以及产业营销运作模式,承载着美国的生活方式和价值观念,实现利润和宣传文化的目的。

5.2 以政府引导为核心的模式:英国伦敦西区

(1) 园区特色

伦敦西区位于伦敦市中心,是与纽约百老汇齐名的世界两大戏剧中心之一,被人们尊称为音乐剧的故乡。伦敦西区剧院往往与纽约百老汇的剧院一同被看作是英语世界中最高水平的商业剧院的代表。伦敦西区是世界上为数不多的集金融、商贸、娱乐、文化于一体的城中大区。仅剧院就有50多座,整个大伦敦地区的剧场更是数不胜数。西区的剧院大多建于19世纪末20世纪初,规模大小不一,上演的剧目有音乐剧、舞剧、话剧、魔幻秀、歌剧、木偶剧、儿童剧等样态繁多。每个剧院都有着自己的传统和特色。剧院的名字或源于宫廷,或源于街区历史和创始人。

西区拥有或使用的剧院有 49 个,这些剧院大多数集中在沙福兹博伯里大街和海马克特两个街区,目前属于伦敦剧院协会的剧院共有 63 家之多。

(2) 运营情况

伦敦西区在发展的过程中,得到了政府的大力扶持和社会的热情支持。据伦敦剧院协会统计,近年来,伦敦西区在传统戏剧与现代创新表演形式的竞争中迎来"辉煌期",剧院上座率和票房收入连续两年创下历史新高。

根据伦敦戏剧协会 2019 年 3 月公布的最新统计,2018 年全英剧院总计有 6 万多场演出,吸引观众 3 400 万人次,票房收入高达 12.8 亿英镑(约合 112.7 亿元人民币),其中伦敦西区贡献了"半壁江山"——观众超过 1 550 万人次、票房收入 7.6 亿英镑(约合 67 亿元人民币)。

在收益的背后,英格兰艺术委员会(Arts Council England)、伦敦发展机构、英国文化媒体体育部(DCMS)、剧院托拉斯等一批政府部门和社会团体对西区的发展提供了很多政策、资金和技术上的支持。伦敦剧院协会也将募集资金作为其重要任务之一。

5.3 文化底蕴助推创意区的模式:法国巴黎左岸艺术区

(1) 园区特色

巴黎"左岸"其实最早只是一个地理上的区域而已,指的是塞纳河左岸圣日耳曼大街、蒙巴纳斯大街和圣米歇尔大街构成的区域。经过几百年的文学作品与艺术气息的渲染之后,如今巴黎"左岸"已经从一个简单的地理概念转化成一个充满浪漫气息与文化底蕴的代名词。

无数的艺术家、作家和诗人,如海明威、毕加索、魏尔伦等都曾经常出入于这里的咖啡馆和啤酒馆中,与朋友相聚或寻找灵感。

(2) 运营情况

巴黎左岸艺术区文化艺术氛围比较浓厚,其文化底蕴和艺术特色是促使无数创意工作者入驻,也吸引全世界各地游客前来参观、引发交易行为从而推动园区发展。

5.4 以科技为核心的模式:加拿大 BC 动画产业园区

(1) 园区特色

不列颠哥伦比亚省(British Columbia,简称"BC 省")位于加拿大西部,是北美通向亚太地区的重要门户。BC 省的温哥华风景优美、气候宜人,一直是北美影视拍摄和制作的重要基地,被列为北美三大影视制作中心之一(另两个中心分别是纽约和洛杉矶)。除传统的影视拍摄及后期制作外,BC 省近年来也致力于发展动画及相关产业,目前其动画制作水平、规模及发展速度引人注目,已成为北美动画产业的中心。

(2) 运营情况

文化创意企业看重重点大学的科研优势,首先在大学附近聚集,或与其合作孵化,依托那里的教授、专家、优秀学生等人才力量开始从事文化创意活动。在这些活动产生效益以后,大批类似或相关企业紧随其后进驻该地区,慢慢形成具有一定规模的创意产业园区。不列颠哥伦比亚大学正是 BC 省动画产业园区发展的最初支撑点。

2003 年,BC 省动画产业收入达 6.68 亿加元,省内共有 12 所动画电脑学校、60 多家动画制作公司。初期,BC 省动画产业只为美国提供代加工服务,到 20 世纪 90 年代后期,原创作品越来越多,也因此分享到更丰厚的市场利润。园区另一种模式为本土制片,投资及制作的所有权均属 BC 本地动画公司所有,目前这块总收入占 BC 省游戏动画总收入 75%。

5.5 艺术联姻商业的模式:纽约 SOHO 区

(1) 园区特色

纽约 SOHO(苏荷)区是美国最知名的创意园区之一,它曾是一个被废弃的地下工厂,因有大量闲置房屋且租金极其低廉,被一些从欧洲移居纽约的艺术家看中,发展成一个艺术家聚集区。20 世纪 50 年代,为促进园区发展,纽约市政府出台法规,规定非艺术家不得进驻。全盛时期,面积不足纽约市区 1% 的 SOHO 区内,居住全纽约 30% 以上的艺术家。

苏荷区所在的曼哈顿岛是世界金融最发达的地区之一,雄厚的经济实力促进了创意园区的发育,园区的欣欣向荣又反过来推动城市经济增长,城市与园区的循环互动成为此类园区的重要生命体征。

(2) 运营情况

SOHO 原本是纽约的老工业区,制造业衰退后闲置下来的许多厂房和仓库被一批艺术家改建成为他们的工作室和画廊,后来便有越来越多的文化创意产业聚集于此。据说有许多世界一流的设计师和艺术家把自己的作品匿名放在 SoHo 出售,如今这里有各具特色的服装百货,饰品和艺术品店铺百余家,各国风味和各种主题的餐馆点缀其中,已经被纽约市政府列为历史文化保护区。

5.6 其他国际重点特色园区介绍——韩国首尔数字媒体城(DMC)

(1) 园区简介

DMC 是数字媒体城(Digital Media City)的简写,位于首尔西北地区的要地上岩地区,是一个大规模的尖端数字媒体娱乐群。数字媒体城位于首尔麻浦区上岩洞,该区域位于汉江之滨。

2002 年随世界杯场馆建设开始开发,到 2010 年数字媒体城整体建成完工。与世界杯体育馆、世界杯公园、生态村和IT电信基础设施区共同构成新千禧城,并位于新千禧城的中心。DMC把国内最尖端的优秀IT技术与人力资源、韩流热潮的源泉-文化娱乐产业领域的力量相结合,汇聚了一大批在数字媒体、娱乐、技术、产品和内容领域内占有主导地位的企业,形成从文化内容的研发、制作、发行到销售的完整产业生态图。

表1　　　　　　　　　　亚太地区信息类产业的定位分布表

名称	软件	硬件	信息服务	媒体娱乐	生物技术
中国香港数码港	次位	首位		第三位	
马来西亚高科技城	第三位	首位	次位		
新加坡科技园	首位	次位	第三位		
中国太仓科技园		首位			
中国上海高科技园		首位			次位
中国香港科技园		首位			
中国台湾新竹科学园区		首位			
中国台湾南康	首位				
韩国首尔数字媒体城	次位	第三位	第三位	首位	

■ 首位核心产业　　■ 次位核心产业　　■ 第三位核心产业

(2) 园区定位

园区建设目标是:世界数字媒体内容制作基地,世界第一个数字媒体技术研发中心,世界各高校间的合作,媒体研究和业务中心。因此,媒体娱乐业成为DMC的核心产业,其次是软件业和IT业。DMC定位的媒体娱乐业主要包括数字教育、新闻广播、游戏、音乐、影视和动漫。核心产业的定位对整个数字媒体城的发展战略起着至关重要的影响,选定可以为DMC的目标实现和数字化技术的发展起核心作用的业种,也为公共部门对其核实土地价格或提供各种激励政策提供正当性。

DMC还需要吸纳一些辅助产业来支持核心产业和园区的运作。例如其他相关产业中开发或活用数字化技术的业种、零售、金融、酒店、服务、旅游、企业总部等。

值得一提的是,DMC与亚太地区其他成功科技园区的产业定位截然相反。作为一个新的产业综合体,DMC成功因素之一是具备了与众不同的产业定位。DMC没有选择市场竞争最激烈的硬件业,相反选择了只有中国香港和马来西亚定位在第三核心产业的媒体娱乐业,独特的产业定位能够带给DMC相当大的发展空间和独特优势。

(3) 园区规模及布局

① 共有用地51块,采取土地出售和出租两种形式,目前出租的土地有2块,未出售的土地有7块,其余42块土地全部出售。

② 总占地面积569 925平方米,目前已出售/出租土地508 070平方米(约89%),尚未

出售或出租的土地有 61 855 平方米(约 11%)。

③ 整个媒体城共分为八大区,并根据功能将物业细分成 15 种不同用途,包括:商业物业、寄宿物业、高科技物业、教育研发物业、广播物业、住宅与商业物业、通用物业、文化与活动物业、政府办公物业、宗教用物业、都市工业物业、停车区域、教育研发/高科技物业、商业及休闲物业,以及公共服务物业。

(4) 园区运营现状

园区内现集聚以下几类企业:一是孵化机构,典型代表包括三岩 IT 协会、韩国协会、中小企业联合会等;二是研发机构,为电子、传媒产业的革新发展提供技术支撑,代表企业有 LG CNS、TRUMP Korea、DMC 研发中心等;三是传媒广播公司,代表企业有 MBC 电视台、SBS 电视台、KBS 电视台等;四是电子信息产业,指电子电器类产品的生产及销售企业,代表企业有 PANTECH、LG Telecom、SkyLife 等。

除此之外,现在首尔数字媒体城已经成为一个集电影、广播、动漫、音乐、网络教育等五大传媒产业于一体的高新技术试验床和经济中心。现在已有数字媒体企业、IT 企业以及相关的高科技商业设施、外国人学校、外国人租住公寓等公共设施入驻数字媒体城。首尔数字媒体城成功地将环境与技术、文化与产业、投资与革新融为一体,成功证明了高新科技与碧绿的公园、绿色的居住环境是可以和谐共存、相得益彰的。

6. 国内知名文化创意产业园区介绍

现有的国内文化创意产业园区的发展模式主要有政策导向型、艺术家主导型、开发商主导型、资源依赖型、成本导向型及环境导向型六种。这六种类型并不是独立存在的,它们互相交叉、形式转换,更多的园区偏向复合。

6.1 北京 798 艺术区

(1) 园区特点

由原国营 798 厂等电子工业的老厂区改建而来的北京 798 艺术区被称为是中国老工业区改造和工业遗产重塑再利用的最具代表性的。不仅如此,作为中国当代艺术形象的新地标,798 艺术区也被称为现代北京都市文化的新地标。

北京 798 艺术区的所在地,是新中国"一五"期间建设的"北京华北无线电联合器材厂",即 718 联合厂。联合厂具有典型的包豪斯风格,是迄今为止世界上最大的包豪斯风格建筑集结群。

(2) 运营现状

从朝阳区政府在工厂内成立专门的管理委员会和发展促进中心,为入驻机构提供一站式服务开始,2004年以来,在798厂已经举办了好几届"北京大山子国际艺术节",成为北京的一张文化名片。

如今,6个分厂之一的798厂已成为世界闻名的北京旅游商业景点798艺术区,吸引了无数游客和艺术大家。经由当代艺术、建筑空间、文化产业与历史文脉及城市生活环境的有机结合,798渐渐演化成为一个文化概念,展现出了工业与艺术之间的融合,以及旧历史建筑与新艺术文化之间的对话。

艺术家自动聚集和自动孵化后形成某个产业集聚后由政府统一管理,政府对已经形成的园区进行合理和有效的指导管理,把握好艺术生产社会标准效益,引导园区有效发展。798艺术区作为北京市文化创意产业的象征,已经成为时尚艺术元素的聚集区,大大提升了北京的城市形象。

6.2 上海田子坊

6.2.1 园区特色

上海田子坊也是国内最早就将名声打开的文创产业园区。因为重点更倾向旅游业,田子坊人气相比其他文创产业园更高,被称作"文青必逛的小资地之一"。

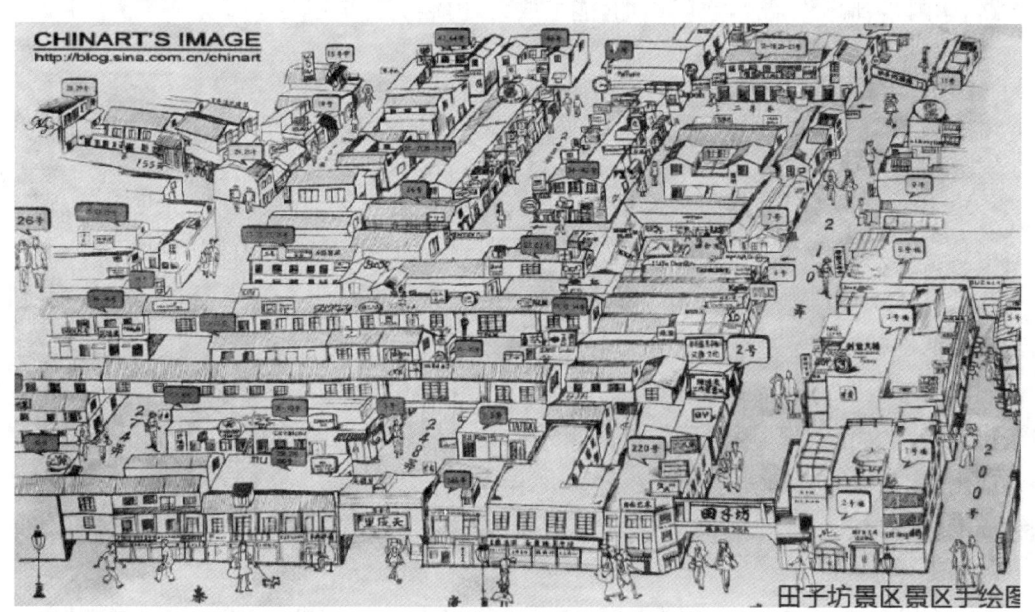

图7 田子坊景区手绘图

田子坊里最有上海味道的里弄,是上海一道特殊的文化符号,有着别的城市无以替代的海派味道,又融进了新时代的时尚潮流。比起国内诸多产业为先的园区,田子坊规划设计的产业味道似乎并没有那么浓,但也就是因为这样,创意的生发在这里更具有活力和潜力。

6.2.2 运营现状

6.2.2.1 保留城市原貌与生活原态

田子坊现在还保留着石库门建筑与老街区的形态，仍居住着许多人家，富有生活气息。来自世界23个国家和地区的老外及本土华人在这里开了200多家艺术工作室及时尚小店。服装、裹饰、陶艺、奥纸、油画等应有尽有，尽显老上海街区中的多国风情。

6.2.2.2 业态与休闲融为一体

田子坊中部分居民住宅变成各种购物、餐饮店面，老厂房被改造成为工作室、创意作坊，形成艺术区、购物区、西餐区、酒吧弄等不同的特色群落，又互为补充。

超过30多个国家的不同创意行业以休闲作坊、工作室等极具休闲观光特质的形态开店作业和经营。商业和休闲方式的融合，加上田子坊本身的观光功能，片区吸引力大大提升。

6.2.2.3 品牌引进，空间拓展

艺术家陈逸飞、尔冬强、王劫音等人的工作室；老上海品牌双妹、琉璃艺术家杨惠姗、张毅的琉璃博物……诸多名人和品牌店入驻提升了田子坊的街区名气和吸引力。

田子坊的发展从一条弄，到一条街泰康路（上海艺术街），再到一个块（延伸至泰唐路、思南路、建国路、瑞金二路），空间增加，能量放大，内涵更为丰厚。

6.3 台北华山文创

（1）园区特点

华山1914创意文化园，原来是日本人设立的芳酿社，1945年改名为台北酒厂，随着经济的增长，难以克服环境污染问题使得酒厂在1987年开始搬迁，华山作为酒厂的历史使命也正式划下休止符。酒厂荒废了十年后，文艺界人士为酒厂注入新生命，从此之后优质的文艺展出从不缺席。

园区位于台北市新生高架桥旁，临近有台北秋叶原之称的八德路商圈。园区保留了旧建筑讲述历史文化故事，规划了大量的户外艺文空间和室内展演空间，吸引了全年密集的展览演出、文艺活动且形成群聚化效应。大小巷弄错落特色店铺，创意市集让创意产品成为核心文化资源。

（2）运营现状

首先，该园区的空间招租策略是把"少量固定商家入驻和大量灵活空间租赁"进行结合，其长期固定租赁的商家仅有23家，其余的空间（包括户外场地）都是"灵活分时"对外租赁，总共包括22处场馆，其中可用于艺术展览和文艺表演的场馆有12处、可用于新品发布会或者创意展示的场馆有7处，这些场馆可提供给文艺团体、学生团体、一般机构和企业进行预约使用，定期或不定期举办各类艺术品展览、展览、市集、音乐会、发布会、体验活动等。2018年，这些"灵活分时"租赁场地协助企业、公益活动、文创组织、学生团体总计办理活动

图 8　台北华山文创环境图

954 场次,约 53 万人次参与,平均每天有 2.6 场,真正做到了"满足多样化的不定时需求"。且运营团队把园区的各类空间信息(办公楼、会议室、秀场等)尽可能细致切分到"一天"、"半天"、甚至以小时为单位的租赁价格,并详尽地作出租赁细则及管理办法,供需求商户在线浏览、申请租赁。这样做除了能够帮助园区运营商最大程度地扩大宣传、降低空置率,也有助于地方产业集聚和产业链打造。

自 2007 年底新开园以来,台湾文创发展股份有限公司在头五年经历了连续亏损的惨淡经营境况,而随着市场认可度的逐步提升和园区经营策略的不断调整,华山人终于获得了他们想要的效应。自 2012 年来,华山文创产业园区开始实现盈利,2017 年盈利金额达到了 4 亿 1 668 万元新台币。

之所以能够扭亏为盈、渐入佳境地取得如今的不菲成绩,最关键的两点运营思路正是"满足多样化的不定时需求"和"把园区的有效信息最大程度地传播出去"。

7. 结语

我们通过分析影响战略转型的内外部因素,深入解析文化创意产业园区转型发展的内在根源,可以为文化创意产业园区发展提供新的发展思路和参考范本。

从发展历程上看，羊城创意产业园的发展历程经历了初创期、成长期和成熟期三个阶段：初创期依托旧厂房改造成文化创意产业办公地点，首先吸引大量设计公司入驻，随后成功实现了网络音频行业的产业集聚；成长期随着羊城晚报报业集团整体搬迁至创意产业园而开始，以集聚创新产业、优化产业结构为核心战略，以"文化+科技"为核心定位，积极发展多元化新型产业生态体系，实现创新产业集聚，初步打造出"1个主园区+5个分园区"的产业布局，形成媒体融合与产业聚集的文化产业新格局；成熟期的羊城创意产业园积极搭建各项综合管理服务平台，构建了文创产业创业生态新格局，积极培育园区孵化功能、羊城晚报报业集团成立广东省粤港澳大湾区文化创意产业促进会。

园区在每个阶段所选择的发展战略重点并不相同。无论是初创时的音乐产业聚集，成长期的集聚创新产业、探索"一园多区"，还是成熟期的培育孵化功能、积极品牌赋能，羊城创意产业园以其敏锐的行业洞察力和市场敏感度，发挥自身优势以适应社会经济变化，完成了一次次的华丽转身，在全国同类园区中一直拥有强劲的竞争能力和品牌知名度。

回顾羊城创意产业园区的发展之路，这正是逐步从聚集型发展模式过渡到管理型发展模式。不同系统通过系统间的互动，可以提升园区企业、园区本身和园区所处区域的文化创意产业发展，营造共享文化氛围。

战略路径选择上，羊城创意产业园园区基本遵循着"聚集定位——持续发展——多元化创新"的路径，而在发展模式上则是完成了由"企业子系统主导——园区子系统主导——区域子系统主导"的过渡。

从战略转型方式选择和从战略转型的过程实施来看，考虑到了环境认知、资源契合、模式创新三方面的要素。基于过去发展经营，调整发展方向以适应内外部环境变化，多元化战略成为必然。实现企业子系统、园区子系统和区域子系统的有效协同，模式创新是文化创意产业园区实现战略转型的最终目标状态。

未来的羊城创意产业园将会有以下三点重要进步：

① 社区营造：能从"旧厂房改造"到"城市文化创意复兴"能够从文创产业集聚朝向园区、社区、街区一体化发展的高级阶段不断演化，走向涉及经济、文化、社会各层面的地方导向型、内生型的发展路径。

② 引入第三方：构建社会化文创产业中介服务体系。廉租服务、产业化引导及相关的信息服务等方面实现资源的多元化供给，通过政策资源、创新资源和社会资源的综合配置，维系企业个体、孵化平台和市场环境的动态平衡。

③ 体验终端：将文化消费进行到底，将园区营造成文化消费和体验学习的空间，不仅可以培育和提升民众的审美情操，还能够吸引更多游客，带动相关产业的发展，生成区域经济的"乘数效应"。

本文还通过介绍国际知名的代表性文创园区案例作为参考，其中包括产业链为核心的模式：美国好莱坞影视制作基地、政府引导为核心的模式；英国伦敦西区、文化底蕴助推创意区的模式;法国巴黎左岸艺术区、技为核心的模式;加拿大 BC 动画产业园区、艺术联姻商业的模式;纽约 SOHO 区以及韩国首尔数字媒体城(DMC)。

现有的国内文化创意产业园区的发展模式主要有政策导向型、艺术家主导型、开发商主导型、资源依赖型、成本导向型及环境导向型六种。这六个类型互相交叉、形式转换,往往更多的园区偏向复合。其中北京 798 艺术区、上海田子坊、台北华山文创等,都能为羊城创意产业园区今后的发展带来可借鉴的价值。

参考文献

[1] 昌道励,江珊.创投+产业龙头创新园区落天河[N].南方日报,2017-08-09.

[2] 郑耀宗.文化创意产业园区的自组织演化研究—理论模型与上海实证[D].上海市社会科学研究院,2015.

[3] 汤红.文化创意产业园建设的实践与思考——以广州"羊城创意产业园"为例[J].文化学刊,2018(7):133-136.

[4] Scott,Allen,"The cultural economy of cities",International Journal of Urban and Regional Research,21(2),1997.

破局·蝶变·重塑：新时代传媒经营管理创新案例研究

附 录

案例分析教学导引

人民日报"中央厨房"融媒体建设的历程及其成效

摘　要：在传媒技术不断发展与传播理念不断变革的背景下，人民日报在媒介融合的过程中做出了一系列转型与决策。其"中央厨房"通过将内容、形式与媒介合理地结合到一起，从两微一端（微博、微信、客户端）到融媒体工作室再到全媒体矩阵的探索，人民日报不断地进行着内容、形式、理念的创新。本文通过对人民日报融媒体发展历程的梳理与探讨，对其他传统媒体的转型升级也有一定的参考价值。

关键词：人民日报；两微一端；媒介融合；中央厨房；融媒体

1. 案例背景

随着互联网技术的不断发展与移动终端的不断普及，人们足不出户仅凭一块小小的屏幕便可知天下事，铅字的报纸逐渐淡出视线。有人说属于传统媒体的危机已然来临，纸媒衰退论层出不穷——据2020年第45次《中国互联网络发展状况统计报告》显示，截至2020年3月，我国网络新闻用户规模达7.31亿，较2018年底增加5 598万，占网民整体的80.9%；而手机网络新闻用户规模达7.26亿，与2018年底相比，增加7 356万，占手机网民的81.0%。[1]

面对如此大体量的网络新闻用户，传统媒体如何转型，报纸要如何适应数字化似乎已不言而明。本文以《人民日报》为例，探究其在媒介融合的大背景下不断进行转型升级的策略。

2.《人民日报》简介

《人民日报》是中国共产党中央委员会机关报，作为党和国家的喉舌，积极贯彻执行党的方针政策，宣传国家的重要决策与部署。坚持高举旗帜、引领导向、围绕中心、服务大局，

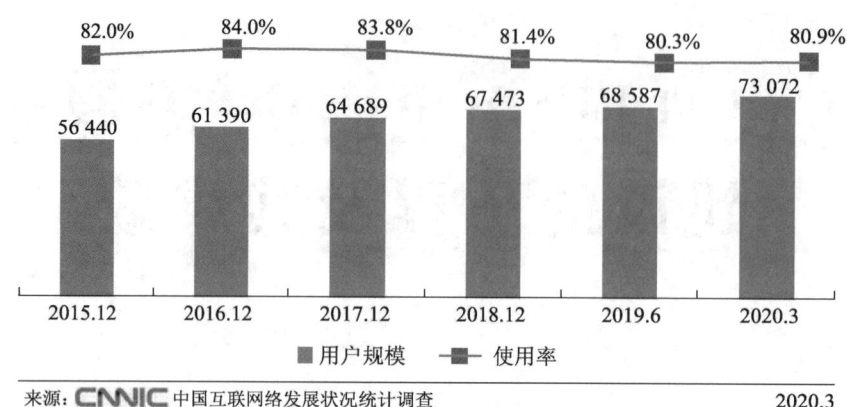

图1 2015.12—2020.3 网络新闻用户规模及使用率（单位：万人）

始终承担着党的新闻舆论工作的职责与使命。[2]

2.1 历史沿革

《人民日报》1948年6月15日在河北省平山县里庄创刊，由《晋察冀日报》和晋冀鲁豫《人民日报》合并而成，为华北中央局机关报，同时担负党中央机关报职能，由毛泽东同志亲笔为人民日报题写报名。[3]

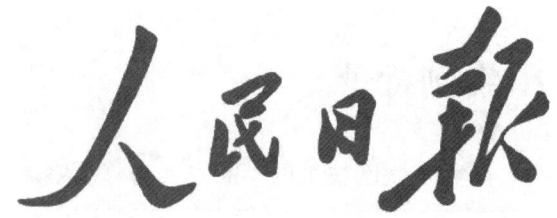

图2 毛泽东同志为《人民日报》题写的报名

1949年3月15日，人民日报社随中央机关迁入北平。同年8月1日，中共中央决定《人民日报》为中国共产党中央委员会机关报，并沿用1948年6月15日的刊号。

2.2 办报宗旨

坚持与党和国家的发展同心同德、同向同步，忠实履行党的新闻舆论工作职责和使命，始终不渝地坚持正确政治方向，始终不渝地坚持党性和人民性相统一，始终不渝地贯彻政治家办报要求，努力当好新闻战线的排头兵，当好推进媒体融合发展的排头兵，当好改进文风的排头兵，为巩固壮大主流思想舆论发挥"中流砥柱"、"定海神针"重要作用。[4]

2.3 机构设置

人民日报社是中共中央直属事业单位和中共中央的新闻机构，实行编委会领导下的社长负责制。[5]

2009年,经中央批准,人民日报社进行机构与职能调整改革,后又根据发展需要进行局部调整,形成由23个内设机构、1个所属事业单位、72个派出机构、30种社属报刊及若干个社属企业组成的基本架构,初步建立健全了责权一致、分工合理、执行顺畅、监督有力的运行机制和管理体制。[6]

3. 媒体融合背景下人民日报的变革之路

3.1 触网——以报为体,以网为用

人民日报媒介融合的第一步即是以报纸内容为核心,以互联网技术为辅助,进行触网的摸索与探寻——1997年1月1日,人民日报网络版正式进入国际互联网,2000年8月21日,更名为人民网,引领起了主流媒体的"触网"潮流。

在此阶段,对"触网"的理解还停留在将当天的报纸内容发布至网络中,所依托大多是纸媒优质的内容资源与采编能力,对于互联网的认知也仅仅停留在其跨越地域距离,进行便捷迅速分发的技术能力的应用,而报纸与网络相融合的诉求也不过是更加快捷的信息传递与获取。

图3 人民网主页

直至2004年,人民网陆续开辟人民网读者留言板、视频点播系统等栏目,对于互联网的理解逐渐从追求分发的速度扩展到和受众之间的互动与产品形态的多样化,但是此时的触网依旧停留在较为初级的阶段。

3.2 织网——两微一端构建

如果说在主要是以台式机为终端的时代，网页版的人民网还能够引领触网潮流，那么在移动终端智能手机不断普及的时代，受众的行为习惯也在不断变化，网页式的信息获取渠道已经不再是受众的首选。

崛起的两微（微博、微信）平台、大量涌入的用户、依托平台崛起的自媒体，都不断地在暗示被传统媒体所占据的话语权高地正在不断地被解构。因此，由简单的触网发展为适应两微一端的织网变成了这个阶转型段的首要任务。

3.2.1 微信公众号建设

2013年1月1日，人民日报微信公众号应运而生。随着互联网逐渐成为人们主要信息来源，微信不断成为人们的主要社交软件，纸媒日益萧条，自媒体公众号风生水起，把"参与、沟通、记录时代"作为职责使命的人民日报微信公众号已经成为传统媒体在保持内容优势的前提下不断扩展渠道的重要举措。

但媒介融合不仅仅是简单地将报纸上的内容生搬硬套到各个平台中，更是要根据不同的平台特征，进行不同内容、形式的制作与分发。人民日报微信公众号也是根据其平台的特征进行建设与运营。

立足熟人社交，推动信息传播。在尽是亲友的微信平台中，好友本身就是社会中熟人间"强关系"的关系。[7]无论是微信群内转发，抑或是朋友圈分享，微信好友之间强关系使得其转发信息的可信度较强，扩大了信息的传播范围。传统媒体以准确的内容渠道优势及理性客观的视角在自媒体泛滥的微信平台中更易被用户所信任，能够起到安抚人心、破除谣言的作用。例如在2020年新冠肺炎疫情期间，人民日报微信公众号所发布的《扩散！关于新型冠状病毒肺炎，你应该知道的100条科学信息》就以更加客观理性且"接地气"的方式向公众科普了关于新型冠状病毒肺炎相关科学信息的同时，也安抚了病毒爆发初期人们焦虑不安的情绪。

原创优质内容，贴近民生需要。民生是最大的政治。因此，在最贴近人民日常生活的微信公众号中，人民日报微信公众号也是一直关注人民群众最关心的议题——在2020年新型冠状病毒肆虐的毕业季，很多线下招聘会无法按时进行，企业缺少招聘渠道，毕业生也难以找到心仪岗位，就业难已经成为这个毕业季无法绕开的话题。关切人民最关注的就业问题，人民日报微信公众号以此为入口开展了多场"云招聘"，以网络中更大的信息量，在一定程度上缓解了毕业季就业难的问题。

3.2.2 微博账号运营

《人民日报》于2012年7月22日正式开通法人微博，以"权威声音、主流价值、清新表达"为目标定位。[8]截至2020年5月，人民日报官方新浪微博账号的粉丝数量已经达到1.17

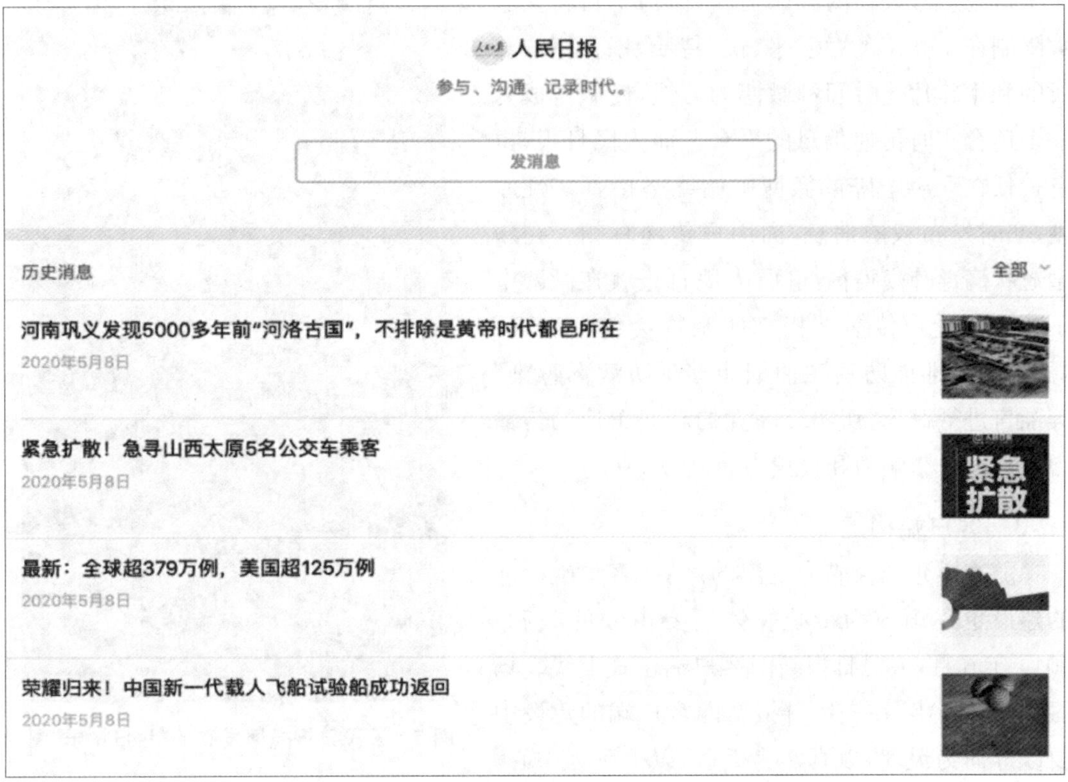

图 4　人民日报微信公众号

亿,以其较大的社会影响力,日益成为引领社会舆论、发布权威信息以及反映民意的重要渠道。

根据微博传播的独特性,人民日报的微博账号也是依据平台的特质来进行运营:

注重与用户的互动性。针对微博平台中用户年轻化的特质,人民日报秉承着"清新表达"的态度去融入微博,不仅在话语表达与表情包运用等方面更加年轻化,也更加注重与用户的互动。在 2018 年庆祝创刊 70 周年之时,人民日报发布"人民日报生日快乐"的话题后,鼓励用户在话题内留言并和用户进行一定的互动,打破了传统纸媒严肃的刻板印象,以更为年轻化的形象来满足年轻受众的实际需求。

善用意见领袖,实现病毒式传播。意见领袖是两级传播中的重要角色,是人群中率先接触到信息,经过自己加工后再传递给受众的人,有着影响并改变他人的能力。[9]在建国 70 周年之际,人民日报在微博以一幅"生日快乐"图发起了"为祖国庆生"的接力转发活动,张艺兴、王一博等意见领袖纷纷对此进行转发,并通过两级传播进一步呼吁其粉丝进行接力,截至 2020 年 5 月,该条微博共获得转发 1 520 万余次,在微博的舆论场中产生了很大的共鸣和反响。

权威信息发布,24小时实时内容更新。不同于微信公众号长篇内容的更新,微博平台将文字数限制在140字的"短、平、快"特质,以及用户养成的利用碎片化时间刷微博的习惯,使微博成为一个适合实时传递信息的平台。而人民日报,也有责任在众声喧哗的微博中始终坚持真实性原则,实时发布权威信息,向用户传递真相。在新型冠状病毒肺炎疫情期间,人民日报就在微博中不断地向受众传播真相,对"宠物会传染病毒""盐水漱口即能防疫""抽烟能够预防病毒感染"等谣言进行辟谣,切实提高党的新闻舆论的传播力、引导力、影响力和公信力。

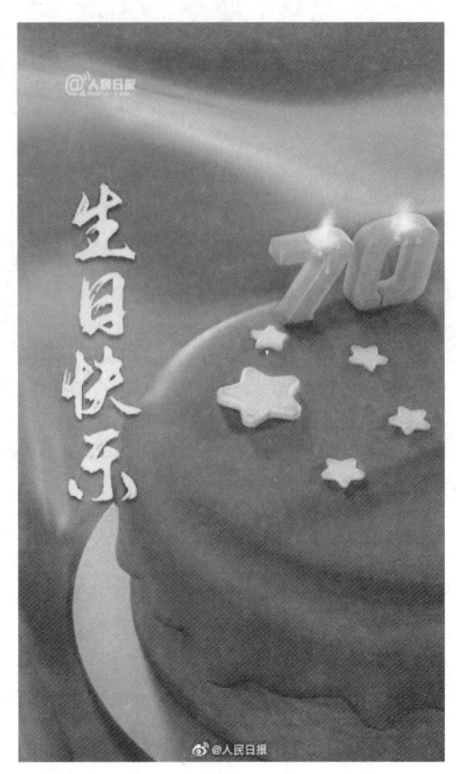

图5 人民日报微博发布的"生日快乐"图

3.2.3 客户端构建

随着媒介融合成为主流的声音,客户端App的建设也逐渐成为传统媒体所要占领的"场"。2014年6月,人民日报新闻客户端正式上线。杨振武曾经指出,在人民日报新闻客户端的建设中要以导向为灵魂,以真实为生命,以人民为中心,使人民日报成为形态多样、手段先进、具有强大传播力和竞争力的新型主流媒体。[10]

借由内容优势、技术优势以及品牌优势,人民日报客户端不断吸引着受众,在形式、内容上做出创新,收获了巨大的效果。

可视化呈现,带给受众不一样的使用体验。人民日报客户端构建了视频、直播两个主要可视化的栏目,通过视觉上的冲击与真实的再现,使更加真实、立体与直观的内容呈现在受众面前。在疫情尚未平息的2020年"五一"小长假期间,人民日报新闻客户端就在各地的景观名胜进行了直播,受众能够在手机上进行"云旅行",去观赏安徽黄山的杜鹃花,探寻颐和园的宝云阁全貌,在丽江古城远眺玉龙雪山。据统计显示,仅"丽江古城"的一场直播便有近189万人次参与并观看。

个性化内容推送,增强用户粘性。在人民日报客户端的信息推送时,十分注重对用户进行信息的精准化推送,由此使用户获得更好的使用体验,利用最少的时间获得更多的更加精确的信息供给。在首次在客户端进行注册时,就由用户自主设定感兴趣的内容方向,客户端会根据用户的设置向其推荐相应内容。此外,用户还可以在"首页设置"中自主设定每天看健康或是看体育,关注哪个地方的新闻,使用户真正地进入"定制化新闻"时代。

图 6 人民日报客户端直播：夜色正好，云赏"夜周庄"

3.3 矩阵——"中央厨房"融媒体工作室

自党的十八届三中全会提出了推动媒介融合的重大任务后，习近平总书记也曾多次强调，媒介融合要"融为一体，合而为一"，从媒介的相加不断转变为相融，完成传统媒体的转型升级。

正值传统媒体遇到机遇与挑战之时，人民日报积极落实党中央关于媒体融合的指示，在中央宣传部的指导下，迅速开启了"中央厨房"的建设。2014年10月，人民日报"中央厨房"项目正式立项，由人民日报媒体技术公司负责建设。[11] 2015年2月，人民日报"中央厨房"启动。2016年2月19日，习近平总书记在人民日报社考察时，充分肯定建设"中央厨房"大平台推进融合发展的路子是对的。人民日报"中央厨房"由空间平台、业务平台、技术平台组成。作为人民日报的全媒体新闻平台，"中央厨房"已经成为人民日报社"策、采、编、发"的大脑和神经中枢，也是报社推进媒体融合发展的核心平台。[12] 这个空间平台除了解决"人机交互"的问题，还解决"人人交互"的问题。

在组织架构上，人民日报"中央厨房"彻底打通和整合"报、网、端、微"的采访、编辑和技术力量，实现融合策划、融合采集、融合加工、融合传播。

总编调度中心是人民日报"中央厨房"的指挥中枢，是"策、采、编、发"指挥网络的核心层，负责宣传任务统筹、重大选题策划、采访力量指挥。总编调度中心既包括线下的工作空间，也包括线上的软件平台。在线下，设立专门团队，全天运行；在线上，利用移动报道指挥平台等系统，与各采编团队保持在线联系，随时发布调度指令。[13]

采编联动平台是人民日报"中央厨房"的常设运行机构，由采访中心、编辑中心和技术

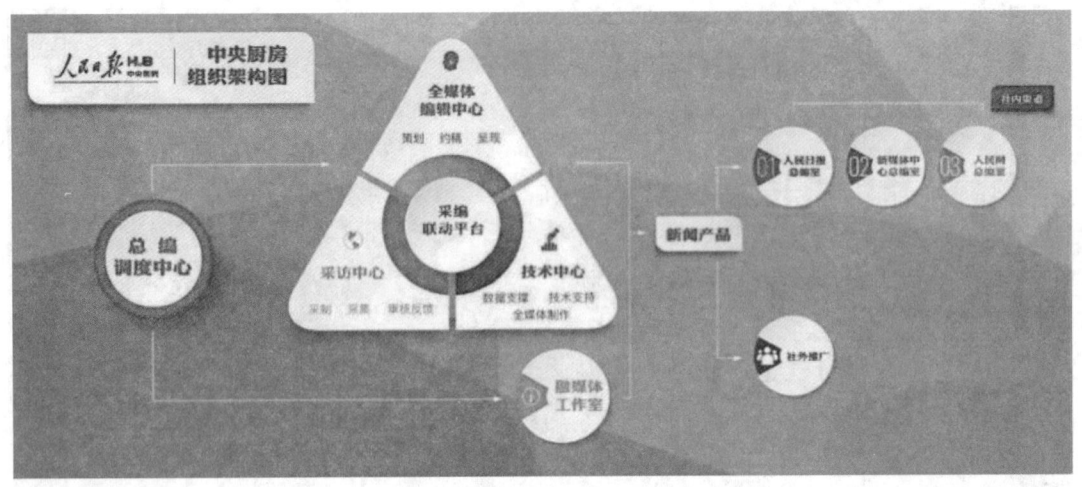

图 7　中央厨房组织架构图

中心组成。人员来自"报、网、端、微"各个部门,负责执行指令,进行全媒体新闻产品的生产加工。大家组成统一工作团队,听从总编调度中心的指挥,从事全媒体新闻产品的生产加工,所有产品都直接进入后台的新闻稿库。[14]

在运行中,总编协调会是"中央厨房"日常运行的最高决策机构,由总编辑召开协调会,部署重要宣传任务,讨论重大选题。[15]与此同时设有采前会制度,每个工作日上午 10 点,采前会准时召开,统筹当天全社的报道策划,通报新闻线索,研究当日舆情,确定重点稿件,布置采编对接。此外,还建立重大、突发事件应急报道机制,安排专人实时监控、随时调度,第一时间进行融合采集、加工、生产和传播。

人民日报"中央厨房"是一个完整的、体现整体融合的全方面的融合体系。它的目的不是让新闻成为流水线产品,而是尽量充分发挥不同媒介的新闻专业特色,实现个性化新闻生产,满足新闻产品的个性化需求。[16]

2016 年 10 月,人民日报"中央厨房"启动"融媒体工作室计划"。从第一个融媒体工作室——新地平线工作室成立至今,人民日报"中央厨房"已成立融媒体工作室近 50 个,覆盖时政、财经、军事、国际、教育、健康等领域。据统计,报社 37 个部门或单位的近 300 名编辑、记者参与其中,很多工作室形成了自己的品牌个性,比如"学习小组""侠客岛""麻辣财经""学习大国""一本正经""金台点兵"等。融媒体工作室最显著特点是"四跨"+"五支持",即采编人员实现"跨部门、跨媒体、跨地域、跨专业"的自由兴趣组合;"五支持",是指"中央厨房"作为孵化器,给予融媒体工作室资金支持、技术支持、传播推广支持、运营支持和经营支持。[17]

自 2017 年全国"两会"起,"中央厨房"机制全面运行,设立总编调度中心,建立采编联动平台,统筹各方采访、编辑和技术力量,"报、网、端、微"一体联动,建立移动优先、PC 做全、纸媒做深、多次生成、多元传播的策采编发新流程。[18]

图 8　人民日报"中央厨房"融媒体工作室品牌

2017年,"中央厨房"融媒体学院开设,通过融媒人才的培训、交流,加强融媒人才队伍力量。

2017年8月19日,人民日报在"中央厨房"建设取得阶段性成果和经验的基础上建设的全国党媒信息公共平台正式上线,这是一个大开放、大协作的全新媒体融合平台,把人民日报的融合经验分享给全国党媒,大家可以共享平台、共享技术、共享渠道,携手打造"百端千室"综合体。已有几百家中央媒体、地方媒体、行业媒体以及党政机关、企事业单位的新闻宣传部门入驻平台。[19]

2019年"两会"期间,人民日报40余个融媒体工作室发挥"轻骑兵""突击队"作用,共计创作推出图文、音频、视频、图解等118款融媒体产品。

截至2019年3月13日,人民日报融媒体工作室创作推出的融产品浏览量达5亿,被500余家媒体转载,多款产品被全网推送。

3.3.1　技术赋能

人民日报"中央厨房"积极拥抱技术,关注智能化发展趋势。在技术上,基于舆情监测、传播效果评估、用户行为分析等一系列技术工具,人民日报"中央厨房"形成新的工作模式,每天推出传播效果排行榜、热点新闻排行榜等数据报告,供报社决策层和前后方采编人员参考。通过"中央厨房",各终端渠道策划部署一体统筹、采编力量一体指挥、各类媒体一体发力。在2016年的融合发展论坛上,"中国媒体融合云"发布,集纳各种技术工具,方便内容生产发布。有了全网抓取的实时数据,全国各地发生的热点事件能地图式即时呈现。新闻线索不再只是通过记者报题,也可以通过网络抓取、分析。通过传播效果评估、新媒体运营、新媒体追踪和用户画像,每篇稿件有了实实在在的效果评估与反馈。通过数据分析,媒体可以深度了解用户阅读习惯和行为特征,得出用户对新闻的喜好,实现精准推送。[20]

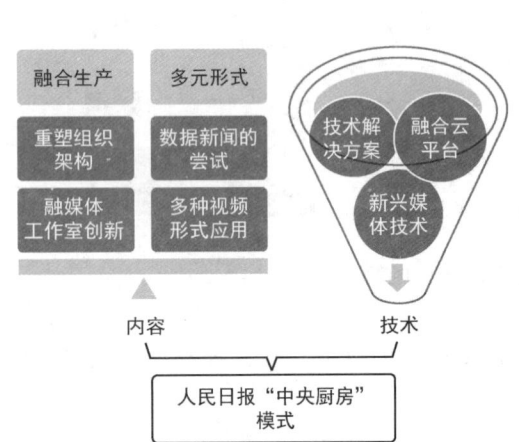

图9　人民日报"中央厨房"融合路径
（《媒介》杂志制图）

图10　人民日报"两会"期间的VR作品

人民日报的"中央厨房"不是简单的"采编发"一体化稿库,而是全流程打通、完整的媒体融合体系。[21]而这种全流程打通的媒体融合体系所依靠的就是技术的赋能。

依托"中央厨房"的新闻生产模式,无论是全网抓取实时数据,还是通过数据分析,了解用户的阅读习惯进行精准分发,都是人民日报在积极拥抱智能媒体技术的道路上深耕做出的不懈努力。

此外,"中央厨房"在新闻的呈现形式上也是在不断地尝试新技术,推出新形态——无人机拍摄为受众呈现全景画面,虚拟现实(VR)技术给人以沉浸式的体验,增强现实(AR)技术使交互式的体验成为现实,利用技术发展赋能,给受众带来了更优质的新闻体验。在"两会"期间,人民日报就将VR技术运用到了新闻报道中,360度呈现部长通道、代表通道与委员通道,使受众能够身临其境地感受"两会"现场氛围。

3.3.2　内容为本

技术的不断进步或许使新闻的呈现形式更加多元化,但究其根本,优质的内容才是新闻的关键一环。作为传统媒体的《人民日报》,优势之一便是迅速、真实、优质的内容。在"中央厨房"的建设中,人民日报社注重技术赋能的同时也并未放松在内容的把控。

例如微信公众平台中的"云游敦煌"栏目就是人民日报与腾讯、敦煌研究院合作,以敦煌石窟文化为内容核心,从壁画、彩塑、石窟等艺术形式带领受众领略敦煌之美。此外,用户可以通过"游览"的按钮预约参观莫高窟、进行石窟特色文化体验。从内容出发,以技术为辅助,关切文化的保护与推广。

3.3.3 多样化呈现形式

新闻在技术的推动下不断更新着呈现形式,以人民群众更加喜闻乐见的形式从文化层面与用户产生互动。

在国庆 70 周年的宣传中,人民日报"中央厨房"就推出一系列 h5 的爆款游戏刷屏朋友圈——《我在复兴大道 70 号遇见了你》,对过去 70 年的风雨历程在游戏中进行了梳理;在《全民在线换转互动,一起接受祖国检阅》的 h5 中,以不同时期军装照的形式吸引公众参与互动,上线后的阅读量迅速突破了 10 万人次,以游戏的方式拉近与人民的距离,使原本的受众成为体验者与传播者,加入国庆 70 周年的宣传中。

除了 h5 游戏之外,微视频也成为主要内容呈现手段——例如 2019 年 3 月,人民日报所推出的《中国 24 小

图 11 "云游敦煌"小程序

时》,不再将文字内容作为核心,而是通过以画面宏大、节奏明快的微视频来向用户展现中华大地上的锦绣山河以及中国人民的自强不息,在微信群、朋友圈等渠道中得到了广泛的传播和热议。

图 12 人民日报 h5 作品:全民在线换装互动,一起接受祖国检阅

3.3.4 地方媒体合作

值得一提的是,人民日报在"中央厨房"的建设过程中,除了不断完善自己的内容生产能力与技术水平外,还不断利用自己的资源与经验,为一些在融媒体发展较慢的地方媒体提供内容、渠道、技术以及人才等资源的共享,进一步推进地方媒体的融合进程。迄今为止,人民日报的"中央厨房"已经同湖南日报、上海宝冶、广州日报等地方媒体围绕着内容、技术等多个维度进行了多方面的合作,不断加速了地方媒体的融媒体化进程。

4. 人民日报中央厨房融媒体建设的成效

过去几年,人民日报全媒体新闻平台(中央厨房)成了中国新闻奖的"得奖大户"。在第二十九届中国新闻奖评选结果中,人民日报"中央厨房"又有3个融媒体作品获奖:

"麻辣财经"获新媒体品牌栏目一等奖;

《即将通车的港珠澳大桥什么样?司徒带你看》获国际传播项目二等奖;

《致老兵,我们的二十四分之一》获短视频新闻项目三等奖。

融媒体工作室围绕时政、财经、军事、国际等垂直领域策划选题、精耕细作,"麻辣财经""侠客岛""一本政经""金台点兵""学习大国"等明星工作室脱颖而出,探索新闻产品的个性化生产,出品了一大批优质的融媒体产品。

案例一:创意+微记录

"中央厨房"的创意短视频制作精良。以《谁是站到最后的人》与《致老兵,我们的二十四分之一》为例,这两个短视频都是由金台点兵工作室与学习大国工作室联合出品,一个关注军人依法优先,一个聚焦退役军人主题,上线后广受好评,全网总播放量都超过1亿次。

"中央厨房"给予融媒体工作室多方面的支持,可视化团队施展十八般武艺,配合工作室"一鱼多吃",完成短视频、H5、动画、图解等产品的制作。

从策划阶段开始,融媒体工作室成员就与可视化团队技术人员紧密协作,根据选题特点确定呈现方式,共同完成产品的生产。设计师、动画师、摄像师、剪辑师不再是被动地配合、执行,而是将主观能动性充分发挥出来。

案例二:"双语脱口秀"+实拍

"双语脱口秀"栏目包括"中国热词""司徒中国游"等子栏目,外籍主持人在视频中用接地气、幽默的方式切入主题。其代表作《即将通车的港珠澳大桥什么样?司徒带你看》在海内外总点击量接近440万次,在Facebook平台的点击量接近6万次。

图 13　双语脱口秀加实景拍摄融媒体作品

4.1　内容创作，从"动起来"到"活起来"

习近平总书记指出，在信息生产领域，也要进行供给侧结构性改革，通过理念、内容、形式、方法、手段等创新，使正面宣传质量和水平有一个明显提高。[22] 可视化表达，是人民日报"中央厨房"烹饪"新闻大餐"的重要方式之一。"中央厨房"的可视化团队尝试小切口、去中心化的表达方式，在让文字、数据"动起来"的基础上，让人物形象更鲜活，让融媒体产品更贴近受众。

案例一：短视频《习主席来了》

图 14　短视频《习主席来了》

该作品通过活泼的镜头语言，展示了外国留学生眼中的中国领导人形象。视频首发于 YouTube 平台人民日报官方账号，播出后引起西方主流媒体的关注，仅在美国就有数十家媒体刊文报道。2016 年，该作品荣获第二十六届中国新闻奖国际传播一等奖。

案例二：《习近平用典》政论微视频

图 15 《习近平用典》政论微视频

该系列微视频以《习近平用典》一书为基础，以可视化形式生动呈现习近平总书记用典的现实意义。作品叙事流畅，上线后点击量、互动量巨大。

案例三："家国梦"系列融媒体产品

2018 年国庆期间，在人民日报媒体技术公司的推动下，碰碰词儿工作室推出"家国梦"系列融媒体产品，包括公益手游、少儿绘本、互动 H5、系列图文报道等多种形式。该系列融媒体产品全网曝光量达 11 亿次，获"庆祝新中国成立 70 周年融合报道十大创新案例（中央媒体）"称号。

4.2 打磨精品，从"拼颜值"到"拼气质"

作为人民日报推进媒体融合发展的核心平台，人民日报"中央厨房"是一个完整的、全方面的融合体系，其融媒体产品主要由人民日报媒体技术公司的可视化团队制作，包括策划、设计、拍摄、剪辑等。

图 16 "家国梦"系列融媒体产品

案例一：创意海报

"画里有话"栏目关注热点事件、聚焦社会现象，主打一句话评论，以创意海报的形式及时发声，呈现人民日报评论的观点。栏目目前已推出 20 张海报，广受网友好评。仅"人民日报评代拍乱象"话题,阅读量就超过 1.1 亿人次。

图 17 "画里有话"部分海报集锦

一个流动的中国,充满了繁荣发展的活力。"微缩记忆"栏目,以微缩景观的视角切入,从不同的角度展现流动的中国。该系列海报被众多网友点赞。

图 18 "微缩记忆"部分海报集锦

流量指标背后,是价值指标。与"产品颜值"相比,"中央厨房"在打磨融媒体产品时更注重"产品气质",尝试找准内容与技术的结合点,在内容可视化上找好角度,在形式创新上把握好尺度,在立体式传播上体现力度。

案例二:虚拟 IP + 三维动画

图 19 人民日报虚拟 IP"小陆"

它叫"小陆",是人民日报媒体技术公司可视化团队尝试孵化的虚拟 IP,采用二维动画、三维动画、漫画、海报、表情包等形式讲故事。短视频《你保护世界,我保护你》播放量达近千万次。为庆祝新中国成立 70 周年,人民日报"中央厨房"策划制作的"56 个民族 30 天表白祖国"系列产品,取得了良好的传播效果。

5. 人民日报转型之路的启示

互联网、大数据、VR、AR、机器人写作,乃至 5G 技术的不断更迭,移动化、社交化与信息化与日俱增的受众需求,使传播者在媒介融合的大背景下,逐渐意识到,传统媒体转型之路的核心就是新技术的应用。

在传统媒体纷纷进行技术革新的今天,媒体从业者都意识到了技术的重要性。那么除了技术,我们从人民日报的媒介融合之路中得到的其他启示,也是传统媒体进一步推进媒介融合所必须思考的问题。

5.1 坚持内容为王,关切社会所需

互联网时代下技术迅速更迭所带来的繁荣,在一定程度上也可能使人们掉入"技术决定论"的立场,而忽视内容的重要性。但无论新闻的呈现形式如何变革,内容始终都是核心,而"内容为王"也依旧是新闻报道最核心的原则之一。

就像习近平总书记曾说过的那样:"党性和人民性从来都是一致的、统一的。"人民日报一方面作为党和国家的喉舌,以宣传党的大政方针为己任,另一方面又要反映人民群众的愿望与呼声,实现好、维护好、发展好最广大人民群众的根本利益。

因此,在媒介融合的今天,我们不仅仅要关注技术的更新和形式的呈现,更是要在内容上关注人民群众最关心的问题,直面公众最切身的利益,将党性与人民性相统一,才能做出人民群众喜闻乐见的内容。

5.2 传媒人才的培养

媒介融合已经上升为国家战略,传统媒体发展道路业已明晰。因此,需求人才的特质也有所改变,传统记者转型成了拥有新媒体技能与互联网思维的全媒体记者,媒介融合的关键就在于人才的培养。

融媒体所覆盖内容形式呈现多样化的趋势,因此,也要求新闻记者拥有更多技能以满足各种传播载体的内容供应。新闻工作者不再是为了单一的纸媒供稿,而是要兼顾到文字、音频、视频等多方面的内容输出,这就由需求倒逼新闻工作者必须兼顾着摄影、摄像、供稿、剪辑等多方面的技能。在 2017 年"两会"期间的报道中,人民日报的前方记者就通过直播的方式,以记者的第一视角为受众提供更加"接地气"的"两会"体验。

此外,在新闻传播主体不断呈现多样化趋势的今天,信息传播的门槛降低,只要手中有手机便能成为"公民记者",舆论场也由此众声喧哗,依托互联网加速信息传播速度的同时,也催生了很多谣言的产生。因此,融媒体时代专业的新闻工作者,也应该不断提高自己的信息筛选与核实的能力,作为把关人将谣言隔离在二级传播之前。

6. 结语

融合发展是一场媒体的自我革命,不进则退,缓进也是退。最近几年,人民日报在实践推进媒体融合发展方面有一些标志性突破,面对信息化变革带来的机遇和挑战,人民日报"中央厨房"将继续推进机制再造,积极拥抱技术,关注融媒体人才培养。我们认为,融合发展或许将经历以下三个层次:一是媒体内部的融合;二是媒体与媒体之间的行业融合;三是媒体与一切产业的融合。[23]这将进一步推动全国党媒信息公共平台的建设,汇聚全国党媒力量,共同传播好党媒声音。

人们曾预言广播会取代报纸,也曾推测过多样的电视节目会顶替掉铅字,在互联网不断发展与普及的历程中,更是不断有"纸媒已死"的声音。传统纸媒的未来在何方,怎样适应网络环境中的用户习惯,如何在层出不穷的自媒体与更加迅速、更近现场的公民记者的包围之中保持活力与专业性,都是每一位新闻从业者应该去求索的。

参考文献

[1] 中国互联网络信息中心(CNNIC).第45次中国互联网络发展现状统计报告[R].2020年4月28日.

[2] 李超.党报新闻评论的舆论引导研究[D].重庆大学,2016.

[3][4][5][6][8] 人民日报社简介

[7] 陈燕,李天龙.社交与教育功能视角下的微信传播[J].现代教育技术,2015,25(07):120-126.

[9] 刘志明,刘鲁.微博网络舆情中的意见领袖识别及分析[J].系统工程,2011,29(06):8-16.

[10] 杨振武:人民日报现代传播体系已具雏形 向深度融合迈进[N].人民网,2014-07-22.

[11] 何炜."中央厨房"——探索融合新闻生产新模式[J].新闻战线,2016(17):68-69.

[12] 叶蓁蓁.人民日报"中央厨房"有什么不一样[J].新闻战线,2017(03):14-16.

[13][19] 卢新宁:"内容+"将成为媒体融合关键词[N].人民日报,2017-08-19.

[14] 叶蓁蓁.流程创新机制改革——内容效果是检验中央厨房的唯一标准[J].电视研究,2017(07):7-10.

[15] 人民日报"中央厨房"介绍[J].中国传媒科技,2017(04):36-37.

[16] 唐铮.深融时代,做好新中国成立70周年报道的时、度、效[J].新闻战线,2019(17):38-41.

[17][23] 卢新宁.主流媒体如何巩固主流地位——关于人民日报媒体融合实践的思考[J].新闻战线,2018(13):6-8.

[18] 唐铮.深融时代,做好新中国成立70周年报道的时、度、效[J].新闻战线,2019(17):38-41.

[20] 叶蓁蓁.人民日报"中央厨房"有什么不一样[J].新闻战线,2017(03):14-16.

[21] 刘晓玲.党报时政类微信公众号内容生产研究[D].湖南大学,2018.

[22] 曾祥敏.引领媒体融合改革向纵深推进——学习习近平总书记"1·25"重要讲话精神的体会[J].传媒,2019(10):66-68.

人民日报中央厨房融媒体建设的历程及其成效案例使用说明

一、教学目的与用途

1. 本案例主要适用于对于媒介融合进行案例分析的相关课程,也适用于网络传播相关课程。
2. 本案例的教学对象主要针对新闻传播相关专业的在校研究生。
3. 本案例的教学目的主要在于通过对于人民日报媒介融合的案例分析,带领学生进一步了解传统媒体在媒介融合时代所做的改变。

二、启发性思考

1. 请列举五个人民日报在两微一端所做出的"爆款",并分析为何如此吸引受众。
2. 请简单描述媒介融合时代的传统媒体所面对的行业背景。
3. 你认为人民日报的媒介融合历程对于其他传统媒体有什么借鉴意义?
4. 请用麦克卢汉的"媒介即人的延伸"的理论来分析人民日报在媒介融合过程中出现的多样化内容呈现形式(如h5、微视频等)。

三、分析思路

1. 先大致介绍互联网时代传统媒介所处危机与机遇并存的行业背景。
2. 再让学生对人民日报有大致了解,对其历史沿革、发展程度都有一定的认知。
3. 对人民日报的变革之路进行详尽的介绍。
4. 注重分析人民日报两微一端的产品与矩阵产品。
5. 最后探讨传统媒介在转型过程中的启示。

四、理论依据与分析

1. 本文可通过麦克卢汉的"媒介即人的延伸"理论进行分析。
2. 媒介即人的延伸:麦克卢汉在《理解媒介:论人的延伸》中提出"媒介即人的延伸"的

概念,他认为,媒介是人的感觉能力的延伸或扩展。

3. 本文以人民日报为案例,可以运用麦克卢汉的"媒介即人的延伸"理论,分析人民日报在融媒体发展的进程中出现的多种内容形式。

五、背景信息

《人民日报》是中国共产党中央委员会机关报。1948年6月15日在河北省平山县里庄创刊,由《晋察冀日报》和晋冀鲁豫《人民日报》合并而成,为华北中央局机关报,同时担负党中央机关报职能。毛泽东同志亲笔为《人民日报》题写报名。1949年3月15日,人民日报随中央机关迁入北平。同年8月1日,中共中央决定《人民日报》为中国共产党中央委员会机关报,并沿用1948年6月15日的期号。

《人民日报》是中国第一大报,1992年被联合国教科文组织评为世界十大报纸之一。70年来,人民日报积极宣传党的理论和路线方针政策,积极宣传中央重大决策部署,及时传播国内外各领域信息,为中国共产党团结带领全国人民夺取革命、建设、改革的伟大胜利作出了重要贡献。特别是进入新世纪以来,人民日报以邓小平理论、"三个代表"重要思想、科学发展观、习近平新时代中国特色社会主义思想为指导,坚持高举旗帜、围绕大局、服务人民、改革创新,牢牢把握正确舆论导向,深入宣传中国特色社会主义道路、理论体系、制度,深入宣传改革开放和社会主义现代化建设的巨大成就,深入宣传广大干部群众团结奋进的先进事迹,高唱奋进凯歌,弘扬民族精神,为激励全党全国各族人民全面建成小康社会作出了积极贡献。在新的时代条件下,人民日报始终坚持与党和国家的发展同心同德、同向同步,忠实履行党的新闻舆论工作职责和使命,始终不渝地坚持正确政治方向,始终不渝地坚持党性和人民性相统一,始终不渝地贯彻政治家办报要求,努力当好新闻战线的排头兵,当好推进媒体融合发展的排头兵,当好改进文风的排头兵,为巩固壮大主流思想舆论发挥"中流砥柱""定海神针"重要作用。

(该段落引自人民日报官网)

六、关键要点

1. 案例分析的关键所在是让学生了解互联网时代对于传统媒体的影响、挑战、危机与机遇,了解传统媒体媒介融合之路的发展方向。

2. 通过对人民日报的案例分析让学生了解传统媒体的转型启示。

七、建议课堂计划

1. 时间安排

课前安排学生做完第一道习题,让学生对人民日报的融媒体作品有一个大致的了解。建议运用两课时,第一课时对于案例进行阅读,由教师引导学生对于课后问题进行思考,并在将课后题作为课后作业进行小组讨论。第二课时由小组对于课后作业的讨论结果进行汇报,由教师对于各小组的汇报成果进行点评并予以打分。

2. 黑板板书布置

建议将该案例要点提炼至板书中,方便学生利用板书了解该案例大致脉络。

3. 学生背景了解

建议要求学生在上课前进行一定的课前预习,对于人民日报有提前的了解,对于案例本身也有相应的认识。

此外,可以要求学生对于其他传统媒体的融媒体发展情况进行一定的资料查找。

4. 小组分组及分组讨论内容

建议每小组3~4人,讨论内容为课后习题,没有准确答案鼓励小组成员间关于问题的探讨。

5. 案例开场白

随着互联网技术的不断发展与移动终端的不断普及,人们足不出户仅凭一块小小的屏幕便可知天下事,铅字的报纸逐渐淡出视线。有人说属于传统媒体的危机已然来临,纸媒衰退论层出不穷。如何转型,报纸要如何适应数字化已经成为传统媒体都需要面对的问题。这节课就以人民日报为例,对传统媒体转型升级进行案例分析。

6. 如何就该案例进行组织引导

建议先对于传统媒体所面临困境进行介绍;再按照人民日报发展历程对其融媒体化进程进行分析,尤其着重分析两微一端的内容形式与矩阵成果;最后通过对于该案例的分析,将意义放大到传统媒体的发展建议。

山东广播电视台融媒体资讯中心的发展历程及其成效

摘　要： 本文以主流媒体山东广播电视台融媒体资讯中心为研究对象，描述了其建设历程、经验与困境。山东广播电视台融媒体资讯中心确立了以"客户端优先，移动优先，小屏优先"的三原则和"客户端首发—网络跟进—电视整合播发"的三屏互动模式。并在此基础上构建了以闪电新闻为主力的传播生态、以中央厨房为核心的内容生态、以创新服务为战略的营销生态。

关键词： 山东广播电视；融媒体建设；媒体融合

1. 案例背景

在新媒体时代，电视产业的机制陈旧、舆论引导力下降已成为主流电视台面临的主要困境。事业单位转企改制后，电视行业不仅要面对内部市场竞争，还要受到以互联网为代表的外部平台的冲击。如何保证自身生存，形成良性的发展路径，重新占据主流话语的制高点，成为各地方广播电视台的一项重要使命。随着"互联网＋"思维在各行各业的延伸，以及国家对加快媒体融合的要求，各级电视台开始逐步探索平台融合的机制。许多行业内具有先进思维的电视台开始结合自身特点建立融媒体中心，以进行大范围的融媒体改革。融媒体为重新夺回主流话语权和舆论引导力提供了一条路径，电视台的融媒体实践，是对流失到互联网平台的观众"注意力"的二次聚焦，也是广电产业和传统媒体转型的必由之路。2020年，广电传媒生态呈现出新旧媒体间"你中有我，我中有你"的格局，传统业务形态向全媒体和融媒体形态发展，全国各级融媒体中心纷纷建立起来，多渠道、多模式的视听产业正在不断成熟。

山东广播电视台融媒体资讯中心（以下简称"融媒体中心"）经过三年多的探索，完成了"一体化和平台化"的顶层设计，在技术革新的基础上，打造了新型"超媒体"产品。2020年1月17日，国家广播电视总局办公厅公布了全国广播电视媒体融合先导单位、典型案例、成长项目征集评选的结果。山东广播电视台闪电新闻App入围全国广电媒体融合成长项目，山东广电县级融媒体中心省级技术平台入围全国广电媒体融合典型案例。山东广播电视台在融合转型中对机制再造、人员重组和内容生产传播等环节的创新对传统媒体的转型之路具有借鉴意义,也为我国构建新型主流媒体积累了经验。

2. 山东广播电视台融媒体资讯中心发展历程

2.1 融媒体中心的组建

山东广播电视台由山东人民广播电台、山东电视台和山东省有线电视中心合并组建,于2010年7月29日成立。山东广播电视台在成立之初,创办了国家重点新闻网站齐鲁网,成为山东第一网络门户网站、山东的主流网络新媒体以及山东广播电视台旗下电视频道的互联网播发平台。随后,山东广电布局IPTV,上线山东IPTV业务,为电视用户带来了新体验。但随着新媒体在互联网布局的不断加深,传统广播电视台的发展空间逐渐萎缩。2014年8月,中央全面深化改革领导小组会议审议通过了《关于推动传统媒体和新兴媒体融合发展的指导意见》,强调坚持传统媒体与新兴媒体优势互补、一体发展。至2016年,中央和地方主流媒体开始加快媒体融合的步伐,从内容、渠道、平台、运营等方面开展了深度融合。2016年2月19日,习近平总书记在党的新闻舆论工作座谈会上再次强调,要适应分众化、差异化传播趋势,加快构建舆论引导新格局;要推动融合发展,主动借助新媒体传播优势。[1]因此,传统媒体与新兴媒体的纵深融合发展是当代主流媒体转型的重要任务和环节。为了响应国家号召,以及寻求自身的转型之路,2016年,山东广电启动了媒体融合的改革序幕。在电视端方面,山东广播电视台拥有的强力频道如齐鲁频道、综艺频道等具有较强的本土吸引力,其观众结构受互联网冲击小,而受互联网冲击较大的公共、新闻、体育等频道是这次整合的主要目标,加上原有的网络端如齐鲁网、网络台等资源,山东广播电视台在原电视新闻中心、电视公共频道、电视体育频道、电视国际频道、山东网络台、齐鲁网等资源的基础上,进行了合并再造,于2016年9月30日成立了山东广播电视台融媒体资讯中心。一次性投入超1.3亿元。王忠任中心主任。此次成立,将原有的5个单位合并为1个,调整了60%以上的人员岗位。融媒体中心的建立,彻底打破了传统广电业务与新媒体业务长期分家的局面。合并之后,融媒体中心的人员规模超过700人。中心负责山东广播电视台所有的新闻产品内容生产与分发,包括《山东新闻联播》在内的7档新闻节目。另外,许多自办的非新闻类节目和体育频道的直播、转播任务也由融媒体中心承担。在组织架构上,融媒体中心的节目生产机制由原来的栏目制转为"移动优先"。基本形成了"多端并发、立体传播、台网同步、互为导引"的融媒传播新格局。

2.2 确立"三优先原则"、"三互动模式"

自2016年9月组建至2016年底,融媒体中心打破了媒介界限,使用户可以在手机屏、电脑屏、电视屏三屏互动,还实现了内容多端传播,使其在公共频道、体育频道、国际频道、齐鲁网、山东广电新闻客户端五端分发。在"移动优先"战略下,发展一个以移动客户端为首的移动媒体矩阵是中心的重要任务。在资讯视频化发展的时代,短视频风口的突现为融媒体中心的移动化战略提供了思路,因此,在2017年1月11日,中心成立不久,山东广电推出了以短视频和直播为特色的闪电新闻客户端,并开通微博、微信等社交媒体,初步形成了以闪电新闻为首的移动媒体传播矩阵,并推广山东广电主打品牌"闪电新闻"。2017年8月15日,新闻总指挥中心"中央厨房"技术平台在融媒体中心启用,标志着山东广播电视台的内容采编流程完成了全面革新。原有以频道制为主,"各家管各家"的时代结束了,新的采编分发流程使内容的生产和采用有了统一的指挥部署。移动端和技术平台构建完成后,融媒体中心确立了"先小屏后大屏"的理念。"小屏"顾名思义指手机端,而"大屏"则指以电视为代表的输出端。传统媒体时代,电视所代表的权威性无可替代。但在新媒体时代,"小屏"的用户思维、互联网思维扭转了整个传播与舆论生态。"顾大屏而不顾小屏"使主流媒体的声音进一步淹没。因此,主流媒体转型的关键一步就是从"小屏"入手,引入"大屏",山东广电的"先小屏后大屏"理念为融媒体中心后续发展品牌化战略、建立互联网用户思维打下了坚实基础。随着移动端的完善和理念的深化,融媒体中心提出"以客户端优先,移动优先,小屏优先"的三原则,形成了"客户端首发—网站跟进—电视整合播发"的三屏互动模式。该模式不仅包括其发展以"闪电新闻"客户端为首的品牌战略的考量,也体现了山东广电由小屏引领大屏的传播理念。通过移动端引流,带动电视新闻报道的影响力提升。

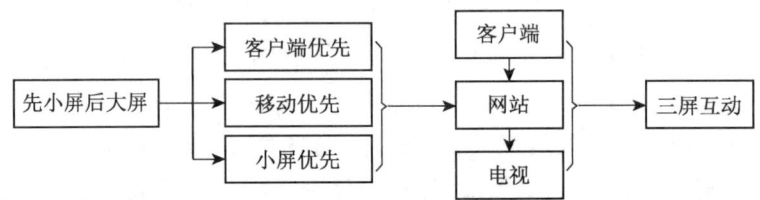

图1 山东广电融媒体中心构建中的"理念—原则—模式"

2.3 媒体融合效果逐渐突显

2020年3月18日,国家广播电视总局公布2019年度全国广播电视媒体融合先导单位、典型案例、成长项目征集评选结果。山东广播电视台闪电新闻客户端获评全国广播电视媒体融合成长项目。山东广播电视台县级融媒体中心省级技术平台获评全国广播电视媒体融合典型案例。山东广电媒体融合的效果具体表现如下:

2.3.1 经济效益

融媒体中心创办三年来,营收超4亿元。从2017年成立之初的营收1.8亿元没有达到预计目标,到2018年营收2.5亿元已实现盈利。山东广电依托独特的新闻产品,资源的全面整合与分类,提升了广告价值。凭借省级媒体的影响力,深入基层,开拓了县级和乡镇市场,探索出多种新盈利模式,不断提升自身的经济价值。

2.3.2 传播效果

融媒体中心抓住短视频的机遇,将全台的频道、栏目和人员(包括主持人、记者、编辑资源等)集中,进行重大选题项目的独家合制,探索智媒渠道等,使大屏资源在小屏上实现升级。打造了台属媒体传播矩阵和知名短视频品牌,实现了盈利。新闻客户端闪电新闻推出第一年内就登上了山东媒体 App 传播力榜首,创办当年即获得 TV 地标(2017)中国电视媒体综合实力大型调研"年度广电优秀 App"奖项。《2019 年电视融合传播指数报告》研究结果显示,山东广播电视台媒体传播力位居全国第四、省级台第三。[2] 截至 2019 年 12 月,闪电新闻客户端的装机量突破 2 950 万,全平台覆盖用户达 3.5 亿,全年流量超过 45 亿,单条点击量最高突破 1.5 亿人次。

2.3.3 内容生产能力

经过资源聚合、技术革新和边界打通后,融媒体中心的内容生产能力不断提高。平均日产节目时长超过 300 分钟,闪电新闻年产短视频超过 8 万条,直播超过 8 100 场。聚合类自媒体号"闪电号"上线后,入驻"闪电号"平台的政务号、机构号、媒体号、专栏号、自媒体号有 600 多个,每月发稿 8 000 多条。此外,闪电新闻持续向多个合作分发平台如新华社客户端、央视新闻+、人民日报客户端、腾讯新闻、今日头条等输送大量内容。[3]

3. 融媒体中心良性传播生态、内容生态、营销生态的构建

3.1 主力客户端带动融媒传播生态——闪电新闻

取自"山电"谐音的闪电新闻,于 2017 年 1 月 11 日上线。以"小屏"统领"大屏"为理念,注重信源的权威性,以直播、短视频等为特色,突出新闻发布的快速、准确、权威、多样,建立了"新闻+服务+政务"的融媒传播生态圈。

3.1.1 移动先行,多屏互动

山东广电的"三优先原则",使闪电新闻成为山东广电新闻发布的第一触达端。作为主力客户端,闪电新闻拥有先进的移动直播技术,能快速对热点话题、突发事件与网民关心的话题进行直播,它内置了山东广电所有的节目和互动功能,可以实现手机、电视、电脑的互动直播。山东广播电视台的观众既作为用户,也参与了内容生产,移动端内容或互动经过反向整合,在电视端播发,实现了移动先行,多屏互动的融媒传播模式。

3.1.2 直播与短视频双核驱动

闪电新闻将"视频"效应发挥到了极致,以"直播"和"短视频"双核驱动。通过将热点、

时政、突发新闻等转换为易观看、易互动的短视频或直播,通过与平台合作推送,收获了极高的关注度,多次打造了千万级抖音爆款。

《山东一分钟》以1分钟的系列短视频,突出了改革开放40多年来山东各方面的变化,宣传了地方特色,全网阅读达1.5亿人次。在李克强总理考察山东期间,闪电新闻创新短视频播报方式,以"一地一视频""半天一推送"的模式,成为"总理考察山东"的唯一短视频发布源。闪电新闻每天向合作平台输送超过3000条短视频内容,包括人民日报客户端、央视新闻、今日头条、新浪、网易等头部平台。

在资讯短视频方面,闪电新闻注重突出主题、增加趣味、全网推送。如仅仅53秒的《盗墓团伙落网,民警搜出"盗墓笔记"》,获得了全网3亿人次的点击量。

图2 山东一分钟系列短视频,全网阅读1.5亿人次

在直播领域,闪电新闻的独家直播占比80%,总时长超过20万小时,年均发布5500多场。在突发新闻中,以大量直播、短视频和瀑布流的形式,多方协同,直击现场。如利马奇台风过境期间,Break栏目共直播4.5小时,山东广电首次实现与县级融媒记者大规模互动共享,59路189名记者参与现场直击。淄博10小时枯井救男童事件,融媒体中心成为唯一一家进入事故现场的媒体,启动6小时独家直播信息流,成为各大媒体核心发布源,本网

获得千万点击率。山东党政代表团赴南方三省学习考察期间,闪电新闻启动十栏目联合记录,通过 96 小时不停机直播,覆盖了 2.5 亿人次,并用短视频、评论专栏、长图、随行笔记、音频等,完整还原了山东干部南行学习的细节,全网点击量破 3.7 亿人次。

在直播场景与形态不断拓展的情况下,除了对突发新闻的快速响应,常态化直播也成为用户的需求之一。闪电新闻放大自己作为专业广电媒体的资源优势,推出闪电 24 小时直播台,从单一的看直播到刷弹幕、刷评论、海报分享、点赞的全线升级,为用户带来了更沉浸的体验。闪电新闻客户端将旅游类的慢直播、政经类新闻直播和直播专题以及县级融媒体输送的内容,打包推出,使用户拥有了"自助餐"般的体验。

3.1.3 创新表达方式

闪电新闻追求新闻的"可视化",通过小视频、漫画、动漫、数据、图表、VR 等创新表达方式。《开启新征程》3 分钟原创动漫在网站、App、双微和电视片头全覆盖播出,生动的形式和矩阵式覆盖使传播效果进一步提高。2019 年"两会"期间,闪电新闻推出《拜托了两会》全国"两会"新闻评论 VR 直播节目,覆盖全媒体平台。该节目以北京演播室为主体,主播通过轻松幽默的脱口秀播报方式,就网友关注的话题进行解答。经过全网推送、碎片化视频、电视融合播出等立体传播方式,阅读量达 1.4 亿人次。2019 年 11 月,闪电新闻客户端引进 4K 和 AI 以增强用户体验,并开设"今日最视频"板块,打破传统横屏视频模式,布局竖屏视频领域。

图 3　山东广电在 2019"两会"期间的新闻评论 VR 直播节目《拜托了两会》

3.1.4 打造智能媒体

闪电新闻是山东融媒体中心探索"AI+广电"运行模式的产品,作为七大案例之一入选《中国智能媒体发展报告(2019—2020)》。闪电新闻引入人工智能、大数据等智能化技术,试图再造传统新闻采编流程。

2017年11月6日,融媒体中心打造了全省首档融媒体新闻评论节目《闪电舆论场》。该节目借助大数据分析,对互联网的海量信息进行梳理、分析,展现互联网上的主流媒体、网络媒体、网民关注的问题,并与闪电新闻客户端联合推出闪电大头条,在PC端、手机端、电视端同步播发。2019年"两会"期间,闪电新闻与百度合作,通过百度大脑的智能写作技术及赋能平台,对网民用户行为和兴趣进行智能分析,生成网民最受关注的话题榜。在融媒体节目《两会大家谈》节目中,主持人与"两会"代表、委员便会就此榜单进行解读。闪电新闻为互联网舆论收集与舆论监督提供了智能化的新思路,通过融媒体互动,用户关心的话题得以被精准地识别、讨论,与传统的电视媒体主导议程设置,观众被动接受形成了反差,用户的主体性得到发挥。2020年"两会"期间,突破了空间地域限制的"云"议"两会"的"云对话·两会大家谈"节目中,山东广播电视台北京演播室与济南演播室同屏共振,通过电视、网络同步直播,实现了电视与网络、观众与网友的多层次人群覆盖。[4]

2019年国庆期间,闪电新闻上线了智能剪辑机器人、闪电指数数据新闻机器人、闪电新闻AI虚拟主播。智能剪辑机器人拥有数据新闻、直播拆条、语音识别同期字幕等功能,提升了视频内容产出能力。例如,直播中,闪电视频智能剪辑机器人可以实现视频素材边剪边播、智能语音识别并迅速定位到记者所需的同期内容。闪电指数数据新闻机器人通过对文字和数据的提取,形成新闻素材,并自动制成成品播出。如短视频《86秒丨闪电指数:数数你的微信好友里,"建国"多还是"国庆"多?》完全由机器实现动态数据制作和配音。闪电新闻AI主播利用了深度学习技术,以真人主播的声音、唇形、表情动作等为蓝本,形成了生动、快速的播报,且已应用在新中国成立70周年、财经新闻、"两会"播报等重大主题和新闻事件报道中。

图4 闪电新闻的AI虚拟主播

在分发环节,内容生产媒体需要更快更有效地将内容分发至用户。因此,闪电新闻客户端和百度开展合作,借助百度人工智能技术和大数据能力,开发了应用 AI 智能算法推荐功能的"推荐专栏",实现了根据用户喜好,用算法优化内容推荐的个性化分发,增强了用户对主流新闻的粘性。

3.1.5 扩大影响力

2019 年 12 月,山东广电布局 MCN,与抖音平台签署战略合作协议,打造了"闪电MCN"机构——Lightning TV。广电内部有优质的专家智库、主持人、记者团队等,天然适配 MCN 机制。Lightning TV 将整合山东的优质内容生产者,通过精准传播、整合营销,完成内容生产、分发、变现的闭环,并在现金、流量、运营等方面给予扶持。此外,融媒体中心发力 IP 孵化,在原有问政山东、调查、政能量、闪电指数、地评线等大 IP 基础上,打造更多正能量品牌,提升品牌的 IP 价值,扩大品牌的互联网点击率。

3.2 崭新模式促进融媒内容生态——"中央厨房"

经过两年的搭建,山东广播电视台的"中央厨房"于 2017 年 8 月正式启用。依托"中央厨房"的硬件基础和技术平台,融媒体中心的新闻生产流程实现了集中指挥、采编调度、高效协调、信息沟通的格局,电视、网络和客户端三屏互动的全新新闻采编播发流程,使新闻实现了"一次采访、分类制作、定向推送、多屏分发"。[5]一个工作流程便可串联起融媒体中心各个终端,各终端的不同产品形态又将新闻的传播效果实现最大化。该"中央厨房"以融媒体调度平台为中枢,实时接收来自电话热线、两微一端、网站社区等不同渠道的新闻线索,根据新闻价值及地理位置与记者数量、信息平衡等因素的综合考量,调度平台确定当日即时的"点餐选择"并分发任务到具体互联网及电视采写部门,并由其完成外出采访等音视频采集等"原料准备"工作。[6]山东广电自主研发了一套畅媒系统,无论是文字还是音视频素材,记者的采访都可随时回传中心,随后各终端和栏目组可根据自己的需求、时间段、特点,对新闻进行二次加工,最终形成适合不同端口的新闻产品。

"中央厨房"彻底再造了传统新闻采编生产流程,即前线记者采访、写稿、编辑、分发。如今,记者与融媒体思维结合,新闻现场的一手资讯先向移动端播发,其次进行网络多方跟进,最后经电视整合播发。

经过"中央厨房"流程再造,前方采编人员与栏目组,主持人与栏目组,制片人与栏目组均脱离了绑定关系。原有的栏目组制被打破,节目生产部门转变为"大前期和大后期"的新架构。新闻素材统一汇集到平台上,后期编辑对其分门别类,根据不同编辑小组、平台的需要,按需取用记者的采访资料,形成"后期"指挥"前期"的生产模式。如今中心正在进行新一轮改革,将前期记者团队划分为五个垂直领域的新闻报道团队,分别承担客户端上不同板块的生产任务。

3.3 创新服务改善融媒营销生态——助力品牌推广

随着融媒体中心的建立,"内容+平台+终端"的新型传播体系构建基本完成,山东广电的服务形态不断更新,使客户的品牌价值通过全媒体传播得以体现。融媒体中心为产品量身制定推广方案,借助融媒矩阵,实现更有人气的多样态品牌推广和产品推广服务。广电依托自身的优质资源,集结了一支集策划、执行、传播为一体的团队,根据品牌需求,策划执行晚会庆典、峰会论坛、大型赛事、选秀项目、营销策划等活动。并借助融媒体报道优势,进行全方位立体式的报道宣传,提高品牌影响力。2017 年,融媒体中心开展了"融媒体+山东品牌",为山东本土品牌提供融媒传播、形象推宣、舆情护航、价值发布等服务,组织了 100 多场"大牌来了"系列品推广活动。在活动中,山东广电主持人与明星深入山东各地,探访山东的大型品牌企业,将山东的地市县品牌、企业品牌纳入了融媒传播体系,提高了山东品牌的知名度、形象美和影响力。

4. 与平台合作实现共赢

融媒体中心虽然本身具有丰厚的媒体资源优势,但平台合作对融媒体中心的内容生态与传播生态构建来说,是进一步提升市场占有率的有效途径。如 2018 年在青岛举行的上合峰会期间,山东广电融媒体中心与腾讯新闻联合出品了 H5 作品《游齐鲁与君邻——论语十则带着老外学礼仪》。双方集合最优资源共同推广,实现了全网覆盖性传播。这一合作对山东广电来说,提高了其新闻内容的市场占有率,对平台来说,增加了其重大项目的专业性、安全性,实现了共赢。

山东广电融媒体中心是最早与商业媒体开展视频版权与流量联合运营的广电机构。此外,山东广电还与央媒、商业媒体共同探索内容的互联网创新路径,以热点选题推进内容生产,平台内容运营编辑深度对接,由此产出多条爆款。如济宁梁宝寺被困矿工升井直播、抗击台风利奇马抢险救灾、四川大凉山灭火山东英雄回家直播等全网传播量均过亿。

5. 转变盈利模式

5.1 打造"融媒超市"

在广告定价方面,融媒体中心打通大小屏,将全平台的广告资源整合,联合线上传播和线下活动实现广告价值的最大化,并打造了可以自主选择的"融媒超市",还通过"融媒超市"细分产品,按照电视、网络、移动客户端等不同媒体平台的属性,再开发出硬广资源、软广资源、专题资源、项目资源和组合资源等多类型的广告产品,最后统一定价,组合打包,形成了多样的广告产品,以便客户采购。

5.2 开发智库功能

广电媒体智库作为一种智库形态,具有非常明显的特殊性:其一,广电媒体本身具备政策阐释、舆论引导、舆情内参等智库功能;其二,广电媒体具有庞大的公共主体事业系统,遍布全国各地;其三,广电媒体具有舆论传播力的先天优势,再加以丰富的思想创新力,会形成强大的核心竞争力。[7]融媒体中心开始拓展媒体的智库功能,进行服务形态的转变。推出针对政府和商业品牌营销的全案策划、推广和定制化服务。媒体的智库功能转型是趋势,而省级媒体的公信力和影响力对基层有着很大吸引力,广电媒体下沉到县城、乡镇、山区更容易发掘资源。因此,山东广电融媒体

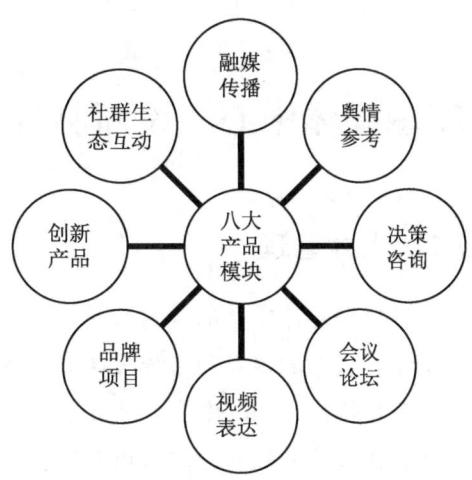

图 5　闪电智库的八大产品模块[8]

中心与省内 60 多个县市区建立了战略合作伙伴关系,为其提供智库服务。此外,山东广电的融媒体智库服务产品"闪电智库"于 2019 年 11 月上线,实现了数据舆情分析、融媒传播渠道、创新视频表达等八大功能,为政府公共形象构建和企业品牌传播赋能。

6. 省、市、县三级联动

2017 年,融媒体中心推出"融媒体+县(市、区)、镇",通过立体化的融媒传播服务,带动县域经济、镇域经济稳步发展。之后,打造了覆盖全省、跨级运作的"中央厨房",实现了省市县三级内容资源共享,统一调度,协同生产,多方分发。2018 年 12 月,闪电新闻推出融媒体解决方案"闪电云",被纳入国家广电总局县级融媒体中心建设的"顶层标准",成为山东唯一的县级融媒体母平台。闪电云打通了区县的融媒体制作与传播渠道,借助闪电云,山东广电对市县区广电内容进行专业化矩阵运营,协助山东县级融媒体中心入驻中央媒体和中央媒体在山东县级媒体账号矩阵的覆盖,实现了省平台融媒资源的互通互联,以及在三级间的快速传播。

2019 年山东广电融媒体中心基本完成省、市、县三级联通的技术工作。2019 年 12 月,闪电新闻客户端联动县级融媒体中心,发起"这就是山东·赢业了"的融媒体直播活动,设

置了济南、青岛、枣庄等多路直播点,展现了山东营商环境的变化。通过闪电云,此次直播调动了三级资源,实现了互动共享,协同生产。2020年4月5日,山东广电发起"山东人游山东"的全省融媒联动直播活动,助力省内游复苏。此次直播中,16地文旅局和50多家县级融媒体中心参与了联动,通过直播、短视频、评论互动、电视播发等方式,实现了全媒联动。

7. 融媒体中心建设面临的挑战

7.1 人才管理

省级融媒体中心的构建不乏资金与技术的支持,但在人才方面依然存在较大缺口,尤其是年轻人才的培养和传统媒体人才的转型。媒介融合不仅是广播电视与互联网的融合,更应该是传媒人才的融合和多元能力的提升。换言之,媒介竞争是融媒体技术设备等硬件与融媒体人才的软实力的双重对抗。[9]没有人才支撑,没有先进理念和强大的执行力,媒体融合的步伐也就无法进行下去。融媒体建设不仅需要在技术和内容方面变革,在人才管理方面也应革新理念。面对互联网商业媒体的竞争,传统主流媒体的人才流失严重。而如何建立有效的绩效评价奖励体系、灵活的人员管理体系和释放人才发展空间,是主流媒体向融媒体转型所要面临的重要问题。

7.2 三级联动的机制壁垒

山东广电县级融媒体中心省级技术平台的推进以及闪电云的开发,使山东广电基本打通了省、市、县的技术壁垒。而如何进一步打通三级联动中内容生产和传播环节的壁垒,现已成为关键问题。打通内容和传播壁垒不仅仅是"直播连线",而需"机制互通"。省、市、县三级能否实现常态化的资源联动;省级资源和省内资源相互辐射的过程中,如何保持地域特色,以地方用户需求为导向;三级联动的内容生产如何避免同质化;凡此也都是广电系统在融媒体建设中值得思考的问题。

参考文献

[1] 新华社.习近平总书记在党的新闻舆论工作座谈会上的重要讲话产生强烈反响[EB/OL].http://www.xinhuanet.com/politics/2016-02/21/c_1118109991.htm.2016-02-21.

[2] 人民网.《2019年电视融合传播指数报告》.[EB/OL].http://media.people.com.cn/n1/2020/0430/c120837-31693832.html.2020-04-30.

[3] 齐鲁网.2017⇌2020,闪电新闻这样走过……[EB/OL].http://news.iqilu.com/shandong/yuanchuang/

2020/0111/4415660.shtml.2020-01-11.

[4] 唐瑞峰.从融媒、全媒到智媒,山东广电全国两会报道开启"5 智时代"[J].电视指南,2020(11):26-27.

[5] 赵静.山东广电"中央厨房"实现新闻再升级[N].济南时报,2016-11-24(B02).

[6][9] 赵广远,田力.电视新闻"烹饪模式"可视化创新分析——以山东广播电视台融媒体"中央厨房"为例[J].新闻论坛,2019(05):68-71.

[7] 徐健.广电媒体智库的创新转型策略[J].青年记者,2019(15):20-22.

[8] 齐鲁网.山东广电转型升级再出发推出全媒体服务产品"闪电智库"[EB/OL].http://www.cnr.cn/sd/gd/20191129/t20191129_524878611.shtml.2019-11-29.

山东广播电视台融媒体资讯中心案例使用说明

一、教学目的与用途

1. 本案例主要适用于对于新媒体进行案例分析的相关课程,也适用于网络传播相关课程。

2. 本案例的教学对象主要针对新闻传播相关专业的在校研究生。

3. 本案例的教学目的主要在于通过对山东广播电视台融媒体资讯中心的案例分析,带领学生进一步了解传统广播电视台在媒体融合时代的变革,引导学生不断思考在互联网时代该如何发展融媒体。

二、启发性思考

1. 请简单谈谈你对"媒体融合"的认识。

2. 你认为传统主流媒体在融媒体化的道路上有什么优势和挑战?

3. 请简述山东广播电视台融媒体化的过程,请用麦克卢汉的"媒介即信息"理论简述其进程的意义。

4. 融媒体中心的指挥部"中央厨房",在融媒体化的过程中起到了哪些作用?

三、分析思路

1. 先让学生对于山东广播电视台融媒体资讯中心有大致了解,对其建立历程、融媒体发展成果以及发展程度都有一定的认知。

2. 再大致介绍面对互联网不断发展时的行业背景。

3. 通过"传播生态""内容生态""营销生态"三方面对山东广播电视台的融媒体化的进程进行分析。

4. 在"媒体融合"的思路下,分析山东广播电视台在融媒体化进程中所做出的主导媒介的转换、革新内容生产机制和创造新营销方式等方面的探索。

5. 最后探讨传统主流媒体应该如何面对新媒体的冲击和互联网,如何充分利用新渠道,做出更有力的报道,更好地引导舆论。

四、理论依据与分析

1. 本文可通过麦克卢汉的"媒介即讯息"理论进行分析。

2. 媒介即讯息:加拿大著名学者麦克卢汉的观点"媒介即讯息",描述了媒介本身才是真正有意义的讯息,即人们只有在拥有某种媒介之后,才从事与之相适应的传播和其他社会活动。这种观点强调媒介形式,也就是强调媒介本身的重要性,因为媒介最重要的作用就是"影响了我们如何理解和思考的习惯"。因此,对社会和各个时代来说,真正有意义、有价值的不是媒介中所负载的"内容",而是这个时代所使用的传播工具的性质以及它所开创的可能性和所带来的社会变革。

3. 本文以山东广播电视台融媒体资讯中心为案例,可以运用麦克卢汉的"媒介即讯息"理论,对山东广播电视台融媒体资讯中心在媒体融合时代,充分利用新媒介生成新的内容生产方式、新的传播理念和营销模式,从而推动主流媒体的纵深发展进行分析。

五、背景信息

演播室是节目效果呈现的重要场所,为了提高新闻演播室融媒体制播条件,山东广电斥巨资打造了 360 度立体环绕、无死角的演播室,并通过虚拟现实等手段,实现了屏幕与现场的近距离接触。2018 年 8 月,山东广电启用了全国首家全景式街景演播室。这间演播室与传统演播室四面隔音遮光的环境完全不同,该演播室有一个一至四层的落地玻璃幕墙,因此电视节目的制作可视、可曝光,减弱了主持人与受众的距离感。该演播室一共有 17 块大屏,可运动、可互动。摄像方面,演播室配备了高清轨道机器人摄像。这一街景演播室见证了全国首个"站起来"播新闻的省级新闻节目《山东新闻联播》,从空间融合的角度进行了创新,进一步提供了山东广电的融媒效果。

在媒体融合初期,山东广播电视台还创办了山东的第一网络门户、国家重点新闻网站齐鲁网。它不仅是山东省的新闻发布权威平台,也是山东广电旗下 19 个广播电视频道的互联网播出平台。齐鲁网以"根植齐鲁,服务民生"为宗旨,以"品位、价值、影响力"为追求,秉承主流媒体使命,深度聚焦山东本地新闻,关注齐鲁民生实事。齐鲁网与山东广电闪电新闻客户端、电视端,组成了山东广电三端互动模式的主体。它不仅包括山东广电旗下的电视广播直播和点播服务,还先后开通了"齐鲁新闻""山东网络台""齐鲁社区""齐鲁拍客""齐鲁时评""影像力""阳光连线"等一批有影响力的特色频道和栏目。

山东广电也在拓展音频领域的媒体融合,51 听为其旗下的移动新媒体品牌。51 听音频客户端包括山东广播频道的直播,重点节目区、精品音频区等各种音频专区,客户端集合了超过 9 600 多档以广播为主的音频内容,包括音乐、听书、娱乐、生活等 30 个大类,不间断地为用户提供高品质的音频和互动体验。此外,还设置了主播圈、付费音频、视频互动等功能性应用。

2011年1月7日,国家广电总局正式批准山东广播电视台开办网络广播电视台,从此山东广电拥有了面向互联网用户的媒体品牌。山东海看网络科技有限公司作为山东广电的直属机构,是山东省重点文化产业项目"山东网络广播电视台"的运营主体。海看建立了以视听为主的"跨屏、跨界、跨域"的业务生态,包括山东海看IPTV、山东海看手机台、地面数字电视、海看互联网电视、山东新媒体研究院等五大业务板块。山东海看以IPTV为中心,积极推动互联网业务的发展。山东海看新媒体研究院为其提供创新助力,通过数据驱动,发展文化惠民消费和智慧医疗领域,打造了一批文化惠民及智慧医疗创新产品,推动传统广电营销模式的转变,使融合媒体的优势充分发挥。

六、关键要点

1. 案例分析的关键所在即是让学生了解互联网时代对于传统主流媒体的挑战、危机与机遇,了解广播电视台适应互联网时代的关键在于思维的转换和机制的更新。

2. 了解山东广电融媒体资讯中心"媒体融合"思路的意义与内涵,能够用"媒介即讯息"理论去解释山东广电融媒体中心三方面生态的变革。

3. 了解传统媒体进行融媒化实践的必要性和主流媒体进行媒体融合过程中的特殊性。

七、建议课堂计划

(1) 时间安排

建议运用两课时,第一课时对于案例进行阅读,由教师引导学生对于课后问题进行思考,并在将课后题作为课后作业进行小组讨论。第二课时由小组对于课后作业的讨论结果进行汇报,由教师对于各小组的汇报成果进行点评并予以打分。

(2) 黑板板书布置

建议将该案例要点提炼至板书中,方便学生利用板书了解该案例大致脉络。

(3) 学生背景了解

建议要求学生在上课前进行一定的课前预习,对于山东广电融媒体中心有提前的了解,对于案例本身也有相应的认识。

此外,可以要求学生对于其他广播电视台融媒体发展情况进行一定的资料查找。

(4) 小组分组及分组讨论内容

建议每小组3~4人,讨论内容为课后习题,没有准确答案鼓励小组成员间关于问题的探讨。

(5) 案例开场白

在新兴媒体不断发展和互联网媒体日益发达的时代,很多人认为主流媒体的声音没有以前那么响亮了,很多主流媒体无法与新兴媒体的关注度抗衡。面对激烈的竞争和压力,传统主流媒体在不断进行变革,发展融媒体,重振自身在互联网时代的声音。作为省级专业媒体——山东广播电视台,在融媒体化的过程中进行了许多探索,它们做出了哪些努力?让我们一起学习下文案例吧。

(6) 如何就该案例进行组织引导

建议对该案例进行分解,先引导学生了解广播电视台的背景以及大环境背景;再以"媒体融合"的思路按照三方面的生态逻辑,对山东广电的融媒体化进程进行分析;最后通过对于该案例的分析,将意义和建议放大到整个广播电视业,为广播电视业提出适当的发展建议。

八、案例的后续进展

1. 2019 年 8 月,在国家广播电视总局《电视指南》杂志与《传媒内参》联合举办的 2019 中国广电融媒发展大会暨媒体融合调研成果发布会上,山东省县级融媒体中心省级技术平台获 2019 "指尖融媒榜"最具影响力广电融媒技术平台。山东省县级融媒体中心建设进入快车道。

2. 2019 年 12 月,山东广电网络集团与北京航天长峰科技工业集团有限公司、新影佳映(北京)电影文化发展有限公司签署战略合作签约仪式,三方将在合作中整合各自优势资源,围绕 5G 和云计算合力打造影视产业云,面向影视行业提供存储、转码、编辑、播放等云服务。

3. 2019 年 12 月 28 日,威海市人民政府和山东广播电视台签署战略合作协议。威海市将以此为契机,进一步树立和强化"精致城市·幸福威海"良好形象,充分展示威海政治、经济、社会、文化、生态文明和党的建设各领域的生动实践及发展成就。威海南海新区管理委员会和山东广播电视台还签署了共建传媒基地合作协议,双方将通过精准规划、设计和建设,打造国内知名传媒文化生产基地和传播基地。

4. 2020 年 4 月 30 日,由人民网主办的"2019 中国媒体融合传播指数报告发布会暨中国媒体融合传播指数平台"上线仪式举行,会上发布了《2019 中国媒体融合传播指数报告》。值得一提的是,山东广电是省内唯一一家入选融合传播力 TOP10 的媒体机构。其中,《2019 年电视融合传播指数报告》研究结果显示,山东广电的媒体传播力位居全国第四、省级台第三。

上海外语教育出版社融媒体现状与发展

> **摘　要**：本文以上海外语教育出版社（简称"外教社"）为主要研究对象，简要概述外教社的历史沿革和发展现状，对于当前出版行业的市场环境和外语教育出版业面临的问题进行分析，探究在互联网时代，外教社在面对机遇与挑战时，为了顺应智慧教育的大趋势，在产品形态和办社策略方面做出了怎样的转变，以及如何探索出一条独特的融媒体发展道路。
>
> **关键词**：融媒体布局；上海外语教育出版社；智慧教育

1. 数字化时代的出版行业背景介绍

根据新闻出版研究院第十七次全国国民阅读调查显示，超过半数成年国民倾向于数字化阅读方式，倾向纸质阅读的读者比例下降。数字化阅读用户规模不断提升，用户阅读的领域也更加细分，因此出版行业纷纷开始探索自己的数字化道路，同时也让整个行业的竞争变得更加激烈。

外语教育作为专业性的领域，本身受众较少，在融媒体转型过程中，面临着更多的挑战。如何将专业化、小众性的内容，与大众文化更好地结合，更好地顺应数字时代的趋势，是外语教育类出版社亟待思考和解决的问题。

2. 社情概览

随着电子技术的发展和数字出版的日益普及，外教社从20世纪90年代开始便进入电子出版领域，通过采取"两条腿走路"的策略，目前已经步入到纸质出版与数字出版融合、线下出版与线上出版交互、全方位多元化产品协调的阶段。

2.1　历史沿革

外教社成立于1979年，是一家由国家教育部主管、上海外国语大学主办的大学出版社,以"全心致力于中国外语教育事业的发展"为己任,是一家国际知名、国内享有盛誉的外语出版和服务基地。

2009年,外教社在首次全国经营性出版单位等级评估中,被新闻出版总署评为国家一级出版社,被授予"全国百佳图书出版单位"称号。

2012年,外教社8个项目的176册图书被列为教育部"十二五"普通高等教育本科国家级规划教材,入选数位列全国外语类出版机构和大学出版社之首。

2015年,外教社荣获国家新闻出版广电总局第二批"数字出版转型示范单位"称号。

2.2 业务范围

外教社的主要业务范围包括各类外语教材、教参、学术著作、工具书、读物、对外汉语和中国文化图书、社会英语用书、学术刊物和数字出版物的研发和出版。编辑出版外语类核心期刊《外语界》与外语类学术期刊《外语测试与教学》,另有《外国语》《阿拉伯世界》《国际观察》《中国比较文学》四种期刊由外教社出版。外教社已累计出版40多个语种的图书和电子出版物9 000余种,总印数逾9亿册,重版率70%以上。

2.3 融媒体发展历程简介

在传统出版遭遇数字化挑战的背景下,实体书店纷纷倒闭,纸质阅读读者流失,令不少出版机构感觉到了冬天的寒意。

1998年外教社率先尝试在教材后附光盘,鼎盛时期每年刻制光盘达2 500万张;2003年开始创建"新理念"多媒体网络教学平台,通过教育部评审在全国各高校推广使用。

面对互联网数字时代的到来,外教社以新一代外语智慧教育系统为核心,打造了面向全国高校师生的一站式外语教学数字服务平台。

2015年至2018年的三年多来,中国外语教学网、WE外语智慧教育平台、爱听外语移动应用等先后获得了上海市文创项目资金的扶持。2019年,爱听外语移动应用通过三轮严格评审,获得了数字出版项目的"国奖"入选国家新闻出版署的全国数字出版精品项目。

除了社会效益,数字出版产品的营销销售依托核心数字教育平台,采用纸数结合、整体销售、独立销售等方式,在经济效益方面也取得了可观的成绩。目前WE Learn App使用院校达到600多所,累计300万注册用户,月活跃用户数130万,爱听外语App注册用户达400万,月活跃用户超过50万。过去的四五年里,外教社融合出版数字产品已实现销售码洋均突破了1亿元,其融合出版的后继效应还在不断扩大。

3. "智慧教育"思维指导融媒体发展

智慧教育是依托物联网、云计算、无线通信等新一代信息技术所打造的物联化、智能化、感知化、泛在化的新型教育形态和教育模式。外教社从20世纪90年代开始便进入电子出版领域,历经单品种软磁盘载体的软件外语产品出版,到多媒体教学光盘开发出版,到基于计算机的外语教学平台出版,再到现在的纸数融合产品开发、基于大数据和互联网的外语智慧教育平台和各类外语移动教学应用的开发上线。目前外教社的融合出版已经步入到纸质出版与数字出版融合、线下出版与线上出版交互、全方位多元化产品协调的阶段。[1]

4. "两条腿走路"策略助力融媒体发展

4.1 转变产品形态

把原来各类纸质出版物及配套外语教学光盘等载体的产品形态转化为纸质出版物与网络数字资源交互的产品形态,在实现生态友好的同时符合网络应用发展的趋势。[2]

以《新牛津英汉双解大词典》为例,该工具书虽然一直广受好评,但纸质书体积太大,携带不便。针对于此,外教社就及时推出了品牌工具书直接转换的数字化产品——新牛津英汉双解大词典App。App除了将纸质版的内容完整呈现,还融入了真人发音、生词本、英汉汉英双向检索、查句、义项统计等辅助功能。其综合了纸质工具书和电子工具书的双重优势,不仅备受使用者好评,还荣获第二届中国出版政府奖(图书奖提名奖)。

目前,外教社所出版的核心外语教材如各级各类英语教材、其他语种教材和教辅读物等基本都配备了相应的网络教学资源和课程资源,学术著作等其他类型的全电子书转化正在逐步推进,全面上线,多个外语工具书线上应用等均已上线。

除了依托原有的教材资源,外教社还积极与企业合作,打造纸质与电子版结合的新教材。2018年8月,外教社和北京唐风汉语教育科技有限公司联合推出了国内首套立体化、纸数融合的《中国概况》教材。该教材为适应多语种教学需要,先推出英语版,随后推出了日、法、俄、德等小语种版本。除此之外,这套教材充分利用数字出版技术,打造了内容丰富、形式多样的线上线下相结合的教材学习系统。

4.2 打造数字教育平台

紧跟智慧教育教学的发展趋势,外教社融合出版工作把重点放在核心数字教育平台的打造上。近年来陆续上线推出了WE外语智慧教育平台、爱听外语移动应用、词达人微信服务公众号等一批自主研发、拥有自主知识产权的在线外语教育平台。

表 1　　　　　　　　　　WE 外语智慧教育平台板块及内容

板块	内容
在线教育	We Learn、爱听外语、词达人、We Mooc 木心
测试评估	We Test 智能测试系统、We Write 作文智能批阅系统
教研支持	We teach、We Research、We Develop、Teaching Operation Planner—TOP 课件

4.2.1　在线教育板块

（1）We Learn 智慧教学系统

We Learn 智慧教学系统集在线学习、课堂互动、在线评估于一体，系统将学习同一门课程的学生连接起来，构建一个竞争协作的学习社区。学生在这里既可以分享学习成果、交流学习笔记和心得，也可以协同完成学习任务，为学生们在多种终端学习，提供了良好的空间和技术。

图 1　We Learn 随行课堂（网页版）

除此之外，该系统还通过只能评测和学习数据分析等技术，为教师们授课、辅导、学习效果评测，提供了良好的平台。

图 2　We Learn 随行课堂 App

目前，We Learn 已开设 100 多门数字课程，使用院校达 600 多所，累计 300 万注册用户，周活跃用户数 130 万，学生累计学习时间 2 000 万小时。

（2）爱听外语有声移动学习系统

爱听外语有声移动学习系统是由外教社独立运营且拥有完全知识产权的新一代有声融合出版移动应用。该应用依托于外教社积累多年的外语教学资源，向用户提供了形式多样、内容丰富的有声外语在线学习服务。

图 3　爱听外语 App

爱听外语 App 上线至今，已经有 200 多万的注册用户，月活用户超过 20 万，移动应用累计下载次数达到 1 600 万次。在内容点击率方面，收费资源激活次数近 400 万，音视频累计点播次数超过 6 000 万。2019 年，爱听外语移动应用通过三轮严格评审，获得了数字出版项目的"国奖"，入选国家新闻出版署的全国数字出版精品项目。

（3）词达人英语词汇智慧学习系统

词达人英语词汇智慧学习系统是以微信公众号为入口、基于语料库的手机词汇教学解决方案。词达人将教材内容与应试需求相结合，同时引入教师监管机制，倡导"以练促学"的词汇深度学习方法。

除此之外，词达人还配套有纸质版词汇学习手册，可以与线上平台配合使用，实现学习效果最佳化。

（4）We Mooc 慕课教学系统

WeMooc 慕课教学系统致力于为外语类慕课学习提供互联网支持与服务。用户可以根据自己的兴趣和需要，选择学习的课程。经过身份认证的用户，也可以根据需要创建课

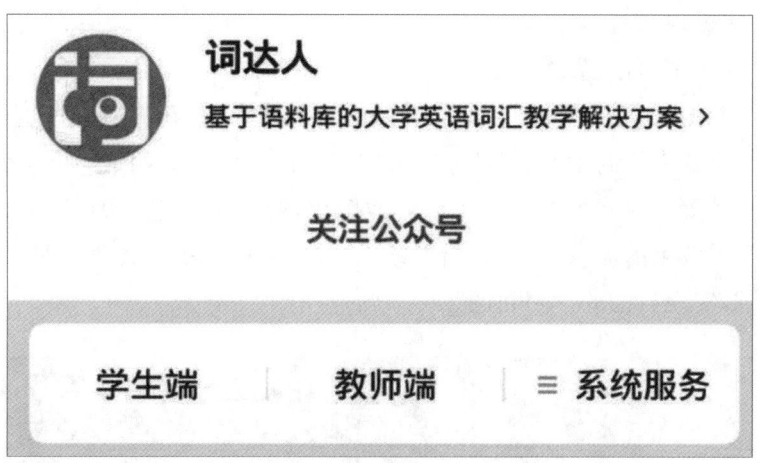

图 4　词达人公众号

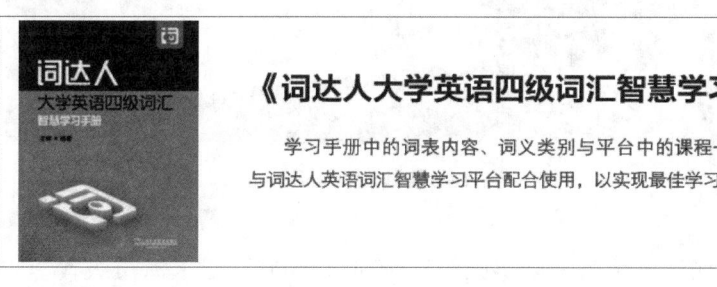

图 5　词达人学习手册

程。除此之外,慕课还为高校提供专属的学校主页、课程汇总以及教学成果展示区。为搭载线上线下教学,提供专业的平台与技术支持。

图 6　We Mooc 慕课教学系统

4.2.2 测试评估板块

（1）WE Test 智能测试系统

WE Test 智能测试系统是外教社集合先进的理念技术，全新打造的计算机辅助外语测试系统。该系统主要由组卷中心、机阅系统和机考系统三大部分组成，使得考试中组卷、考试、阅卷、分数统计等费时费力的过程得以高效解决，极大地减轻了教师工作量，还能满足教师考察学生学习效果的需求。同时，借助该系统，学校可以组织各种类型的考试，学生也能灵活参与考试，实现自己的学习目的。

图 7　We Test 智能测试系统

以 WE Test 智能测试系统为基础实施的科研项目获 2013 年上海市级教学成果奖一等奖、2014 年国家级教学成果奖二等奖。

（2）WE Write 作文智能批阅系统

为了解决在外语写作方面出现的"学生不愿写，老师不愿批"这一难题，外教社推出了

图 8　WE Write 作文智能批阅系统

WE Write 作文智能批阅系统。它可以帮助老师修改基本的拼写、语法等细节错误,将老师从枯燥的批改任务中解放出来,同时可以根据学生的学习状况,制订更有针对性的写作任务,并向学生提供全面、及时、可信的批阅结果和修改反馈,帮助学生了解学习中存在的问题。

4.2.3 教研支持板块

（1）We Teach

该系统提供配套数字资源库,包括教材配套音频、视频、PPT 等多媒体教材,教师可根据教学需要选用,也可以为学生练习、提高等提供学习资料。

图 9　We Teach 网页截图

（2）We Research

We Research 包括外国语言文学研究论文数据库、英语专业学习者语料库、英汉双语平行句对语料库等外语数据库,还具有篇章易读性检测工具、参考文献格式生成工具、英语语速分析工具等在线科研工具。该系统目的是为师生科研工作提供支持。

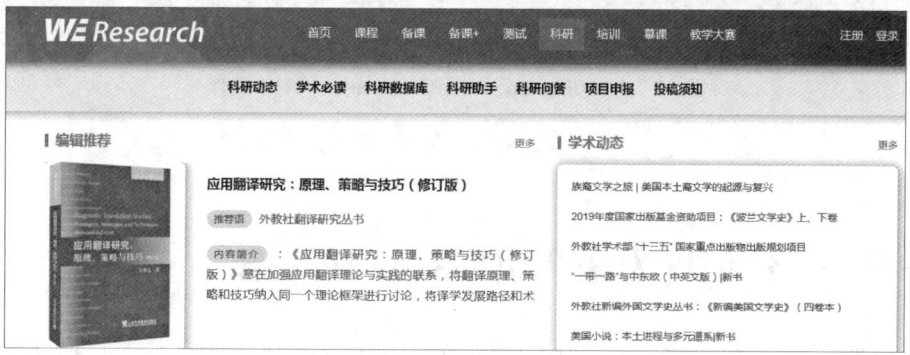

图 10　We Research 网页截图

(3) We Develop

上海外国语大学"中国外语教材与教法研究中心"（以下简称"中心"），成立于2001年，是国内外语教材和教学方法研究的重要基地，是国家"211工程"重点建设项目。"中心"自2006年起，利用上海外国语大学的资源优势和人才优势，联合我国最大的外语教育出版基地之一——上海外语教育出版社，致力于外语教材的开发、师资培训与社会委托培训等工作，上海外教社教育培训中心也在此基础上应运而生。

"中心"开展的主要业务有：高校外语教师培训业务（国内外）、中小学外语骨干教师培训项目、学生语言培训与社会、企事业单位定制与委托项目等。

(4) Teaching Operation Planner——TOP课件

TOP课件被誉为"飘在空中的黑板"，其功能特色在于，版面与纸质教材完全同步，具有丰富的课堂补充内容，以及全面的教学资源。还能实现屏幕缩放、页面定位、链接功能、板书功能、互动工具，是一款功能强大的实用工具。

图11　Teaching Operation Planner——TOP课件

5. "一带一路"倡议为融合出版提供新课题

在"一带一路"的倡议下，中亚各国的语言教材及读物需求不断增加。外教社社长孙玉曾在采访中表示，交流是双向的，中亚国家对懂汉语的人才需求在增加，同样，我们国家对懂中亚国家语言的人才需求也在增加。现在的交流不仅体现在国家概况，而且涉及文学、文化、艺术等更深层次的内容上。如何推进"一带一路"向纵深发展,对于我们这样的外语教育出版社也是一个课题。

在数字化阅读的大趋势下,如何将纸质出版物与数字出版物更好地融合、更好地传播,也同样是外语教育出版社的课题。

6. 传统出版与数字出版融合发展的路径探索与思考

6.1　资源整合,发挥多元优势

外教社以新一代外语智慧教育系统为核心、以其他各类移动应用为辅助、以纸质出版物数字资源成体系开发为基础,整合优势资源,走多元化协同发展道路。它将不断助力持续构建数字教育能力,打造外语智慧教育与个性化外语教学新生态。

6.2　利用大数据技术,提升用户体验

外教社线上智慧教育平台的打造,以及 App 的研发上线,不仅为学员提供更加便捷、趣味的学习方式,还有利于后台记录用户数据,以便了解用户个性化需求,为用户提供更有针对性的教学服务。大数据记录也能为外教社在出版物的选题和研究制作提供参考。[3]

6.3　依托外教社内容优势,提供知识服务

几十年来,外教社积累了丰富的外语资料与教学资源。它依托其内容优势,与互联网新技术相结合,能够为用户提供更为专业化、高水平的知识服务,从而可以在外教市场上创造自己独特的竞争优势,取得更好的经济效益和社会效益,为融媒体进一步向纵深发展,打下坚实的基础。

7. 小结

外教社以新一代外语智慧教育系统为核心、以其他各类移动应用为辅助、以纸质出版物数字资源成体系开发为基础,正在走出一条具有外教社特色的融合出版道路。它将不断助力持续构建数字教育能力,打造外语智慧教育与个性化外语教学新生态。外教社的这些融合出版产品从服务外语教育到赋能外语教育,在为我国外语教育做出积极贡献的同时,也为外教社数字化融合出版的未来发展提供了核心动力。当下,外教社正在继续加快数字化融合发展速度,在传统出版编印发以及数字产品研运一体的各个环节中实施全面数字化

管理，从而不断推进外教社从传统纸质外语教育专业出版社向全新一代外语教育综合服务提供者的方向转型。

参考文献

[1] 蔡翔.传统出版融合发展：进程、规律、模式与路径[J].出版科学，2019，27(02)：5-14.

[2] 陈飘平.工具书数字化转型的探索和启示——以上海外语教育出版社为例[J].编辑学刊，2020(02)：61-65.

[3] 周茹茹.新媒体背景下纸数融合出版的创新与思考——以上海外语教育出版社为例[J].中国传媒科技，2019(12)：104-105.

上海外语教育出版社的融合出版案例使用说明

一、教学目的与用途

1. 本案例主要适用于对于新媒体进行案例分析的相关课程，也适用于网络传播相关课程。

2. 本案例的教学对象主要是新闻传播相关专业的在校研究生。

3. 本案例的教学目的主要在于通过对上海外语教育出版社（以下简称"外教社"）的案例分析，带领学生进一步了解专业出版社在面对数字化时代所做出的变革，引导学生不断思考在互联网时代该如何发展融媒体。

二、启发性思考

1. 请简述外教社融媒体化的过程。请用保罗·莱文森的"补偿性媒介"理论分析，在融合出版实践中，外教社采取"两条腿走路"的策略的合理性。

2. 什么是"智慧教育"？外教社为了顺应"智慧教育"大趋势做出了哪些努力？

3. 你认为外语教育出版社在融媒体化的道路上和其他教育类出版社有什么异同？

4. 有人认为"传统出版社要想在互联网时代存活下去，就要用数字出版取代纸质出版。"你怎么看？

三、分析思路

1. 先大致介绍面对数字化时代，相关的行业背景。

2. 再让学生对外教社有大致了解，对其历史沿革、主营业务以及融媒体发展状况都有一定的认知。

3. 以"两条腿走路"的策略逻辑对外教社融媒体化的进程进行介绍分析。

4. 在"智慧教育"的发展趋势下，分析外教社对融媒体化进程的探索做出的在办社思维转变、产品内容创新以及平台打造上的努力。

5. 最后探讨传统出版与数字出版融合发展的路径探索与思考。

四、理论依据与分析

1. 本文可通过保罗·莱文森的"补偿性媒介"理论进行分析。

2. 补偿性媒介：保罗·莱文森提出，人类在媒介演化过程中，不断地进行着理性选择。任何一种后继的媒介，都是一种补救措施，都是对以往的某一种先天不足的功能的补救和补偿。

3. 本文以外教社为案例，可以运用保罗·莱文森的"补偿性媒介"理论，对于外教社将纸质出版与数字出版融合、线下出版与线上出版交互、全方位多元化产品协调的合理性进行分析。

五、背景信息

外教社是我国最大最权威的外语专业出版社之一，是国家一级出版社和百佳图书出版单位。随着电子技术的发展和数字出版的日益普及，外教社从 20 世纪 90 年代开始便进入电子出版领域，历经单品种软磁盘载体的软件外语产品出版，到多媒体教学光盘开发出版，到基于计算机的外语教学平台出版，再到现在的纸数融合产品开发、基于大数据和互联网的外语智慧教育平台和各类外语移动教学应用的开发上线。目前外教社的融合出版已经步入到纸质出版与数字出版融合、线下出版与线上出版交互、全方位多元化产品协调的阶段。

目前，外教社所出版的核心外语教材如各级各类英语教材、其他语种教材和教辅读物等基本都配备了相应的网络教学资源和课程资源，学术著作等其他类型的全电子书转化正在逐步推进，全面上线，多个外语工具书线上应用如词博士等均已上线。

外教社近年来陆续上线推出了 WE 外语智慧教育平台、爱听外语移动应用、词达人微信服务公众号等一批自主研发、拥有自主知识产权的在线外语教育平台。这些平台一方面有力地支撑了外教社的各类纸质教材产品，同时又基本满足了我国各级各类院校和公众的外语教学和学习需求。截至 2020 年 3 月底，各平台注册用户总数近 1 000 万人，日活用户超过 60 万，每日流量数据超过 10 个 T。其中，WE 外语智慧教育平台作为集教、学、评、测、研于一体的一站式外语教育数字服务平台，为高校师生提供海量优质的数字化教学科研资源与服务，开创了智慧教育时代外语教育的共同未来。平台的 WE Teach、WE Learn、WE Write、WE Test、WE Mooc 等应用支持外语教学，WE Research、WE Develop、Teaching Operation Planner——TOP 课件等支持教学发展，充分满足了教师对课堂教学、备课、科研、培训、测试、慕课等的需求。平台在 2020 年新冠病毒疫情期间为全国 1 000 余所高校数百万学生停课不停学提供了强有力的保障。

通过多年努力，外教社的融合出版工作取得了明显的成效。2015 年，外教社被国家新闻出版广电总局认定为"全国第二批数字出版转型示范单位"。同年，外教社的外语数字出版一站式资源平台建设项目获得中央文产资金资助。三年多来，中国外语教学网、WE外语智慧教育平台、爱听外语移动应用等先后获得了上海市文创项目资金的扶持。除了社会效益，外教社融合出版也带动了经济效益的提升。数字出版产品的营销销售依托核心数字教育平台，采用纸数结合、整体销售、独立销售等方式，过去的四五年里外教社融合出版数字产品已实现销售码洋均突破了1亿元。其融合出版的后继效应还在不断扩大。

外教社以新一代外语智慧教育系统为核心、以其他各类移动应用为辅助、以纸质出版物数字资源成体系开发为基础，正在走出一条具有外教社特色的融合出版道路。它将不断助力持续构建数字教育能力，打造外语智慧教育与个性化外语教学新生态。外教社的这些融合出版产品从服务外语教育到赋能外语教育，在为我国外语教育做出积极贡献的同时也为外教社数字化融合出版的未来发展提供了核心动力。当下，外教社正在继续加快数字化融合发展速度，在传统出版编印发以及数字产品研运一体的各个环节中实施全面数字化管理，从而不断推进外教社从传统纸质外语教育专业出版社向全新一代外语教育综合服务提供者的方向转型。

六、关键要点

1. 案例分析的关键所在即是让学生了解互联网时代对于传统出版社的影响、挑战与机遇，了解出版社适应互联网时代的关键在于思维的转变、身份的适应和渠道的变更。

2. 了解外教社"智慧教育"思路的意义与内涵，去深入了解和思考外教社的"两条腿走路"策略。

3. 了解作为外语教育出版社的特殊性，以外语教育为切入点看到专业出版社在融媒体化进程中不同于其他出版社的特点所在。

七、建议课堂计划

1. 时间安排：

建议运用两课时，第一课时对于案例进行阅读，由教师引导学生对于课后问题进行思考，并在将课后题作为课后作业进行小组讨论。第二课时由小组对于课后作业的讨论结果进行汇报，由教师对于各小组的汇报成果进行点评并予以打分。

2. 黑板板书布置：

建议将该案例要点提炼至板书中，方便学生利用板书了解该案例的大致脉络。

3. 学生课前准备：

建议要求学生在上课前进行一定的课前预习，对于外教社有提前的了解，对于案例本身也有相应的认识。

此外，可以要求学生对于其他外语教育类出版社融媒体发展情况进行一定的资料查找。

4. 小组分组及分组讨论内容：

建议每小组 3～4 人，讨论内容为课后习题，没有准确答案，鼓励小组成员积极探讨问题。

案例开场白：

面对互联网的不断发展和数字化出版的不断推进，很多人认为传统出版社处于劣势状态，甚至认为传统出版社终将会被数字化的机构取代。面对如此巨大的压力，传统出版社也在不断地进行变革，发展自己的融媒体，使自己跟上数字时代的大潮。作为专业的外语教育出版社——上海外语教育出版社，在融媒体化的进程中又进行了怎样的努力？有了什么样的成果呢？让我们一起学习下文案例吧。

5. 如何就该案例进行组织引导：

建议对该案例进行分解，先引导学生了解出版社背景以及大环境背景；再对外教社的融媒体化进程进行分析；最后通过对于该案例的分析，将意义和建议放大到整个出版界，为出版界提出适当的发展建议。

八、案例的后续进展

1. 2019 年，爱听外语移动应用通过三轮严格评审，获得了数字出版项目的"国奖"入选国家新闻出版署的全国数字出版精品项目。

2. 2020 年 2 月 1 日，外教社积极响应教育部号召，在疫情期间将旗下 WE 外语智慧教育平台中的所有课程和教学资源向全国师生免费开放，以确保疫情防控期间师生能够利用优质教学资源开展在线教学。

3. 在融合出版形势下，新一代外语教材也在开发。除了语言教育之外，通识教育外教社也在考虑。目前陆续出版的 100 本"世界思想宝库钥匙丛书"，主要是面向外语通识教育的学习者。

上海音乐出版社融媒体中心现状与发展

摘　要：本文以上海音乐出版社为主要研究对象，探究在互联网时代中，上海音乐出版社在面对机遇与挑战时所作出的一系列决策。上海音乐出版社秉持"＋互联网"的先进战略思想，以"三步走"的方针不断指导出版社的融媒体发展进程，开发了"听见咪哆"独立App、"乐海书情"等优秀融媒体产品。本文主要通过对于上海音乐出版社社长费维耀的采访，进一步加深了对于上海音乐出版社对于融媒体探索过程的了解和认知。

关键词：融媒体布局；上海音乐出版社；＋互联网

面对数字化进程所带来的机遇与挑战，从2001年至今，上海音乐出版社在社长费维耀的带领下，在融媒体的道路中已经探索了18年之久。在探索过程之中，上海音乐出版社分为三步走，逐步建立起网站、独立App、公众号等融媒体矩阵，使音乐图书不断变得有声有色，向读者展现了音乐作为声音艺术的魅力。

1. 上海音乐出版社背景介绍

上海音乐出版社隶属于上海世纪出版集团，主要出版和销售各类音乐、舞蹈图书、大中小学教材及相关音像制品。[1]

1.1　历史沿革

上海音乐出版社成立于1956年，由著名音乐家贺绿汀倡导建立，丁善德任首任社长兼总编辑，出版家钱君匋、音乐学家钱仁康任副总编辑，是新中国成立以来最早的专业音乐出版社之一。2001年1月，上海文艺音像电子出版社成立。2007年5—6月，上海音乐出版社与"姐妹社"上海文艺音像电子出版社分别获得独立法人单位资格，实行"一套班子、两块牌子"管理模式。[2] 2011年6月，两社归入重组后的上海世纪出版（集团）有限公司。2018年，获得国家"第二批专业数字资源知识服务模式试点单位"称号，并成功被中国音像与数字出版协会入选为全国首批ISLI国家标准产业应用试点单位。

1.2 办社方针

上海音乐出版社以英文缩写 SMPH 作为出版社标识,"追求卓越(S)、把握市场(M)、服务大众(P)、坚守诚信(H)"已经成为其核心价值观[3]。

以"既富有文化品位,又符合市场需求"为出书方针,通过优化选题结构提高竞争实力,坚持自主创新和引进吸收相结合,坚定不移地走专业化、精品化和特色化的发展之路[4],经过几代新老出版人的努力,上海音乐出版社已成为一家拥有众多音乐读者和完善销售网络的品牌出版社。

1.3 经济体量

从经济体量来看,上海音乐出版社正向着中型出版社规模大步迈进。它将继续坚持专、精、特、新的发展战略,顺应全媒体发展新业态,打造互联网＋新引擎,不断开创融合发展新局面,为繁荣新时代音乐文化事业做出应有的贡献。

2. "互联网＋"环境下的行业背景介绍

随着互联网的不断发展,"互联网＋"的思路已成为各行各业发展的核心思路。对于出版行业来说,数字化出版逐渐成为行业近些年来的主流。行业内部具有超前眼光和先进思维的出版社不断进行融媒体变革,给出版行业带来了新鲜血液的同时也带来了更加激烈的竞争。

音乐本是声音的艺术,对于作为以音乐为主要出版内容的上海音乐出版社,本就拥有较为方便的机会去将文字内容转化成声音、图像,以此推动出版社的数字化、融媒体化,才能拥抱互联网时代的变革与机遇。

3. "＋互联网"思维指导融媒体发展

不同于我们经常提到"互联网＋"的概念,上海音乐出版社更倾向于"＋互联网"的说法。在内容为王的时代,互联网对于出版社来说更应该是一种渠道和思维,而非抛开已拥有的近两千件产品而空谈互联网。因此,上音社的"＋互联网"策略是将本拥有的资源转换到互联网渠道,不断转变自己的形态,坚定内容为王理念的同时,将内容与新渠道巧妙结合。

对于音乐出版物天然的要求就是能够将声音、文字、乐谱和图片等有机地进行结合。

在探究如何用声音的艺术去弥补纸质出版物缺陷的道路上，上海音乐出版社已经探索了18年，在发展融媒体的道路上也不断以"+互联网"的思维为指导，经过了"三步走"的探索。

4. 融媒体发展三步走

4.1 融媒体发展第一步——书配碟

融媒体"三步走"中的第一步就是"书配碟"。从2001年后，上海文艺音像电子出版社与上海音乐出版社合作，开始将光盘与纸质书籍相捆绑，使两种不同的介质放到一起进行销售，让录音和录像以光盘的形式对无声的纸质图书进行声、像的补充。

此时，上海音乐出版社对融媒体的理解还是"把纸质内容和光盘介质的内容融在一起，使音、像等动态内容对冷硬、静态、理性的纸质进行补充。"

2017年，上海音乐出版社搬到了荣科大厦，首次提出了"融媒体出版中心"的概念，将战略核心转移到提高用户的参与性、互动性。这也推动开启了上海音乐出版社对于融媒体探索的第二阶段——二维码。

4.2 融媒体发展第二步——二维码

"+互联网"的概念使上海音乐出版社在数字化的进程中拥有更为先进的理念。因此，在第二阶段，上海音乐出版社选择了将二维码作为图书所配套的音视频资源的负载介质。

4.2.1 二维码后台——资源库"乐海书情"

作为视频、音频的负载介质，二维码的背后是一个庞大的资源库。目前上海音乐出版社的后台就是一个名为"乐海书情"的平台——乐海即是音乐的海洋，书就是书籍，而情则是既代表一种情怀，又代表一种情景，更是一种人文性的表达。如果说上海音乐出版社是一个传统出版社品牌，那么"乐海书情"就是作为一个网络新品牌出现在公众面前。在这个后台中，将不断装入纸质书籍的升级产品，这样就能在经营纸质书籍的同时，继续开发互联网的可行性。

4.2.2 第一阶段——去光盘化

对于二维码探索的第一阶段就是"去光盘化"。面对智能手机的不断发展与移动终端的崛起，光盘这种只能应用在PC端的呈现的形式愈发显得呆板且低效，此时去光盘化，寻找更为方便、快捷的视听方式的需求就更为紧迫。基于二维码技术的应用和后台存储技术的发展，使二维码取代光盘成为可能。

在过去的音乐图书中，文和谱是核心，纸质出版物所涵盖的就是文、谱、图。在音像加进去后，图书就变得有声有色起来，当去光盘化成为大趋势后，提前进行融媒体布局已成为必然，对于二维码的探索也日益向着标准化的方向发展。

4.2.3 第二阶段——一书一码探索

第二阶段就是对于"一书一码"的探索。将每一本书都匹配一个二维码作为资源库，将书中配套音像内容导入二维码中。除此之外，一书一码的内涵还在于防盗版的尝试。互联网的发展使知识分享变得更为容易，然而与知识分享所同步的问题——盗版泛滥也成为出版社所头痛的问题。一书一码的出现使读者能够享受正版资源的同时，能够拥有禁止复制、禁止其他用户进入资源库的特性，使得一书一码逐渐成为打击盗版的利剑。一书一码的强大功能更加强调了资源的独占性，使读者只要购买了正版书籍，就可以享受到出版社更多的后续增值服务。

4.3 融媒体发展第三步——种子业务：独立 App

上海音乐出版社在推进融媒体不断发展的第三步就是正在做的种子业务——独立 App。面对移动终端的普及，独立 App 平台在移动终端上进行垂直分类开发用户的方向上有着较大的优势。

4.3.1 "乐海学艺"App

"乐海学艺"App 是上海音乐出版社专门针对打击乐而开发的小众 App，在该平台上一共包括了 13 种打击乐器。

在平台上提供丰富可靠的教学视频资源。在视频教学的过程中，平台实现了演奏手型、演奏整体界面以及乐谱的三机同步，给使用者更加便捷的使用体验和更完整的视觉角度。

同时，"乐海学艺"App 开辟了中国第一个乐器线上考级的业务，考生通过下载 App，可随时随地将考级演奏视频上传至 App 平台，由专家进行评判是否有发证资格。此外，该平台也有较高的人脸识别功能，能够较精准地打击作弊行为，实现网上考级、审核、发证的一体化。

4.3.2 "听见咪哆"App

独立 App 的开发对于出版社来说是巨大的挑战，与科技公司合作，用他们的技术来转化出版社的内容逐渐成为出版社开发 App 的最优解。

目前，上海音乐出版社与大连佳音公司合作开发了"听见咪哆"App。"听见咪哆"的功能十分强大——该平台集教学、演奏和社群三大功能于一体。

音乐类的 App 未来在教育方向的开发就是要实现读者与大师的直接见面，这在过去是完全无法实现的事情。在课堂互动方面，是与张江数字出版中心合作，教师在家中开设课堂，同步三个机位，课程录制一次到位；在演奏方面，就是要让多元化与标准化相结合——在 DVD 时代，只有一个标准的演奏，但是在融媒体时代就是要做成多种模式的标准化，例如快速、慢速等多种选择的标准化以满足不同群体的需求；在社群方面，是学生家长作为社群内部的主要成员，家长可以通过端口与其他学生家长组成"空中俱乐部"，对学生学习情况进行一定的沟通，从而增加了用户的粘性与活跃度。

5. 出版人才需求转变

在互联网时代，融媒体所涵盖的内容在不断扩大，因此，对于编辑的要求也更高了。上海音乐出版社社长费维耀曾说："纸媒时代做完一本书时，可以认为是现在完成时，但是在互联网时代，当纸媒完成后，还应该继续考虑将产品升级更新。"现阶段，乐器等硬件设施的配套条件都是极为专业的，这就倒逼出版人去不断探索如何利用融媒体呈现出时代性的作品。

如果说过去的书籍是无声的内容，那么我们现在就是要将过去最畅销的无声内容进行不断的升级和更新换代。这个更新与作者有关——请原作者来进行音视频的录制；也与编者有关——如果原作者离世，编者就要邀请新一代学者，请他们根据对书的理解来进行演绎与录制。

目前，上海音乐出版社已有 26 名编辑人员考取了"网络编辑证"，这使他们能够以更为专业的视角去看待数字化出版。全媒体的概念已经在上海音乐出版社深入人心。

6. 战略合作，资源整合

如果说过去的读者是用眼看书，那么未来，读者可能更偏向既要用眼看书，又要用耳听书——喜马拉雅的"听书"理念就是由此而来，将汉字转化为可听的有声图书。与此相似，上海音乐出版社是在不断探索一条将音乐符号转化为有声的道路。

2019 年 7 月，上海音乐出版社与库克音乐签署了战略协议，进行了一定的资源整合。费社长表示，上海音乐出版社的乐谱产品是为"眼睛"的，可以看；库客的线上音乐产品是为"耳朵"的，可以听。此次两家的战略合作将相互赋能，让人们用眼睛看到纸质书籍的同时还能听到有声内容。

库克公司拥有 240 余万首单曲的版权资源，在合作时，上海音乐出版社将受到市场考验的、最畅销的书籍进行转型升级，根据书中内容选择有声产品，不仅是对产品进行更新，更是打通了两家资源的共享。

因此，现上海音乐出版社的目标追求，就是要让所有的乐谱都能发出声音，让所有的内容都能由最权威的专家进行演绎，这类"有声有色"的产品必将造福于中国所有音乐爱好者和学习者。

7. 文化自觉与文化自信

在融媒体时代，出版人更应该拥有自己的文化自觉和文化自信；在提高创新力、创造力以及敏感度的同时，也要提高身为文化传播者、文化传承者的耐心与职业责任感；减少单纯基于商业逻辑和商业眼光上的判断，更多去发扬出版工作所需要的工匠精神，精益求精，一丝不苟。

7.1 中华传统文化的传承——古琴减字谱

古琴是中国的传统乐器之一。由于古琴曲谱一直都是通过手写传承，使之只能在文人之间传播，且在传承的过程中就没有了标准化、普及化，不仅传播的频次会大大降低，而且错误率也会相对较高，使很多古琴谱难以传承下去。

一直到近代出版行业出现，都没有解决这个问题。如果古琴的字永远都是手抄的话，就很难使之普及化。为了解决古琴谱的普及难、传承难的问题，在2012年，上海音乐出版社就正式把古琴减字谱这个项目作为需要专攻的课题。

经过两年的研发，古琴减字谱成功地将核心的3 650个"字"进行了数字化处理，使其进入古琴字库的同时也成为一个可以适配任何电脑、任何软件的输入法——即从根本上解决了标准化的问题，开创了古琴记谱数字化的时代，突破了几千年来古琴谱手写的瓶颈。目前来看，字库主要运用在教材、古籍等方向。

同时，上海音乐出版社也在收集整理散落在民间的古乐谱，以融媒体的思维对其进行整合，现表面上古乐谱可能是以宣纸为载体，实质上每一个古乐谱上都配有一个二维码，使读者可以用视频的形式鉴赏其美。这就在将古与今相结合的同时带动起融媒体、文创产品的交互发展。

7.2 走出去与引进来并举的全球化思维

和中华传统文化相比，出版物只是沧海一粟，但对这一粟，如何使每一本书都经得起历史的考验是每一名出版人都应该考虑的问题——这就要求出版人将这种自觉与自信通过出版物向世界所展示。[5]

从全球来看，中国音乐出版人在迎接互联网时代到来时，是积极的、创新的、有所作为的。相比之下，欧洲老牌音乐出版社则较为守旧。

在和海外出版社合作时，上海音乐出版社将引进的书籍转化为电子音视频的做法也得到了较为广泛的赞扬。从表层看，这与其他"引进来"策略并无不同，但进一步深究，将外国书籍引入中国后，邀请青年艺术家录制好相关视频后，再将融媒体产品引向国外，实际上是一种"走出去"的战略。这种引进来+走出去合一的战略正是一种文化自觉与文化自信，这种文化自觉与文化自信不断推动着中外音乐文化的交流与合作。

8. 把握机遇，面向市场

8.1 延长产业链，提供深度服务

在融媒体时代，上海音乐出版社所做的就是要不断推进知识内容的生产向知识内容的服务发展上，这个服务就是利用互联网技术，在作者和读者之间架起无障碍的桥梁，能够按照个性化的需求让更多的受众得到需要的内容，让音乐图书能够满足各类读者的需要；要从过去的只做图书转为向上下游扩展，上游拓展到器乐端，而下游就是拓展到走向市场，使音乐产业链不断延长，使服务更加深广。

8.2 运用大数据，对客户进行精准的服务

不同于过去用户信息都在书店手中，出版社不必费心进行市场调研的时代，现阶段的"天猫商店"使出版社自己就能够掌握后台的用户数据，并能够进行通过分析用户的个性化、私人化的行为数据、位置数据和消费数据等，再为用户进行更为精准的服务。

出版社之所以被认为处于较为劣势的一方，主要没有进行合理的角色转变，目前的角色应该转向"市场导向"和"客户导向"，为客户提供精准服务，而不像过去那样生产什么，就让客户看什么。任何出版社都不应该抱有侥幸心态，在互联网面前，在这样一种创新的业态呈现中，不把握互联网的可能性，就会被历史淘汰，只有拥抱新技术，才能为未来留下更大的发展空间。

随着互联网的不断发展，出版社式微的说法层出不穷，坚定的"纸质主义者"和新派的"数字化推动者"之间的争论也从未停止。出版社应该走向何方，如何适应数字化的出版模式，如何利用互联网渠道，如何不断进行模式创新，如何迎合消费者的阅读习惯，都是每家出版社，每个出版人应该思考的问题。

参考文献

[1][4] 上海音乐出版社简介.
[2] 上海音乐出版社官网·本社概况.
[3] 熊媛媛.上海音乐出版社的编辑出版活动研究[D].南京航空航天大学，2015.
[5] 章文怡.作为音乐教育传播平台与媒介的音乐出版业[D].上海音乐学院，2018.

上海音乐出版社现状与发展案例使用说明

一、教学目的与用途

1. 本案例主要适用于对于新媒体进行案例分析的相关课程，也适用于网络传播相关课程。

2. 本案例的教学对象主要是与新闻传播相关专业的在校研究生。

3. 本案例的教学目的主要在于通过对上海音乐出版社的案例分析，带领学生进一步了解专业出版社在面对数字化时代所做出的变革，引导学生不断思考在互联网时代该如何发展融媒体。

二、启发性思考

1. 请简单谈谈你对"＋互联网"思维的认识，它与传统的"互联网＋"有什么不同？

2. 你认为对于专业的音乐出版社在融媒体化的道路上和其他出版社有什么区别？

3. 请简述上海音乐出版社融媒体化的过程，请用保罗·莱文森的"人性化趋势"理论简述其进程的合理性？

4. 有人认为"数字化出版"比"传统出版"高级，你认同这种观点吗？为什么？

三、分析思路

1. 先让学生对于上海音乐出版社有大致了解，对其历史沿革、经济体量以及发展程度都有一定的认知。

2. 再大致介绍面对互联网不断发展时的行业背景。

3. 以"三步走"的逻辑对于上海音乐出版社融媒体化的进程进行分析。

4. 分析在"＋互联网"的思路下，分析上海音乐出版社对于融媒体化进程的探索做出的在办社思维转变、产品内容创新以及人才培养上的努力。

5. 最后探讨传统出版社应该如何去面对互联网化的新形式，如何做出新内容、利用新渠道。

四、理论依据与分析

1. 本文可通过保罗·莱文森的"人性化趋势"理论进行分析。

2. 人性化趋势：保罗·莱文森在《人类历程回放》中首次提出了"人性化趋势"，描述媒介在不断发展演化的过程中，出现的一种越来越符合人类使用习惯，适应人类需求的趋势。

3. 本文以上海音乐出版社为案例，可以运用保罗·莱文森的"人性化趋势"理论，对于上海音乐出版社融媒体化进程中的媒介产品更贴近人类使用习惯的合理性进行分析。

五、背景信息

上海音乐出版社是新中国成立较早的专业音乐出版机构，自1956年成立至今，已经走过一个甲子的光辉征程。六十一年来，上海音乐出版社坚持自主创新和引进吸收相结合，坚定不移地走专业化、精品化和特色化的发展之路。近年来，随着互联网经济的迅猛发展，上海音乐出版社致力于探索数字出版和传统出版的融合发展模式，从2009年起尝试数字出版创新项目，至今确立了以海量的内容资源管理系统（CMS）为根基，全面融入出版社业务工作流程，为实现传统与数字出版的双向支持提供了技术保障。

乐海网是上海出版社面向大众的数字内容传播平台，网上开设12个在线教室，以多样化课程满足用户的差异化需求。近年来，上海音乐出版社成立"古典音乐""传统音乐""舞蹈教育"和"少儿教育"四大全媒体中心，三个按专业化设置的出版中心与少儿教育中心互相贯通，从而构成了"三纵一横"的结构布局。同时，数字出版紧密配合相关战略规划，开发了多个富媒体、多终端产品。

MITA云中乐西方音乐教学互动平台，以交互式新媒体音乐程序的新形势，提供开创性教学及研究途径；古琴数字内容综合服务平台，利用数字出版相关技术，整合传统出版资源，构建了我国首个古琴尖子谱字库和古琴乐谱内容数据库，全新打造视听结合的综合性应用平台；哆咪搜——音乐全媒体专业检索平台，和其衍生产品——哆咪题库，为用户提供"一站式"音乐检索服务和海量专业音乐艺考真题，电子课程资源库项目，以探索音乐课程数字化互动的教学形式，并在多个小学进行试点推广与应用。此外，我社运用"互联网+"新理念，与大连佳音科技有限公司合作，成功研发"有声音乐图书"系列，获得市场广泛赞誉。上海音乐出版社借助先进技术与网络渠道，不断延伸图、音、像、谱全媒体内容资源，为融合出版做出了积极探索。

2017年11月，上海音乐出版社融媒体出版中心正式成立，中心设有信息技术中心、录播室和控制室组成的录播中心，多媒体演播室、乐海网运营中心、数字内容存储中心、图书样书间、音像资料室等，全面对接上海音乐出版社传统出版资源。同时，以微信公众号作为新媒体内容发布平台，为乐海网提供视频直播等音视频内容。

全新投入使用的录播室和多媒体演播室，同时兼具录音、录像与多媒体教学等多种功能；设有多个高清视频机位和多路信号输入，同时兼顾多媒体教学和视频处理功能，为音视频制播、前后方互动、虚实背景切换等，提供了全新的软硬件技术支持。演播室真三维虚拟导播系统，可任意更改场景，自由组合搭建，设置宣传片、专家访谈和大师班微课程等内容。考虑到乐器录制、产品发布、人物访谈、采访、配音的需求，对录播室做了专业级声学设计，配备了一流的录音设备，以满足不同场景下的录音需求。

上海音乐出版社融媒体出版中心的建成，在打造融合出版的道路上跨出了关键性、实质性的一步，在上海市新闻出版局领导的关怀和世纪出版集团的领导下，上海音乐出版社将锐意创新，打造"互联网+"启动新引擎，引领全媒体立体化发展新业态，开创数字出版融合发展的新纪元。

（本段落引自上海音乐出版社官网）

六、关键要点

1. 案例分析的关键所在即是让学生了解互联网时代对于传统出版社的影响、挑战、危机与机遇，了解出版社适应互联网时代的关键在于思维的转变，身份的适应和渠道的变更。

2. 了解上海音乐出版社"+互联网"思路的意义与内涵，突破传统"互联网+"思维去看待上海音乐出版社的"三步走"计划，能够用"人性化趋势"理论去解释三步走计划。

3. 了解作为专业音乐出版社的特殊性，以音乐为切入点看到专业出版社在融媒体化进程中不同于其他出版社的特点所在。

七、建议课堂计划

（1）时间安排

建议运用2课时：第一课时对于案例进行阅读，由教师引导学生对于课后问题进行思考，再将课后题作为课后作业进行小组讨论；第二课时由小组对于课后作业的讨论结果进行汇报，由教师对各小组的成果汇报进行点评并予以打分。

（2）黑板板书布置

建议将该案例要点提炼至板书中，方便学生利用板书了解该案例大致脉络。

（3）学生背景了解

建议要求学生在上课前进行一定的课前预习，对上海音乐出版社有提前的了解，对案例本身也有相应的认识。

此外，可以要求学生对其他音乐类出版社融媒体发展情况进行一定的资料查找。

（4）小组分组及分组讨论内容

建议每小组3~4人，讨论内容为课后习题，没有准确答案，鼓励小组成员间关于问题的探讨。

（5）案例开场白

面对互联网的不断发展和数字化的不断推进,很多人认为传统出版社处于完全的劣势状态,认为传统出版社终将会被数字化的机构取代。面对如此巨大的压力,传统出版社也在不断地进行变革,发展自己的融媒体,使自己跟上互联网的时代步伐。作为专业的音乐出版社——上海音乐出版社,在融媒体化的进程中又进行了怎样的努力?有了什么样的成果呢?让我们一起学习下文案例吧。

(6) 如何就该案例进行组织引导

建议对该案例进行分解,先引导学生了解出版社背景以及大环境背景;再以"+互联网"的思路按照"三步走"的逻辑对上海音乐出版社的融媒体化进程进行分析;最后通过对于该案例的分析,将意义和建议放大到整个出版界,为出版界提出适当的发展建议。

八、案例的后续进展

1. 为进一步推动上海音乐出版社数字出版转型、加快融合发展,切实将集团及本社数字出版发展规划落到实处,上海音乐出版社对涉及数字出版的相关部门进行优化整合,于2019年8月26日召开会议宣布成立融媒体事业部。

2. 2019年8月23日上午,上海世纪出版集团旗下的上海音乐出版社与英国哈珀·柯林斯集团在北京国际图书博览会举行"柯林斯中小学音乐素养系列教程"战略合作签约仪式。

3. 2019年8月30日上午,上海音乐出版社与大连佳音科技有限公司合作推出的"听见咪哆"App在沪举行上线仪式。